甌江草堂藏藝術品叢書

硯田蓄穡

易蘇昊編

甲辰仲夏李燕生

（上册）

中國言實出版社

圖書在版編目(CIP)數據

硯田春秋 : 上、下册 / 易蘇昊編 . -- 北京 : 中國言實出版社, 2023.11
ISBN 978-7-5171-4682-7

Ⅰ. ①硯… Ⅱ. ①易… Ⅲ. ①古硯—中國—圖集
Ⅳ. ①K875.42

中國國家版本館 CIP 數據核字 (2023) 第 214819 號

硯田春秋（上、下册）

責任編輯：薛磊
責任校對：李岩

出版發行：中國言實出版社
地　址：北京市朝陽區北苑路180號加利大厦5號樓105室
郵　編：100101
編輯部：北京市海淀區花園北路35號院9號樓302室
郵　編：100083
電　話：010-64924853（總編室）　010-64924716（發行部）
網　址：www.zgyscbs.cn　電子郵箱：zgyscbs@263.net

經　銷：新華書店
印　刷：北京雅昌藝術影像有限公司
版　次：2024年10月第1版　2024年10月第1次印刷
規　格：787毫米 × 1092毫米　1/8　87.5印張
字　數：500千字

定　價：1580.00元（上、下册）
書　號：ISBN 978-7-5171-4682-7

前言

前言

甌江位於浙南，源於百山祖西北麓之鍋帽尖，向東流入東海，此地自古人文薈萃，人傑地靈。文人雅士輩出，著名者如南北朝時期山水詩鼻祖謝靈運，宋之『永嘉學派』葉適，明代南曲之祖高則誠，清之樸學大師孫詒讓，近代詞宗夏承燾，篆刻名家方介堪，以及蘇步青、王季思等科技、文史、戲劇多方面之大家，更有新中國考古學奠基人之一的夏鼐先生，可謂人才層出祥吉之地。

甌江草堂主人易蘇昊先生，承甌地之傳統，於文物、考古等諸多方面，有著深厚的學養，更為新中國拍賣領域之翹楚，以收藏中國古今書畫、文房之品等聞名於世，其中文房用硯，最為精緻。硯作為中國獨有的傳統書寫必備工具，有著獨特之韻味，它與中國書畫、陶瓷、銅器、玉器等，同為中國文化遺產中之瑰寶。歷代產生了大量的硯品，流傳於世的實物，亦不在少數，是融雕刻、繪畫、書法、歷史、文獻、文字、文學、美學等諸多學科於一身的綜合藝術門類。蘇昊先生深諳硯之美，硯之韻，浸淫硯海，收藏之精品疊出。觀其收藏，以明清、近現代石硯為多，明清佳硯更具特色，藏硯注重其歷史性、藝術性，硯銘之精者，可比肩《西清硯譜》。蘇昊先生藏硯非常注重流傳遞藏，既有明清時期項聖謨、黃道周等人之硯，也有黃任藏硯，吳昌碩、吳湖帆、王福庵、周作人等藝術大家之硯，其中清代康熙、乾隆時期的御筆硯，為其收藏硯品中的一大特色。其藏硯材質多以端、歙石為主，澄泥、漢磚瓦之硯兼而有之。

今蘇昊先生將所藏名硯彙集成冊，名曰《硯田春秋》，全書上、下兩冊，收硯一百五十八方，形制豐富多樣，品類聚集一書。書中不僅有藏硯實照，亦有藏硯之精拓，尚有小字題識，考據詳盡，楷法精妙，文辭雅致，真可謂《西清硯譜》不能專美於前矣！

我與蘇昊先生相識多年，二十世紀八、九十年代，供職於中國歷史博物館（今中國國家博物館）。蘇昊先生與我受教於文博大家史樹青先生，史先生於中國書法、繪畫、古文字等方面，造詣深厚，對文房之具更為鍾愛，家藏古硯甚多，且重硯之源流考據，先生小楷精雅，書卷氣濃郁，每逢硯之精拓者，必以小字題識，文、書俱佳。二〇〇二年先生八十壽辰之際，蘇昊先生出資，為先生賀壽出版《史樹青金石題跋選》，師生高誼，可見一斑。書中收錄了多幅先生的硯拓題跋作品。想先生治學之風，對蘇昊先生之影響，可謂深矣！我於文房用具素無研究，學識尚淺，實居門外！蘇昊先生之約，斷不能推諉，勉贅數語，不成為序！

二〇二三年十月於國家博物館

海國林拜

目錄

明初 有足箕形歙砚（正面）

明初 有足箕形歙硯（背面）

明初

青足箕形歙硯

硯取歙石有銀暈伴綠雲添自研器古来定名箕形堂淺平而微凹池橫一字底設覆手而足制曲古型色漿肥厚李唐之風彰彰偶見泐傷可知沁理有年

有詩云猶如蒼樸一石鍾狀似鐵斤其賦形質膝文時子為野時風難斷古今許

歲次戊戌孟夏之月
王承雄書於海上

明初　有足箕形歙硯

長十九點八厘米　寬十三點五厘米　高四點三厘米

硯取歙石，有銀暈伴緑雲。法自研器，古來定名箕形。堂淺平而微凹，池橫一字。底設覆手而（出）足，制出古型。包漿肥厚，李唐之風彰（顯）。偶見泐傷，可知沁埋有年。有詩云：猶如蒼樸一石鐘，狀似鐵斤其賦形。質勝文時子為野，時風難斷古今評。

明 高唐王朱厚煐銘漢瓦硯（正面）

明　高唐王朱厚煐銘漢瓦硯（背面）

明高唐王朱厚煐銘漢瓦硯

（明）

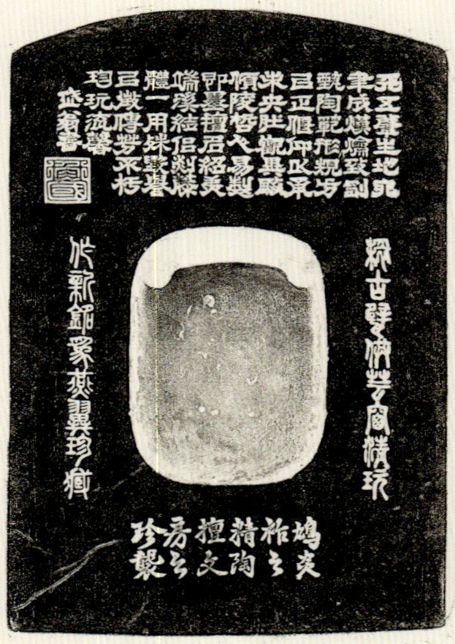

原柿木硯盒
有隸筆蕓窗清翫及
篆刻印章款方物閣

復手八分書銘曰「大漢十年未央宮東閣瓦鄐侯蕭何監造」硯額所書隸筆古質樸茂曰「天五肇生地宛聿成紹美端谿結侶剡藤體一用殊毀譽以徵傳芳不朽珍翫流馨岱翁書」篆「衡國」章款應系明成化帝宗孫衡恭王庶子朱厚煐（一五一四—一五八三）所書具於嘉靖九年冊封為高唐王字明甫晚號岱翁「明史諸王傳」贊其「以博學篤行聞」明王世貞許「深於玉筋及大小篆」清王士禛亦論及「岱翁工篆隸癖嗜古書硯堂兩側刻銘者象藇翮據篆體書寫特徵當為清中期以後人士蒐藏者方雲亦無殁然楷行之法系晚清民國間風貌

有詩云

岱翁善撫琹　臨池能篆分
額題賦四古　筆勢尤雄渾
未央留殘瓦　唐宋為硯存
明王好古趣　敞池一奇珍

歲次戊戌夏月王承雄書於海上逸墨齋東窗之下

明　高唐王朱厚煐銘漢瓦硯

長二十六厘米　寬十八厘米　高二厘米

原楠木硯盒

有隸筆『芸窗清玩』及篆刻印章款『方物閣』。

覆手八分書銘曰：『大漢十年，未央宮東閣瓦，酇侯蕭何監造。』硯額所書隸筆古質樸茂，曰：『天五肇生，地宛聿成，紹美端谿，結侶剡藤，體一用殊，毀譽以徵，傳芳不朽，弥翫流馨。岱翁書。』篆『衡國』章款。應系明成化帝宗孫、衡恭王庶子朱厚煐（一五一四—一五八三）所書。其於嘉靖九年冊封為高唐王，字明甫，晚號岱翁。《明史·諸王傳》贊其：『以博學篤行聞。』明王世貞評：『深於玉筋及大小篆』；清王士禛亦論及：『岱翁工篆隸，癡嗜古書。』硯堂兩側刻銘者象燕翼，據篆體書寫特徵，當為清中期以後人士。襲藏者方雲亦無考，然楷行之法系晚清民國間風貌。

有詩云：岱翁善撫琴，臨池能篆分。額題賦四古，筆勢尤雄渾。未央留殘瓦，唐宋為硯存。明王好古趣，敞池一奇珍。

明 呂坤銘仿漢磚式端硯（正面）

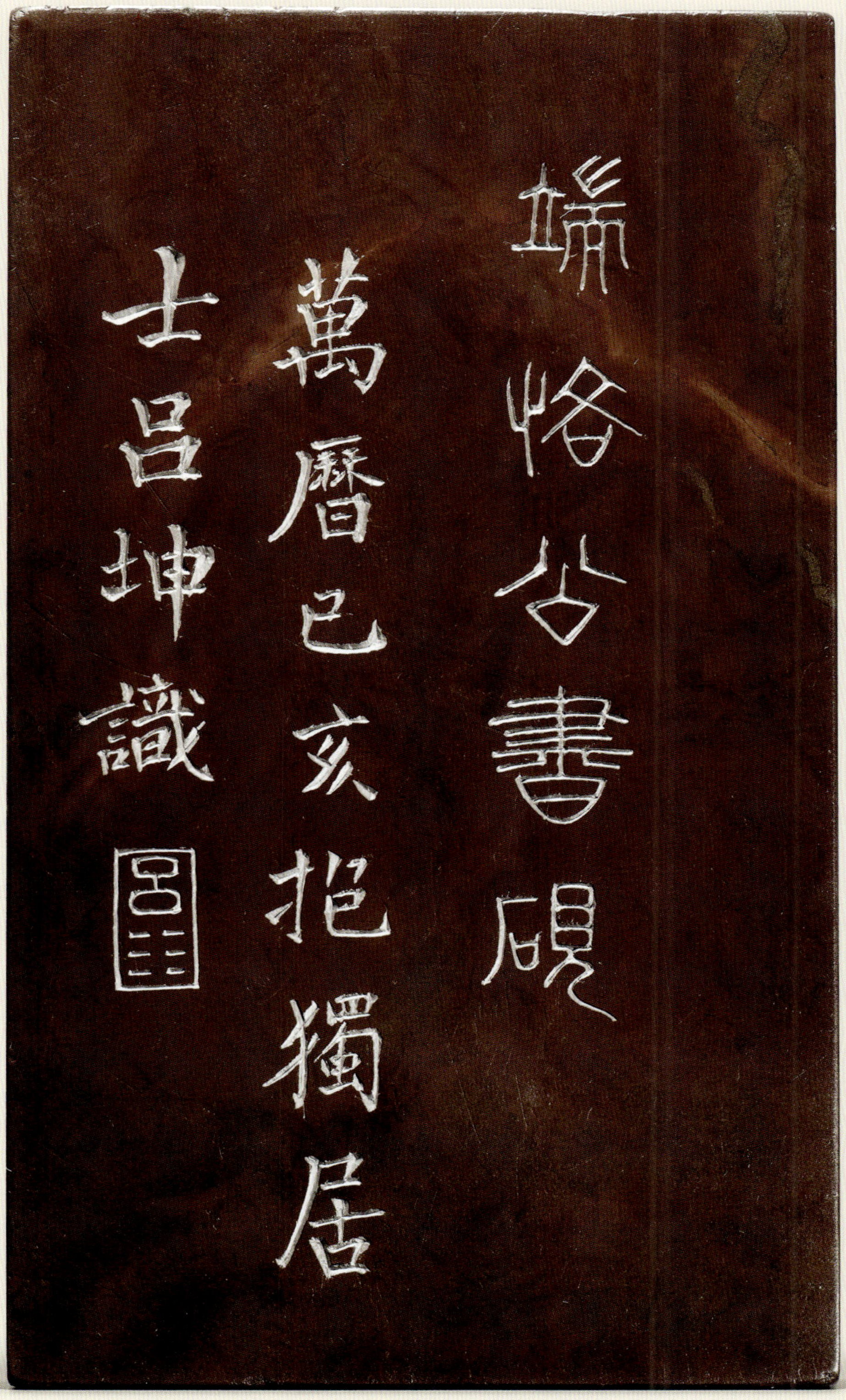

明 呂坤銘仿漢磚式端硯（背面）

呂坤銘仿漢磚式端硯

明萬曆

原配黃花梨天地蓋

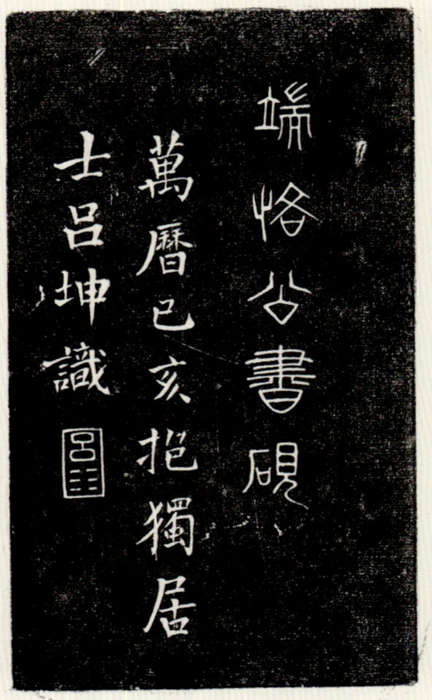

硯用端石色赤而質佳式仿漢磚樸拙亦厚重硯面微陷成堂無脣無崗挖卵形池通體不假修飾背銘篆書端恪公書硯又臺閣書萬曆己亥（二十七年）抱獨居士呂坤識並刻白文印章款然二者筆致不同刻工刀法迥異或硯系同享萬曆三大賢之一沈鯉（一五三一—一六一五謚文端）身後硯即易主遂有藏家篆書銘記並輾轉托其題識致有後段之識呂坤（一五三六—一六一八）字叔簡自號抱獨居士其為萬曆進士累官至刑部右侍郎逝後追贈尚書晚明政治家思想家感而贊曰

古来為吏倡清廉身後最難稱大賢用器當知物主趣端方周正己昭然

歲次戊戌仲夏之月

王承雄書於海上

明　呂坤銘仿漢磚式端硯

長十八點六厘米　寬十一厘米　高五厘米

原配黄花梨天地蓋

硯用端石，色赤而質佳。式仿漢磚，樸拙亦厚重。硯面微陷成堂，無唇無崗。挖卵形池，通體不假修飾。背銘篆書：『端恪公書硯。』又臺閣書『萬曆己亥（二十七年）抱獨居士呂坤識』，並刻白文印章款。然二者筆致不同，刻工刀法迥異。或硯系同享萬曆『三大賢』之一沈鯉（一五三一—一六一五，謚文端）身後，硯即易主，遂有藏家篆書銘記，並輾轉託其題識，致有後段之識。

呂坤（一五三六—一六一八），字叔簡，自號抱獨居士。其為萬曆二年進士，累官至刑部右侍郎，逝後追贈尚（書）。晚明政治家、思想家。感而贊曰：古來為吏倡清廉，身後最難稱大賢。用器當知物主趣，端方周正己昭然。

明 城陽子銘長方形端硯（正面）

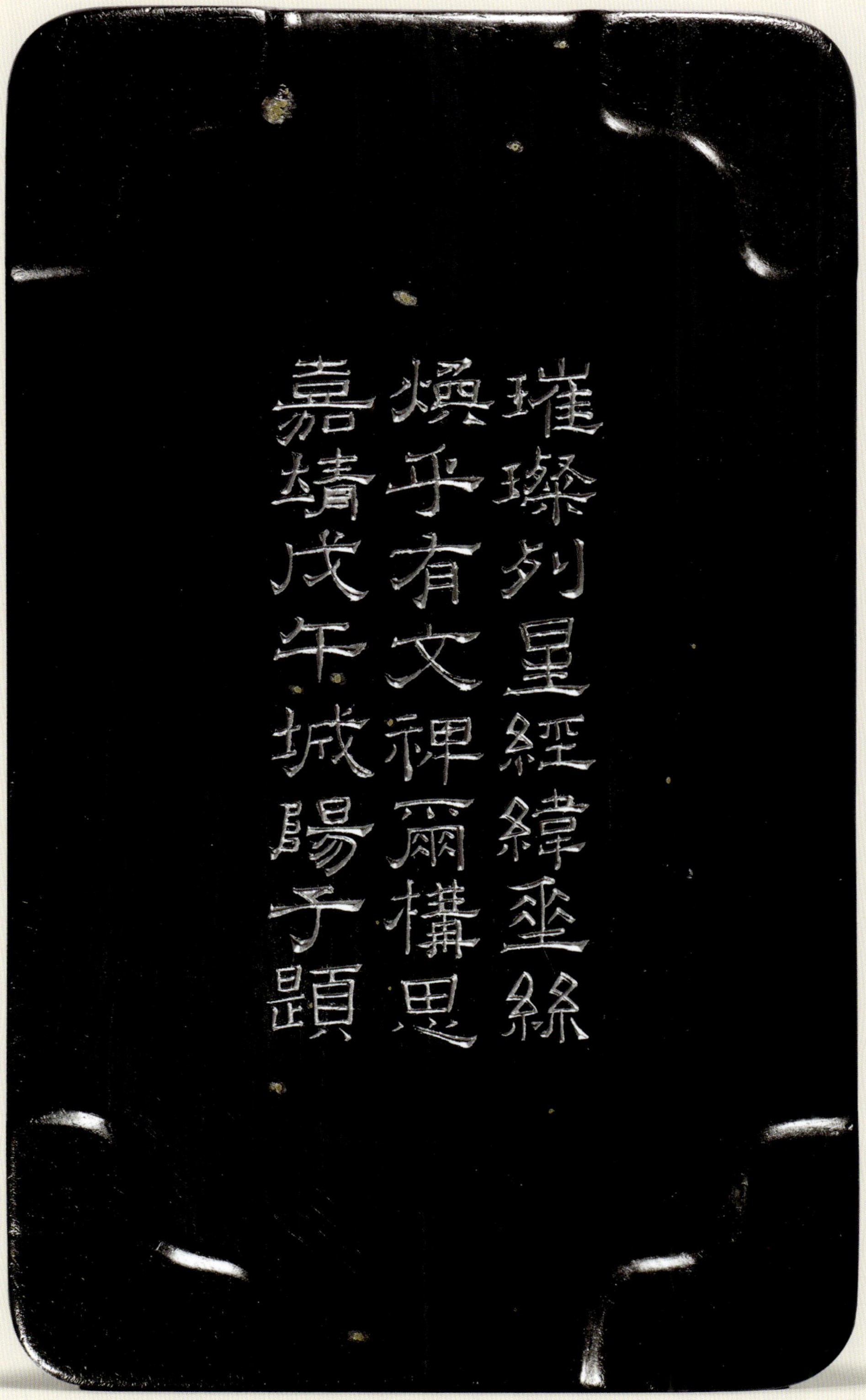

明　城陽子銘長方形端硯（背面）

城陽子銘長方形端硯

明

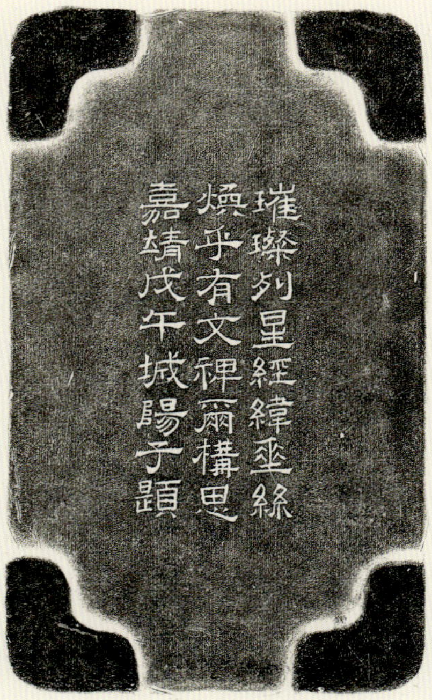

原配紫木天地蓋
硯額鐫刻篆書龍池秋月背有
隸書璀璨列星經緯垂絲煥乎有
文裨尒構思嘉靖戊午（一五五八）
城陽子題

此硯端厚沉實儼然明風石品
恰如其銘星輝暈垂方堂起崗
額辟池圓謂之龍池秋月延大
氣象也當為明季常品然最見
風氣
詩曰渾厚樸拙糙大明飛
揚跋扈氣猶横閒於几案
雄强在鑄就文章亦崢嶸
歲在戊戌王承雄於海上逸墨齋

明　城陽子銘長方形端硯

長二十九厘米　寬十七點五厘米　高四厘米

原配柴木天地蓋。硯額鎸刻篆書『龍池秋月』，背有隸書『璀璨列星，經緯垂絲。煥乎有文，裨爾構思。嘉靖戊午（一五五八）城陽子題。』

此硯端厚沉實，儼然明風。石品恰如其銘，星輝暈垂。方堂起崗，額辟池圓。謂之『龍池秋月』，乃大氣象也。當為明季常品，然最見風氣。

詩曰：渾厚樸拙糙大明，飛揚跋扈氣猶横。閒於几案雄強在，鑄就文章亦崢嶸。

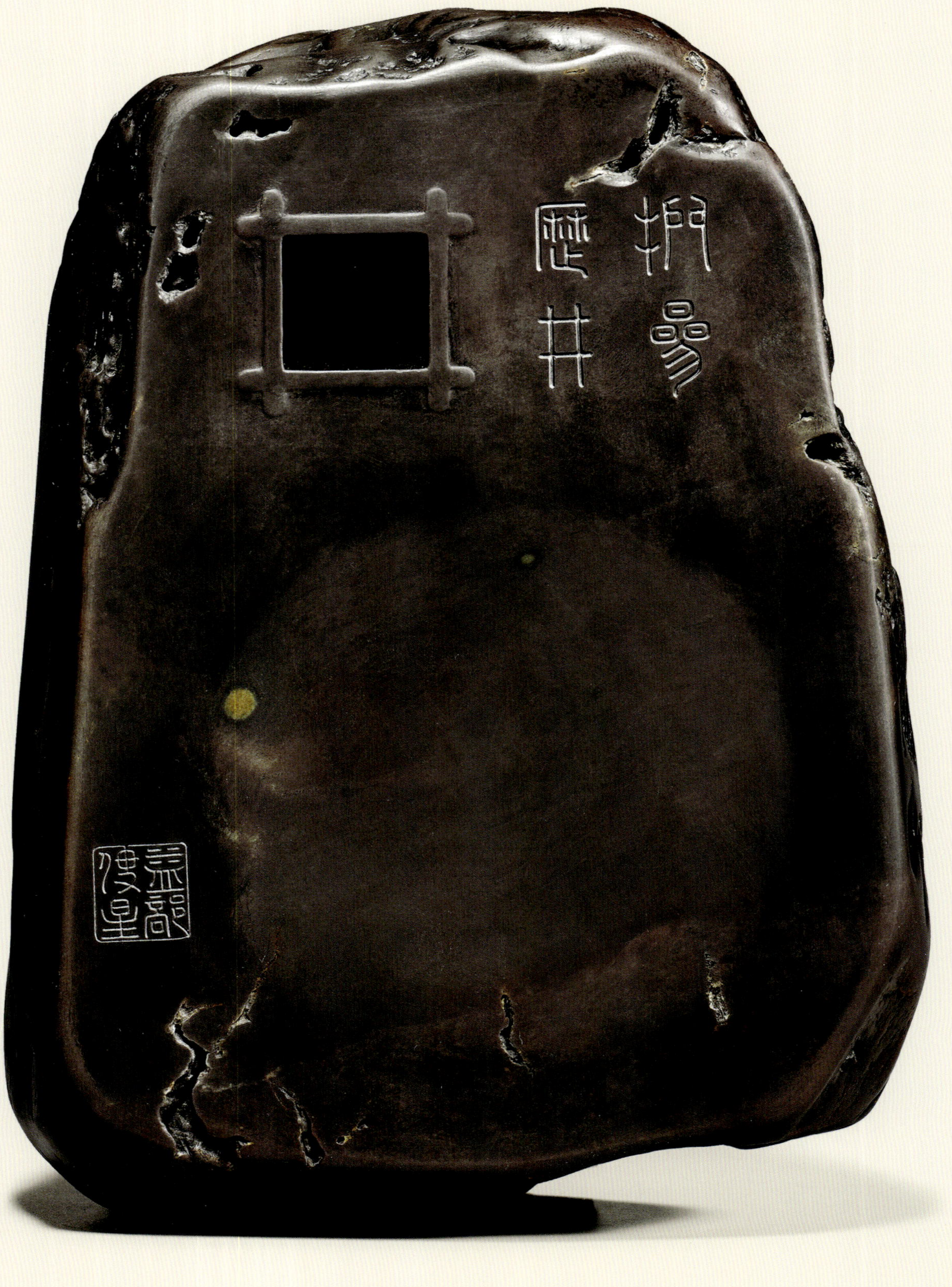

明 水歸洞黄任刻銘井字硯（正面）

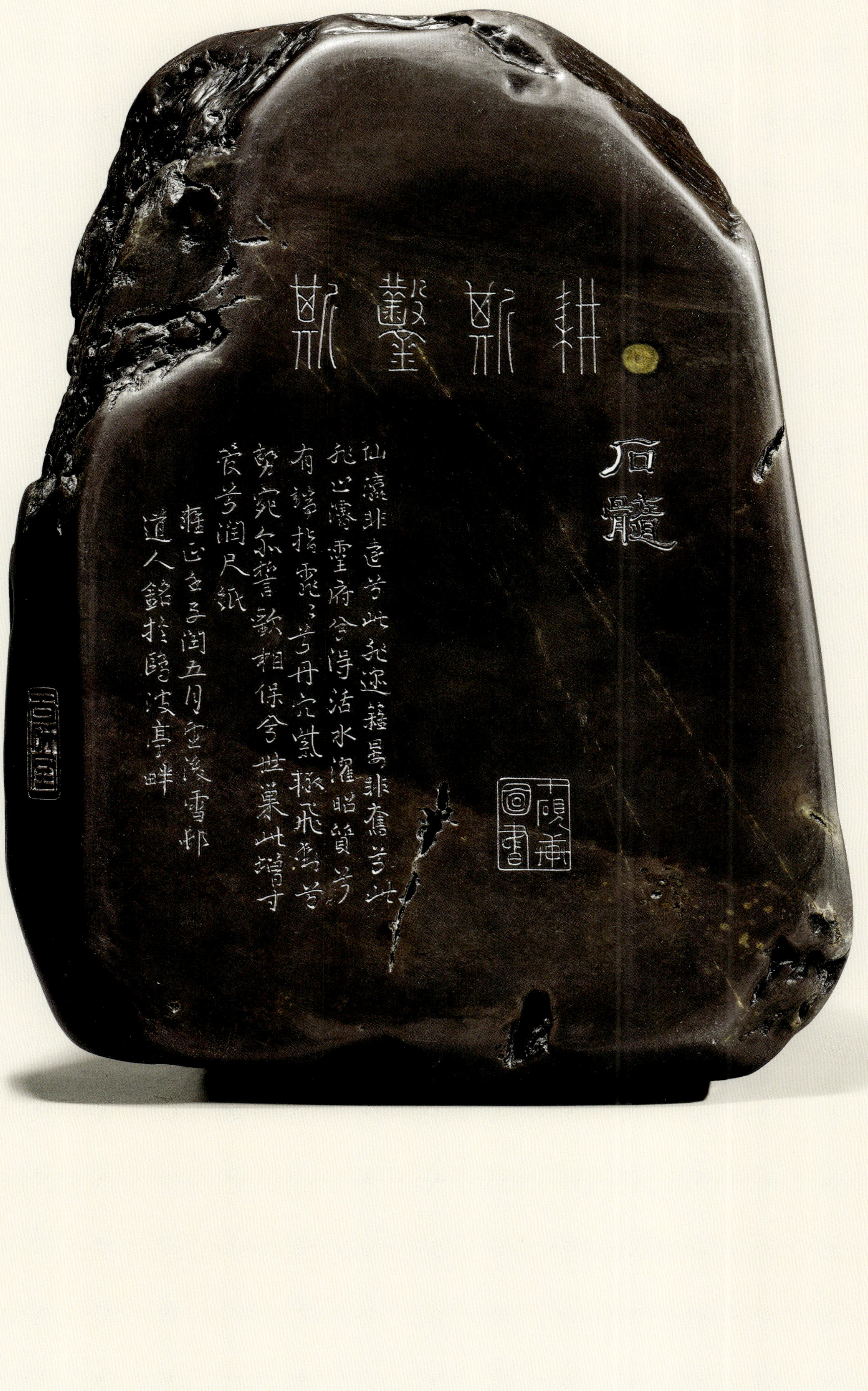

明　水歸洞黄任刻銘井字硯（背面）

明 水歸洞黄任刻銘井字硯

明 水歸洞黄任刻銘井字硯（盒蓋）

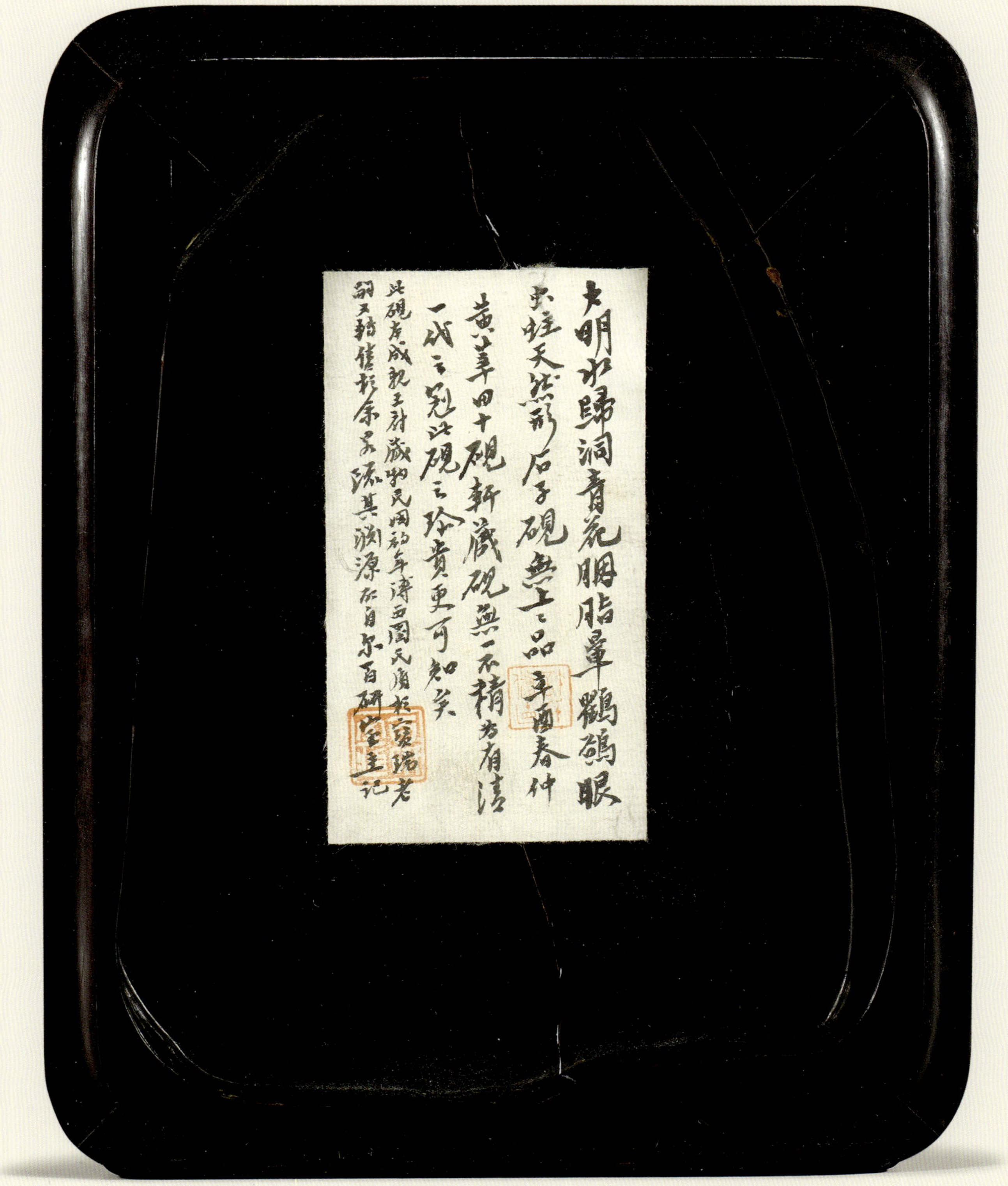

明 水歸洞黃任刻銘井字硯（盒蓋）

明 水歸洞黄任刻銘井字硯（盒蓋）

水歸洞黃任刻銘井字硯

水歸洞端石石皮尚存碩大厚重紫光內蘊細膩如肌遇水瀲即可發墨大料隨形整雕而成硯體光素僅以天然虫蛀作四邊裝飾設井字形墨池硯於硯面左方池壁深峻掏膛勻淨硯堂寬平其上左側有黃色月暈乃天然鴝鵒眼硯背光素僅右上側有另一圓黃色鴝鵒眼二典籽作實纏直挂雲帆濟滄海之朝堂毅志意韻蒼范經十硯軒黃任雪邨道人戴巨川寶瑞老百硯室主許脩直賀天健先後遞藏品相工佳

歲次庚子深秋之月
王承雄書於海上逸墨齋

明　水歸洞黃任刻銘井字硯

長十九厘米　寬十四點五厘米　高三厘米

水歸洞端石，石皮尚存，碩大厚重，紫光內蘊。細膩如肌，遇水瀛即可發墨，大料隨型整雕而成，硯體光素，僅以天然蟲蛀作四邊裝飾，設井字形墨池。硯於硯面左方，池壁深峻，掏膛勻淨，硯堂寬平，其上左側有黃色月暈，乃天然『鴝鵒眼』。硯背光素，僅右上側有另一圓黃色鴝鵒眼，二典並作，實蘊『直掛雲帆濟滄海』之朝堂毅志，意韻蒼茫。經十硯軒黃任、雪邨道人戴亘川、寶瑞老（人）、百硯室主許修直、賀天健先後遞藏，品相上佳。

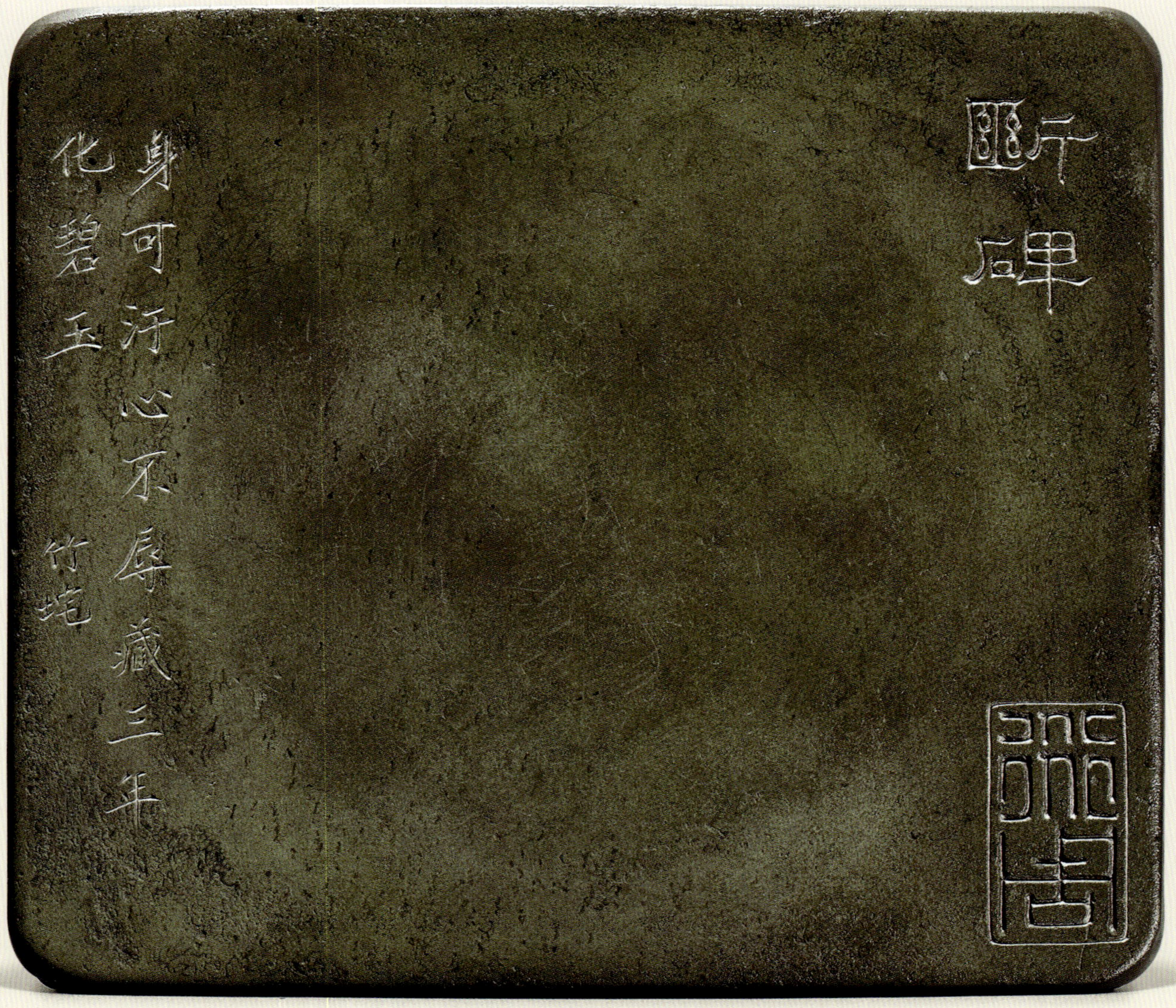

明 黄道周、朱彝尊、黄任、余甸、郭尚先、梁章鉅遞藏斷碑式硯（正面）

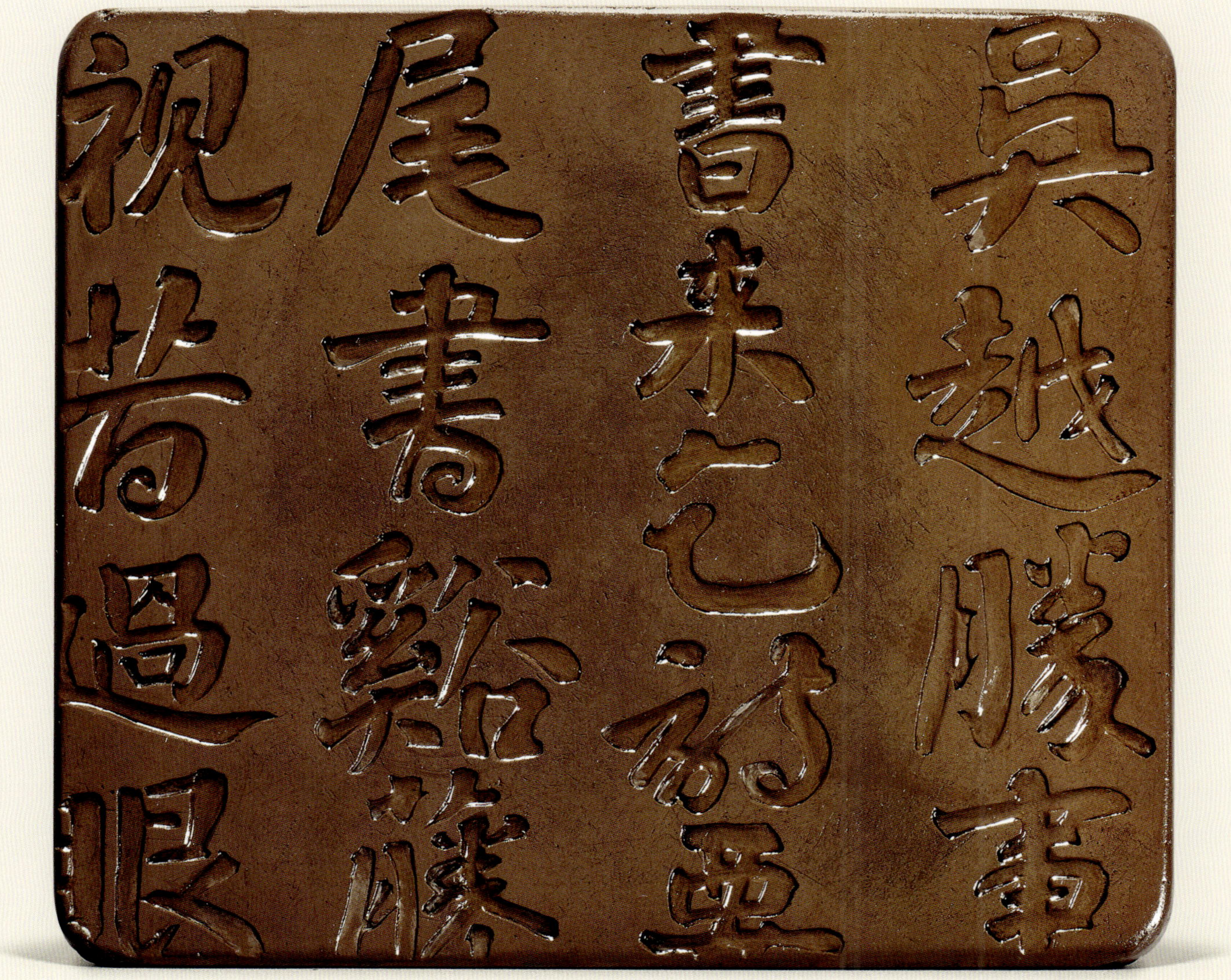

明　黄道周、朱彝尊、黄任、余甸、郭尚先、梁章鉅遞藏斷碑式硯（背面）

黃道周朱彝尊黃任余甸郭尚先梁章鉅遞藏斷碑式硯

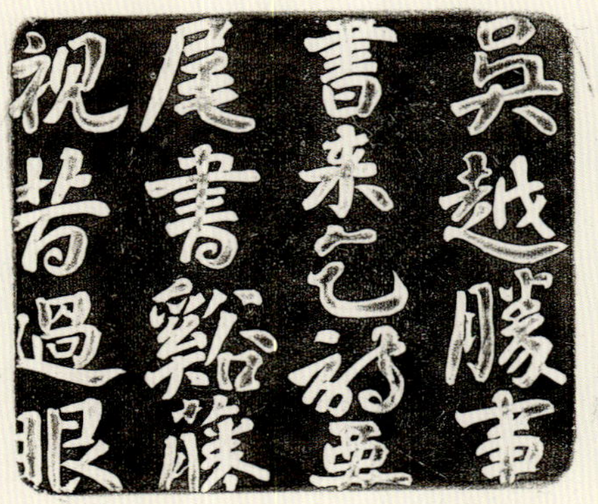

硯為綠端斷碑式硯工粗獷古樸硯堂率性淺碾右側隸字瘦勁者隸寫蠶頭燕尾銘「斷碑」二字下刻篆書印章款「道周」道周即黃道周天啟進士學者書畫家累官至南明隆武朝首輔以兵敗殉國左邊行楷銘「身可污心不辱藏三年化碧玉竹垞」竹垞即朱彝尊號竹垞清初學人清詞巨擘浙西詞宗銘文自朱彝尊始前幾句皆借物詠人歌頌黃道周之氣節

邊墻銘一行書曰「磨而堅破而完身已殊心自丹石有泐人不刊裂士骨忠臣肝此硯系郭蘭石先生所藏余曰借觀竊先賢遺物矣奕奕有生氣深辱猶存顧勿寶而重之耶爰跋數語以志景仰云尒丙戌冬日梁茝林題」具後刻「章鉅真賞」文中提及郭蘭石即郭尚先號蘭石嘉慶進士官至大理寺卿善書並精於金石鑒賞「茝林」即梁章鉅嘉慶進士累官至江蘇巡撫文聲顯赫人稱「八閩碩儒」極聰學奧祖銘之二行書曰「質弥堅任君磨心弥潔任君污美哉斯研不愧先賢遺物余甸銘」余甸康熙四十五年進士以書法文章名世喜藏硯官至順天府丞銘之三隸書曰「乙亥春得斷碑硯細絳印章知為黃石齋先生物也遂銘數字以待他年得硯之人知今日余得此硯於此莘田識」「莘田」即黃任字於莘又字莘田喜藏硯號十硯老人康熙舉人工詩曾任廣東四會知縣

王承雄書於海上

明　黃道周、朱彝尊、黃任、余甸、郭尚先、梁章鉅遞藏斷碑式硯

長十點三厘米　寬十二厘米　高二厘米

硯為緑端，斷碑式，斫工粗獷古樸。硯堂率性淺碾，右側隸字，瘦勁老辣，寫蠶頭燕尾，銘『斷碑』二字，下刻篆書印章款『道周』。『道周』即黃道周，天啟進士，學者，書畫家，累官至南明隆武朝首輔。以兵敗殉國。左邊行楷銘『身可污，心不辱。藏三年，化碧玉。竹垞』。『竹垞』即朱彝尊，號竹垞，清初學人，清詞巨擘，浙西詞宗。銘文自朱彝尊始，前幾句皆借物詠人，歌頌黃道周之氣節。

邊牆銘一，行書，曰：『磨而堅，破而完。身已殊，心自丹。石有泐，人不刊。烈士骨，忠臣肝。此硯系郭蘭石先生所藏。余因借觀，竊先賢遺物矣。奕奕有生氣，深厚猶存，顧勿寶而重之耶。爰跋數語以志景仰雲爾。丙戌冬日梁茝林題。』其後刻『章鉅真賞』。文中提及郭蘭石即郭尚先，號蘭石，嘉慶進士，官至大理寺卿，善書，並精於金石鑒賞。『茝林』即梁章鉅，嘉慶進士，累官至江蘇巡撫，文聲顯赫，人稱『八閩碩儒』，楹聯學鼻祖。銘之二，行書，曰：『質彌堅，任君磨。心彌潔，任君污。美哉斯研，不愧先賢遺物。余甸銘。』余甸，康熙四十五年進士，以書法、文章名世，喜藏硯。官至順天府丞。銘之三，隸書，曰：『乙亥春，得斷碑硯。細絳印章，知為黃石齋先生物也。遂銘數字，以待他年得硯之人，知今日余得此硯於此。莘田識。』『莘田』即黃任，字於莘，又字莘田，喜藏硯，號十硯老人，康熙舉人，工詩，曾任廣東四會知縣。

明 項聖謨銘長方形漢磚硯（正面及邊款）

明　項聖謨銘長方形漢磚硯（背面及邊款）

項聖謨銘長方形漢磚硯

明

戊戌初夏王承雄於海上

原配楠木天地蓋
蓋銘大吉祥宜子孫光緒甲申冬十月天山
游家珍藏磚額銘宜子孫邊墻鐫刻
大吉祥宜子孫癸巳冬日項謨

項謨字孔彰明末國子監生然不求仕途惟醉心於書畫其祖父即大收家項元汴（字子京號墨林）董其昌跋其畫冊稱項孔彰此冊乃衆美畢臻樹石屋宇皆與宋人血戰就中山水又兼元人氣韻雖其天骨自合要亦功力至深所謂士氣作家俱備項子京有此文孫不負好古鑒賞百年食報之勝事矣此硯取漢宜子孫刻銘澂漿磚所製古樸壯碩簡潔峻宏贊曰秦漢磚瓦古質粗礪匠作之銘草刻篆隸吉語寄情祈願彰明大俗即雅大樸即工項家富藏天下景仰銘此一硯立見涵養慨嘆流風立此商榷

明　項聖謨銘長方形漢磚硯

長十六厘米　寬十三厘米　高五厘米

原配楠木天地蓋

蓋銘：『大吉祥，宜子孫。光緒甲申冬十月。天山遊客珍賞。』磚額銘『宜子孫』。邊牆鎸刻『大吉祥、宜子孫。癸巳冬日項（聖）謨。』

項（聖）謨，字孔彰，明末國子監生，然不求仕途，惟醉心於書畫。其祖父即大收（藏）家項元汴（字子京，號墨林）。董其昌跋其畫冊稱：『項孔彰此冊，乃衆美畢臻，樹石屋宇，皆與宋人血戰，就中山水，又兼元人氣韻，雖其天骨自合，要亦功力至深，所謂士氣、作家俱備。項子京有此文孫，不負好古鑒賞百年食報之勝事矣。』此硯取漢『宜子孫』刻銘澄漿磚所製，古樸壯碩，簡潔恢宏。

贊曰：秦漢磚瓦，古質粗礪。匠作之銘，草刻篆隸。吉語寄情，祈願彰明。大俗即雅，大樸即工。項家富藏，天下景仰。銘此一硯，立見涵養。慨嘆流風，立此商榷。

明 端石蓬萊硯（正面）

明 端石蓬萊硯（背面）

明端石蓬萊硯

此硯取材端石質地精良色澤沉靜整器呈長方端正厚重古樸典雅且體形之大實為罕見硯作淌池樸色淺闊硯堂緩出硯池硯邊幻稱通體刻繪蓬萊仙閣畐浮雕清淺紋飾精美硯下正中起仙山石紋堅實硬朗山緣浪花紋飛濺其上硯池為圓形作紅日狀火焰紋清晰四周海水雲紋圍繞細若游絲波浪翻滾雲氣縹緲之閣高起嵯峩樓閣圍欄檐角刻畫入微二層門榭中有蓮紋盛開神彩異常遠處則高山連綿雲霧繚繞整幅構圖飽滿層次豐富形態逼真亦如夢如幻契合仙境之意層次豐富形態逼真亦為層層海浪拱衛蓬萊仙畐硯背做深覆水內刻海水雲龍紋浮雕略深四乃明顯一蒼龍自碧空踏雲而來一蒼龍自海底破浪而出雙龍對峙身形纏繞於七枚柱眼之間氣息渾厚變顯威嚴寬闊硯側刻繪一衆羅漢亦作淺浮雕羅漢身負法器形神各異或騎猛虎或乘錦鯉或踩仙木皆頭頂祥雲踏浪而來似要遠赴蓬萊仙境硯面背邊主題銜接然雕工各有風華殊為難得

蓬萊硯與蘭亭硯太史硯等俱為中國傳統經典硯式蓬萊式硯起源於宗宋人「端溪硯譜」中云「蓬萊樣宣和初御府降樣四環刻海水魚龍三神山水池做昂命狀左日右月星斗羅列以供太上皇書府之用」興盛於明且傳世之硯以明製為最精此硯體型碩大用料考究包漿醇厚亦而雕工紋飾絕倫氣息古樸故事性極強更顯彌足珍貴配以紅木天地蓋更顯文雅堪為明代同類題材硯作之精品

王承雄書

明　端石蓬萊硯

長二十七點五厘米　寬十五點八厘米　高九厘米

此硯取材端石，質地精良，色澤沉靜，整器呈長方，端正厚重，古樸典雅，且體形之大，實為罕見。硯作淌池樣式，淺開硯堂，緩出硯池，硯邊勻稱，通體刻繪蓬萊仙閣圖，浮雕清淺，紋飾精美。硯下正中起仙山，石紋堅實硬朗，山緣浪花紋飛濺，其上硯池為圓形，作紅日狀，火焰紋清晰，四周海水雲紋圍繞，細若游絲。波浪翻滾，雲氣縹緲之間，高起嵯峨樓閣，圍欄檐角，刻畫入微，二層門榭中有蓮（花）紋盛開，神彩異常。遠處則高山連綿，雲霧繚繞。整幅構圖飽滿，層次豐富，形態逼真，亦如夢如幻，契合仙境之意。（層次豐富，形態逼真），亦為層層海浪，拱衛蓬萊仙圖。硯背做深覆手，內刻海水雲龍紋，浮雕略深，凹凸明顯。一蒼龍自碧空踏雲而來，一蒼龍自海底破浪而出，雙龍對峙，身形纏繞於七枚柱眼之間，氣息渾厚，更顯威嚴。寬闊硯側則刻繪一眾羅漢，亦作淺浮雕，羅漢身負法器，形神各異，或騎猛虎，或乘錦鯉，或踩仙木，皆頭頂祥雲，踏浪而來，似要遠赴蓬萊仙境。硯面、背、邊主題銜接，然雕工各有風華，殊為難得。蓬萊硯與蘭亭硯、太史硯等俱為中國傳統經典硯式。蓬萊式硯起源於宋，宋人《端溪硯譜》中云：『蓬萊樣，宣和初，御府降樣……四環刻海水魚龍三神山，水池做崑崙狀，左日右月，星斗羅列，以供太上皇書府之用。』興盛於明，且傳世之硯以明製為最精。此硯體型碩大，用料考究，包漿醇厚，六面雕工，紋飾絕倫，氣息古樸，故事性極強，更顯彌足珍貴。配以紅木天地蓋，更顯文雅，堪為明代同類題材硯作之精品。

明 眉紋圓形歙硯（正面）

明 眉紋圓形歙硯（背面）

眉紋圓形歙硯

明

直墻圓骨硯堂起崗琢磨工致底部淺挖覆手堂似日輪池若彎月或日月同輝宋明風韻硯制極簡陋米元章所謂器以用為功文藻緣飾雖天然失硯之用有詩云波紋細碎狀如蹄殘月為池式不奇致用元章說硯史南宮遺訓引為倚

歲次戊戌王承雄於申

明　眉紋圓形歙硯

直徑十四點五厘米　高二點五厘米

直牆圓唇，硯堂起崗，琢磨工致，底部淺挖覆手。堂似日輪，池若彎月，或日月同輝。宋明風韻，硯制極簡，乃米元章所謂：『器以用為功。』『文藻緣飾，雖天然，失硯之用。』

有詩云：波紋細碎狀如蹄，殘月為池式不奇。致用元章說《硯史》，南宮遺訓引為倚。

明 隨形澄泥摶石硯（正面）

明 隨形澄泥摶石硯（背面）

随形澂泥搏石砚

明

原配瘿木盒

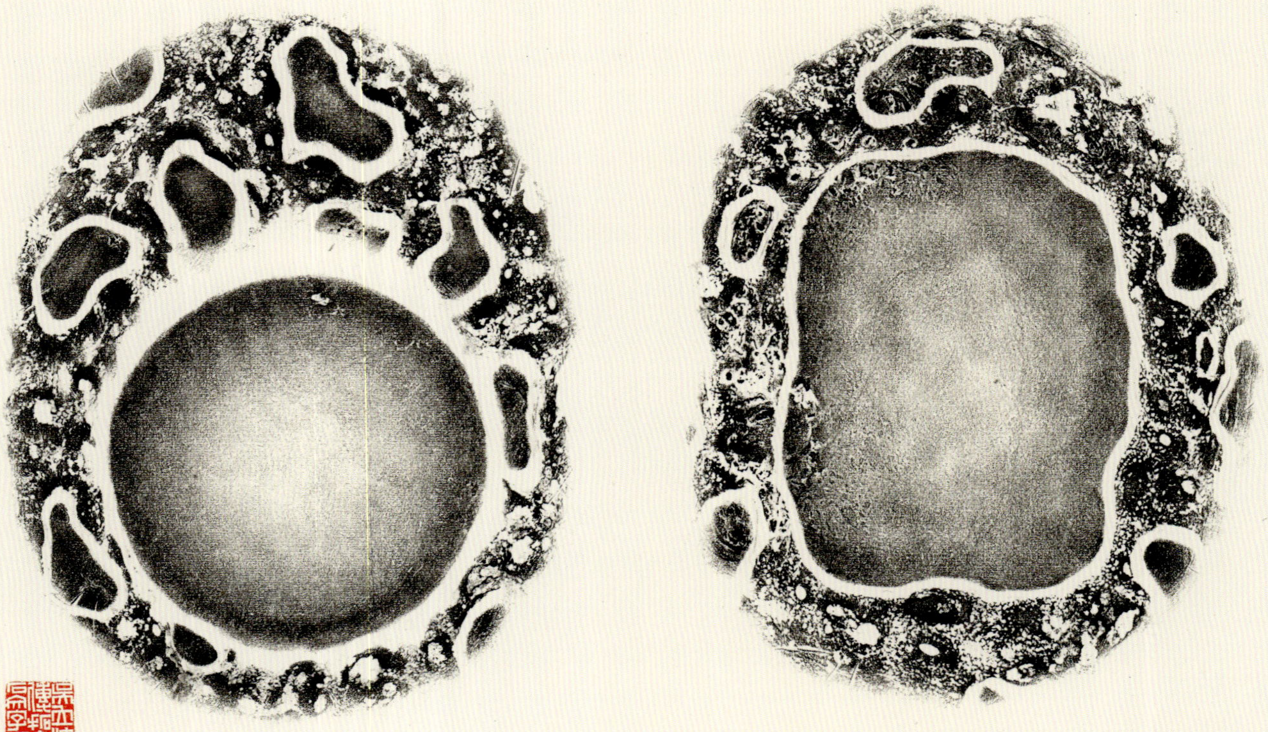

毛詩小雅詩序有曰由庚萬物得其道也崇丘萬物得其極高大也由儀萬物之生各得其宜也此硯深得個中之理將整石碾為堂又不同餘石細碎而棄之遂搏澂泥以聚或為配飾或作底足道法天然奇趣有詩一絕句贊云紅石銀暈古来稀謀劃精良必有奇心智常能滕機巧尺長寸短竟相宜

王承雄書

明　隨形澄泥摶石硯

長二十二點八厘米　寬十八點四厘米　高五點八厘米

原配瘿木盒。

《毛詩·小雅》詩序有曰：『由庚，萬物得其道也。崇丘，萬物得（極其）高大也。由儀，萬物之生各得其宜也。』此硯深得個中之理，將整石碾為堂，又不因餘石細碎而棄之，遂摶澄泥以聚，或為配飾，或作底足，道法天然奇趣。有詩一絕句贊云：紅石銀暈古來稀，謀劃精良必有奇。心智常能勝機巧，尺長寸短竟相宜。

明 線刻羅漢圖澄泥硯（正面）

澄泥硯（邊款）

明　線刻羅漢圖澄泥硯（背面）

明　線刻羅漢圖

線刻羅漢啚澂泥硯

明

桐木盒

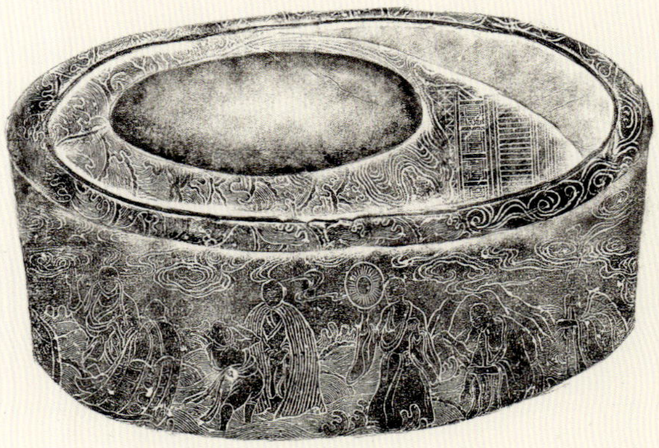

硯面背及辟皆線刻面午堂而外滿刻雲水紋陸池有殿閣覆手刻海上三島辟乃十八應真

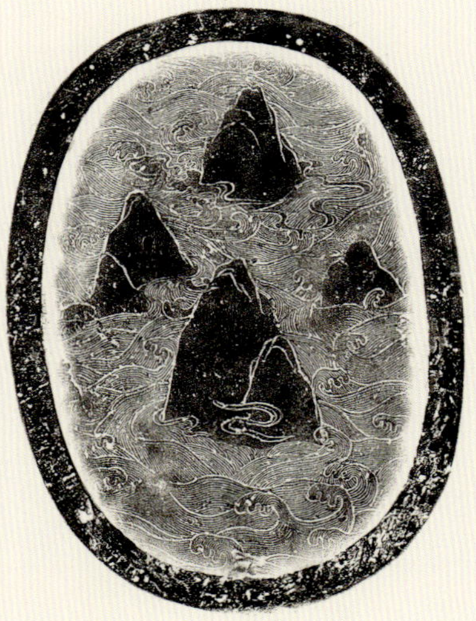

唐以降宋人製尚秀雅元則粗獷明人重沈厚清人喜雕飾皆世風故此硯造型敦厚形體沈雄是所謂明風燦然其制也辟雍渦池飾水雲紋刻畫頗　漢畫像線面結合覆手宋硯遺風一面坡式直墻厚壁線描刻畫群僧雲水之間高僧大德解見倒似一衆沙彌聞法堂各個容顔可掬贊曰

取法辟雍殿曰彝倫海中三島僊境美倫辟刻羣僧十八應儒釋合流迄宋入明絳州之作唐有盛名此硯刻畫亦屬晉風

王承雄書於海上

明　線刻羅漢圖澄泥硯

長二十五點五厘米　寬十八點八厘米　高九點四厘米

桐木盒

硯面、背及壁皆線刻。面平堂而外，滿刻雲水紋。陡池有殿閣，覆手刻海上三島，壁乃十八應真。

唐以降，宋人製（硯）尚秀雅，元則粗獷，明人重（沉）厚，清人喜雕飾，皆世風故。此硯造型敦厚，形體（沉）雄，是所謂明風燦然。其制出辟雍，淌池飾水雲紋。刻畫頗（類）漢畫像，線面結合。覆手宋硯遺風，一面坡式。直牆厚壁，線描刻畫群僧。雲水之間，高僧大德鮮見，倒似一眾沙彌鬧法堂，各個容顏可掬。贊曰：取法辟雍，殿曰彝倫。海中三島，仙境美（輪）。壁刻群僧，十八應（真）。儒釋合流，迄宋入明。絳州之作，唐有盛名。此硯刻畫，亦屬晉風。

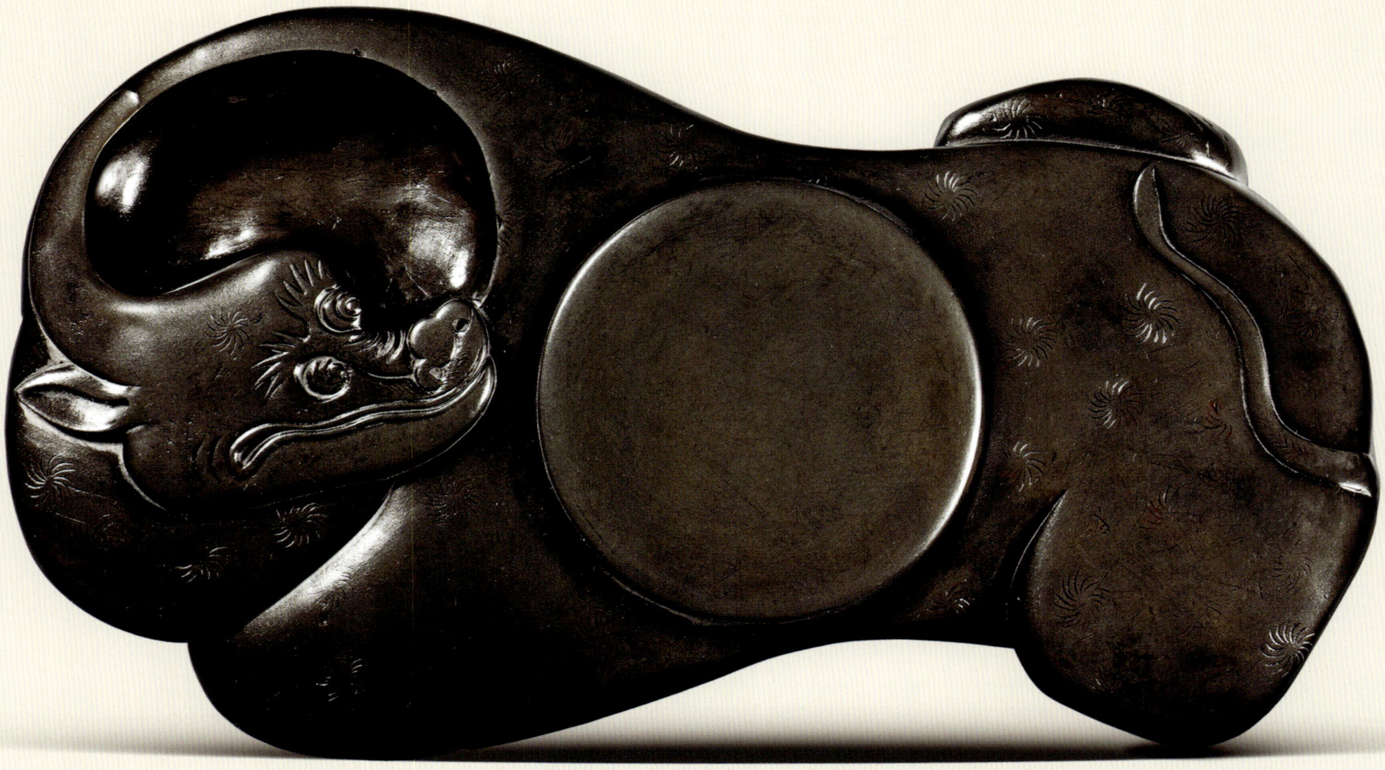

明 犀牛望月圖肖形綠端硯（正面）

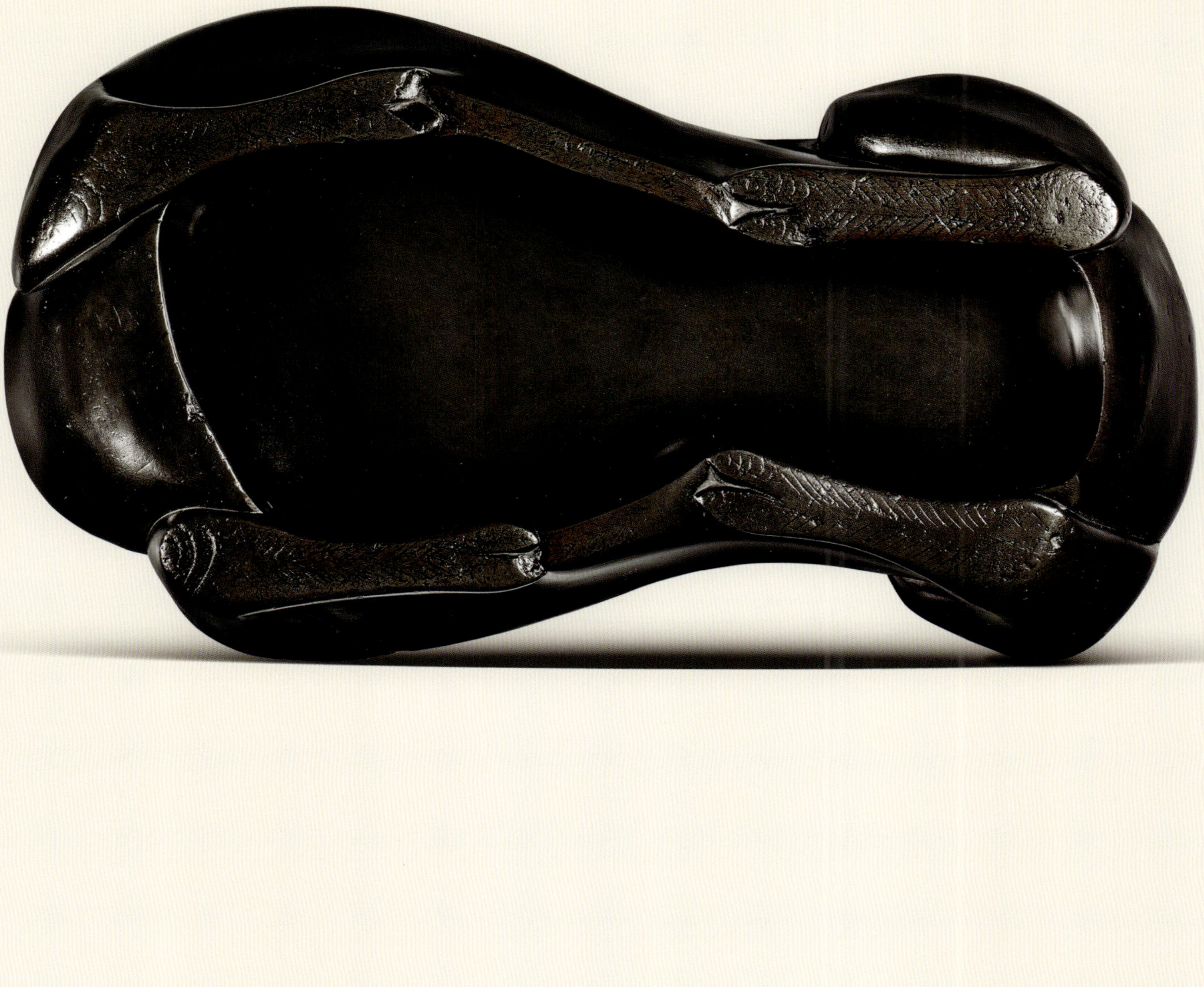

明 犀牛望月圖肖形緑端硯（背面）

犀牛望月畫肖形綠端硯

（明）

有盒無銘

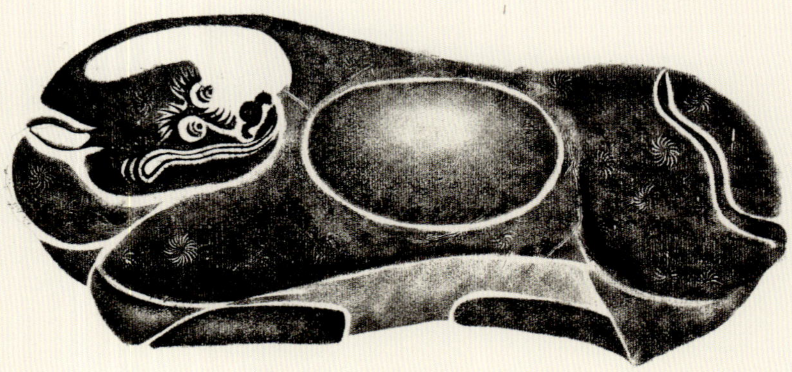

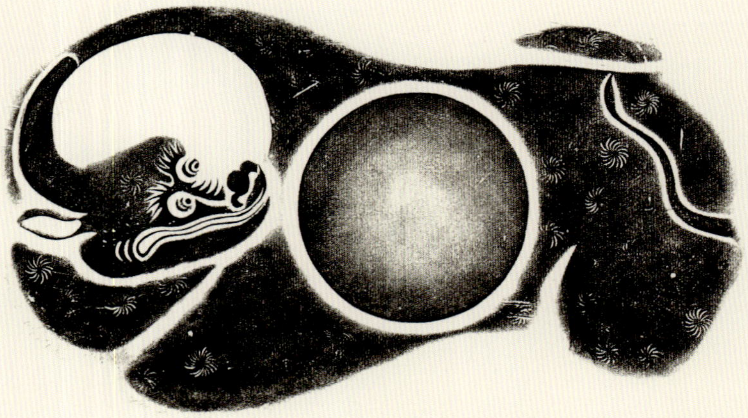

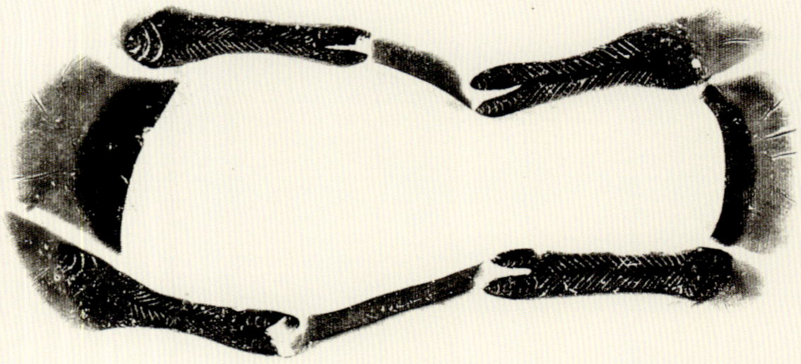

犀牛望月典出關尹子五鑒喻之所見不完也文士遂籍以為警硯用此典賦於形以圓堂示圓月而犀牛緣雙眼間彎曲獨角遮擋故視則總以為彎故硯工琢彎月形池於其頭側作犀之所想見有感而作一偈曰

見非所見緣有非見完非所完緣未見完欲達完見除遮欄見欲畫之完予完未完吾無完見是未見完何由見完是無完見

歲在戊戌夏初之月

王承禎書於海上

明　犀牛望月圖肖形緑端硯

長二十八厘米　寬十五點八厘米　高五點九厘米

有盒無銘

犀牛望月典出《關尹子·五鑒》，喻之所見不完也。文士遂藉以為警。硯用此典賦於形，以圓堂示圓月，而犀牛緣雙眼間彎曲獨角遮擋故，視則總以為彎。故硯工琢彎月形池於其頭側，作犀之所想見。

有感而作一偈曰：見非所見，緣有非見。完非所完，緣未見完。欲達完見，除遮攔見。欲圖之完，予完未完。世無完見，是未見完。何世見完？是無完見。

明 張寅銘食祿千鍾端硯（正面）

明 張寅銘食祿千鍾端硯（背面）

明　張寅銘食祿千鍾端硯（盒蓋）

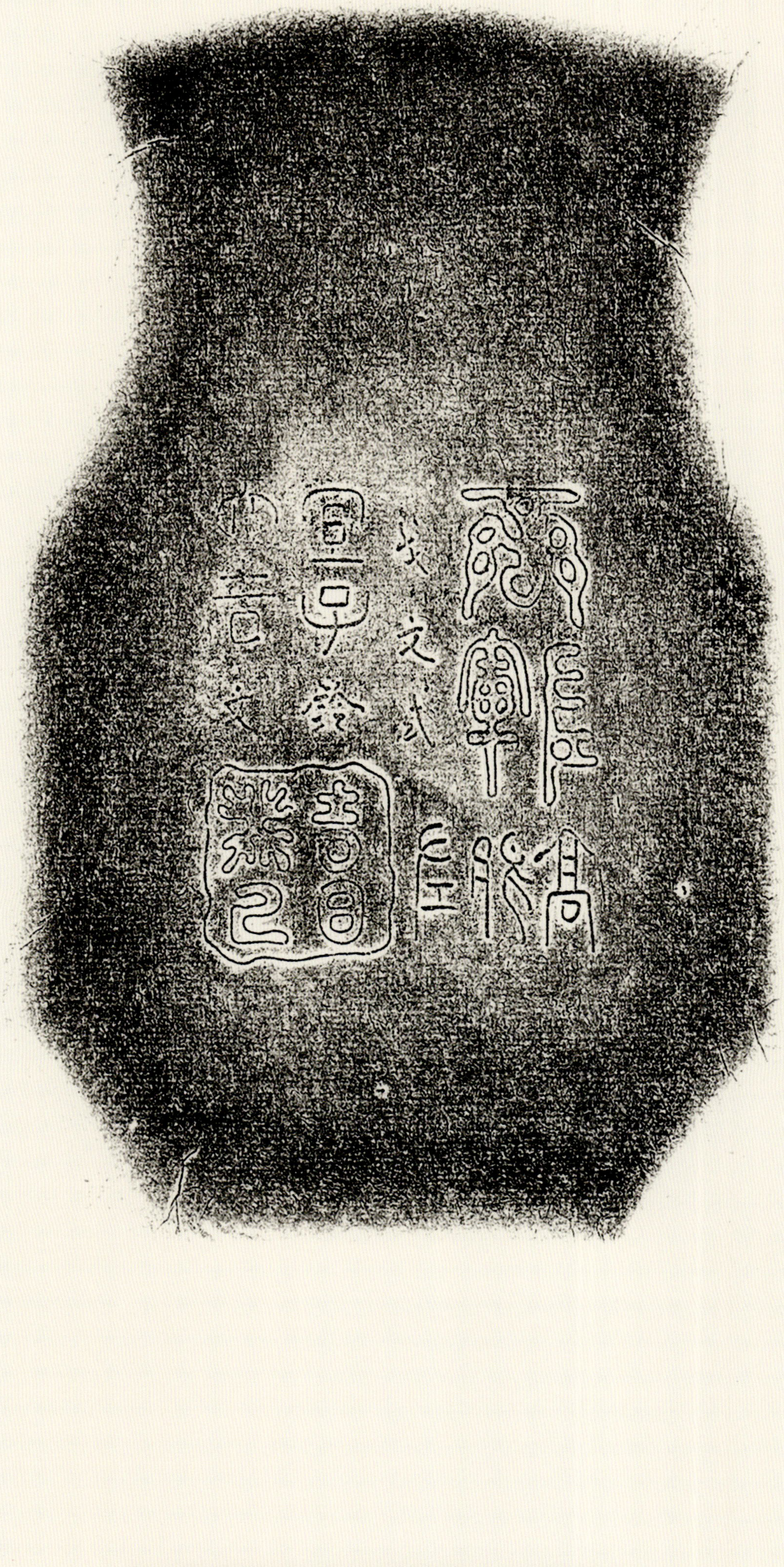

明　張寅銘食祿千鍾端硯（盒蓋拓片）

張寅銘食祿千鐘端硯

明

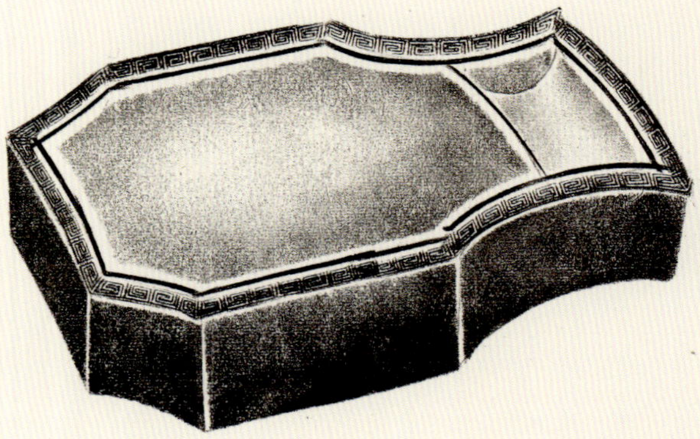

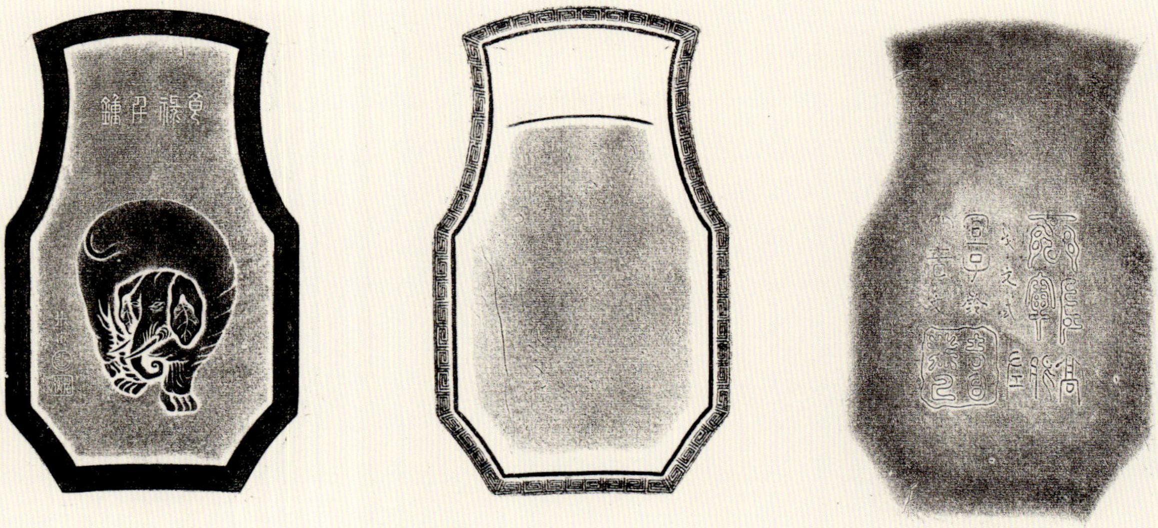

石出端溪有星暈被覆式出漢
方或曰寶瓶平堂變形一字池
硯背雕雲雷紋甚古樸厚重覆
手內銘食祿千鐘張寅行書款
對子章式篆書白文『張』『省卿』
食祿千鐘典出『史記魏世家』而
中雕俯首之大象圖形乃借喻
拜相以食祿千鐘張寅字省卿
明代虞山治硯 家昔沈石友
曾藏具所製魁星硯
此硯之紫檀天地蓋裝飾篆籀
書體文字曰商鄣行書注戈文
式等應系清嘉道後流行樸式
今有詩曰雅器尊古宣和定名
變通合理法式迭更結繩絕跡
金文不行但無矯飾匪厭其精
歲次戊戌時維孟之月
王承雄書於海上陋室

明　張寅銘食祿千鐘（鍾）端硯

長十四點二厘米　寬八點六厘米

石出端溪，有星暈被覆。式出漢方，或曰寶瓶。平堂，變形一字池，硯唇雕雲雷紋，甚古樸厚重。覆手內銘『食祿千鐘（鍾）』，『張寅』行書款，對子章式篆書白文『張』、『省卿』。

『食祿千鐘（鍾）』典出《史記·魏世家》，而中雕俯首之大象圖形，乃借喻拜相以食祿千鐘（鍾）。張寅字省卿，明代虞山治硯（名）家，昔沈石友曾藏其所製魁星硯。

此硯之紫檀天地蓋，裝飾篆籀書體文字，曰『商鄣』，行書注『戈文式』等，應系清嘉道後流行（樣）式。

今有詩曰：雅器尊古，宣和定名。變通合理，法式迭更。結繩絕跡，金文不行。但無矯飾，匪厭其精。

明　張寅製肖形澄泥硯（正面）

明 張寅製肖形澄泥硯（背面）

張寅製肖形澄泥硯

原配癭木天地盒

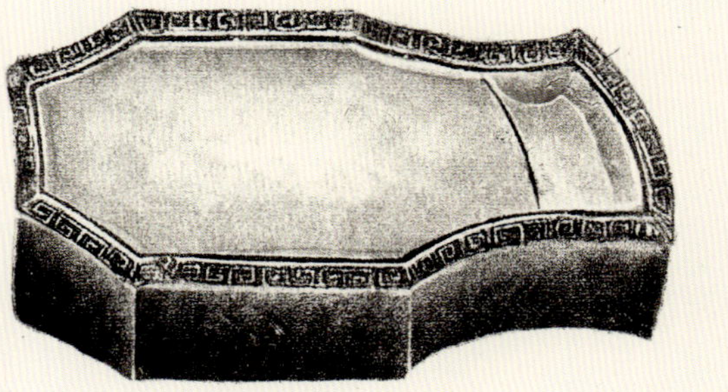

背有象紋及張
寅「張」「省卿」印款

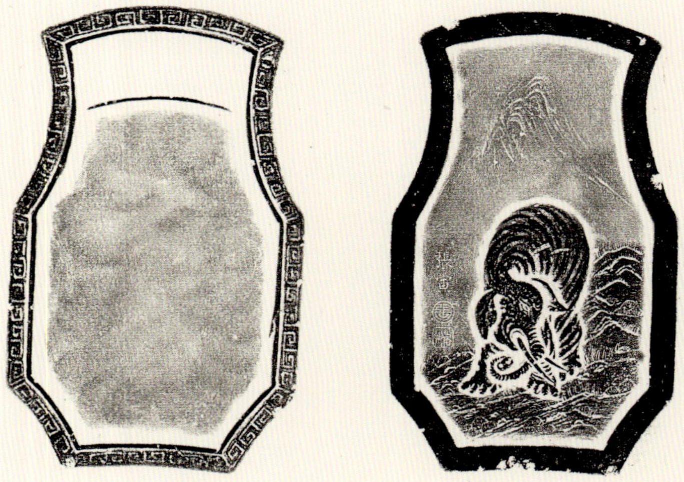

形若寶瓶底刻象紋所謂者太平有象刀法洗練線條持重是以曰明風爍然張寅字省卿明末虞山琢硯名匠所見有同形與各式端硯碾琢益精老子有論道之為物惟恍惟惚惚兮恍兮其中有象太平者何五谷豐登有象者何祈祝永寧鍛硯為此情有所衷

戊戌夏月王承雄

明　張寅製肖形澄泥硯

長十四厘米　寬八點七厘米　高二點八厘米

原配癭木天地盒

背有象紋及張寅『張』『省卿』印款

形若寶瓶，底刻象紋，所謂者太平有象。刀法洗練，綫條持重，是以曰：明風燦然。張寅字省卿，明末盧山琢硯名匠，所見有同形，與各式端硯碾琢益精。老子有論：道之為物，惟恍惟惚，惚兮恍兮，其中有象。太平者何，五谷豐登，有象者何，祈祝永寧。鍛硯為此，情有所衷。戊戌夏月王承熊。

明晚 柳叶石板砚（正面）

明晚　柳叶石板砚（背面）

柳葉石板硯（明晚）

原配黃花梨整挖硯盒

板硯不晚於秦漢而明清尤尚琢以葫蘆形硯池知非筆舔耳柳葉石為硯為屏明人之所好也黃花梨大挖製盒亦明風爍然有詩云花梨為器席珀光緣為賞櫝珠玉藏攜吞伴文毛穎叟古來華彩付能觴

歲次戊戌春末之月
王承雄寫海上逸墨齋

明晚　柳叶石板硯

長十三點五厘米　寬十點五厘米　高二厘米

原配黃花梨整挖硯盒

板硯不晚於秦漢，而明清尤尚。琢以（葫）蘆形硯池，知（其）非筆舔耳。柳葉石為硯、為屏，明人之所好也。黃花梨大挖製盒，亦明風燦然。

有詩云：花梨為器（琥）珀光，緣為買櫝珠玉藏。攜去伴交毛穎叟，古來華彩付觥觴。

明晚　東之銘紅絲石隨形袖硯（正面）

明晚　東之銘紅絲石隨形袖硯（背面）

東之銘紅絲石隨形袖硯

明晚

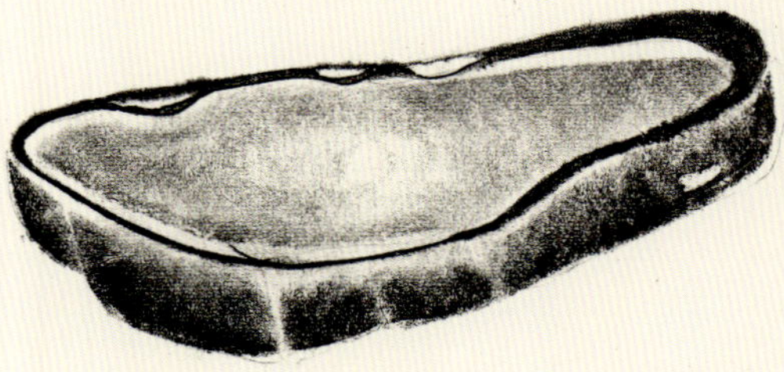

原配紅木盒
背刻隸書袖硯東之刊

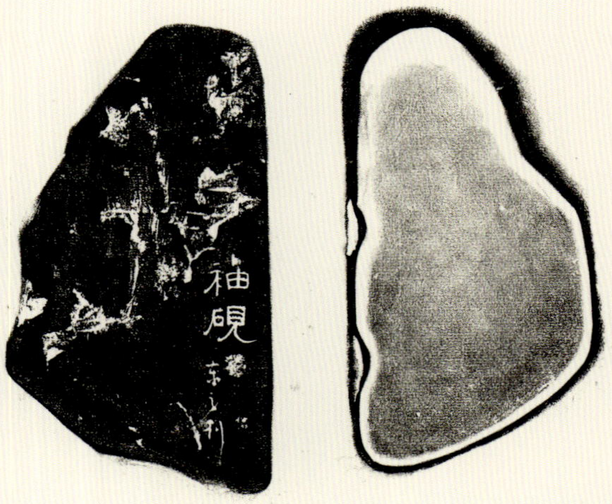

紅絲硯古來制硯名石舊出青州黑山之巔洞中有宋時已告罄後有五十餘里外之壮山所出叩擊則聲愈清亮袖硯者謂其體輕薄小或可納於袖中以方便隨身攜帶東之或為江東之萬歷進士官至貴州巡撫緣此硯隨形礦琢不尚修飾頗具明風耳詩曰 紅絲享譽唐経年明季此石尋已難依勢淺挖琢作器袖中攜去耐把翫

王承雄書於海上

明晚　東之銘紅絲石隨形袖硯

長十三厘米　寬七點二厘米　高一點六厘米

原配紅木盒，背刻隸書『袖硯，東之刊。』

紅絲乃古來製硯名石，舊出青州黑山之巔洞中，有宋時已告罄。後有五十餘里外之壯山所出，叩擊則聲愈清亮。袖硯者，謂其體輕薄，小，或可納於袖中，以方便隨身攜帶。『東之』或為江東之，萬曆進士，官至貴州巡撫。緣此硯隨形碾琢，不尚修飾，頗具明風耳。

詩曰：紅絲享譽唐經年，明季片石尋已難。依勢淺挖琢作器，袖中攜去耐把翫。

清初 士驥款随形九如端砚（正面）

清初　士驤款隨形九如端硯（背面及邊款）

士騏款隨形九如端硯

（清初）

原配紫檀雕水渦紋盒

硯墻有士騏篆書朱文款

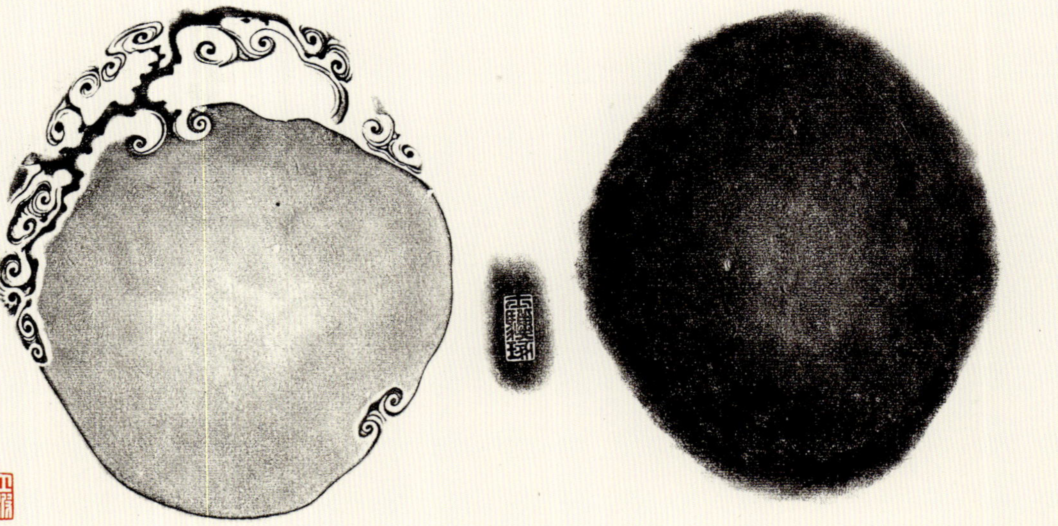

九如典出小雅迺皇家祝嘏之辭士騏為康乾間謝氏字汝奇其善書亦閩中製硯巨擘此硯隨形以靈芝九孫示九如迺祈福延壽之寓也取詩之如月之恒如日之昇如南山之壽不騫不崩

有詩感言康乾盛世多良工此理昭彰今古同謝氏之名半天下帷緣顧硯無人争

戊戌春王承雄書

清初　士驥款隨形九如端硯

長十五厘米　寬十三厘米　高二點六厘米

原配紫檀雕水渦紋盒

硯牆有『士驥琢』篆書朱文款

『九如』典出《小雅》，乃皇家祝嘏之辭。士驥為康乾間謝氏，字汝奇。其善書，亦閩中製硯巨擘。此硯隨形，以靈芝九簇示九如，乃祈福延壽之寓也。取《詩》之：『如月之恒，如日之昇。如南山之壽，不騫不崩。』

有詩感言：康乾盛世多良工，此理昭彰今古同。謝氏之名半天下，惟緣顧硯無人爭。

清初 不山款佛手瓜形澄泥砚（正面）

清初 不山款佛手瓜形澄泥砚（背面）

不山款佛手瓜形澄泥硯

（清初）

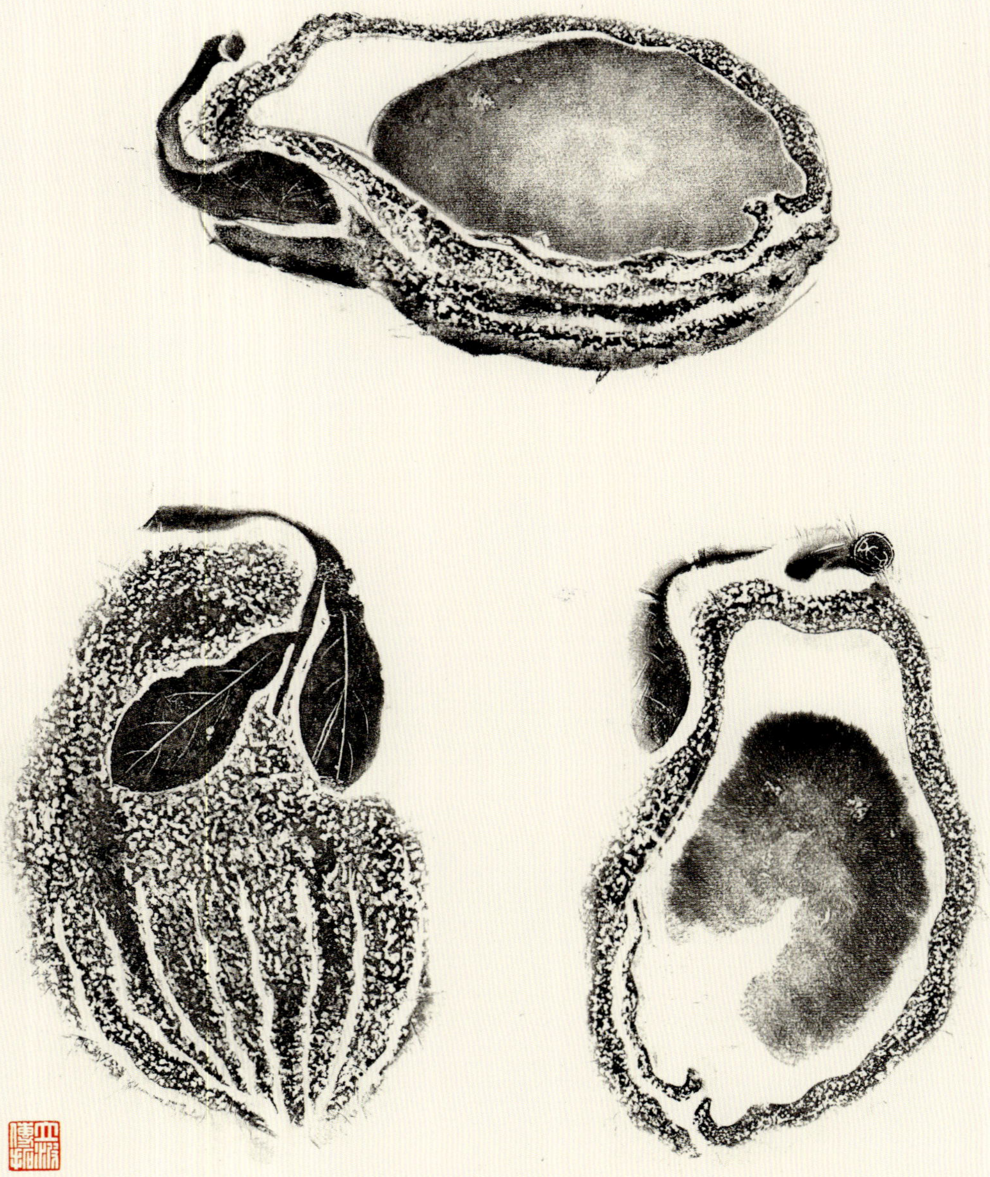

原配楠木盒瓜蒂擋截面刻不山篆書款當為硯工名號

澄泥唐與端歙洮並稱所謂三石一陶之名硯也此硯制為佛手瓜式屬肖形硯矣多見於南工

贊曰澄泥古已尊此謂鱔魚黃淘洗復錘成致若嬰兒膚焙燒需精心儲墨不易涸歷久也良工由是多貢物

王承雄書

清初　不山款佛手瓜形澄泥硯

長十七厘米　高十點五厘米　高二點九厘米

原配楠木盒

瓜蒂橫截面刻『不山』篆書款，當為硯工名號。

澄泥，唐與端、歙、洮並稱，所謂『三石一陶』之名硯也。此硯制為佛手瓜式，屬肖形硯矣，多見於南工。

贊曰：澄泥古已尊，此謂鱔魚黃。淘洗復錘成，致若嬰兒膚。焙燒需精心，儲墨不易涸。歷久出良工，由是多貢物。

清初 王澍銘三陽開泰圖長方形端硯（正面）

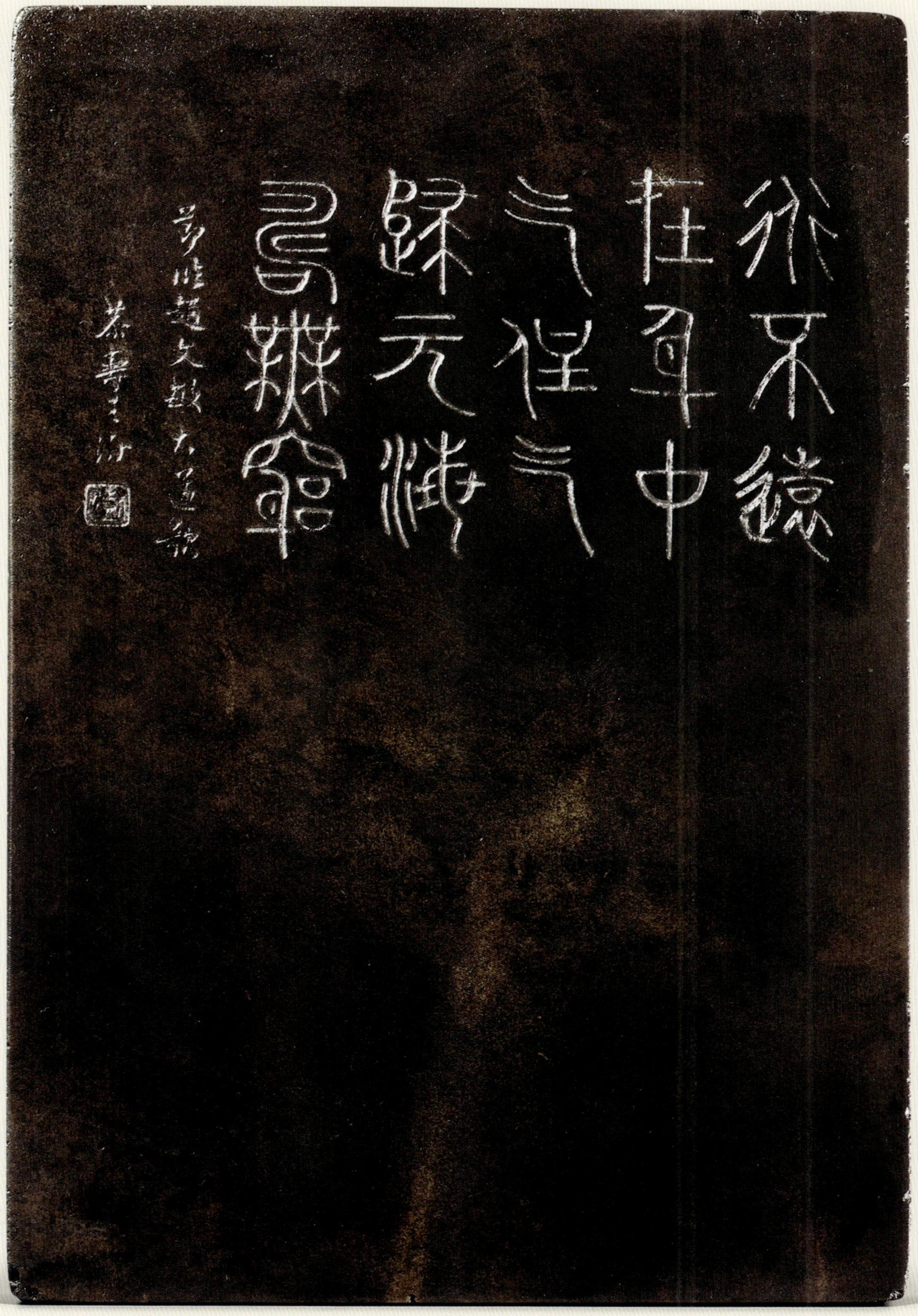

清初　王澍銘三陽開泰圖長方形端硯（背面）

王澍銘三陽開泰圖長方形端硯

清初

漆木盒有傷

硯背王澍篆：道不遠在身中氣住氣歸元海壽無窮節錄趙文敏公大道歌恭壽

王澍並篆白文澍印款

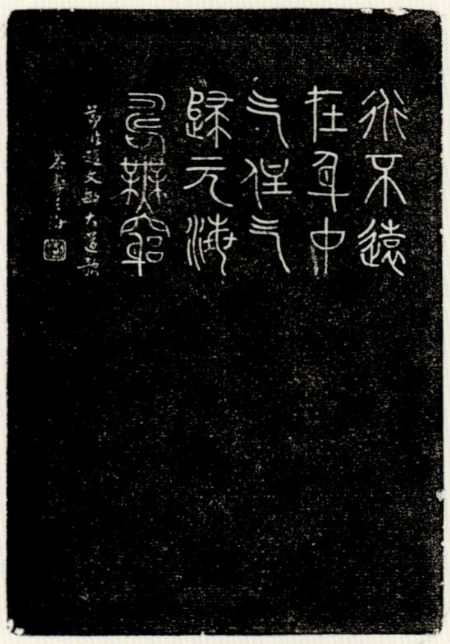

石爲嵓端有火捺魚腦凍淺堂無池工法跡近板式老樹枯枝琢出歲月景象雕三羊者取易正月爲泰卦三陽生於下宋史樂志云三陽交泰日新惟良故曰新正大吉祥硯背有王澍銘其字若霖號虛舟晚號恭壽老人康熙五十一年進士官至吏部員外郎楷法歐陽詢又善篆隸斯冰尤其篆隸筆堪稱康乾閣第一聖手故特命充五經篆文館總裁官其於趙子昂篆書大道歌倍推崇欣碑帖著錄甚豐爲碑學之興開聲氣之先

古風一首云康乾鐵筆推恭壽史籀爲魂玉筋肉如絲少溫文敏體化作參差與圓瘦

注：王恭壽論篆書者有三要一曰圓二曰瘦三曰參差圓乃勁瘦乃腴參差乃整齊三者失其一書如耳

歲在戊戌王承雄書於海上逸墨齋

清初　王澍銘三陽開泰圖長方形端硯

長十四點五厘米　寬十厘米　高二點二厘米

漆木盒有傷，硯背玉筯篆『道不遠，在身中。氣住氣，歸元海。壽無窮。節錄趙文敏公大道歌。恭壽王澍。』並篆白文『澍』印款。

石為紫端，有火捺魚腦凍。淺堂無池，工法跡近板式。老樹枯枝，琢出歲（寒）景象。雕三羊者，取《易》正月為泰卦，三陽生於下。《宋史·樂志》云：『三陽交泰，日新惟良。』故曰：新正大吉祥。硯背有王澍銘。其字若霖，號虛舟，晚號恭壽老人。康熙五十一年進士，官至吏部員外郎。楷法歐陽詢，又善篆隸、斯冰。尤其篆隸筆，堪稱康乾間第一聖手，故特命充五經篆文館總裁官。其於趙子昂篆書《大道歌》倍推崇，考碑帖著錄甚豐，為碑學之興開聲氣之先。

（有）古風一首云：康乾鐵筆推恭壽，史籀為魂玉筋肉。如絲少溫文敏體，化作參差與圓瘦。

注：王恭壽論篆書者有三要：『一曰圓，二曰瘦，三曰參差。圓乃勁，瘦乃腴，參差乃整齊。三者失其一，（奴書）耳。』

清初 黃任藏雲漢天章銘橢形端硯（正面）

清初　黄任藏雲漢天章銘橢形端硯（背面及邊款）

黄任藏雲漢天章銘橢形端硯 清初

原配黄花梨盒

壁有楷書款『永福黄任藏』並『莘田』篆書印款

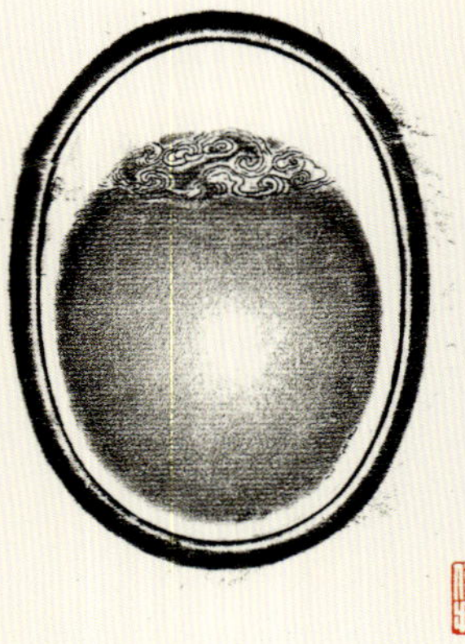

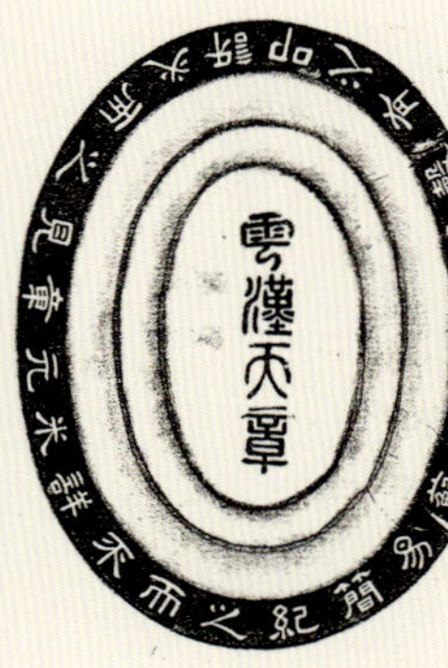

黄任字于莘又字莘田號十硯翁工詩善書康熙四十一年舉人官廣東四會知縣以藏硯名其十硯多為顧二娘造皆可考此硯不在十硯之列或為其購藏硯盒為黄花梨整挖而成清初風貌硯形簡而精整文質大氣堂池閣琢雲紋恍若流波環手篆書『雲漢天章』分明為供御之貢品辭環帶隸書禮器碑筆隸筆書燕尾蠶頭具贊曰

有聲問之無價蘇易簡紀之而不群米元章見之必詠叩之

今有感而賦詩曰官謫不怨攜緣差怎負才情枉自詠設若南宮得見此米家船上畫空匣

歲在戊戌夏月王承雄鈔於海上

清初　黄任藏雲漢天章銘橢形端硯

長十一厘米　寬八點二厘米　高四厘米

原配黄花梨盒

壁有楷書款：『永福黄任藏』並『莘田』、『任』篆書印款

黄任字于莘，又字莘田，號十硯翁，工詩善書。康熙四十一年舉人，官廣東四會知縣，以藏硯名。其十硯多為顧二娘造，皆可考。此硯不在十硯之列，或為其購藏硯。盒為黄花梨整挖而成，清初風貌。硯形簡而精整，文質大氣；堂池間琢雲紋，恍若流波。覆手篆書『雲漢天章』，分明為供御之貢品辭。環帶隸筆，禮器碑筆，隸筆書燕尾蠶頭。其贊曰：『有聲問之無價。蘇易簡紀之而不群，米元章見之而必訝叩之。』

今有感而賦詩曰：官微不怨機緣差，怎負才情枉自誇。設若南宮得見此，米家船上盡空匣。

清初 勵宗萬銘圓盒式歙硯（正面）

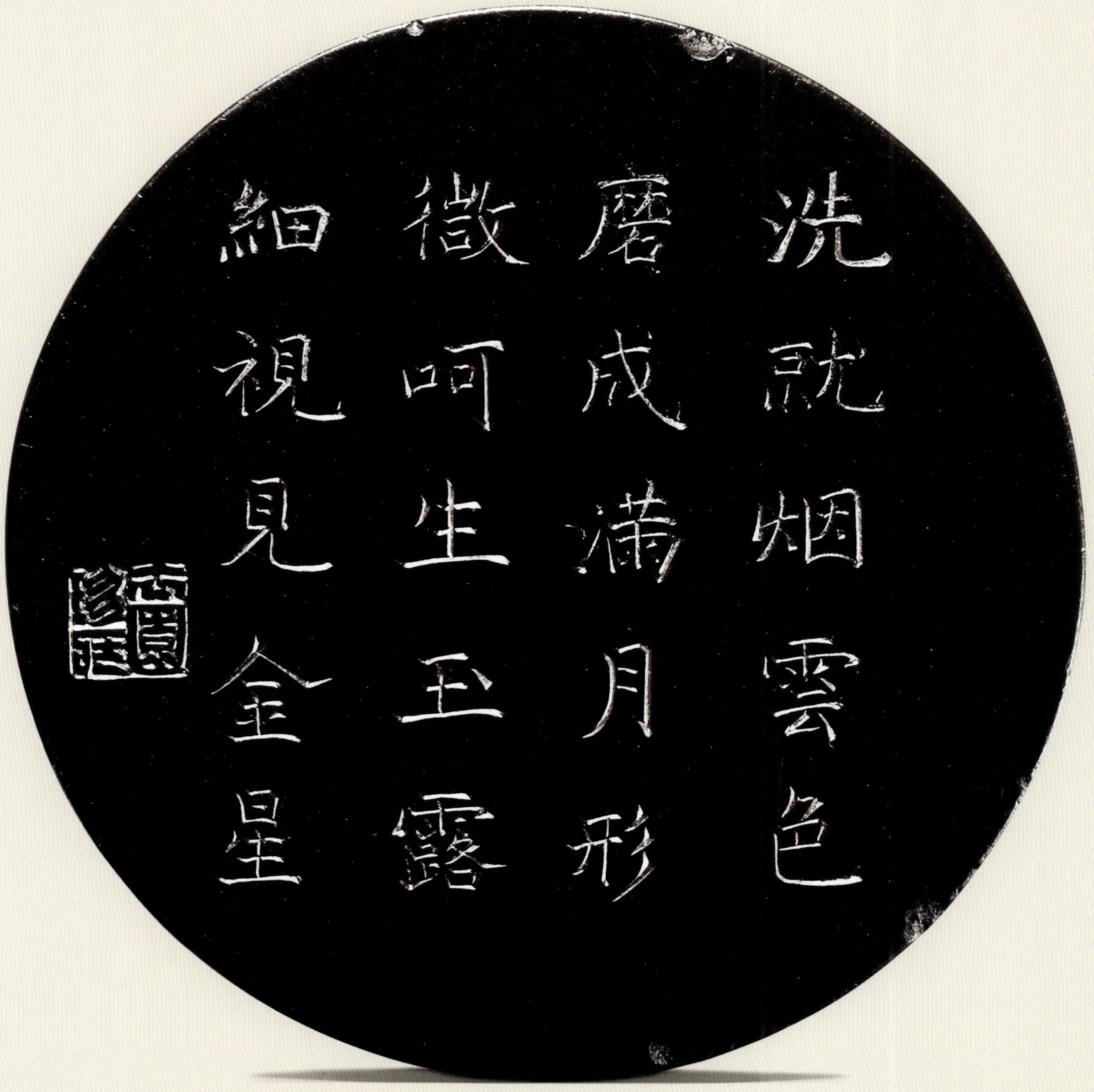

清初　勵宗萬銘圓盒式歙硯（背面）

勵宗萬銘圓盒式歙硯

清初

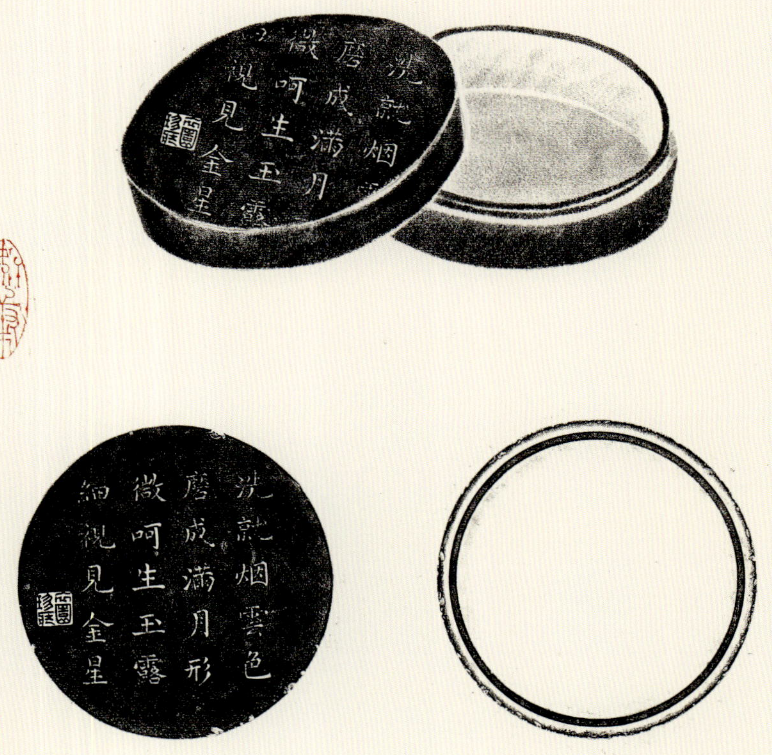

硯背銘楷書五言詩並篆「衣園珍藏」印款

勵宗萬字滋大號衣園康熙六十年一七二一辛丑進士十七歲點翰林以刑部侍郎銜供奉內廷其能詩善畫尤工楷行為雍正乾隆朝重要詞臣時與張照南北稱此硯取上品歙石精工碾琢而不雕飾堂池一體以為小楷之用所見清季文豪者亦多用素硯惟石材欣究琢磨精細耳類此小硯則常備以攜行其自作五言絕句乃正體仄聲起首句不入韻絕無生詞冷典貴其詞藻之嫵然甚嚴謹工穩詞用平水韻曰洗盡煙雲色磨成滿月形微呵生而露細視見金星今斗膽以和紫氣東来色太極兩儀形大儒皆崇素利墨依金星

歲在戊戌仲夏六月時酷暑熱甚奈何奈然鈔硯銘並妙文注釋可消暑耳

清初　勵宗萬銘圓盒式歙硯

直徑十厘米　高三厘米

硯背銘楷書五言詩並篆『衣園珍藏』印款

勵宗萬字滋大，號衣園，康熙六十年（一七二一）辛丑進士，十七歲點翰林，以刑部侍郎銜供奉內廷。其能詩善畫，尤工楷行，為雍正、乾隆朝重要詞臣，時與張照南北稱。此硯取上品歙石，精工碾琢而不雕飾。堂池一體，以為小楷之用。所見清季文豪者，亦多用素硯。惟石材考究，琢磨精細耳。類此小硯則常備以攜行。其自作五言絕句，乃正體，仄聲起，首句不入韻。絕無生詞冷典、賣弄詞藻之嫌，然甚嚴謹工穩。詞用《平水韻》，曰：『洗盡煙雲色，磨成滿月形。微呵生雨露，細視見金星。』今斗膽以和：紫氣東來色，太極兩儀形。大儒皆崇素，利墨依金星。

清康熙 御製銘夔紋松花石嗳硯

清康熙　御製銘夔紋松花石暖硯（盒底）

清康熙　御製銘夔紋松花石曖硯（正面）

清康熙 御製銘夔紋松花石暖硯（背面）

御製銘夔紋松花石暖硯

原配掐絲珐琅硯牀

清康熙

硯材取松花石有波紋若淌硯式清奇典雅造辦處工額飾仿古窃曲紋由額至尾相交壺門式平堂以龍門分斷開如意形池四圍直壁浮雕二龍戲珠紋硯背四角出曲尺形足行筆背銘曰以靜為用是以永年兩面坡刀法鐫刻並刻白文寶康熙宸翰其書出董香光結體法度並不謹嚴純熟當為康熙帝盛年之前面貌

原配掐絲珐琅硯牀雙龍拱壽紋具下半部為硃池上半部鏤空鎏金以為冬月焚碳透氣之功用底有鐵綫篆寶文康熙年製具與水丞筆山合為康乾時期掐絲珐琅文房三件套供帝后皇太后所用但見有硯無牀者大抵為近世偽作

用下平十四鹽戲作一絶云

宸翰罕見捉刀手豈肯寶文恣意鈐

製用禁中殊克謹硯需置座或盛奩

歲次戊戌時值孟秋之月

王承雄捉筆於海上陋室

清康熙　御製銘夔紋松花石暖硯

長十四厘米　寬十一點二厘米

原配掐絲琺瑯硯牀

硯材取松花石，有波紋若淌。硯式清奇典雅，造辦處工。額飾仿古窃曲紋，由額至尾相交。壺門式平堂，以龍門分斷，開如意形池。四圍直壁浮雕二龍戲珠紋，硯背四角出曲尺形足。行筆背銘曰：『以靜為用，是以永年。』兩面坡刀法鐫刻，並刻白文寶（文）『康熙宸翰』。其書出董香光，結體法度並不謹嚴純熟，當為康熙帝盛年之前面貌。原配掐絲琺瑯硯牀，雙龍拱壽紋。其下半部為碳池，上半部鏤空鎏金，以為冬月焚碳透氣之功用。底有鐵綫篆寶文『康熙年製』。其與水丞、筆山合為康乾時期掐絲琺瑯文房三件套。僅供帝、后、皇太后所用。但見有硯無牀者，大抵為近世偽作。用『下平十四鹽』戲作一絕（句）云：宸翰罕見捉刀手，豈肯寶文恣意鈐。製用禁中殊克謹，硯需置座或盛奩。

參閱：一、楊伯達：《唐元明清琺瑯工藝總敘》，《中國金銀玻璃琺瑯器全集·琺瑯器》，
河北美術出版社二〇〇二年。
二、《金屬胎琺瑯器》，商務印書館二〇〇二年，圖版八十五。
三、《故宮經典—文房清供》，圖版二一二，故宮博物院編。

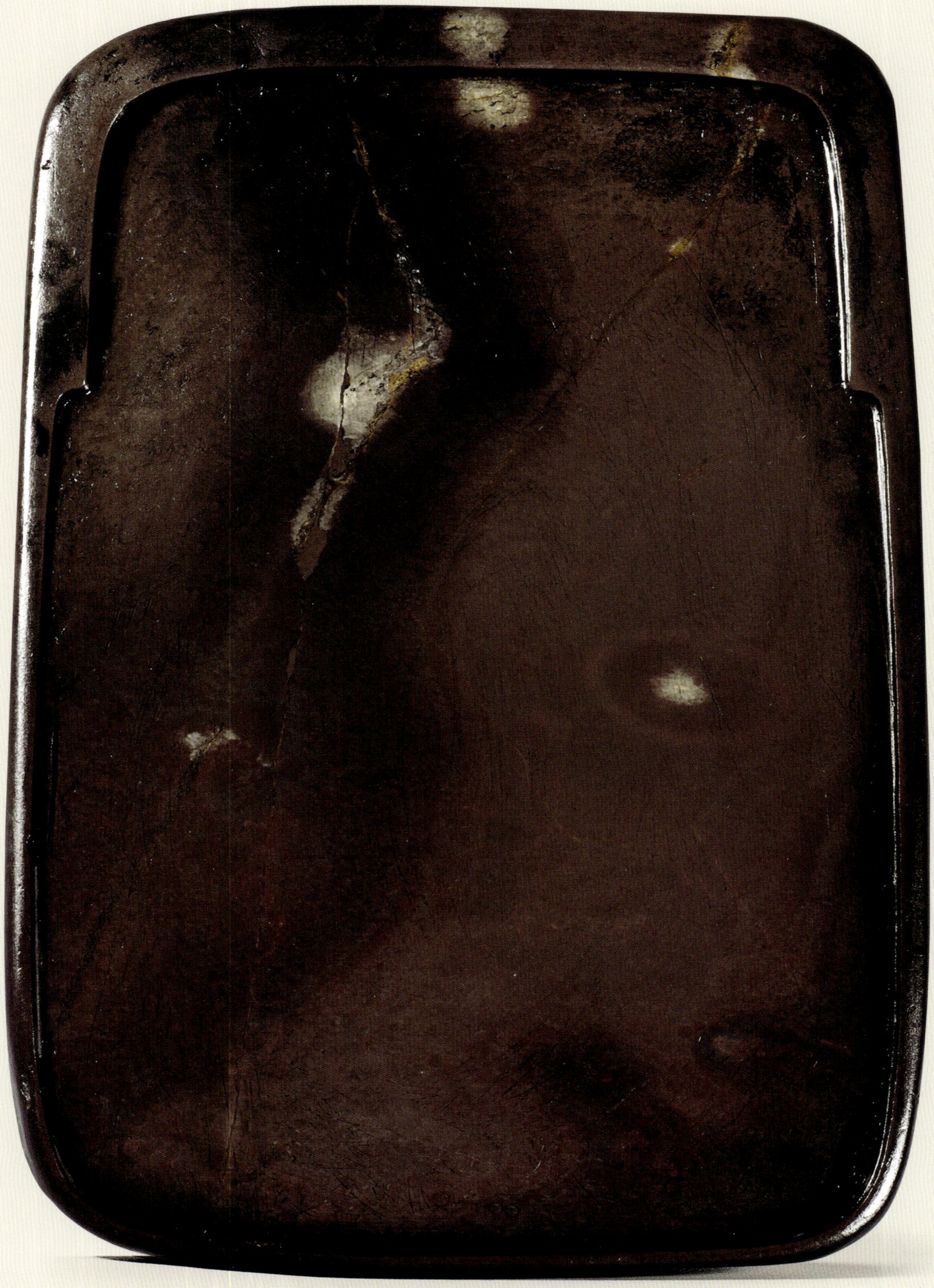

清康熙 尤侗五言詩銘端硯（正面）

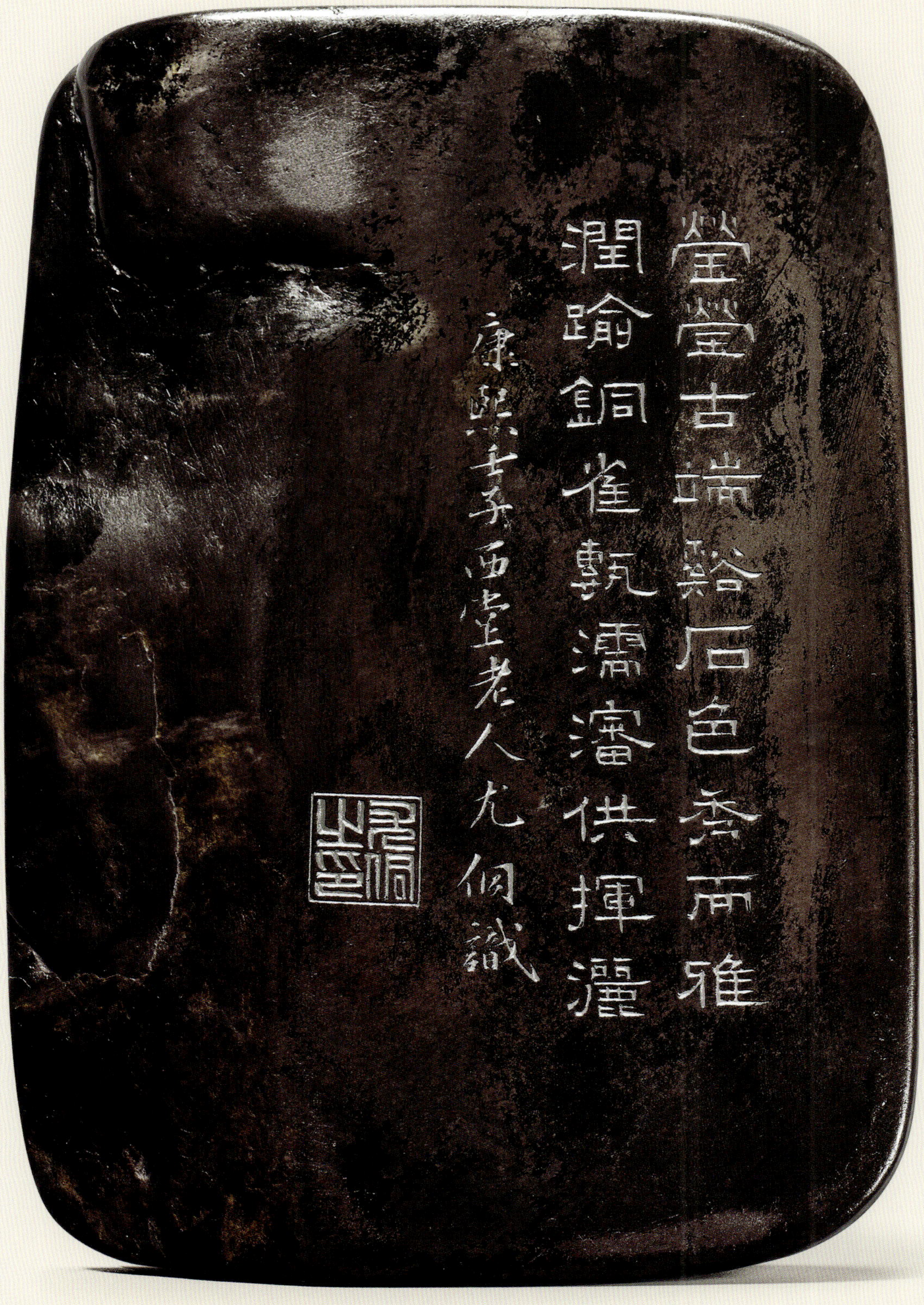

清康熙　尤侗五言詩銘端硯（背面）

尤侗五言詩銘端硯

清 康熙

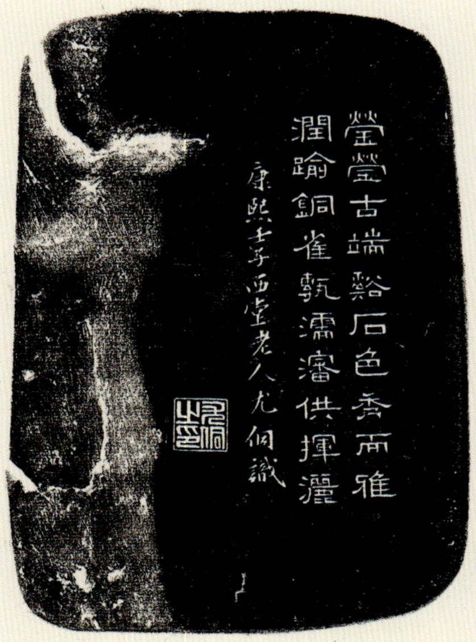

石為老坑魚腦火捺皆見硯式拙樸平堂淌池不飾硯底五言詩銘瑩瑩古端石色秀而雅潤逾銅雀磚濡沈供揮灑康熙壬子西堂老人尤侗識並刻白文篆書尤侗之印尤侗系明末清初吳中名士熟經史善詩文通南北曲遊戲詼諧之作常轟動一時然屢試不中康熙十八年以博學鴻詞科二等第十名授翰林院編修參修『明史』列撰述第一告老還鄉後於康熙二次南巡時授侍講

感其戲作文風用平水韻下一下續貂試云臨去秋波那一轉西廂四辟參情禪若得此老銘戲謔物既朽枯讀亦鮮

戊戌秋月王承雄書

清康熙　尤侗五言詩銘端硯

長十五厘米　寬十點八厘米　高二厘米

石為老坑，魚腦火捺皆見；硯式拙樸，平堂淌池不飾。硯底五言詩銘：『瑩瑩古端（谿），石色秀而雅。潤逾銅雀磚，濡瀋供揮灑。康熙壬子，西堂老人尤侗識。』並刻白文篆書『尤侗之印』。

尤侗系明末清初吳中名士，熟經史，善詩文，通南、北曲，遊戲詼諧之作常轟動一時，然屢試不中。康熙十八年以博學鴻詞科二等第十（二）名授翰林院編修，參修《明史》，列撰述第一。告老還鄉後，於康熙二次南巡時授侍講。

感其戲作文風，用《平水韻》『下一先』續貂試云：臨去秋波那一轉，西廂四壁參情禪。若得此老銘戲謔，物既朽枯讀亦鮮。

清康熙　随形端砚（正面）

清康熙 隨形端硯（背面）

隨形端硯

原配楠木天地蓋

色漿熟老背行草銘金光閃閃
紫紫色文華片片綠龜鱗作直
然交諸夫子亦曾親近風流人
康熙甲子（一六八四）冬端溪老愷題並刻

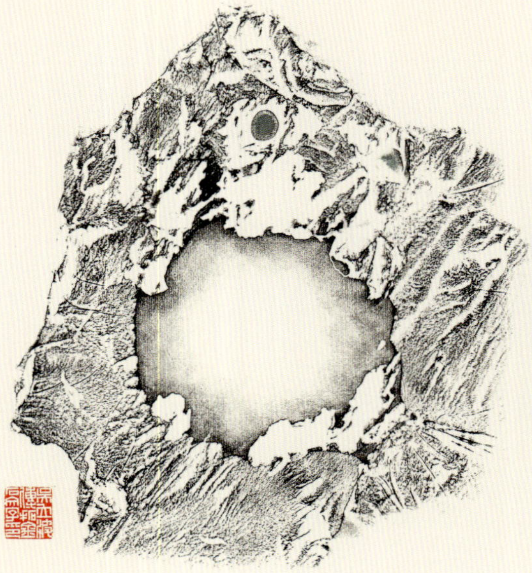

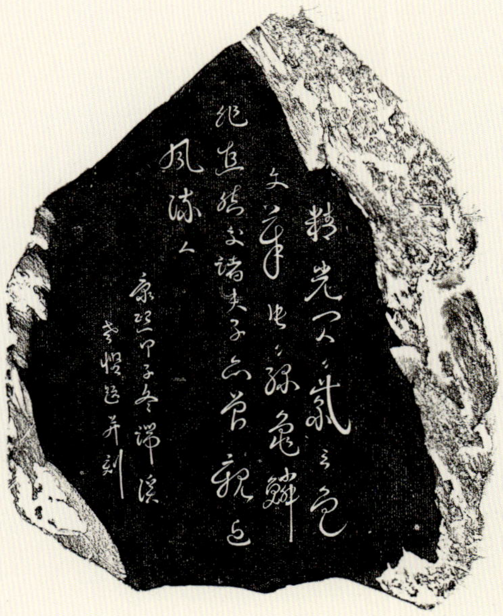

材出端谿水巖不足石
眼原石厚重碩大層疊
嵯峨似靈璧而潤若隕
鐵而腴髮鬚蟲蝕古木
皺透出趣邊淺雕而匪
雕銘者不名然誌曰康
熙時可信

詩讚曰勢如壘土起高
臺又如蟲蝕木已紫曠
墅荒坡歪歪柳有當高
士踏歌來

歲次戊戌初夏之月王家烜題錄
端硯搨片釋文於海上逸墨齋

清康熙　隨形端硯

長二十六厘米　寬十八厘米　高六點五厘米

原配楠木天地蓋。包漿熟老。
背行草銘『精光閃閃紫之色，文華片片緑龜鱗。
作直然交諸夫子，亦曾親近風流人。
康熙甲子（一六八四）冬。端溪老愷題並刻。』

材出端溪水巖，不乏石眼。原石厚重碩大，層疊嵯峨。似靈璧而潤，若隕鐵而腴。髣髴蟲蝕古木，皺透生趣，遂淺雕而匪雕。銘者不名，然誌曰康熙時可信。
詩讚曰：勢如壘土起高臺，又如蟲蝕木已柴。曠野荒坡歪垂柳，有當高士踏歌來。

清早期　朱彝尊、黃任等銘長方形端硯（正面及邊款）

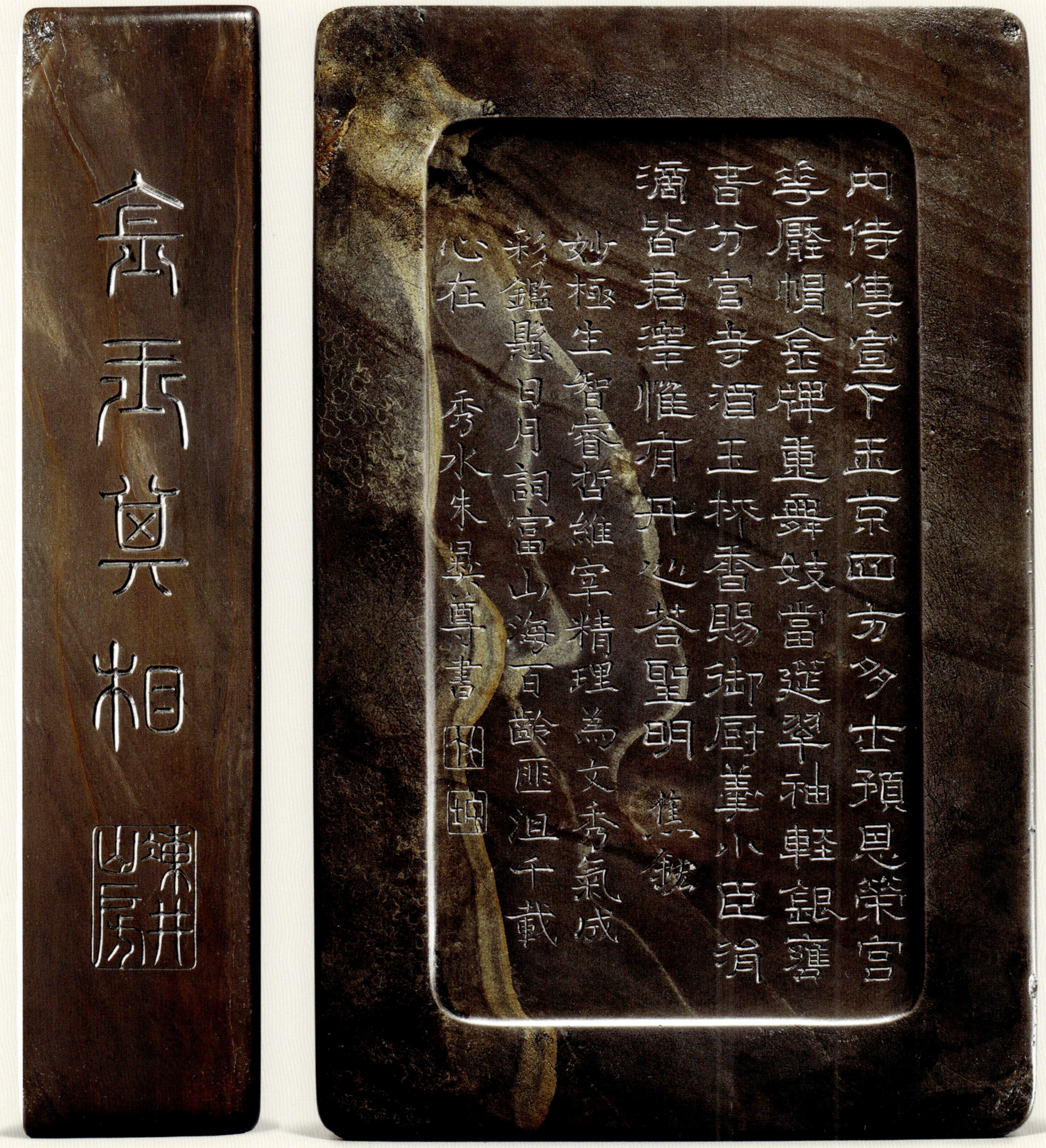

清早期　朱彝尊、黃任等銘長方形端硯（背面及邊款）

櫸木盒

覆手内為朱彝尊長銘硯墻一側有篆書『金玉其相凍井山房』另有黄任行草書銘

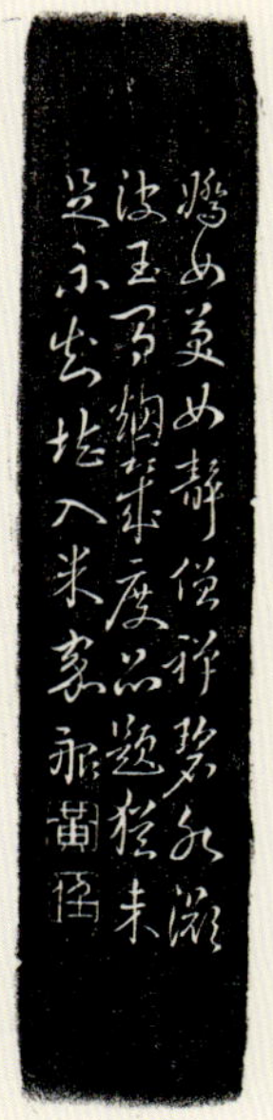

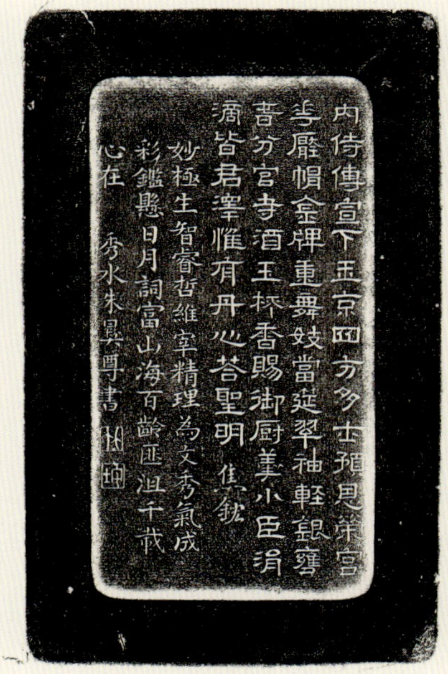

朱彝尊黄任等銘長方形端硯

清早期

硯出水巖正背金暈流肆池坡雙蟹河蟹或言利諧骨施錦地菡萏花開清雅矩廓桂堂是謂方正不阿覆手隸字詩元賜恩榮宴復續楷書引文心雕龍句似與該硯無涉印款竹垞應為朱氏於康熙八年（一六六九）回嘉興買宅之號竹垞始凍井山房於黄任藏硯中多有銘乃其同鄉黄虞南齋名其字或遠號韻亭有凍井山房詩集傳世另一側篆印款黄任銘詩曰嬌女美女靜僧神碧水澈波玉有煙幾度品題猶未足示知堪入米家船朱彝尊黄任皆清季名今度其餘意和詩云菩提蕉葉具參禪打坐燎爐伴有煙暮鼓晨鐘早晚課筆如遊客硯為船

王承雄揮汗鈔於海上逸墨齋

清早期　朱彝尊、黄任等銘長方形端硯

長十八厘米　寬十一點五厘米　高三點八厘米

櫸木盒。覆手内為朱彝尊長銘。

硯牆一側有篆書『金玉其相。凍井山房。』另有黄任行草詩銘。

硯出水巇，正背金暈流肆。池坡雙蟹，河蟹或言和諧。唇施錦地，菡萏花開清雅。矩廓桂堂，是謂方正不阿。覆手隸字詩（出）元《賜恩榮宴》，復續楷書引《文心雕龍》句，似與該硯無涉。印款『竹』、『垞』應為朱氏於康熙八年（一六六九）回嘉興買宅之（後）號竹垞始。

凍井山房於黄任藏硯中多有銘，乃其同鄉黄虞南齋名。其字成遠、號韻亭，有《凍井山房詩集》傳世。另一側篆印款『黄』、『任』，銘詩曰：『嬌女美女靜僧禪，碧水微波玉有煙。幾度品題猶未足，示知堪入米家船。』

朱彝尊、黄任皆清名家。今度其餘意和詩云：菩提蕉葉具參禪，打坐燎爐伴有煙。暮鼓晨鐘早晚課，筆如遊客硯為船。

清早期 犀牛望月圖長方形端硯（正面）

清早期 犀牛望月圖長方形端硯（背面）

原配紫檀盒無銘

犀牛望月圖長方形端硯

清早期

硯面綠暈如流碧帶似水若雕琢不類倒不如不雕硯工遂取板式將斷續之如雲綠帶之工琢成冰盤出雲狀硯背覆手內雕如意祥雲海波之工有犀牛踏浪回首與硯面之月隔墻成趣故詩云星似珠盤霞滿天半輪皓月馳其間靈犀踏浪遠回首遮斷流雲伴嬋娟

王承雄書

清早期　犀牛望月圖長方形端硯

長十八厘米　寬十一點五厘米　高三點五厘米

原配紫檀盒，無銘

硯面綠暈如流，碧帶似水。若雕琢不類，倒不如不雕。硯工遂取板式，將斷續之如雲綠帶之上，琢成冰盤出雲狀。硯背覆手內雕如意祥雲，海波之上，有犀牛踏浪回首，與硯面之月，隔牆成趣。故詩云：星似珠盤覆滿天，半輪皓月駟其間。靈犀踏浪徒回首，遮斷流雲伴嬋娟。

清早期　林佶銘隨形端硯（正面）

清早期　林佶銘隨形端硯（背面）

林佶銘隨形端硯（清早期）

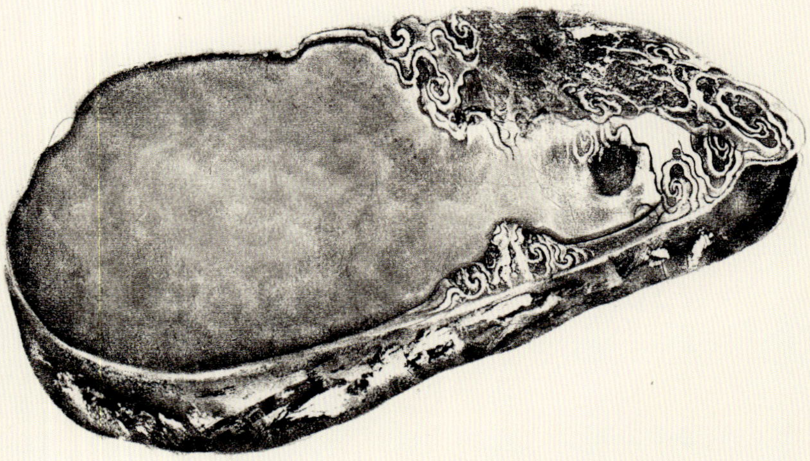

隨形雲紋紫檀盒
背有林佶銘及雪邨篆
『巖穴青雲』

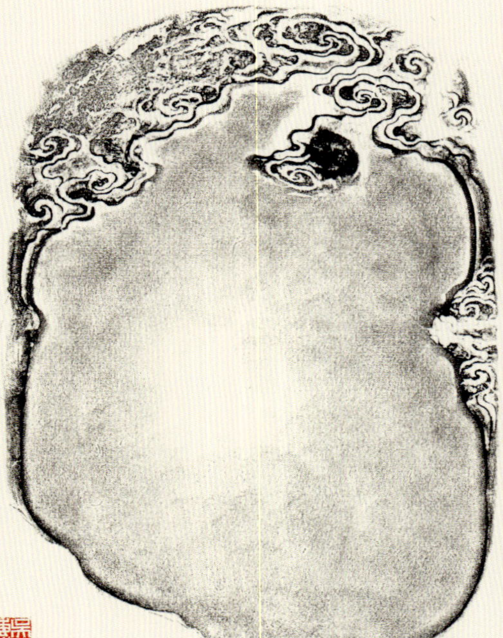

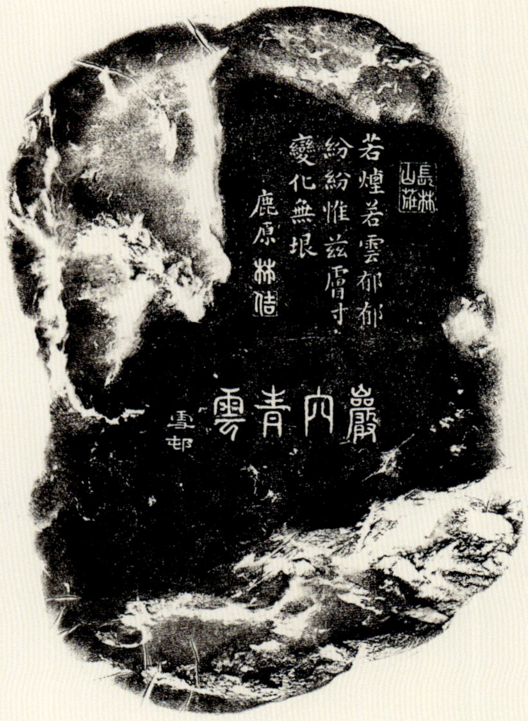

硯式隨形硯堂淺琢硯面青花火捺蕉葉白俱在顯見出自老坑康熙朝內閣中書林鹿原銘曰巖煙若雲鬱鬱紛紛惟茲膚寸變化無垠另篆有『巖穴青雲』下刻隸筆『雪邨』古人號雪邨者頗夥且式為雍正至乾隆間名臣白准泰字健齋號雪邨由筆帖式內庫主事累官至福建將軍山東巡撫

今作古風四句曰端谿下巖大西洞石品無二古來重林佶得之不忍琢硯額淺雕雲湧動

戊戌春末王承雄於逸墨齋

清早期　林佶銘隨形端硯

長二十點五厘米　寬十五厘米　高三厘米

隨形雲紋，紫檀盒。

背有林佶銘及雪邨篆『巖穴青雲』。

硯式隨形，硯堂淺琢。硯面青花火捺蕉葉白具在，顯見出自老坑。康熙朝內閣中書林鹿原銘曰：『若煙若雲，郁郁紛紛。惟茲膚寸，變化無垠。』另篆有『巖穴青雲』，下刻隸筆『雪邨』。古人號雪邨者頗夥，其應為雍正至乾隆間名臣白潢泰，字健齋，號雪邨。由筆帖式內庫主事，累官至福建將軍，山東巡撫。

今作古風四句曰：端溪下巗大西洞，石品無二古來重。林佶得之不忍琢，硯額淺雕雲湧動。

清早期　高鳳翰銘葫蘆紋端硯（正面）

清早期　高鳳翰銘葫蘆紋端硯（背面）

高鳳翰銘葫蘆紋端硯

清早期

背銘
山中石何蒼蒼隨君子兮登廟堂發文章兮聲琅琅
鳳翰左手並篆書朱文
西園印款

鑲瑪瑙牌子盒

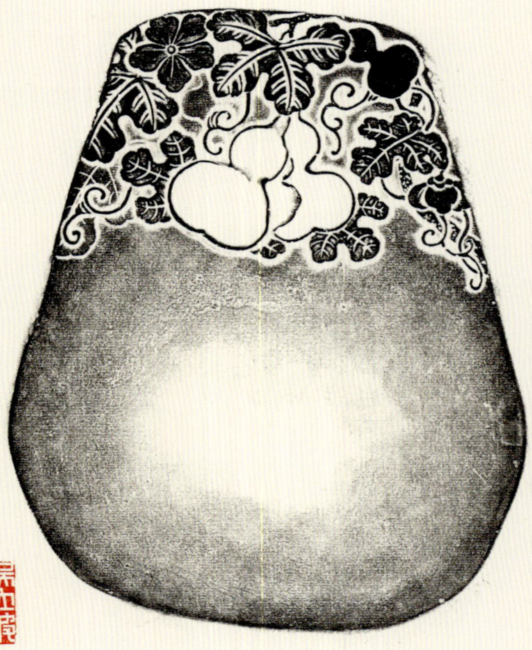

石為紫端硯形取古器砥板式
無欄額雕一蓬葫蘆深挖葫
蘆形池細膩寫實背無覆手
隸書堅逸蒼厚高鳳翰字
西園號南邨石農百硯齋等
揚州八怪之一詩書畫印皆能
與具曾為歙縣丞績溪知縣有
闕一生酷好藏硯治硯並著硯
史傳世似此等小硯多為其手製
銘書左手說明為其五十五歲
右手病殘後治
有感賦詩曰石農犁硯百千
枚著史一篇名續乘書畫印
詩皆在手收藏舍此復還誰

歲次戊戌初夏
王承雄於海上逸墨齋

清早期　高鳳翰銘葫蘆紋端硯

長十八厘米　寬十五點五厘米　高三厘米

鑲瑪瑙牌子盒

背銘『山中石，何蒼蒼。隨君子兮登廟堂。發文章兮聲琅琅。鳳翰左手。』並篆書朱文『西園』印款。

石為紫端，硯形取古器缶。板式無欄，額雕一蓬葫蘆。深挖葫蘆形池，細膩寫實。背無覆手，隸書野逸蒼厚。高鳳翰字西園，號南邨、石農、百硯齋等，揚州八怪之一，詩書畫印皆能。與其曾為歙縣丞、績溪知縣有關，一生酷好藏硯、治硯，並著《硯史》傳世。似此等小硯，多為其手製。銘書『左手』，說明為其五十五歲右手病殘後治。有感賦詩曰：石農犁硯百千枚，著史一篇名績垂。書畫印詩皆在手，收藏捨此復還誰。

清早期 夢寄樓寫詩盒隨形澄泥硯（正面）

清早期　夢寄樓寫詩盒隨形澄泥硯（背面）

夢寄樓寫詩盒隨形澂泥硯

清早期

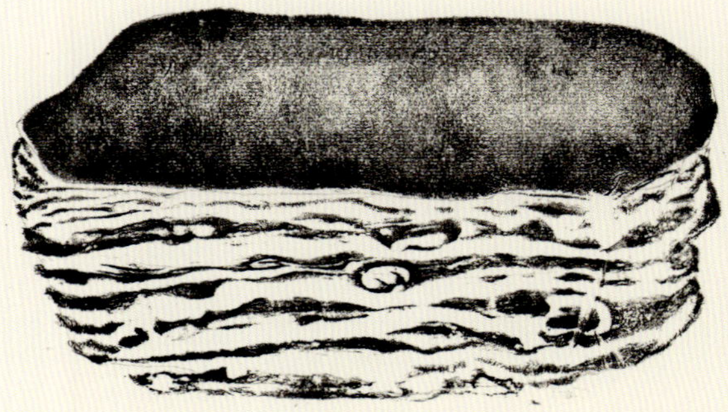

東瀛盒其上墨書梦寄樓寫詩硯

澄泥朱砂妙製或曰蝦頭紅壘木積臺之狀似泥條盤築楠文夫著錄可檢夢寄樓詩筆無蹤夢寄樓廼山東寧陽馬俊聲齋號字退之為南社社員詩書畫皆能此硯及盒僅留名或有詩讚此硯者今已無攷

有詩曰

法出明季勿存疑夢寄樓詩未見題巧手辰砂泥澂煉於今始見一時稀

歲在戊戌孟夏之月王承雄於海上逸墨齋

清早期　夢寄樓寫詩盒隨形澄泥硯

長十四點八厘米　寬十點七厘米　高四點五厘米

東瀛盒，其上墨書『夢寄樓寫詩硯』。

澄泥朱砂妙製，或曰蝦頭紅；壘木積臺之狀，似泥條盤築。楠文夫著錄可檢，夢寄樓詩筆無蹤。夢寄樓乃山東寧陽馬駿聲齋號，字退之，為南社社員，詩書畫皆能。此硯及盒僅留名，或有詩讚此硯者，今已無考。

有詩曰：法出明季勿存疑，夢寄樓詩未見題。巧手辰砂泥澄煉，於今始見一時稀。

清 渭仁刻銘荷塘池趣端硯（正面）

清　渭仁刻銘荷塘池趣端硯（背面）

清 渭仁刻銘荷塘池趣端硯

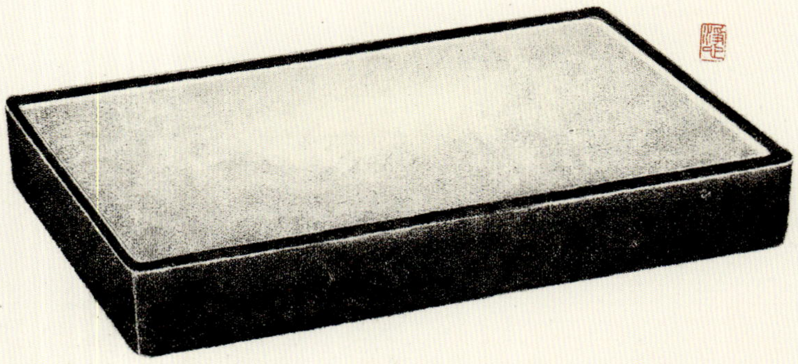

霞手：千首詩百幅畫順流而下歸於墨池恂如屬
甲寅三月 渭仁

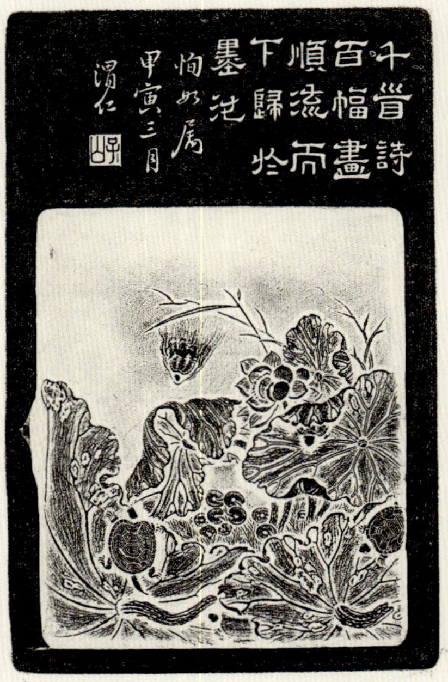

具石質溫潤光滑硯作長方形起線挺拔流暢正面琢硯堂硯堂微凹隱起攔水邊弧度自然天成硯面光潔素雅硯背琢正方形覆手具內起陽浮雕荷塘池趣圖畫中玄龜幾隻暢遊於池塘之中但見荷香四溢浮萍散漂畫面生動意趣十足設計巧妙銘者方象瑛字渭仁浙江遂安人康熙丁未（一六六七）年進士召試鴻博授內閣中書充順天鄉試同考官十八年因薦試中博學鴻儒科二等授翰林編修與修《明史》著有《健松齋詩集》三十四卷《封長白山記》一卷《松窗筆乘》三十卷並行於世嘗居松潘茂州此硯取老坑端石製成質堅實緊密細膩潔淨穩重大方色漿醇厚硯堂寬闊樸實大氣一派池塘小景又添精致自然愜意

歲次庚子深秋之月

王承雄書於海上逸墨齋

清　渭仁刻銘荷塘池趣端硯

長二十二厘米　寬十四點五厘米　高二點八厘米

其石質溫潤光滑，硯作長方形，起線挺拔流暢，正面琢硯堂，硯堂微凹，隱起攔水邊，弧度自然天成，硯面光潔素雅。硯背琢正方形覆手，其內起陽浮雕荷塘池趣圖，畫中玄龜幾只，暢遊於荷塘之中，但見荷香四溢，浮萍散漂，畫面生動，意趣十足，設計巧妙。覆手之上為隸書題銘：『千首詩，百幅畫，順流而下歸於墨池。恂如屬甲寅三月。渭仁。』方象瑛，字渭仁，浙江遂安人。康熙丁未（一六六七年）年進士，召試鴻博，授內閣中書。充順天鄉試同考官，十八年，因薦試中『博舉鴻儒』科二等，授翰林編修，與修《明史》。著有《健松齋詩集》三十四卷，《封長白山記》一卷，《松窗筆乘》三十卷（均清史列傳），並行於世。嘗居松潘、茂州。此硯取老坑端石製成，質堅實緊密，細膩潔淨，器型穩重大方，包漿醇厚，硯堂寬闊，樸實大氣，一派池塘小景又添精緻，自然愜意（，不可多得）。

清 徐元文銘端硯（正面）

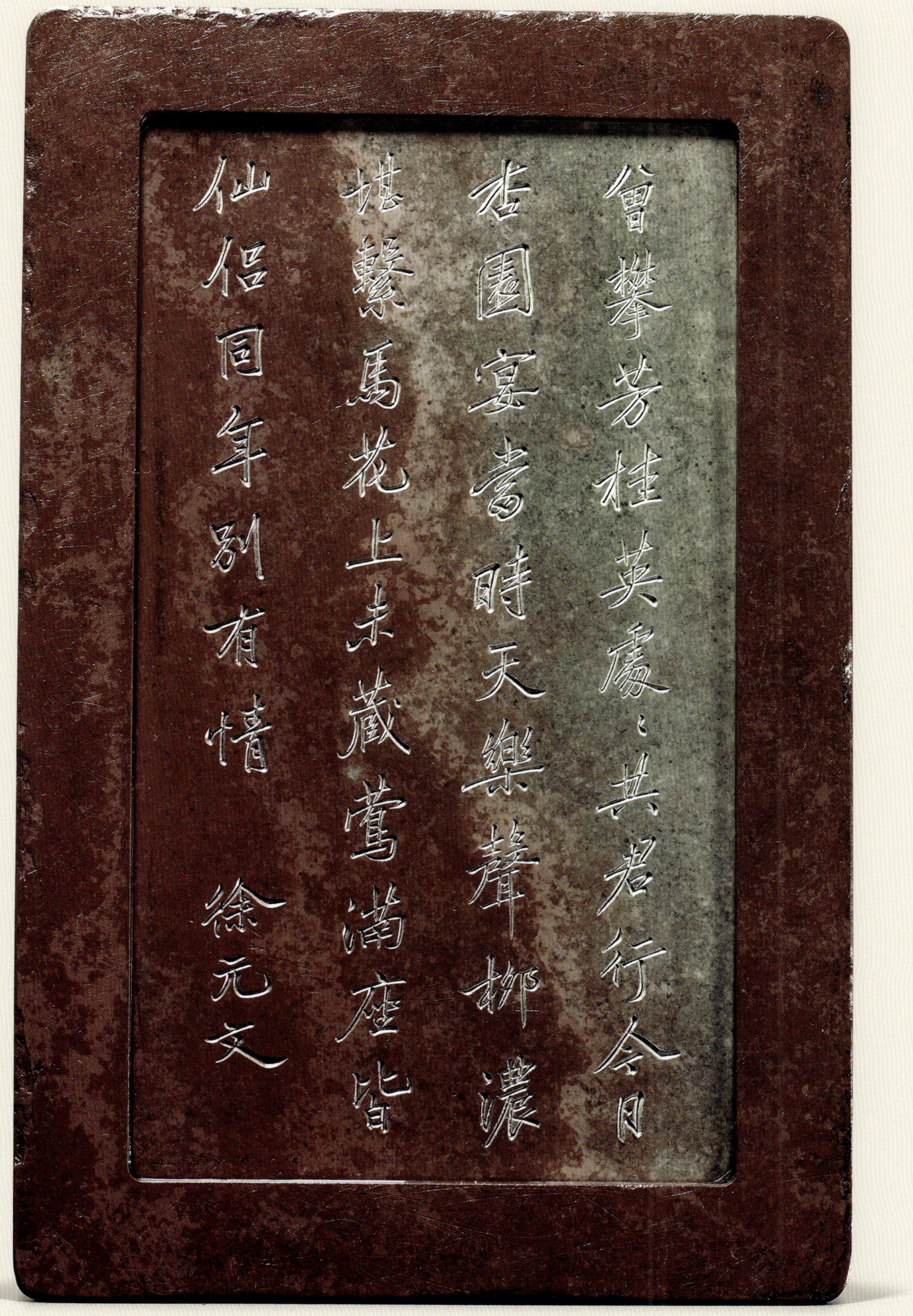

清　徐元文銘端硯（背面）

清 徐元文銘端硯

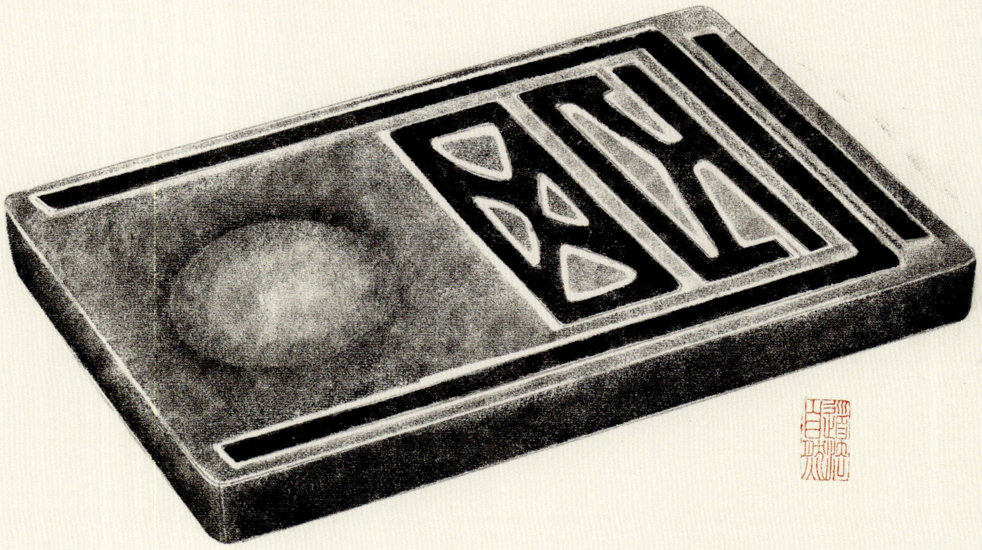

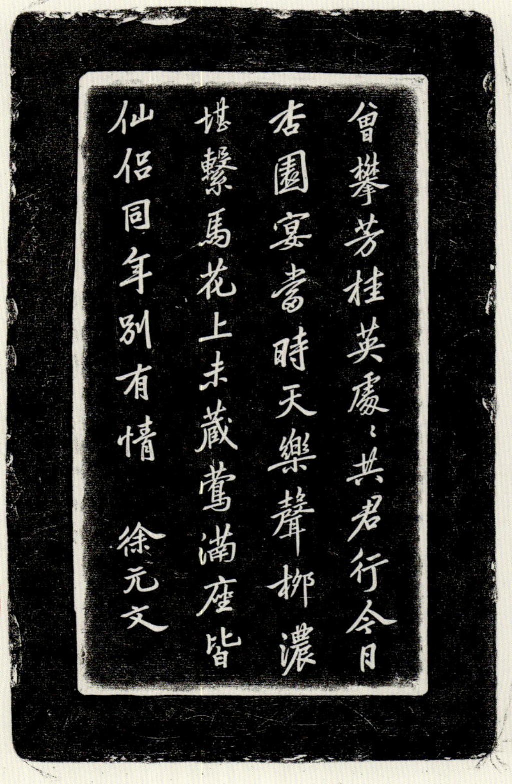

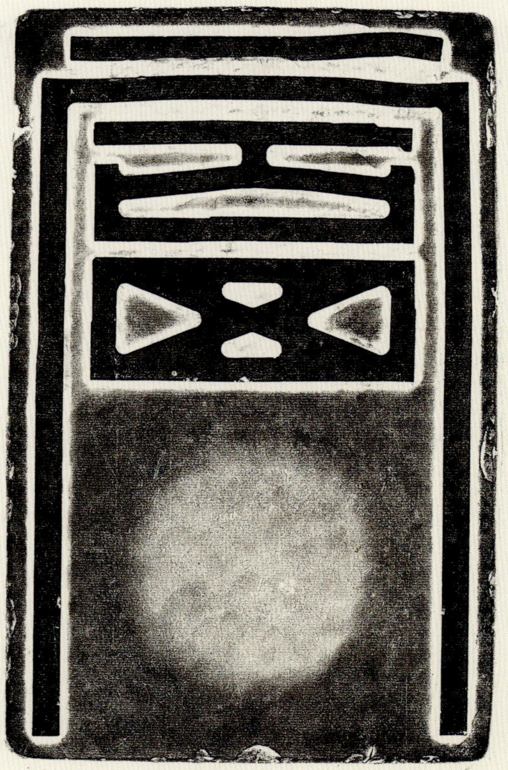

此硯選用上等端石製作，長方形，厚重大氣，四面圓角。正面浮雕變形篆書「富」字，寶蓋旁兩端延長至底部，寓意「富貴綿長」。背面錄唐人李遠詩「陪新及第赴同年會」一首云：「曾攀芳桂英處處共君行今日杏園宴當時天樂聲柳濃堪系馬花上未藏鶯滿座皆仙侶同年別有情」，落款「徐元文」。此硯觀之，硯質地堅細溫潤而澤，線條挺拔利落，高古樸殊，為難得。

徐元文，字公肅，號立齋，江蘇昆山人。順治十六年狀元，授翰林院修撰。康熙十八年出任「明史」總裁，薦萬斯同入史局。升國子監祭酒，充經筵講官。後累官至文華殿大學士兼翰林院掌院學士。著有「含經堂集」「別集」「附錄」存世。

歲次壬寅冬月 王承雄書

清　徐元文銘端硯

長二十三厘米　寬十四厘米　高一點五厘米

此硯選用上等端石製作，長方形，厚重大氣，四面圓角。正面浮雕變形篆書『富』字，寶蓋旁兩端延長至底部，寓意『富貴綿長』。背面録唐人李遠詩《陪新及第赴同年會》一首，云：『曾攀芳桂英，處處共君行。今日杏園宴，當時天樂聲。柳濃堪系馬，花上未藏鶯。滿座皆仙侶，同年別有情。』落款『徐元文』。此硯觀之，硯質地堅細，溫潤而澤，線條挺拔利落，高古樸雅，殊為難得。

清　田雯款松花石板砚（正面）

清　田雯款松花石板砚（背面及邊款）

田雯款松花石板硯

清

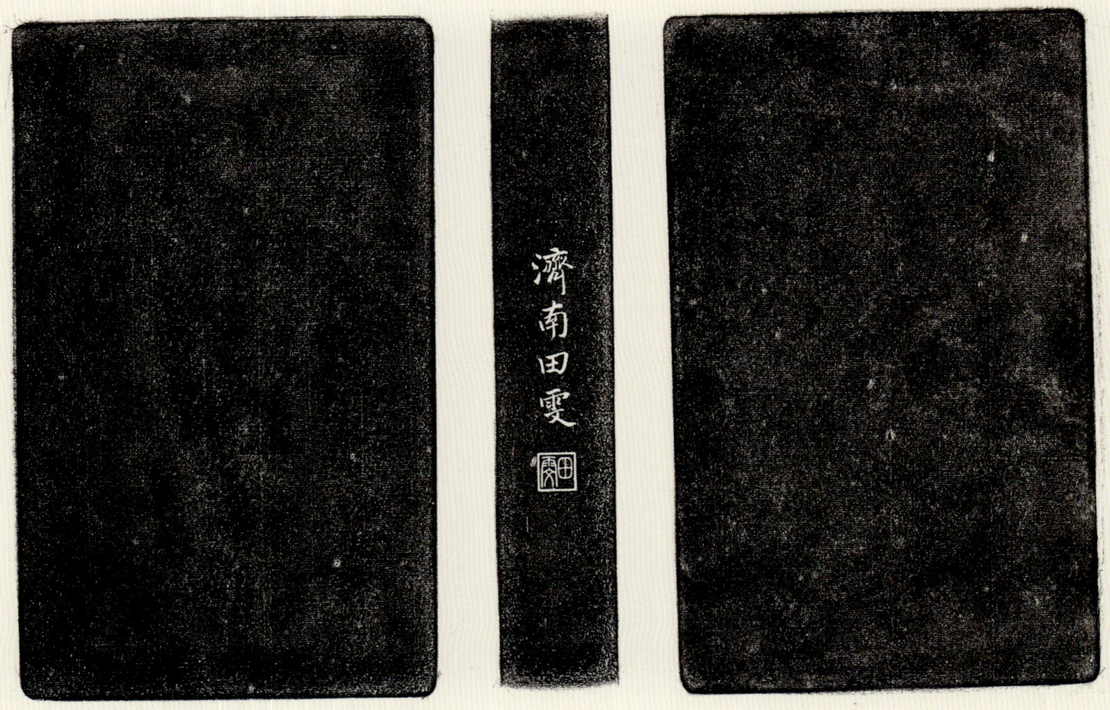

松花石出滿族祖源龍興之地清季乃皇室專用皆造辦處承做僅封賞近臣原石本褐綠層疊而硯材多取綠或以褐材為匣其較綠端質糙而利墨且多細紋流肆此硯專司小楷之用堂徽凹無池坊間習稱板硯其側墻行楷銘濟南田雯並刻篆筆印章款田雯（一六三五—一七零四）字紫綸號漪亭濟南府德州人康熙三年進士授中書舍人歷任江蘇巡撫貴州巡撫鴻臚寺卿户部寺郎主管寶泉局其為清初藏書家文學家詩名不讓王漁洋康熙南巡時曾下榻其別墅並御題山薑書屋製匾以賜故其持有松花硯亦情理中

有詩云出身宮禁理當尊久歷墨耕今有痕曾見當年詩百首摩挲尚感體尤溫

歲次戊戌仲夏之月

王承雄書

清　田雯款松花石板硯

長二十三點四厘米　寬十四點四厘米　高四厘米

松花石出滿族祖源龍興之地，清季乃皇室專用，皆造辦處承做，僅封賞近臣。原石本褐、緑層疊，而硯材多取緑，或以褐材為匣。其較緑端質糙而利墨，且多細紋流肆。此硯專司小楷之用，堂微凹，無池，坊間習稱板硯。其側牆行楷銘『濟南田雯』並刻篆筆印章款。

田雯（一六三五—一七〇四），字紫綸，號漪亭，濟南府德州人，康熙三年進士，授中書捨人，歷任江蘇巡撫、貴州巡撫、鴻臚寺卿、戶部侍郎主管寶泉局。其為清初藏書家、文學家，詩名不讓王漁洋。康熙南巡時曾下榻其別墅，並御題『山薑書屋』製匾以賜，故其持有松花硯亦情理中。有詩云：出身宮禁理當尊，久歷墨耕今有痕。曾見當年詩百首，摩挲尚感體尤溫。

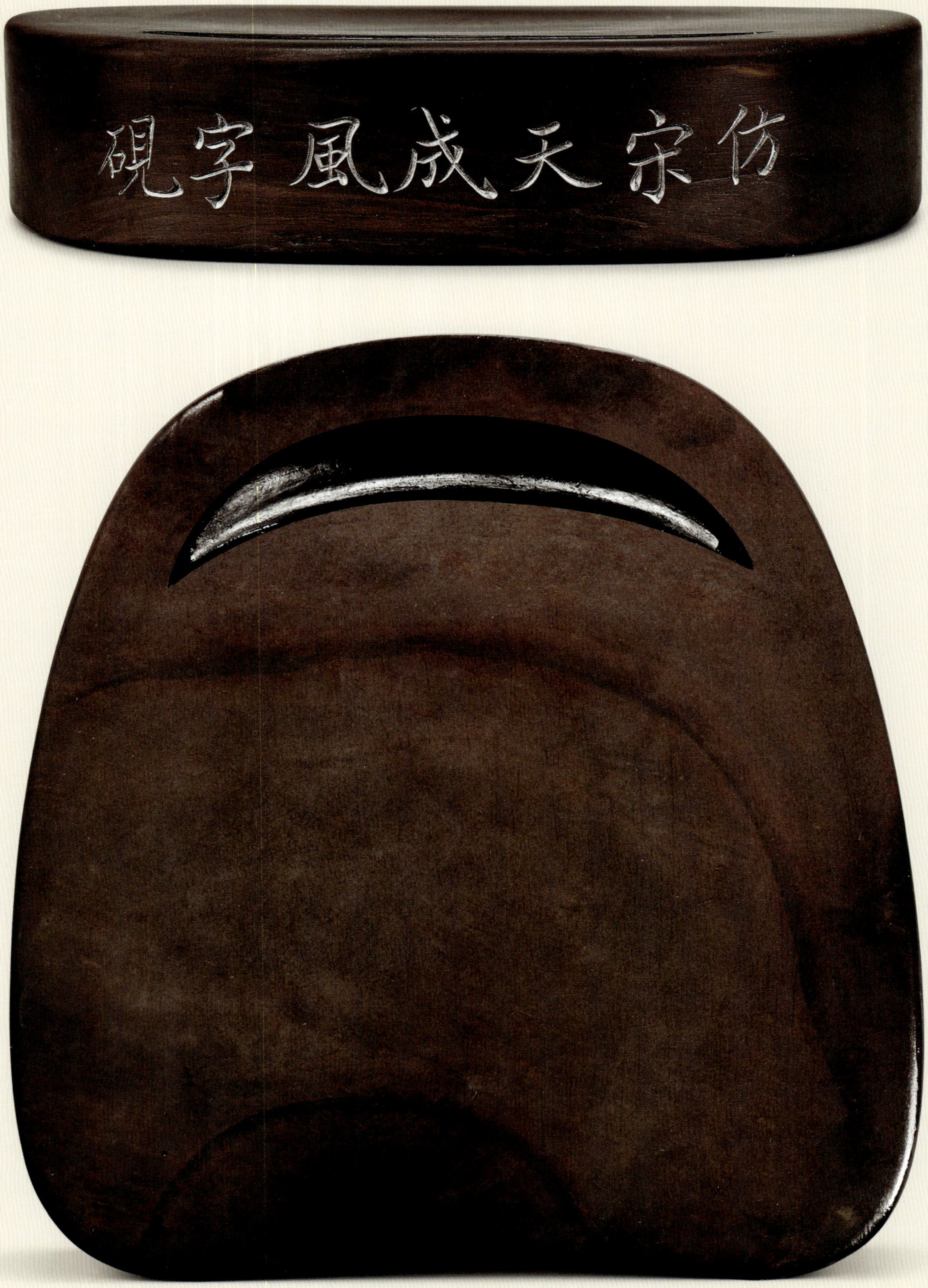

清乾隆　仿宋天成風字硯（正面及邊款）

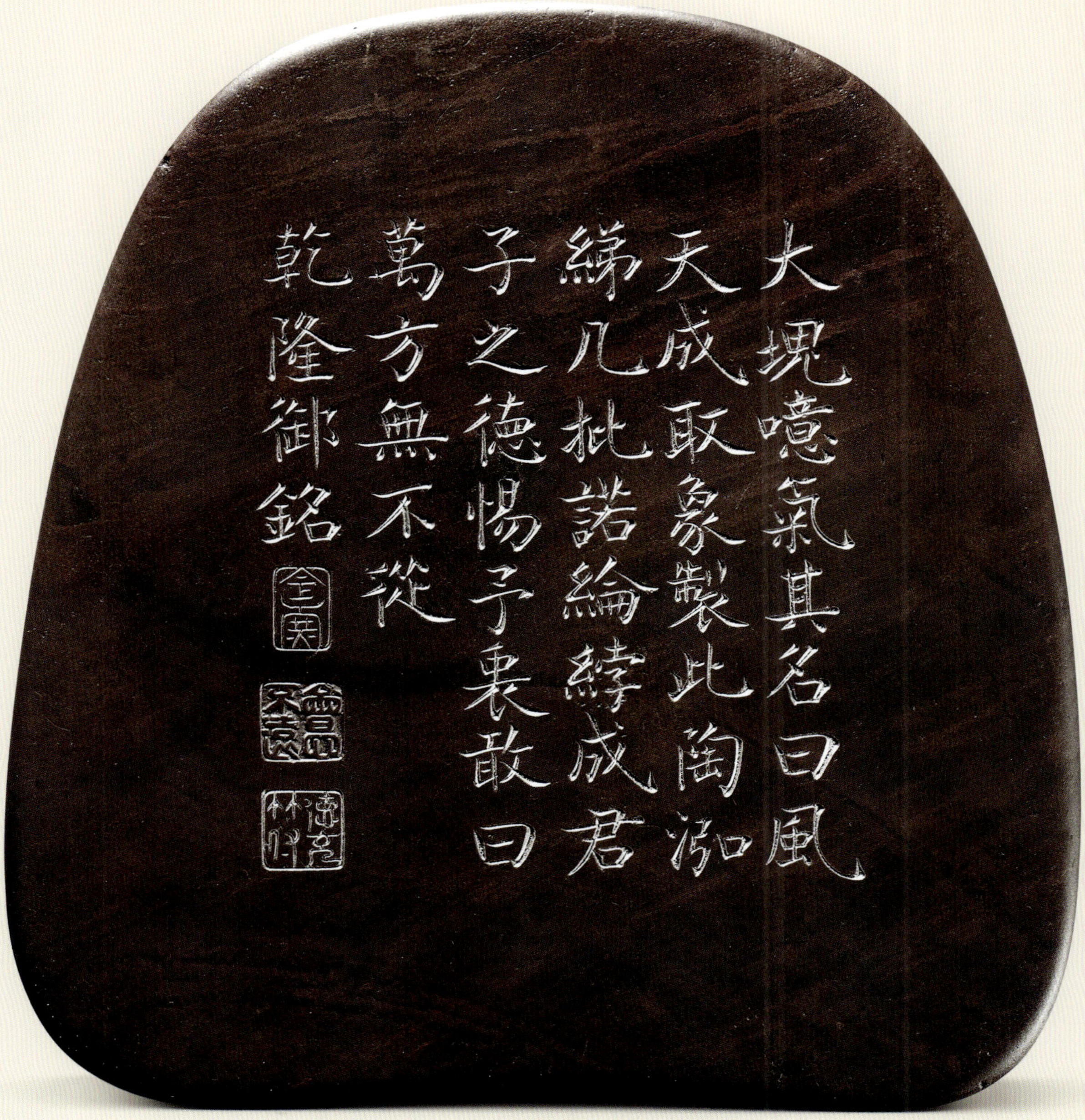

清乾隆　仿宋天成風字硯（背面）

仿宋天成風字硯正面圖

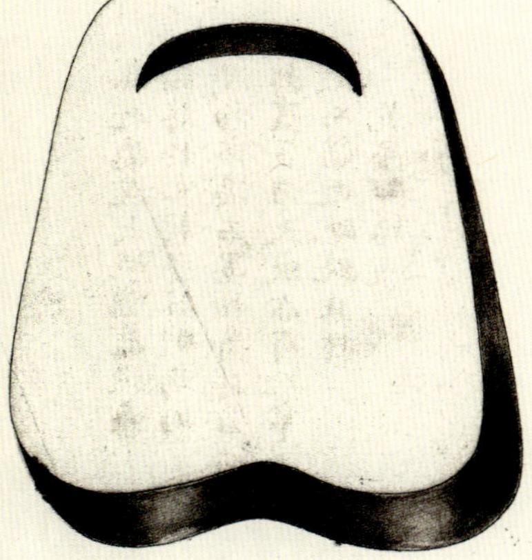

仿宋天成風字硯背面圖

仿宋天成風字硯上方側面圖

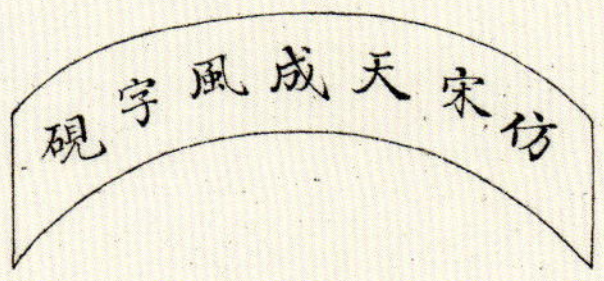

仿宋天成風字硯說

硯以歙石為之形體尺度並與澄泥仿製同上方側面鐫仿宋天成風字硯七字楷書硯背鐫御題銘一首楷書鈐寶二曰朗潤曰比德匣蓋並鐫是銘隸書鈐寶同匣底内鐫乾隆御用外鐫仿宋天成風字硯七字並隸書

謹案以上六硯並擇内府舊藏佳石仿古作之式既古雅製復精妙與别製各分綈几文窓分函貯賞互相輝映墨池恩雨沾潤萬年並足為硯林增故事云

御製倣宋天成風字硯銘

春之德風大塊噫氣從蟲諧聲於凡制字谷則為雨潤物斯濟石墨相著行若郵置豈惟天成亦有人事擬而議之既純且粹

仿宋天成風字硯

清乾隆

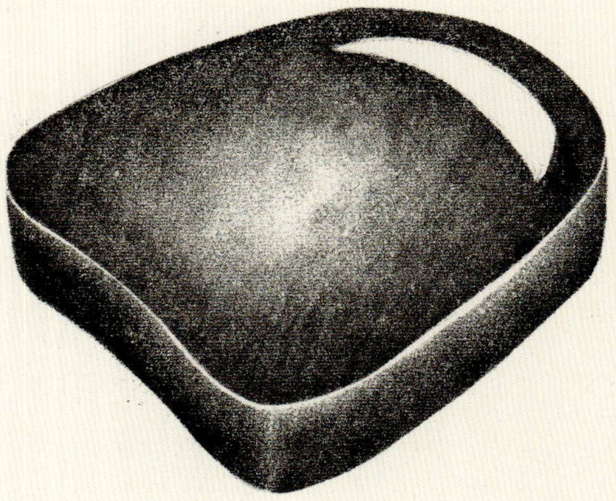

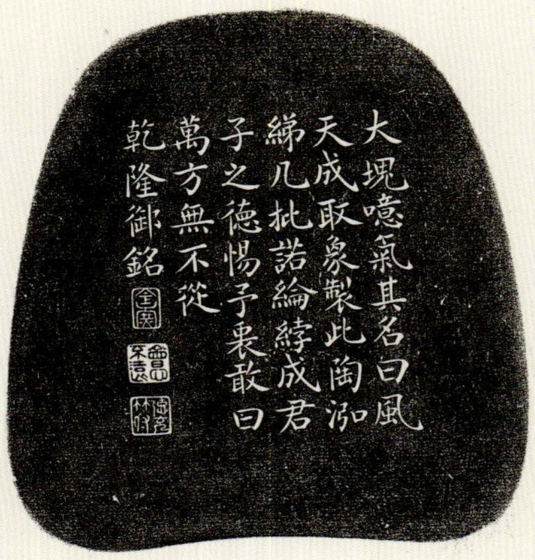

硯出清宮造辦處原配黃花梨瘿木整挖盒材用澂泥徽凹為堂匾月式池硯墻楷銘仿宋天成風字硯

緣乾隆四十一年平定兩金川造辦處奉上諭遂製仿漢未央磚海天初月硯仿漢石渠閣瓦硯仿唐八棱硯仿宋德壽殿犀紋硯仿宋天成風字硯仿宋玉免朝元硯每套六式以賞賜宗室及重臣此即其一

硯背無覆手館閣體刻御製銘曰大塊噫氣其名曰風天成取象製此陶弘綈幾批諾綸綍成君子之德惕予衷敢曰萬方無不從乾隆御銘刻乾隆閑文寶含輝會心不遠德充符

今用平水韻下平八庚一絕句云邊報佳音四海平十全成就史留名為犁鑄絅天朝盛賜硯作田利筆耕

王承雄書於海上逸墨齋

清乾隆　仿宋天成風字硯

長十一點七厘米　寬十一點五厘米

硯出清宮造辦處，原配黄花梨癭木整挖盒。材用澄泥，微凹為堂。偃月式池，硯牆楷（書）銘『仿宋天成風字硯』。

緣乾隆四十一年平定兩金川，造辦處奉上諭，遂製仿漢未央磚海天初月硯、仿漢石渠閣瓦硯、仿唐八稜硯、仿宋德壽殿犀紋硯、仿宋天成風字硯、仿宋玉兔朝元硯，每套六式，以賞賜宗室及重臣。此即其一。

硯背無覆手，館閣體刻御製銘曰：『大塊噫氣，其名曰風。天成取象，製此陶泓。綈幾批諸綸綍成，君子之德惕予衷，敢曰萬方無不從。乾隆御銘』。刻乾隆閑文寶：『含輝』、『會心不遠』、『德充符』。

今用《平水韻》『下平八庚』成一絕句云：邊報佳音四海平，十全成就史留名。為犁鑄劍天朝盛，賜硯作田利筆耕。

著録：《西清硯譜》卷二十四，第四十一至四十四頁。

詩文著録：《乾隆御製詩文·二集》卷三十九，第七十三—四B頁，中國人民大學出版社，二〇一三年十月出版。

清乾隆 御銘仿宋天成風字硯（正面）

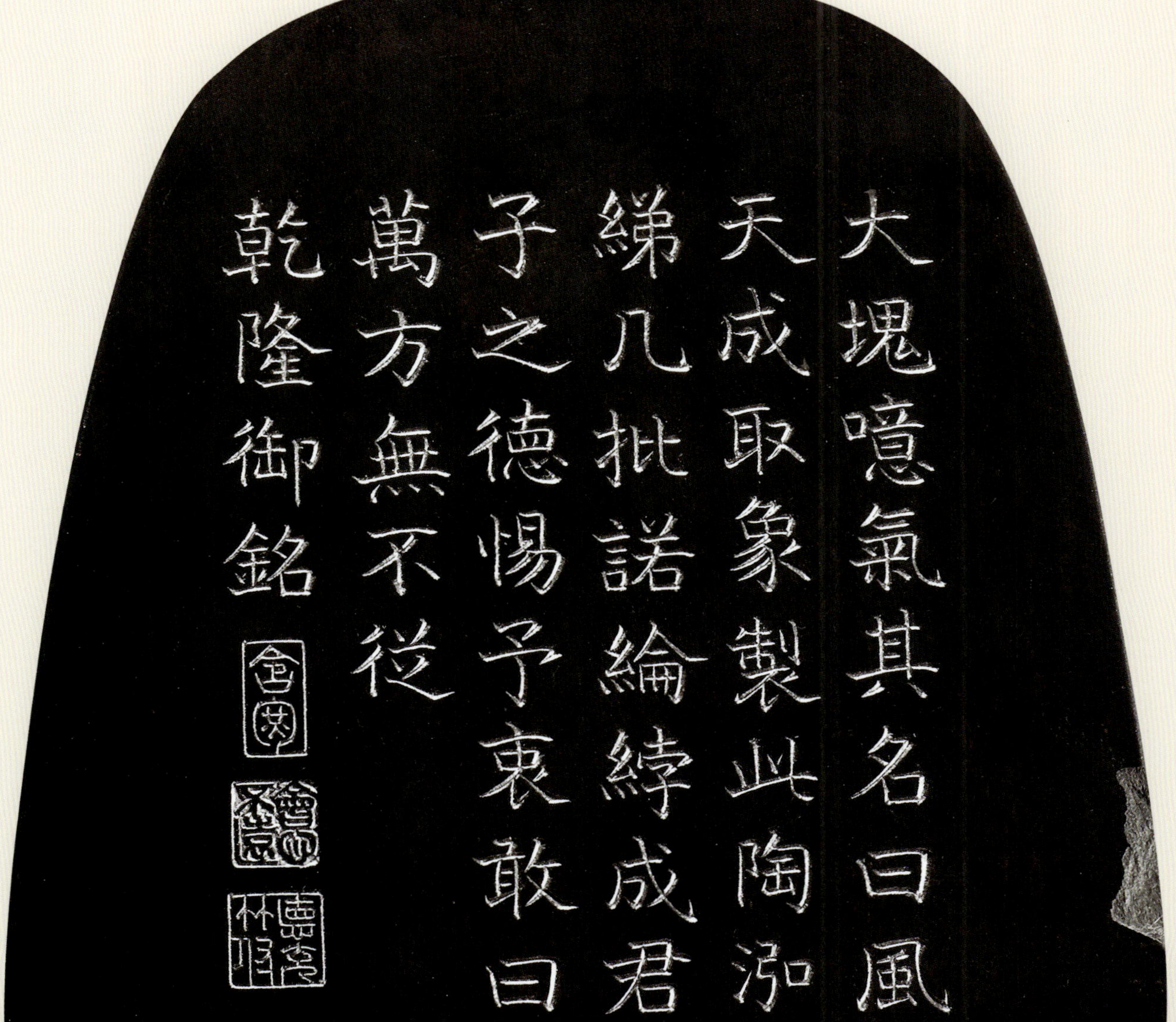

清乾隆　御銘仿宋天成風字硯（背面）

清乾隆 御銘仿宋天成風字硯（正面）

清乾隆　御銘仿宋天成風字硯（蓋面）

乾隆御製稿本 西清硯譜 第二十四册

仿宋天成風字硯正面圖

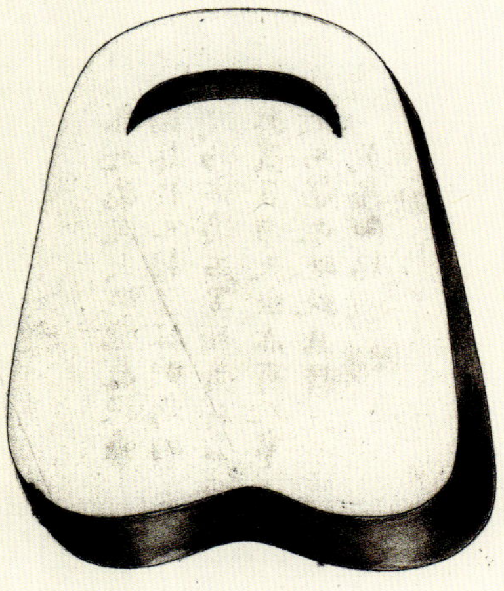

八五

仿宋天成風字硯背面圖

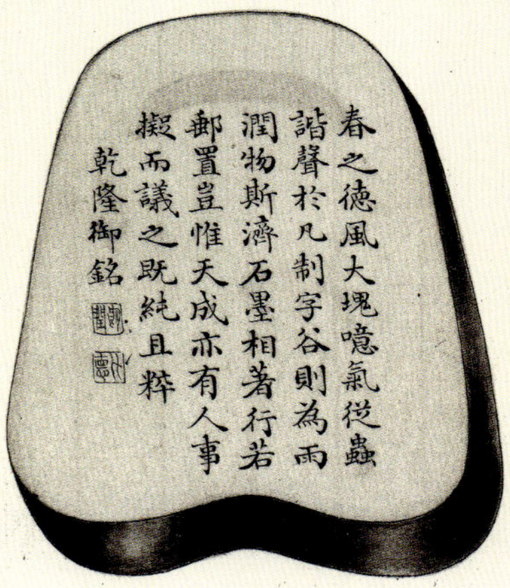

乾隆御製稿本 西清硯譜 第二十四册

八五

仿宋天成風字硯上方側面圖

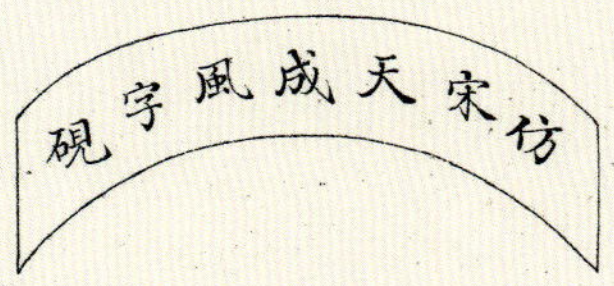

仿宋天成風字硯說

硯以歙石為之形體尺度並與舊石仿製同上方側面鐫仿宋天成風字硯七字楷書硯背鐫

御題銘一首楷書鈐寶二曰朗潤曰比德匣蓋並鐫是銘隸書鈐寶同匣底內鐫乾隆御用外鐫仿宋天成風字硯七字並隸書

謹案以上六硯並擇

內府舊藏佳石仿古作之式既古雅製復精妙與別

製各分

綈几文窗分函貯

賞互相輝映墨池

恩雨沾潤萬年並足為硯林增故事云

御製倣宋天成風字硯銘

春之德風大塊噫氣從蟲諧聲於凡制字谷則為雨潤物斯濟石墨相著行若郵置豈惟天成亦有人事擬而議之既純且粹

清 乾隆 御製仿宋天成風字硯

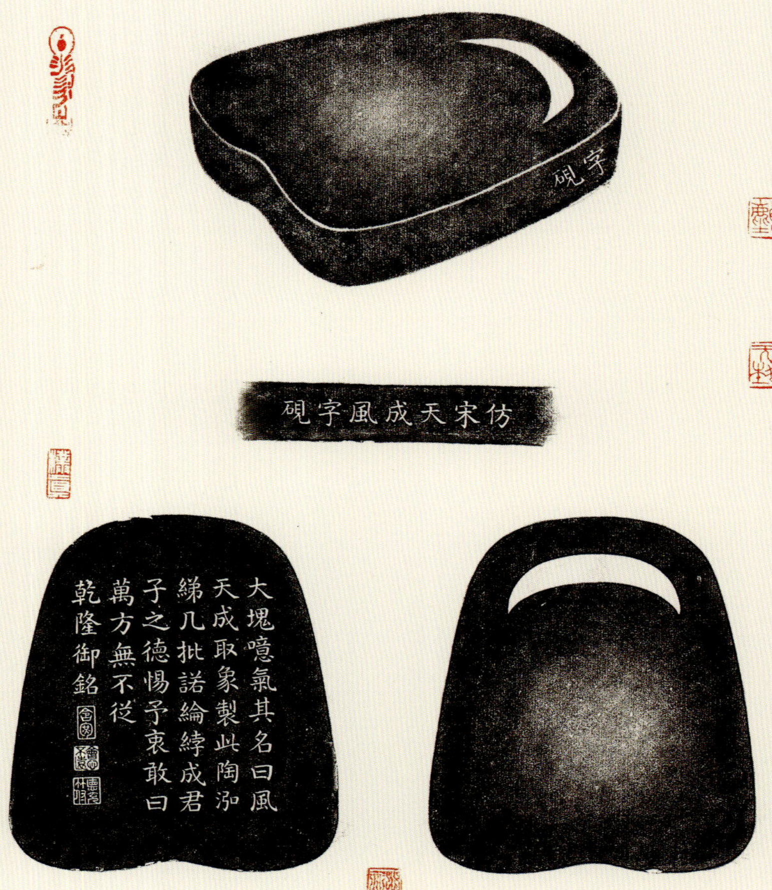

硯取歙端大料作風字形，呈平板狀，硯面平整，不設邊欄，自周邊直接淺挖成硯堂及半月形硯池，上方墨池為弦月狀，兩角下彎，光素無紋飾，簡潔古質。墨池首側有「仿宋天成風字硯」，背面刻楷書乾隆題硯銘「大塊噫氣，其名曰風。天成取象，製此陶泓。綈几批諾，綸綍成。君子之德，暢予衷。敢曰萬方無不從。乾隆御銘」，其語出自「莊子齊物論」，寓風之雅韻，下鈐「含庶」「會心不遠」「德充符」三印，字體雋秀。清廷造辦處督製作一批硯，用以賞賜宗室大臣，其中以仿古硯為主，硯材則大多取之端、歙和澂泥，此硯式即是乾隆時期的賞賜之物，為典型的仿古六硯中「仿宋天成風字硯」，兩岸故宮均有館藏同式硯可供對讀。是硯色青黑，質地堅實細潤，開偃月形墨池，簡潔明快，造型質樸無華，渾凝重，頗富古韻，原配黃花梨盒。

清乾隆　御銘仿宋天成風字硯

長十點五厘米　寬十厘米　高一點七厘米

硯取紫端大料，作『風』字形，呈平板狀，硯面平整，不設邊欄，自周邊直接淺挖成硯堂及半月形硯池，上方墨池為弦月狀，兩角下彎。光素無紋飾，簡潔古質。墨池首側有『仿宋天成風字硯』，背面刻楷書乾隆題硯銘：『大塊噫氣，其名曰風，天成取象，製此陶泓。綈幾批諸綸綍成，君子之德惕予衷，敢曰萬方無不從。乾隆御銘。』其語出自《莊子·齊物論》，寓風之雅韻。下鈐『含庶』、『會心不遠』、『德充符』三印，字體雋秀。清廷造辦處曾製作一批硯，用以賞賜宗室大臣，其中以仿古硯為主，硯材則大多取之端、歙和澄泥。此硯式即是乾隆時期的賞賜之物，為典型的仿古六硯中『仿宋天成風字硯』，兩岸故宫均有館藏同式硯可供對讀。是硯色青黑，質地堅實細潤，開偃月形墨池簡潔明快，造型質樸無華，渾（厚）凝重，頗富古韻。原配黃花梨盒。

著録：《西清硯譜》卷二十四，第四十一至四十四頁。

詩文著録：《乾隆御製詩文·二集》卷三十九，第七十三—四B頁，中國人民大學出版社，二〇一三年十月出版。

清乾隆　御製銘仿唐八稜澄泥硯（正面及邊款）

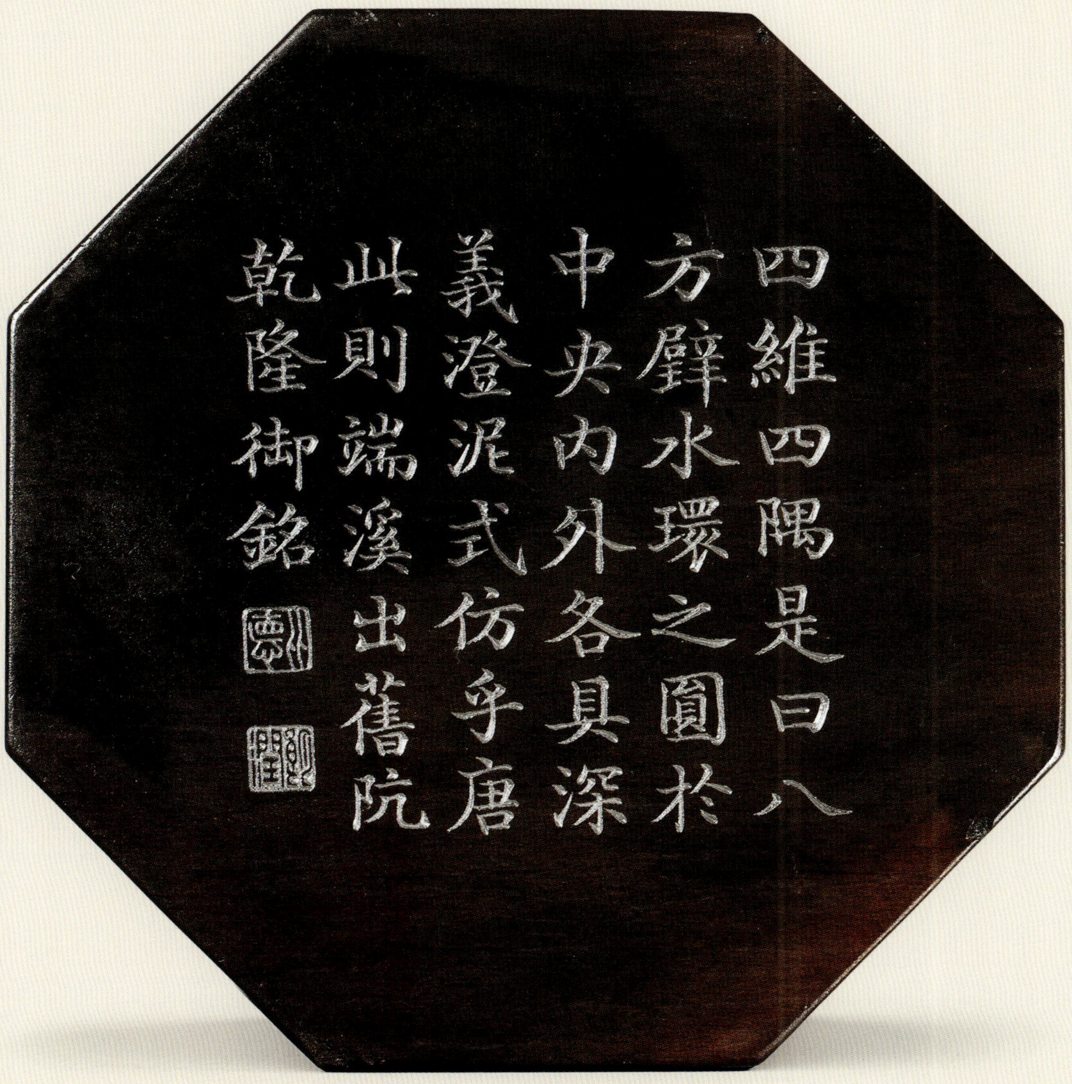

清乾隆　御製銘仿唐八稜澄泥硯（背面）

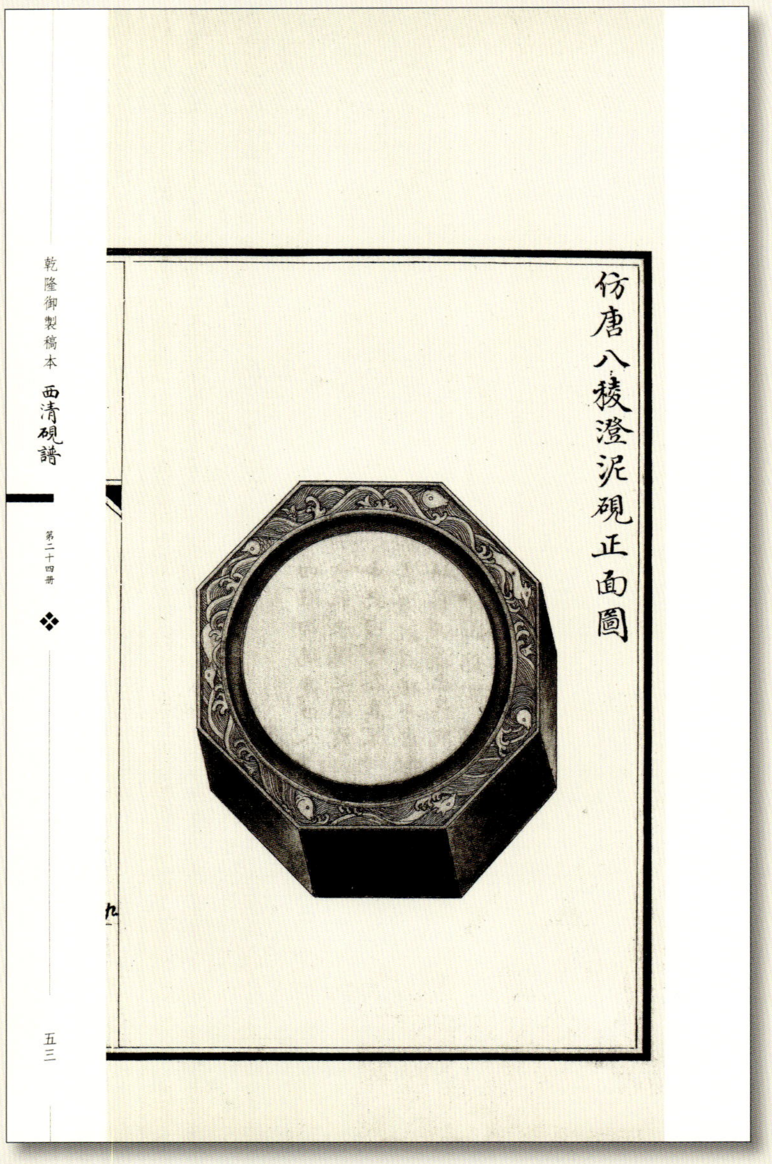
乾隆御製稿本 西清硯譜
第二十四册
仿唐八稜澄泥硯正面圖
五三

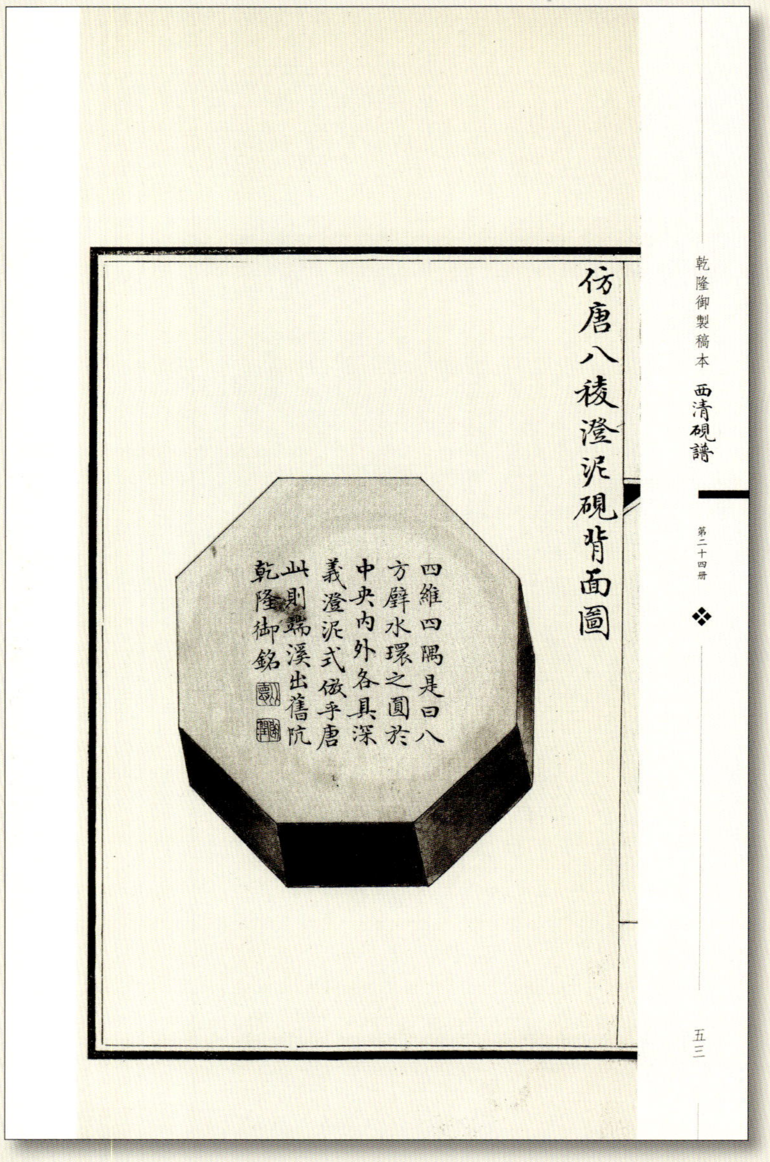
仿唐八稜澄泥硯背面圖
四維四隅是曰八
方辟水環之圓於
中央内外各具深
義澄泥式倣乎唐
此則端溪出舊阬
乾隆御銘
乾隆御製稿本 西清硯譜
第二十四册
五三

内府單格

仿唐八稜澄泥硯說

硯八稜稜廣三寸二分徑二寸八分厚一寸一分許色青黑端溪舊坑石也受墨處正圓周環以池池外刻作波濤飛魚海馬形上方側面鐫仿唐八稜澄泥硯七字楷書硯背正平鐫

御題銘一首楷書鈐寶二曰比德曰朗潤是硯蓋仿内府舊藏八稜澄泥硯式而易以端溪佳石刻法精妙不減舊製匣蓋外鐫仿唐八稜澄泥硯七字内

仿唐八稜澄泥硯硯上方背側面圖

仿唐
八稜
澄泥
硯

鐫

御題銘與硯同並隸書鈐寶同二曰比德曰朗潤匣底内

鐫乾隆御用四字

御製仿唐八稜澄泥硯銘

四維四隅是曰八方辟水環之圓於中央内外各具深

義澄泥式倣乎唐此則端溪出舊阬

清乾隆御銘仿唐八稜澄泥硯

有微裂
紅木天地蓋

前述乾隆四十一年平定兩金川造辦處奉上諭仿漢未央宮磚海天初月硯仿漢石渠閣瓦硯仿唐八稜硯仿宋德壽殿犀紋硯仿宋天成風字硯仿宋玉兔朝元硯每套六式以賞賜宗室及重臣此又其一

硯為上等澄泥觸手膩潤八稜直墻楷書銘曰仿唐八稜澄泥硯

其平堂環池源自古硯辟雍式硯底楷書御製銘四維四隅是曰八方辟水環之圓於中央內外各具深義澂泥式仿乎唐此則端溪出舊坑乾隆御銘並白文篆刻比德朱文朗潤閣文寶

贊曰彝倫為堂天子垂講式曰辟雍泮水以養乾隆仿古三代以降正本清源王霸之相

戊戌初秋王承雄書於滬

清乾隆　御製銘仿唐八稜澄泥硯

直徑九點七厘米

紅木天地蓋，有微裂。

前述，乾隆四十一年平定兩金川，造辦處奉上諭，仿漢未央磚海天初月硯、仿漢石渠閣瓦硯、仿唐八稜硯、仿宋德壽殿犀紋硯、仿宋天成風字硯、仿宋玉兔朝元硯，每套六式，以賞賜宗室及重臣。此又其一。

硯為上等澄泥，觸手膩潤。八稜直牆，楷書銘曰：『仿唐八稜澄泥硯』。其平堂環池，源自古硯辟雍式。硯底楷書御製銘：『四維四隅，是曰八方。辟水環之，圓於中央。內外各具深義。澄泥式，仿乎唐，此則端溪，出舊坑。乾隆御銘。』並白文篆刻『比德』、朱文『朗潤』閒文寶。

贊曰：彝倫為堂，天子垂講。式曰辟雍，泮水以養。乾隆仿古，三代以降。正本清源，王霸之相。

著録：《西清硯譜》卷二十四，第九至十二頁。

詩文著録：《乾隆御製詩文·二集》卷三十九，第七十三—四A頁，中國人民大學出版社，二〇一三年十月出版。

清乾隆 御製銘仿唐觀象歙硯（正面）

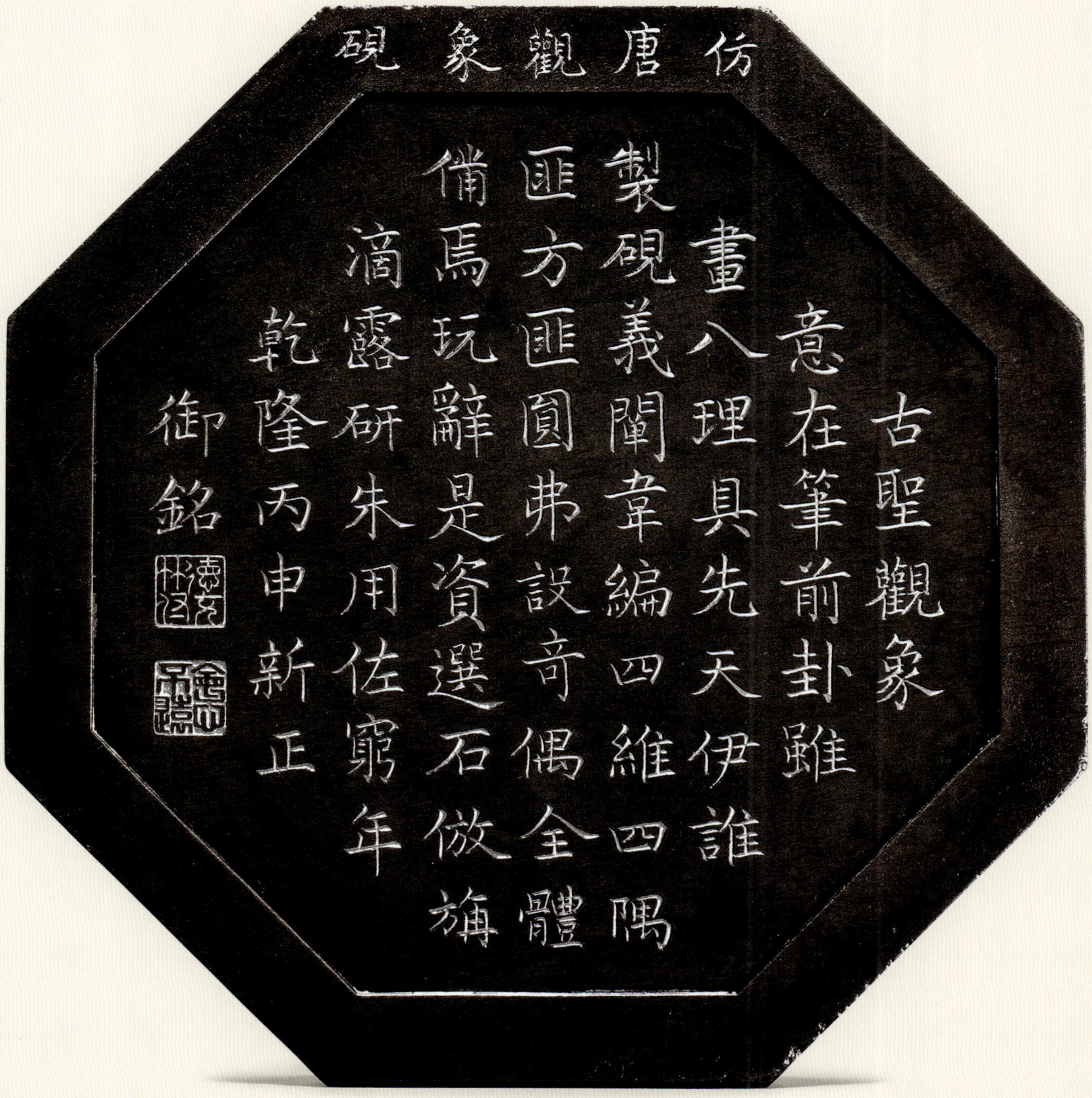

清乾隆　御製銘仿唐觀象歙硯（背面）

清乾隆　御製銘仿唐觀象歙硯（正面）

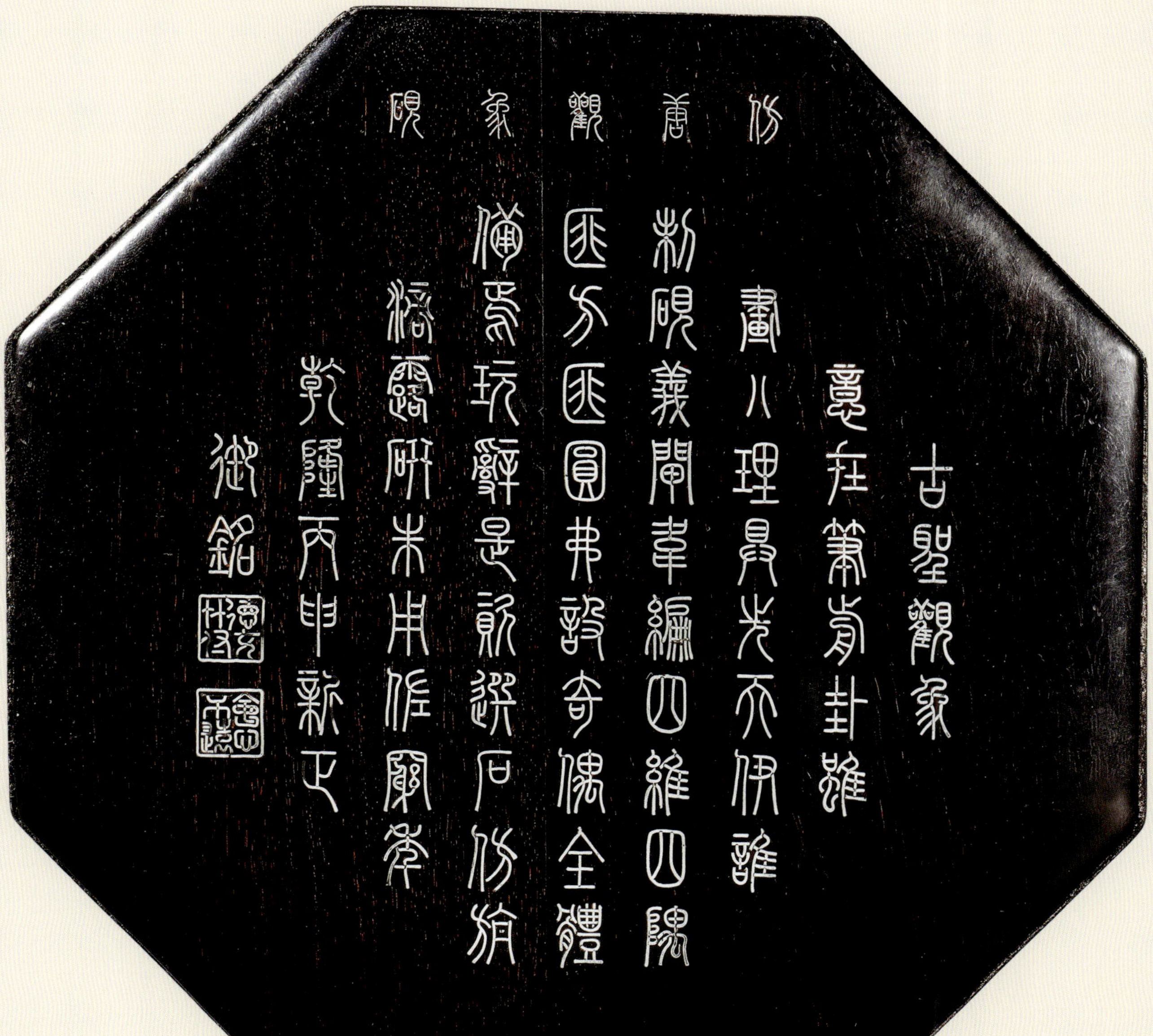

清乾隆　御製銘仿唐觀象歙硯（蓋面）

乾隆御製稿本 西清硯譜

第二十三册

仿唐觀象硯正面圖

乾隆御製稿本 西清硯譜

第二十三册

仿唐觀象硯背面圖

國家圖書館特藏珍品

乾隆御製稿本

西清硯譜

第二十三册 第二十四册

（清）門應兆 繪畫

沈樂平 整理

上海書畫出版社

内府單拓

是硯蓋仿内府舊藏唐觀象硯式作而尺度微小

厚亦减十分之六云

仿唐觀象硯説

硯八稜稜廣四寸八分徑四寸五分厚四分端石

製硯首鸜鵒活眼一高似孫硯箋所謂端溪石以

高眼為貴是也下為墨池深二分硯背上方鐫仿

唐觀象硯五字楷書中鐫

御題銘一首楷書鈐寶二曰德充符曰會心不遠匣蓋

並鐫是銘隸書鈐寶二曰幾暇怡情曰得佳趣匣底内

鐫乾隆御用四字外鐫仿唐觀象硯五字並隸書

御製仿唐觀象硯銘

古聖觀象意在筆前卦雖畫八理具先天伊誰製硯義

闡韋編四維四隅匪方匪圓弗設奇偶全體備焉玩辭

是資選石做旃滴露研朱用佐窮年

乾隆御製銘仿唐觀象歙硯

原裝紫檀嵌銀銘盒

有乾隆丙申新正御銘並德充符、會心不遠、寶文款
霞手內銘楷書同文

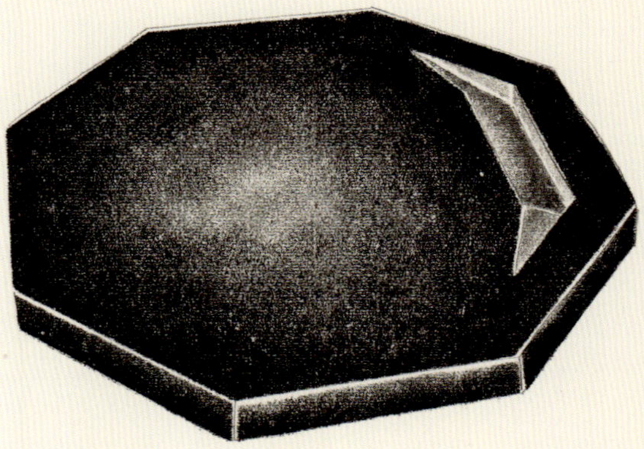

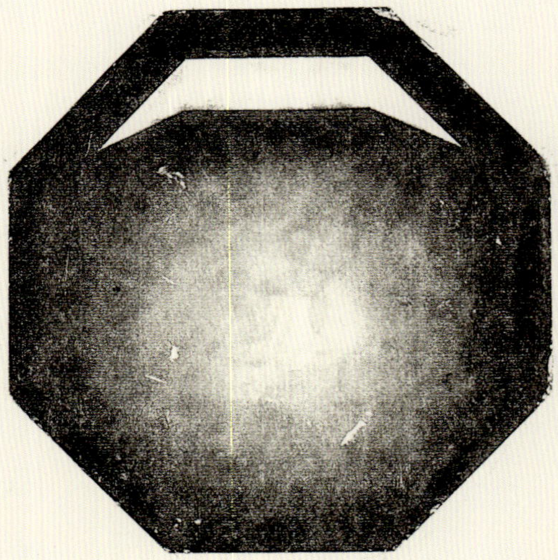

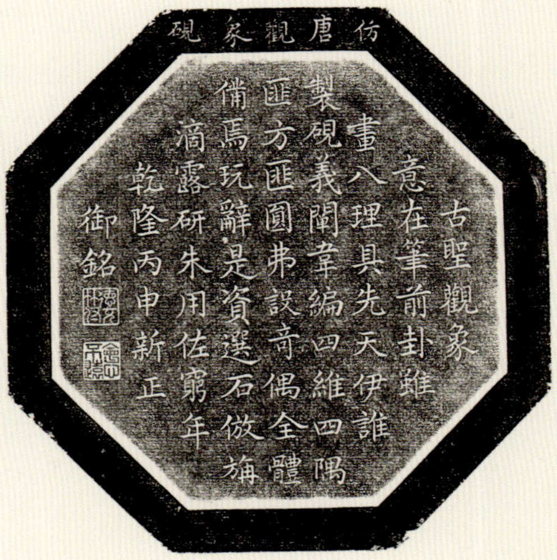

查乾隆丙申新正即乾隆四十一年春正（一七七六年二月十九日）是年阿桂統兵平定兩金川乾隆帝成就十全武功邊疆和靖帝遂謁詣東西兩陵禮謁泰岱告祀闕里樹碑太學勒石金川此仿唐觀象硯系乾隆御賞之首材分端歙澄泥法式如一也其銘曰

古聖觀象意在筆前卦雖畫八理具先天伊誰製硯義闡韋編四維四隅匪方匪圓弗設奇偶全體備焉玩辭是資選石效旃滴露研朱用佐窮年

贊曰乾隆御製工出造辦歙池斜切堂平無欄楷出松雪蓋刻斯篆式演八卦用以永年

歲在戊戌仲夏之月 王承雄楷錄於海工逸墨齋

清乾隆　御製銘仿唐觀象歙硯

直徑十四點五厘米　高一點二厘米

並『德充符』、『會心不遠』寶文款。覆手內銘楷書同文。

有『乾隆丙申新正，御銘。』

原裝紫檀嵌銀銘盒

查，『乾隆丙申新正』即乾隆四十一年春正（一七七六年二月十九日）。是年，阿桂統兵平定兩金川，乾隆帝成就十全武功，邊疆和靖。帝遂親詣東西兩陵，禮謁泰岱，告祀闕里。樹碑太學，勒石金川。此仿唐觀象硯，系乾隆御賞之首。材分端、歙、澄泥，法式如一也。其銘曰：

『古聖觀象，意在筆前。卦雖畫八，理具先天。伊誰製硯，義闡韋編。四維四隅，匪方匪圓。弗設奇偶，全體備焉。翫辭是資，選石效旃。滴露研朱，用佐窮年。』

贊曰：乾隆御製，工出造辦。敞池斜切，堂平無欄。楷出松雪，蓋刻斯篆。式演八卦，用以永年。

著録：《西清硯譜》卷二十四，第三十至三十二頁。

詩文著録：《乾隆御製詩文·二集》卷四十，第七十四—三B頁，中國人民大學出版社，二〇一三年十月出版。

清乾隆 御製銘仿漢未央磚“海天初月”歙硯（正面）

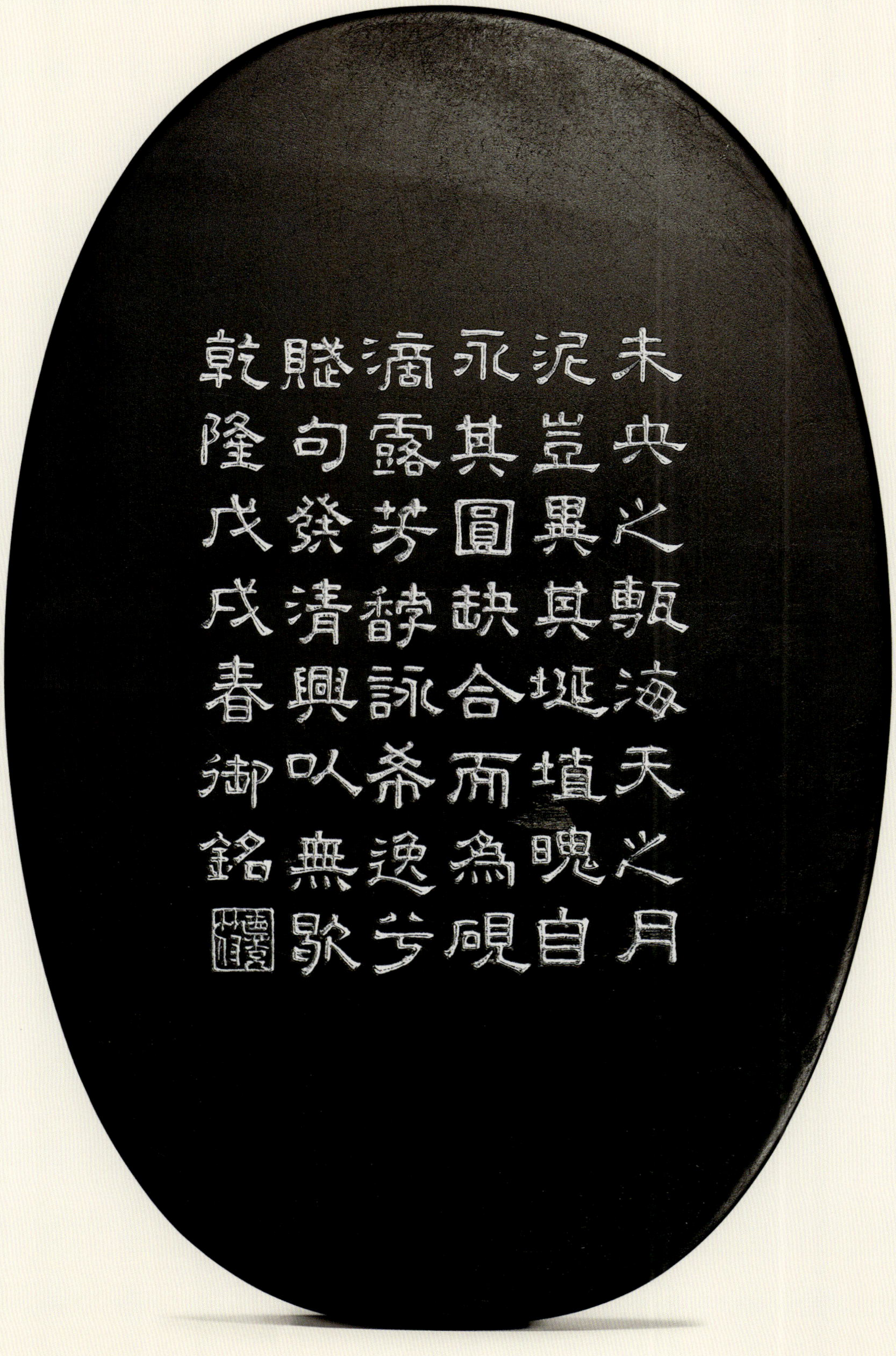

清乾隆 御製銘仿漢未央磚“海天初月”歙硯（背面）

清乾隆 御製銘仿漢未央磚“海天初月”歙硯（盒蓋）

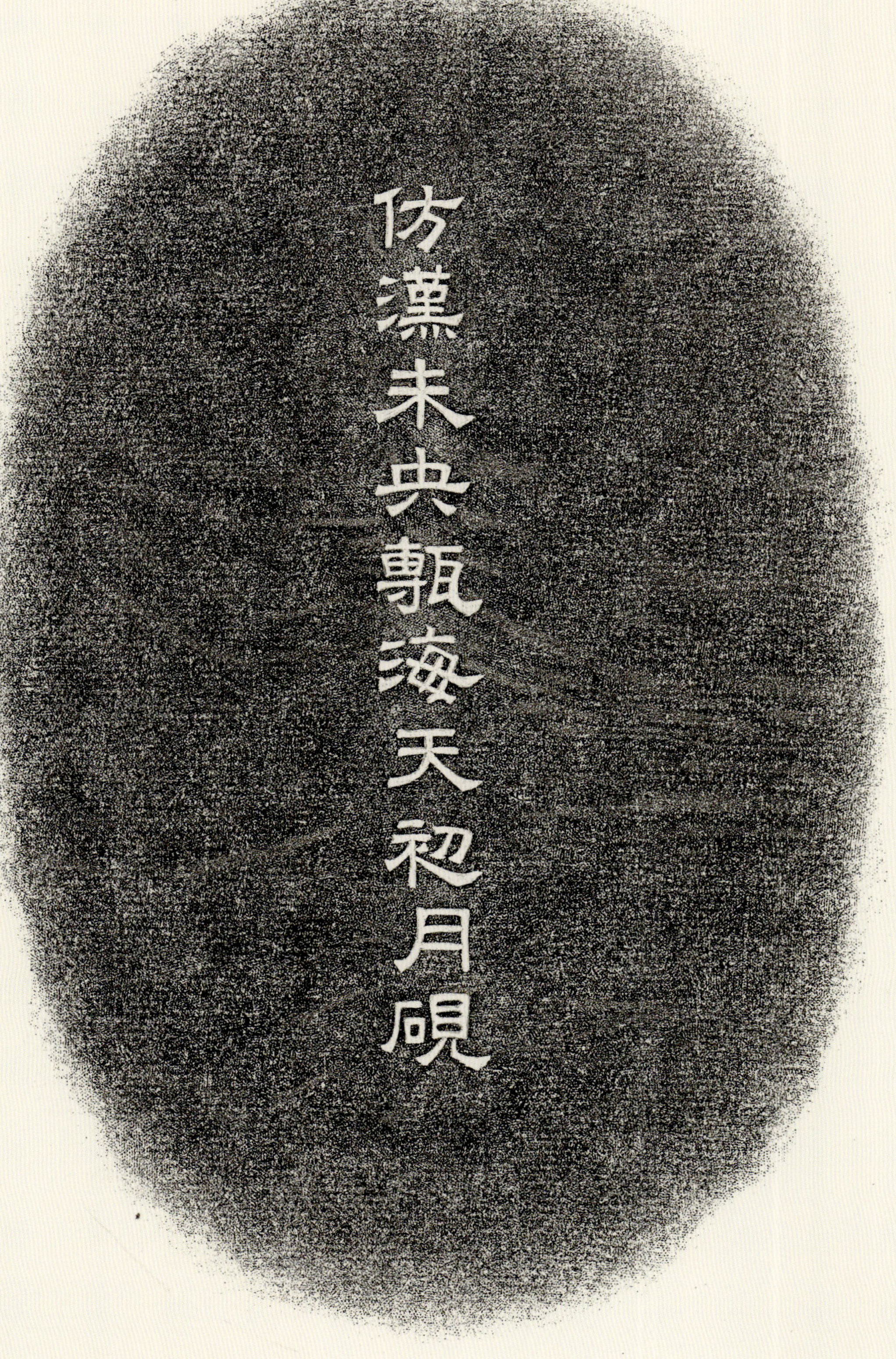

清乾隆 御製銘仿漢未央磚“海天初月”歙硯（盒蓋拓片）

仿漢未央瓴海天初月硯正面圖

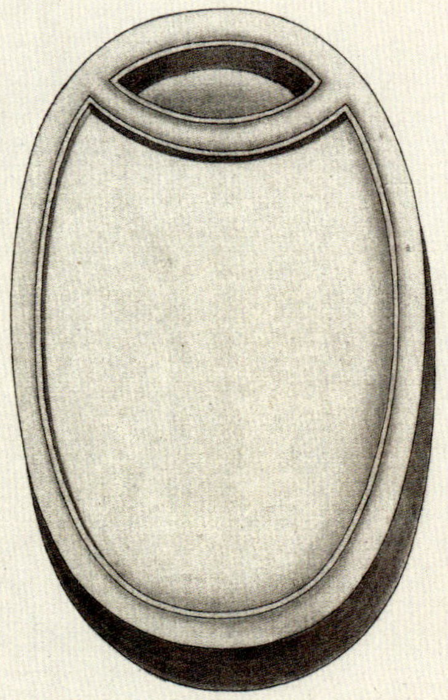

四十五

仿漢未央瓴海天初月硯背面圖

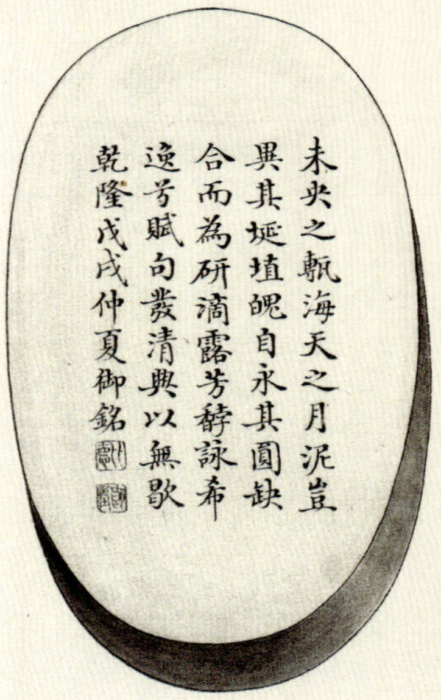

國家圖書館特藏珍品

乾隆御製稿本 西清硯譜

第二十三冊
第二十四冊

(清)門應兆 繪畫
沈樂平 整理

上海書畫出版社

仿漢未央甎海天初月硯說

硯係澄泥製形體尺度並與端石仿製硯同上方側亦鐫仿漢未央甎海天初月硯十字楷書硯背鐫

御題銘一首亦楷書鈐寶二曰比德曰朗潤匣蓋並鐫是銘隸書鈐寶二曰乾隆

御製仿漢未央甎海天初月硯銘

未央之甎海天之月泥豈異其埏埴魄自永其圓缺合而為研滴露芳蓻詠希逸兮賦句發清興以無歇

仿漢未央甎海天初月硯上方側面圖

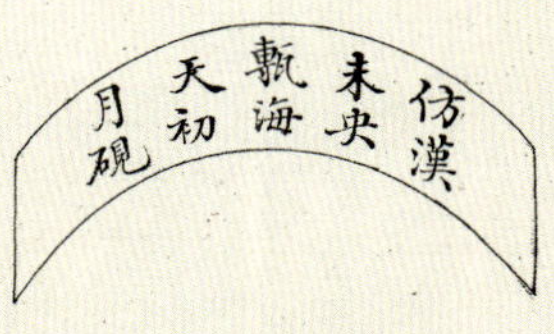

御製銘仿漢未央磚海天初月歙硯

清乾隆

花梨天地盒

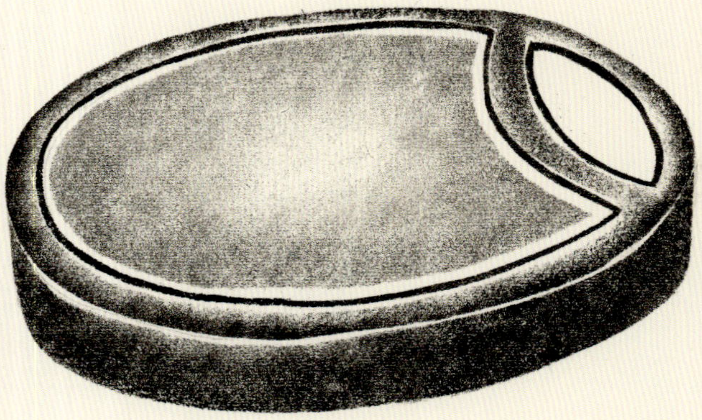

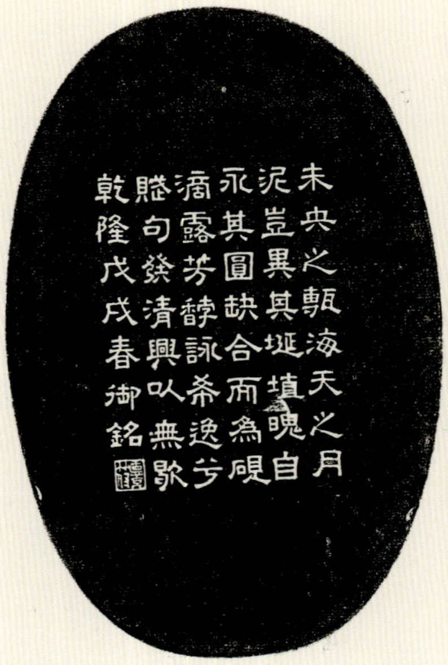

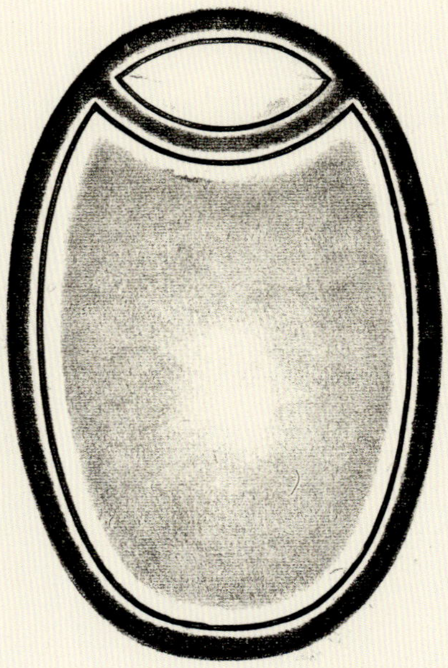

如前所述乾隆四十一年邊疆平定帝十全武功告成造辦處奉上諭選上品端石歙石澄泥製成仿漢未央磚海天初月硯等套六式以賞賜宗室及重臣此又其一硯取材歙石細賦柔美眉紋平緩猶如靜海細波硯式端莊碾琢精細綫條華美流暢刻銘工致為典型乾隆朝宮廷造辦處風範

硯底銘文

未央之磚海天之月泥豈異其埏埴魄自永其圓缺合而為硯滴露芳醇詠希逸兮賦句發清興以無歌乾隆（四十三年）戊戌春御銘篆書

白文德充符閑文寶

今有七言以贊乾隆製器奢而精
程式諸般古有徵漢瓦何曾真若
此惟求氣象照千城

歲次戊戌初秋之月

王承雄書於海上逸墨齋

清乾隆　御製銘仿漢未央磚『海天初月』歙硯

長十六厘米　寬十點五厘米

花梨天地蓋

如前所述，乾隆四十一年（一七七六）邊疆平定，帝十全武功告成。造辦處奉上諭，選上品端石、歙石、澄泥製成仿漢未央磚海天初月硯等每套六式，以賞賜宗室及重臣。此又其一。硯取材歙石，細膩柔美；眉紋平緩，猶如靜海細波。硯式端莊，碾琢精細。線條華美流暢，刻銘工致，為典型乾隆朝宮廷造辦處風範。

硯底銘文：『未央之磚，海天之月。泥豈異其埏埴，魄自永其圓缺。合而為硯，滴露芳辞。詠希逸兮賦句，發清興以無歇。乾隆（四十三年）戊戌春御銘。』篆書白文『德充符』閑文寶。

今有七言以贊：乾隆製器奢而精，程式諸般古有徵。漢瓦何曾真若此，惟求氣象照干城。

著録：《西清硯譜》卷二十四，第四十五至四十七頁。

詩文著録：《乾隆御製詩文・二集》卷三十九，第七十三—一A頁，中國人民大學出版社，二〇一三年十月出版。

清乾隆　乾隆御銘仿漢未央磚歙硯（正面及款）

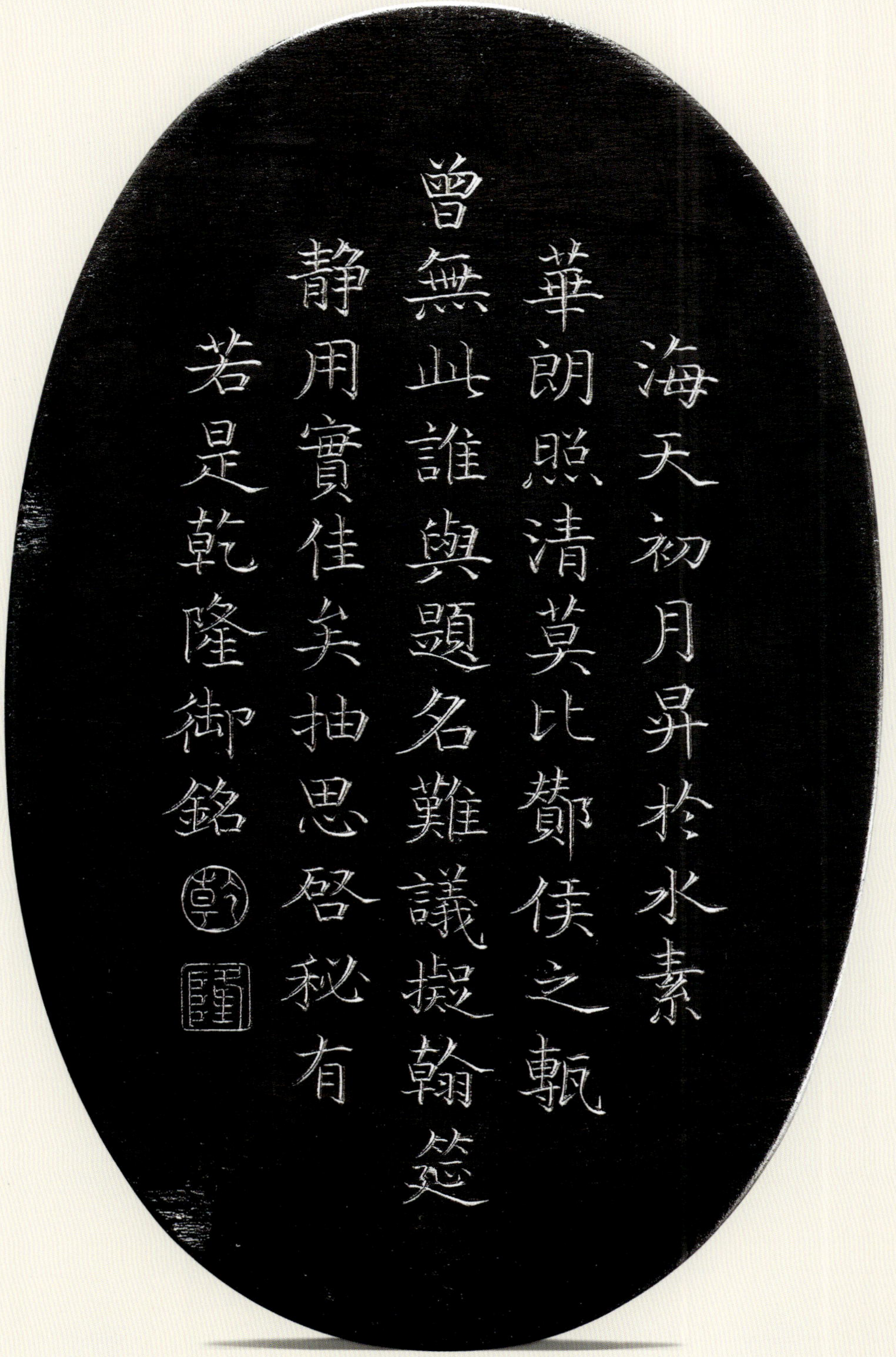

清乾隆 乾隆御銘仿漢未央磚歙硯（背面）

乾隆御製稿本 西清硯譜

第二十四册

倣漢未央瓴海天初月硯正面圖

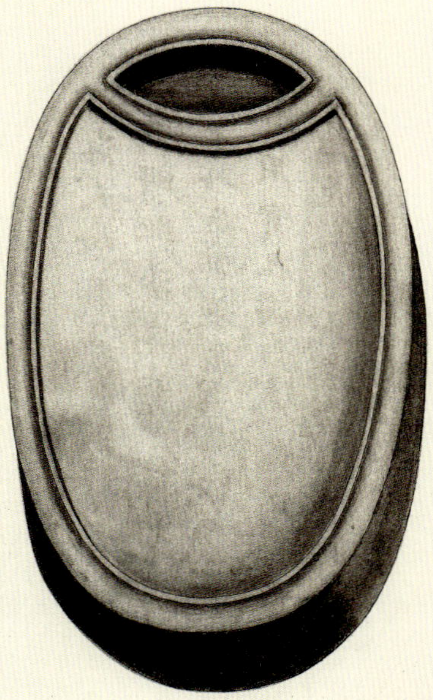

四五

乾隆御製稿本 西清硯譜

第二十四册

倣漢未央瓴海天初月硯背面圖

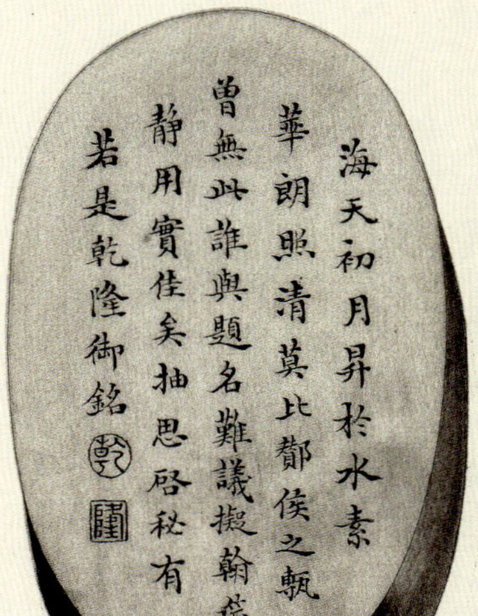

四五

仿漢未央甎海天初月硯說

硯高四寸五分寬二寸九分端溪石色紫質潤楷圓式硯首墨池深四分狀如海月初升上方側鐫仿漢未央甎海天初月硯十字楷書硯背正平鐫御題銘一首楷書鈐寶二曰乾隆考明高濂遵生八戕稱未央磚頭硯色黃黑扣之聲清而堅上有建安十五年字硯蓋仿此為之而不摹建安十五年五字匣蓋外鐫仿漢未央甎海天初月硯十字內鐫

仿漢未央甎海天初月硯硯首上方側面圖

御題銘與硯同並隸書鈐寶二曰會心不遠曰德充符

匣底內鐫乾隆御用四字

御製仿漢未央甎海天初月硯銘

海天初月昇於水素華朗照清莫比鄴侯之磚曾無此誰與題名難議擬翰苑靜用實佳矣抽思啓秘有若是

乾隆御銘仿漢未央磚歙硯

（清 乾隆）

硯墻楷書仿漢未央磚海天初月硯底楷書刻海天初月
昇於水素華朗照清莫比鄴侯之軓曾無此誰與題名南議擬翰
蒞靜用實佳矣抽思啟秘有若是乾隆御銘并乾隆圓方連珠寶

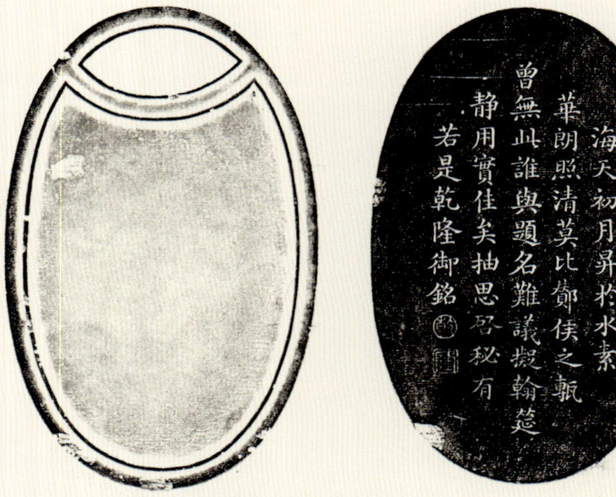

歙不及端之潤膩然下墨極佳是硯雖稱仿漢磚實未央無此制故御銘曰誰與題銘難議擬以致名若是乾隆賦七古楷書出詞臣筆松雪體甚清秀雋永

讚曰橢圓一硯穿帶分斷堂稱墨海池若月紀乾隆命筆閣老鑄字不雕而工彬彬文質

歲次戊戌初夏之月王承雄書於海上逸墨齋

清乾隆　乾隆御銘仿漢未央磚歙硯

長十四點二厘米　寬九點三厘米　高三厘米

硯牆楷書『仿漢未央磚海天初月硯』，底楷書刻『海天初月昇於水，素華朗照清莫比。鄴侯之磚曾無此，誰與題名難議擬。翰筵靜用實佳矣，抽思啓秘有若是。乾隆御銘』。並『乾』『隆』圓方連珠寶。

歙不及端之潤腴，然下墨極佳；是硯雖稱仿漢磚，實未央無此製。故御銘曰『誰與題銘（名）難議擬』，以致名若是。乾隆賦七古，楷書出詞臣筆。松雪體甚，清秀雋永。

讚曰：橢圓一硯，穿帶分斷。堂稱墨海，池若月幻。乾隆命筆，閣老鑄字。不雕而工，彬彬文質。

著録：《西清硯譜》卷二十四，第一至四頁。

詩文著録：《乾隆御製詩文·二集》卷三十九，第七十二—三B頁，中國人民大學出版社，二〇一三年十月出版。

清乾隆 乾隆仿唐人八角御题诗砚（正面）

清乾隆　乾隆仿唐人八角御題詩硯（背面）

清乾隆 乾隆仿唐人八角御題詩硯（正面）

清乾隆　乾隆仿唐人八角御题诗砚（盖面）

仿唐觀象硯正面圖

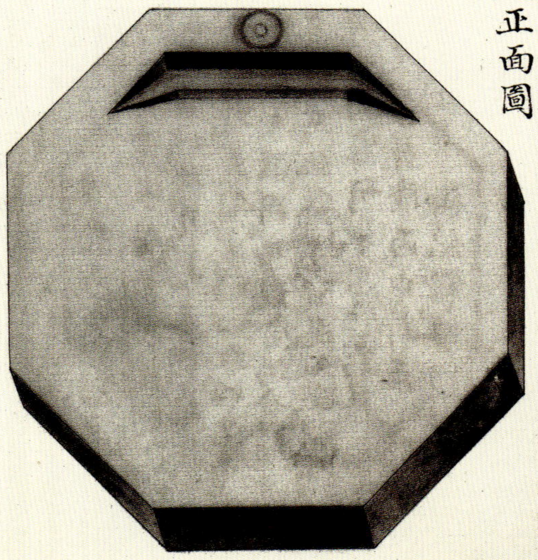

仿唐觀象硯背面圖

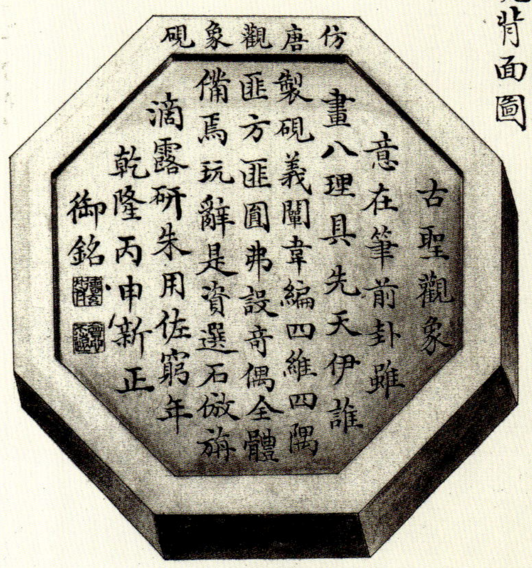

國家圖書館特藏珍品

乾隆御製稿本 西清硯譜

第二十三冊 第二十四冊

(清)門應兆 繪畫
沈樂平 整理

上海書畫出版社

内府單招

是硯盖仿内府舊藏唐觀象硯式作而尺度微小
厚亦減十分之六云

仿唐觀象硯說

硯八稜稜廣四寸八分徑四寸五分厚四分端石
製硯首鸜鵒活眼一高似孫硯箋所謂端溪石以
高眼為貴是也下為墨池深二分硯背上方鐫仿
唐觀象硯五字楷書中鐫
御題銘一首楷書鈐寶二曰德充符曰會心不遠匣盖
並鐫是銘（隸書）鈐寶二曰幾暇怡情曰得佳趣匣底内
鐫乾隆御用四字外鐫仿唐觀象硯五字並隸書

御製仿唐觀象硯銘
古聖觀象意在筆前卦雖畫八理具先天伊誰製硯義
闡韋編四維四隅匪方匪圓弗設奇偶全體備焉玩辭
是資選石倣旃滴露研朱用佐窮年

乾隆仿唐八角御題詩硯

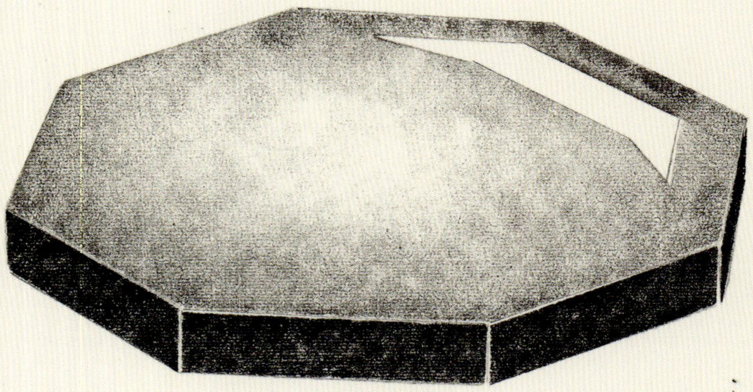

硯背邊款

仿唐觀象硯

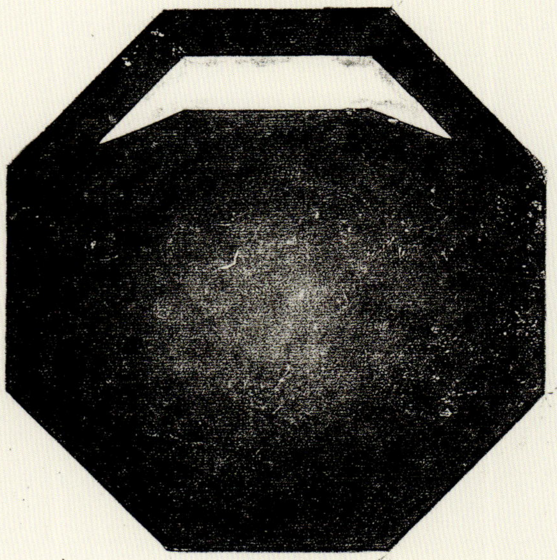

底銘：古聖觀象意在筆前卦雖畫八理具先天伊誰製硯義闡韋編四維四隅匪方匪圓節奇偶全體備焉翫辭是資選石仿旃滴露研朱用佐窮年乾隆丙申（一七七六）新正御銘德充符 永心不遠印

硯澂泥燒煉製成呈八角形硯面平坦墨池深凹呈倒元寶形『西清硯譜』所載『唐觀象端石硯』目前尚存臺灣故宮博物院具為唐代新創製的八棱硯式後世多有仿製清廷慣於賞賜筆墨硯希事仿唐觀象硯便是具中之一如此是硯當亦為清宮所出觀其形製典雅大方質地細膩宮廷製作應有之高超水準與氣息俱現

歲次庚子秋月王承雄書於海上

清乾隆　乾隆仿唐人八角御題詩硯

直徑十四點五厘米

硯背邊款『仿唐觀象硯』
底銘『古聖觀象，意在筆前。卦雖畫入，理具先天。伊誰制硯，義闡韋編。四維四隅，匪方匪圓。弗設奇偶，全體備焉。玩辭是資，選石做旃。滴露研朱，用佐窮年。乾隆丙申（一七七六）新正御銘』。
『德充符』『永心不遠』印

硯澄泥燒煉製成，呈八角形，硯面平坦，墨池深凹，呈倒元寶形。《西清硯譜》所載『唐觀象端石硯』目前尚存臺北故宮博物院，其為唐代新創製的八稜硯式，後世多有仿製。清廷慣於賞賜筆墨硯紙事，仿唐觀象硯便是其中之一，如此是硯當亦為清宮所出。觀其形製，典雅大方，質地細膩，宮廷製作應有之高超水準與氣息俱現。

著録：《西清硯譜》卷二十四，第三十一至三十三頁。

詩文著録：《乾隆御製詩文·二集》卷四十，第七十四—三B頁，中國人民大學出版社，二〇一三年十月出版。

清乾隆　乾隆御銘紫檀嵌玉盒澄泥硯（正面及邊款）

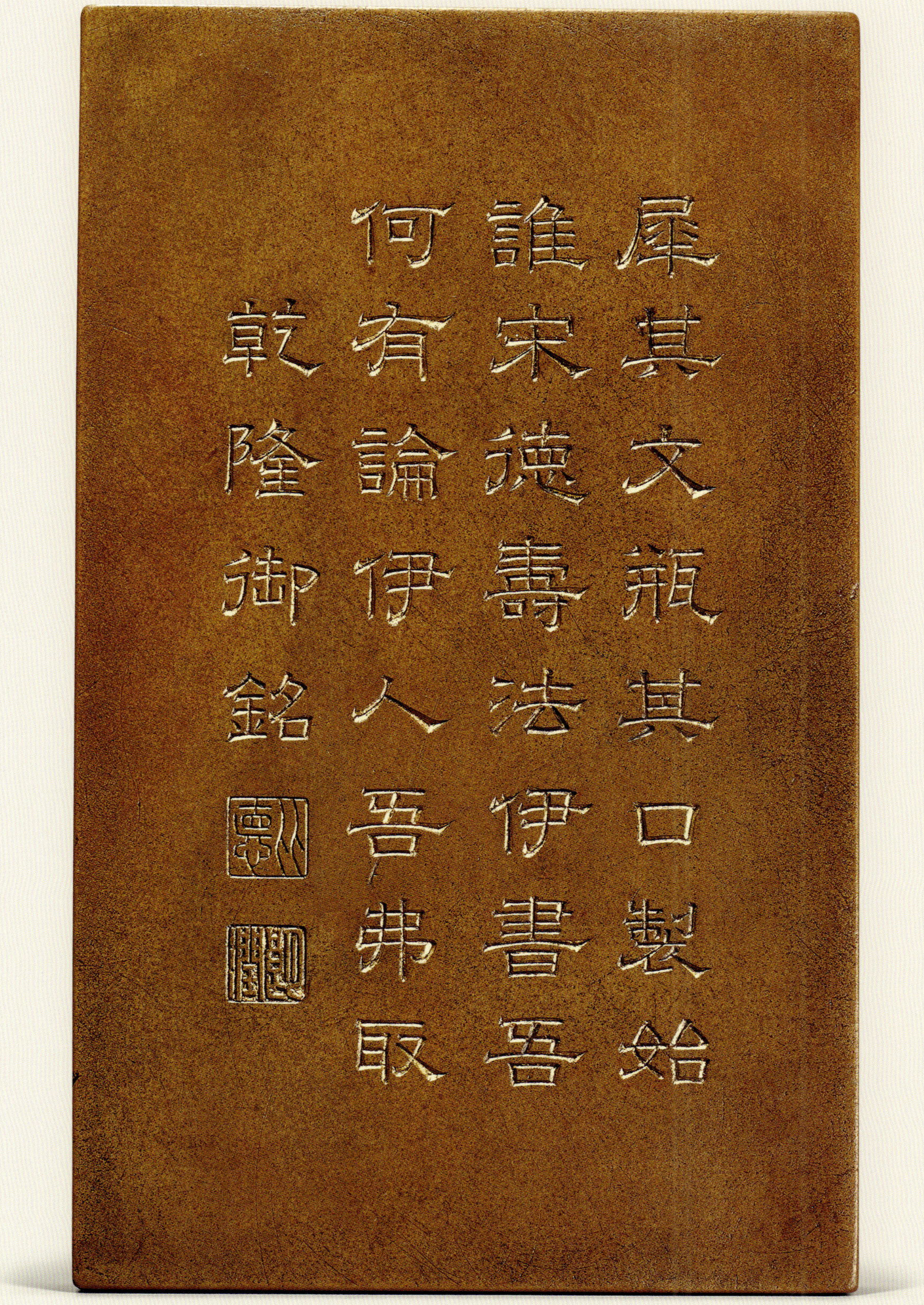

清乾隆　乾隆御銘紫檀嵌玉盒澄泥硯（背面）

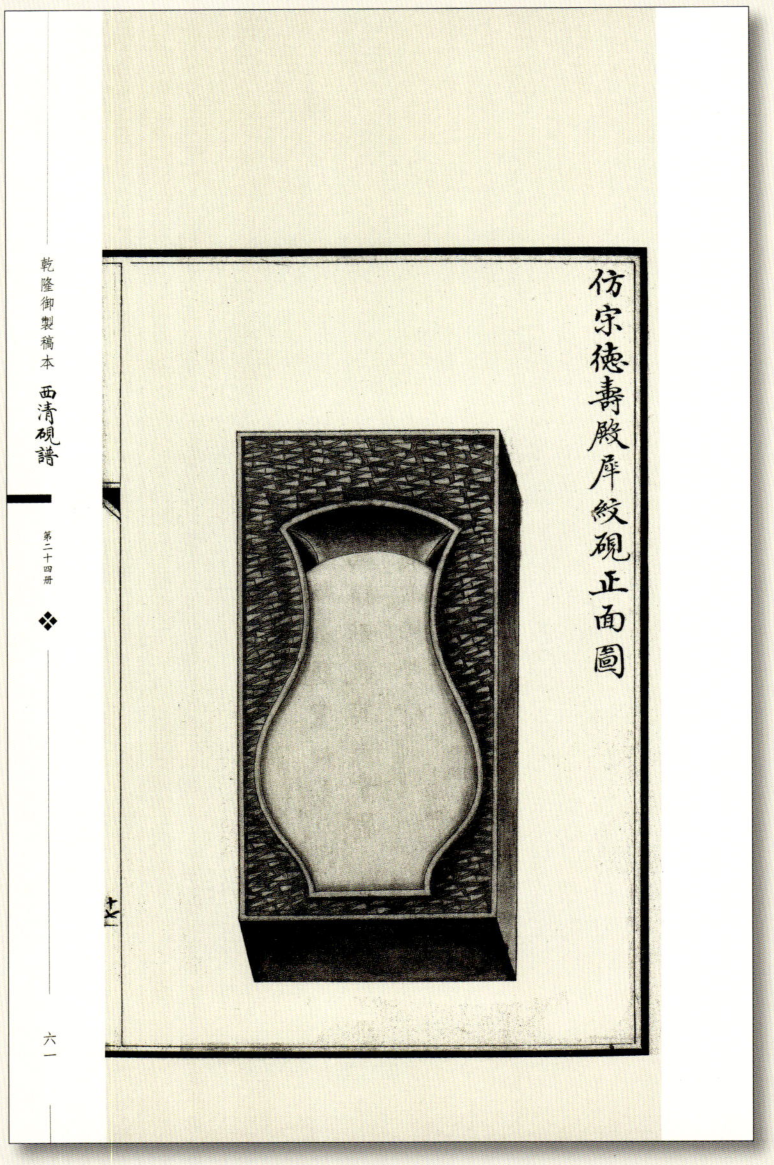

仿宋德壽殿犀紋硯正面圖
乾隆御製稿本 西清硯譜
第二十四册
六一

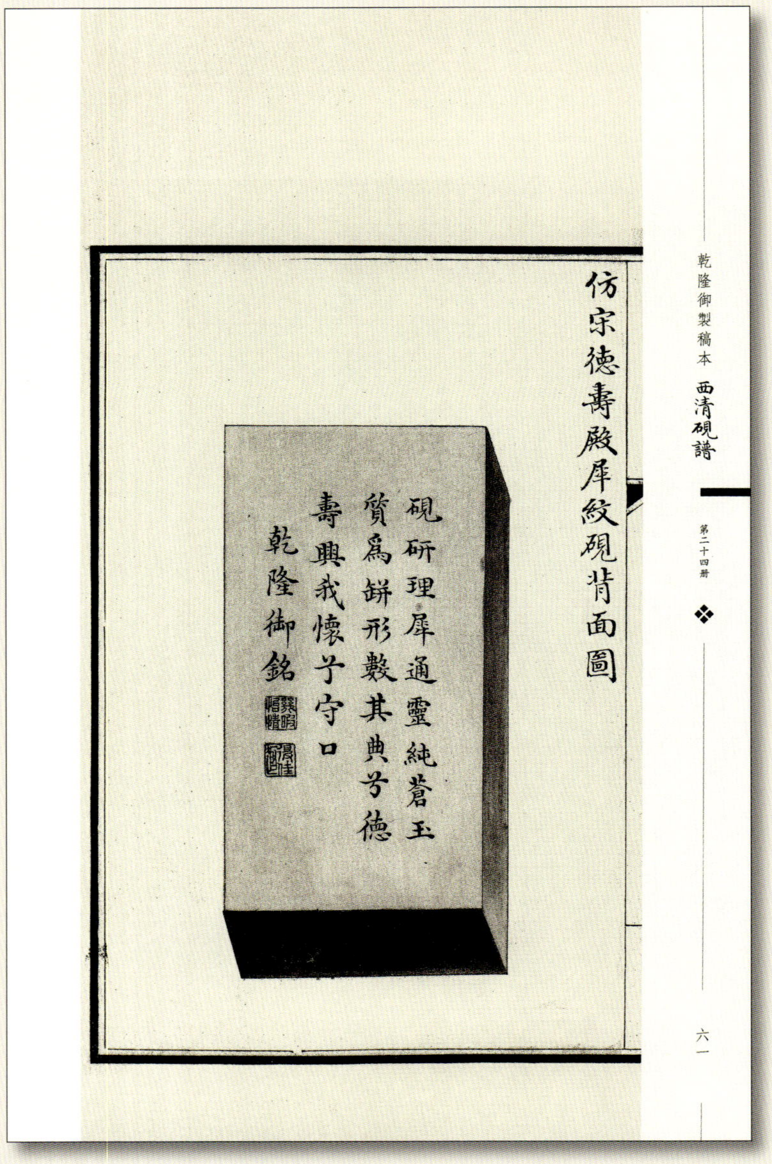

仿宋德壽殿犀紋硯背面圖
硯研理犀通靈純蒼玉
質爲餠形數其典兮德
壽興我懷兮守口
乾隆御銘
乾隆御製稿本 西清硯譜
第二十四册
六一

仿宋德壽殿犀紋硯說

硯高四寸二分寬二寸三分厚六分長方式石色深黑歙阬之佳者面週刻犀紋中受墨處為瓶式瓶口為墨池深二分上方側鐫仿宋德壽殿犀紋硯八字楷書硯背正平鐫

御題銘一首楷書鈐寶二曰幾暇怡情曰得佳趣考明高濂遵生八牋稱天生石面儼肖犀紋毫無雕琢後刻德壽殿字下有御押印文曰德壽殿書寶是

乾隆御製稿本 西清硯譜 第二十四冊

仿宋德壽殿犀紋硯上方側面圖

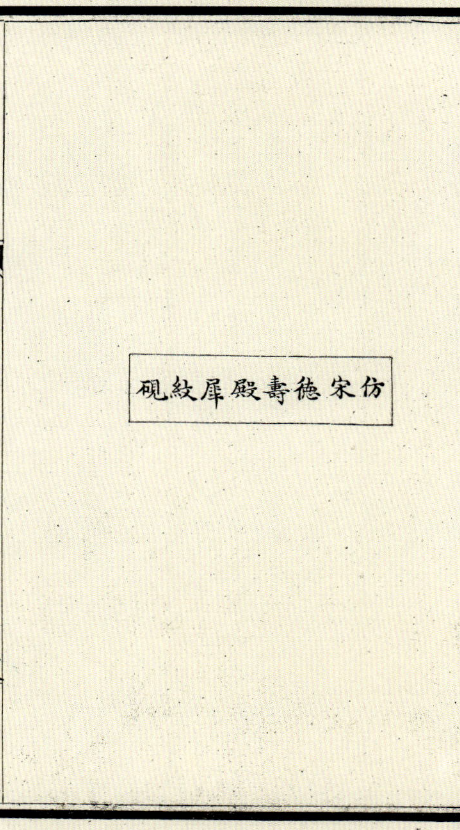

乾隆御製稿本 西清硯譜 第二十四冊

硯依式仿製刻作天成惟不橅御押德壽殿字及

御押印文匣蓋外鐫仿宋德壽殿犀紋硯四字內鐫

御題銘與硯同並隸書鈐寶二曰會心不遠曰德充符

匣底內鐫乾隆御用四字

乾隆御製稿本 西清硯譜 第二十四冊

御製仿宋德壽殿犀紋硯銘

硯研理犀通靈純蒼玉質為餅形數其典兮德壽興我懷兮守口

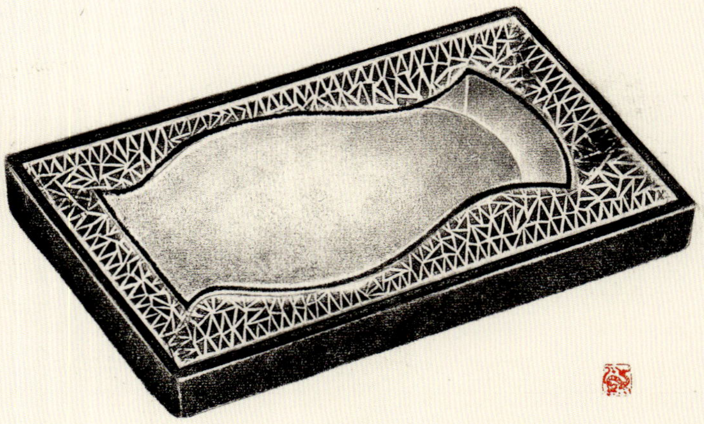

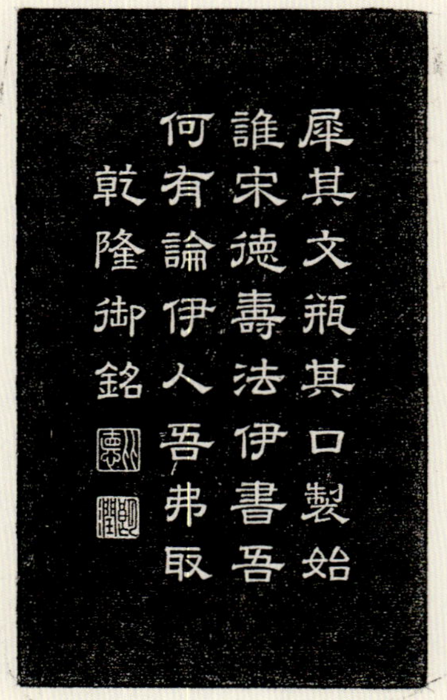

乾隆御銘
紫檀嵌玉盒澄泥硯

王承雄書於逸墨齋

紫砂澄泥質長方硯色澤灰褐硯面刻犀紋瓶形硯堂瓶口為墨池硯背平其內刊銘及乾隆丁酉款題及朱文印二『西清硯譜』卷二十四後附錄刊三套仿古硯目錄每套六方此式硯即其中仿宋德壽殿犀紋硯也乃清廷造辦處製作之乾隆仿古六硯々一澄泥摻宜興紫砂精製硯兼顧二材縝密之質地與較強之可塑性於一體優勢互補相得益彰無怪乾隆朱批御用硯是也附嵌玉紫檀木盒日本木匣

清乾隆　乾隆御銘紫檀嵌玉盒澄泥硯

長十五點五厘米　寬九點五厘米　高一點八厘米

紫砂澄泥質，長方硯，色澤灰褐，硯面刻犀紋，瓶形硯堂，瓶口為墨池，硯背平，銘：『犀其文，瓶其口，製始誰？宋德壽。法伊書，吾何有，論伊人，吾弗取。』款題：『乾隆丁酉御銘』，有朱文印二，曰：『幾暇怡情』、曰：『得佳趣』。

《西清硯譜》卷二十四後附録，刊有三套仿古硯目録，每套六方，此式硯即其中仿宋德壽殿犀紋硯，另有仿漢未央磚海天初月硯、仿漢石渠閣瓦硯、仿唐八棱硯和仿宋天成風字硯五式。乾隆仿古六硯中是乾隆時期清廷造辦處製作的仿古硯，用來賞賜宗室大臣與御用。六硯質地有端石、歙石、澄泥各種。此硯是在澄泥中摻進一定比例的宜興紫砂精心製作而成，澄泥中加入紫砂不僅使硯的顏色華麗，凝重美觀，而且會增加研墨的摩擦力，兼顧兩者縝密的質地與較強的可塑性於一身，優勢互補，相得益彰，使硯的質地更加優異。據乾隆四十四年檔案記載，澄泥硯中加入紫砂原料，深受皇帝的喜愛，成為乾隆朱批御用硯。存世罕見，現僅見北京故宮博物院收藏。本件拍品當是流傳於民間的失群硯之一，彌足珍貴。配有嵌玉紫檀木盒及日本木匣。

著録：《西清硯譜》卷二十四，第十七至二十頁。

詩文著録：《乾隆御製詩文·二集》卷三十九，第七十三—九A頁，中國人民大學出版社，二〇一三年十月出版。

清乾隆　乾隆御銘仿漢石渠閣瓦歙硯（正面及邊款）

清乾隆　乾隆御銘仿漢石渠閣瓦歙硯（背面）

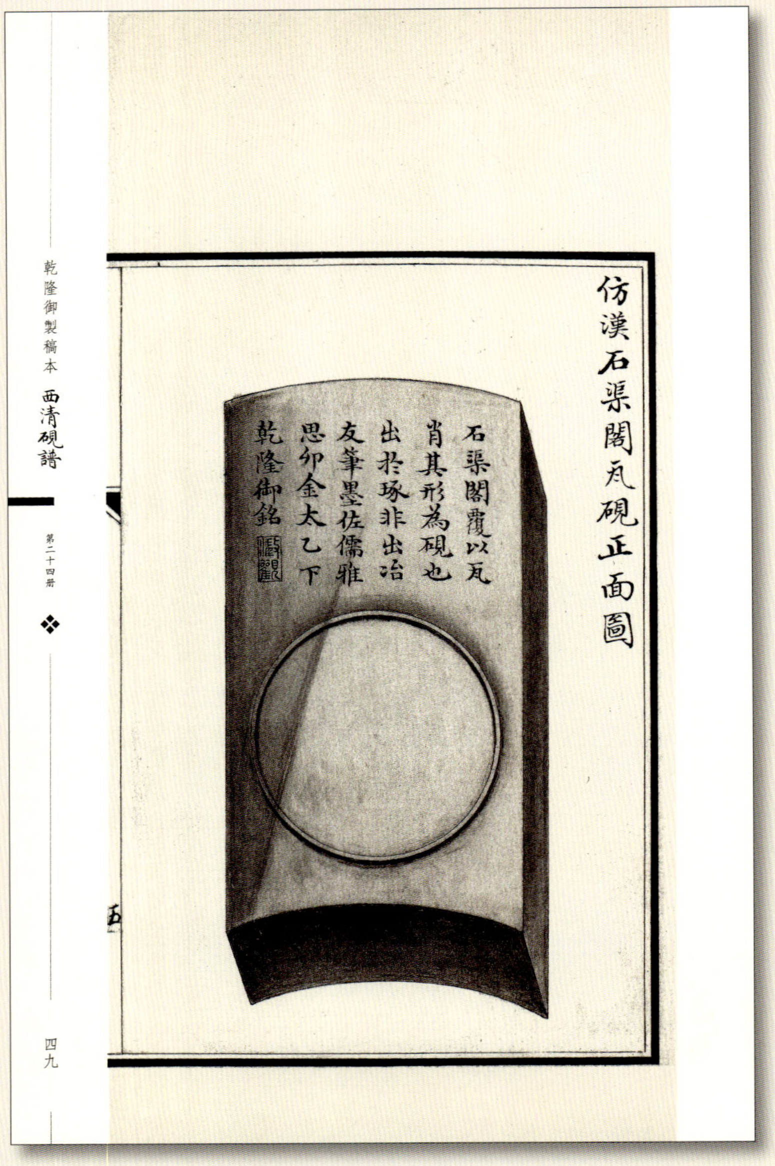
乾隆御製稿本 西清硯譜
第二十四册
四九

仿漢石渠閣瓦硯正面圖

石渠閣覆以瓦
肖其形為硯也
出於琢非出冶
友筆墨佐儒雅
思仰金太乙下
乾隆御銘

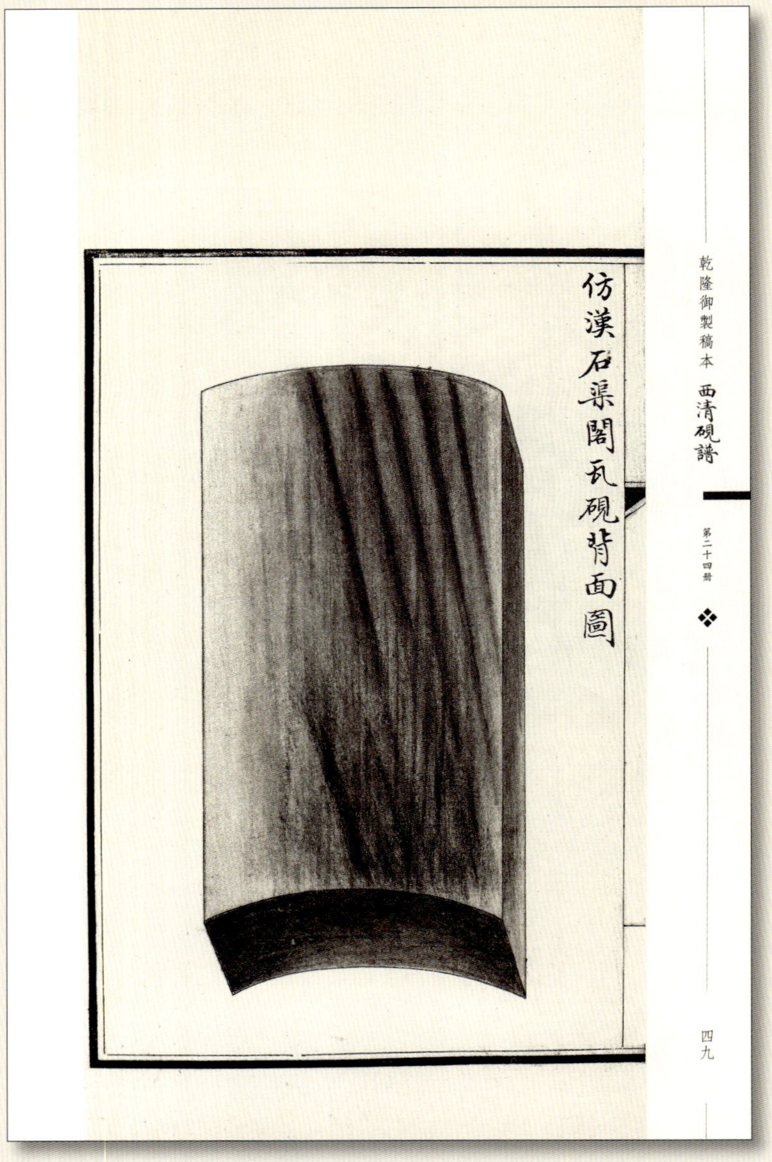
乾隆御製稿本 西清硯譜
第二十四册
四九

仿漢石渠閣瓦硯背面圖

仿漢石渠閣瓦硯說

硯高四寸五分寬二寸六分厚七分歙溪舊石製

為瓦形穹起受墨處圓如滿月上方鐫

御題銘一首楷書鈐寶一曰徵觀硯首側鐫仿漢石渠

閣瓦硯七字楷書考明高濂遵生八牋載石渠閣

瓦硯背篆石渠閣瓦四字硯上有銘質堅聲清傍

書云嘉靖五年改製下有小印是硯易陶以石略

仿形模無諸款識而銘自

乾隆御製稿本 西清硯譜 第二十四册

仿漢石渠閣瓦硯硯首側面圖 上方

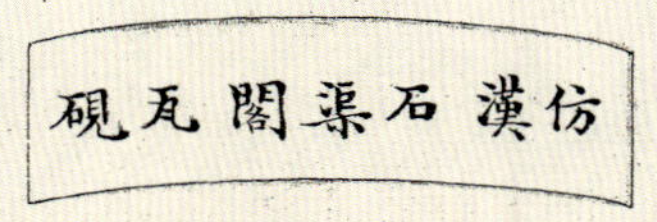

乾隆御製稿本 西清硯譜 第二十四册

天題

西清琛翫較之濂所書者榮幸多矣匣蓋外鐫仿漢

石渠閣瓦硯七字內鐫

御題銘與硯同並隸書鈐寶二曰幾暇怡情曰得佳趣

匣底內鐫乾隆御用四字

乾隆御製稿本 西清硯譜 第二十四册

御製仿漢石渠閣瓦硯銘

石渠閣覆以瓦肖其形為硯也出於埏非出冶友筆墨

佐儒雅思卯金太乙下

乾隆御銘仿漢石渠閣瓦款硯

清乾隆

館閣書額題石渠閣覆以瓦肖其形為硯也出於琢非出於冶友筆墨佐儒雅思卯金太乙下乾隆御銘並澂觀閣文寶款

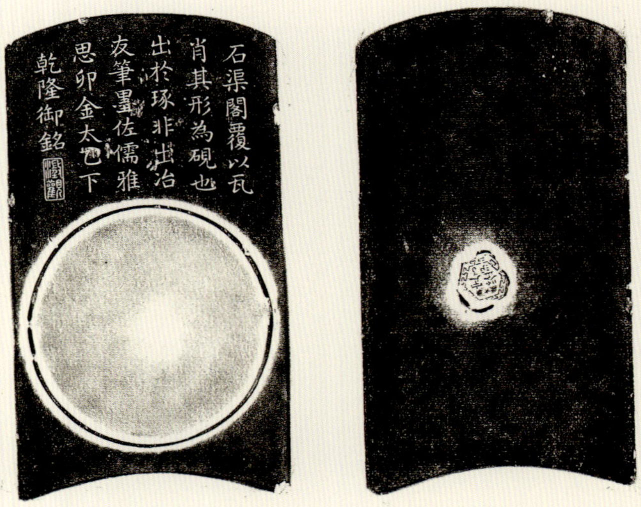

仿漢石渠閣瓦硯

清乾隆帝雖以十全武功安定邊疆為功然崇文尚古亦其所好也於文房諸器常製銘造辦以賞賜廷臣此硯一如紙墨筆等乃奉上諭內務府大臣交造辦處依審定畫示及字樣紋樣置辦此銘之墨稿書乃幽松雪體與外錢維城等詞臣筆極工致兩面坡雕填金亦造辦處標準緣澂泥硯需燒冶端歙石則磨琢故銘中特意指出而卯金太乙句實指商湯兩漢以來緣成湯祭名太乙卯金合則為劉有詩曰古質斯文一體邀誼說清季盡堆雕乾隆詩有萬餘首詠逞國學試比高

戊戌初夏王承雄書於海上

清乾隆　乾隆御銘仿漢石渠閣瓦歙硯

長十四點五厘米　寬八點五厘米

館閣書額題：『石渠閣覆，以瓦肖其形為硯也。出於琢，非出於冶。友筆墨佐儒雅，思卯金太乙下。乾隆御銘。』並『澂觀』閑文寶款。

清乾隆帝雖以十全武功，安定邊疆為功，然崇文尚古亦其所好也。於文房諸器，常製銘造辦，以賞賜廷臣。此硯一如紙墨筆等，乃奉上諭，內務府大臣交造辦處，依審定圖示及字樣紋樣（飾）置辦。此銘之墨稿書乃出松雪體，無外錢維城等詞臣筆，極工致。兩面坡雕填金，亦造辦處標準。緣澄泥硯需燒冶，端歙石則礪琢，故銘中特意指出。而卯金、太乙句，實指商湯、兩漢以來。緣成湯祭名太乙，卯金合則為劉。

有詩曰：古質斯文一體邀，誰說清季盡堆雕。乾隆詩有萬餘首，欲逞國學試比高。

著録：《西清硯譜》卷二十四，第五至八頁。

詩文著録：《乾隆御製詩文·二集》卷三十九，第七十一—四B頁，中國人民大學出版社，二〇一三年十月出版。

清乾隆　仿唐八稜澄泥砚（正面及款）

清乾隆　仿唐八棱澄泥砚（背面）

仿唐八棱澂泥硯

清 乾隆

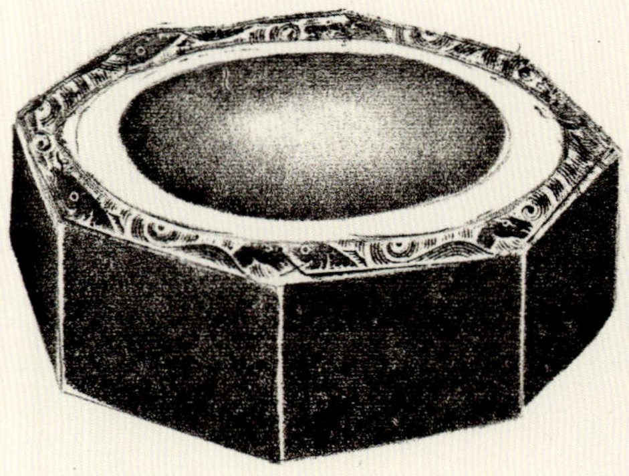

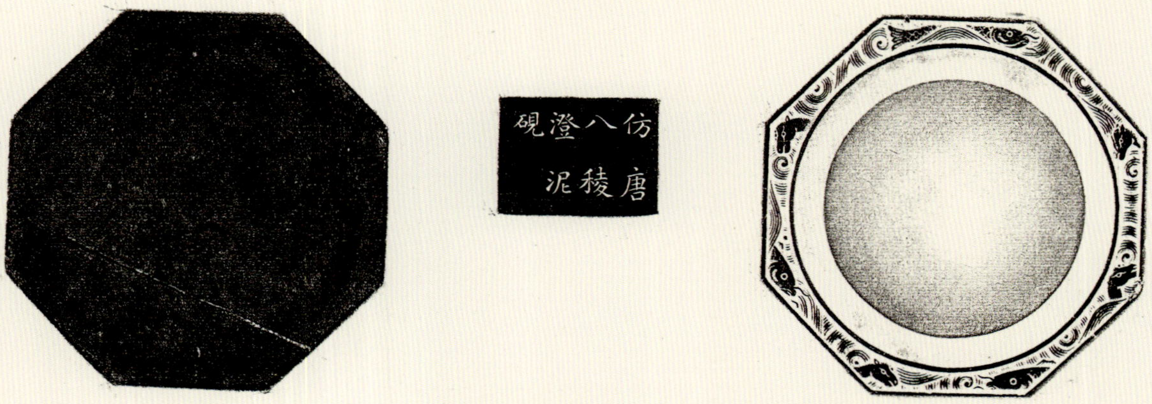

有紫檀原配盒里皮老料宮廷造料選上好澄泥仿唐八棱辟雍型骨為模印水渦魚獸紋背平無銘惟邊墻刻館閣書仿唐八棱澄泥硯

（除盒蓋原配外與前述完全相同）

王承雄書於中

清乾隆　仿唐八稜澄泥硯

直徑九點六厘米　高三厘米

有紫檀原配盒，黑皮老料宮廷造。料選上好澄泥，仿唐八稜辟雍型。唇為模印水渦魚獸紋，背平無銘。惟邊牆刻館閣書『仿唐八稜澄泥硯』。（除盒蓋原配外，與前述完全相同。）

清乾隆　乾隆题石渠砚

清乾隆 乾隆题石渠砚（背面）

清乾隆 乾隆题石渠砚（背面）

周尺久猶一寸强考難缺折始何方此尺長止今五寸較周制尚欠寸許其兩端必有一缺折處即工人改製完好亦不知幾多年矣昔那全竟今那半此所短輸彼所長

詠宋端石倣唐石渠硯

石渠唐硯貯西清趙宋端溪此倣成雖曰文房聚所好欲因題句輒慚生

夏至日

北郊禮成述事

乾隆題石渠硯

石渠唐硯
貽西清趙
宋端溪此仿成雖回文防聚所好
部日題句輒慚生

覆手内：
宜子孫

唐石渠硯貽『西清硯譜』趙宋端溪此仿成硯作四方四邊寬棱棱面鐫回紋向内周環深刻成水渠狀而成低凹的硯堂以作蓄水之墨池硯側四辟平直滿工細刻回紋錦地錦地之工各浮雕獸面銜環鋪首及一對夔鳳在側夔鳳細目尖喙兩兩相向立於膛目怒髮之獸首兩側意形高古硯底四周起沿向内呈三層階狀凹下正中琢覆手内刻銘擇端溪端石硯堂本色出露古色古香細潤而堅而形仿漢之銅器故又於遍體之上敷飾銹斑如銅如石土花銹澀金碧青紅莫名一狀銅之質感銹痕色澤不一而足

庚子龝王承雄於海上

清乾隆　乾隆題石渠硯

長十二點八厘米　寬十三點二厘米　高六厘米

覆手內『宜子孫』石渠唐硯貯《西清》，趙宋端溪此仿成。雖曰文房聚所好。卻因題句輒慚生。

唐石渠硯，貯《西清硯譜》，趙宋端溪，此仿成。硯作四方，四邊寬稜，稜面鐫回紋，向內周環深刻水渠狀，而成低凹的硯堂，以作蓄水之墨池。硯側四壁平直，滿工細刻回紋錦地，錦地之上各浮雕獸面銜環鋪首及一對夔鳳。夔鳳細目尖喙，兩兩相向立於瞠目怒髮之獸首兩側，意形高古。硯底四周起沿，向內呈三層階狀凹下，正中琢覆手，內刻『宜子孫』二行三字篆書款，其外環以楷書『石渠唐硯貯西清。趙宋端溪此仿成。雖曰文房聚所好。卻因題句輒慚生』刻銘，字形俊逸，遒勁有力，規整大方。硯擇端溪瑞石，硯堂本色出露，古色古香，細潤而堅。而形仿漢之銅器，故又於遍體之上敷飾銹斑，如銅如石，土花銹澀，金碧青紅，莫名一狀，銅之質感、銹痕、色澤不一而足。（相類清乾隆仿古石渠澄泥硯，造型、紋樣、工藝皆與此硯有異曲同工之妙，可作對讀。）

清乾隆 仿漢瓦式紅絲石硯（正面）

清乾隆　仿漢瓦式紅絲石硯（背面）

仿漢瓦式紅絲石硯

清乾隆

花梨木盒硯額隸書銘仿漢古瓦背琢瓦當式開光及
雋宋蠡篆

用江陽韻試作一律曰臨朐之硯盛於唐兩色相間脂脈光忽若紅絲悄隱态渾成漢瓦鱔魚黄畜紋典雅出宮禁琢碾巧精復堂皇滄海桑田今又是執來應慨家國昌

黄紅相間或呈絲纏狀為紅絲石所常見純色大紅艳與純黄皆罕見此硯緣偶得色若澂泥之鱔魚黄者故精制作漢瓦硯式乾隆仿古造辦處工繁而不冗滿而不賦龍珠式硯堂起崗淌池作彎月狀脣邊滿飾三角形雲雷紋以示潤澤或曰仁德畜業以雲雷為地紋意理則同主圖案為龍以示其威額題之上類似「亞」字者不為相背之弓而為相背之已曰黻乃帝王十二章紋中表示知過則改之德故此紋樸不會出於硯工而定出宮禁

王承雄於海上

清乾隆　仿漢瓦式紅絲石硯

長二十厘米　寬十二點五厘米　高一點七厘米

花梨木盒

硯額隸書銘『仿漢古瓦』背琢瓦當式開光及鳥蟲篆。

黃紅相間或呈絲纏狀，為紅絲石所常見。純色大紅袍與純黃皆罕見。此硯緣偶得色若澄泥之鱔魚黃者，故精製作漢瓦硯式。乾隆仿古造辦處工，繁而不冗，滿而不膩。龍珠式硯堂起崗，淌池作彎月狀。唇邊滿飾三角形雲雷紋，以示潤澤，或曰仁德。圖案以雲雷為地紋，意理則同。主圖案為龍，以示其威。額題之上類似『亞』字者，不為相背之弓，而謂相背之己，曰黻，乃帝王十二章紋中表示知過則改之德。故此紋樣不會出於硯工，而定出宮禁。

用『江陽韻』試作一律曰：臨朐之硯盛於唐，兩色相間脂脈光。忽若紅絲悄隱去，渾成漢瓦鱔魚黃。圖紋典雅出宮禁，琢碾精工複堂皇。滄海桑田今又是，執來應慨家國昌。

清乾隆 御製仿宋宣和雙鳳紋端硯（正面）

清乾隆 御製仿宋宣和雙鳳紋端硯（背面）

清乾隆 御製仿宋宣和雙鳳紋端硯

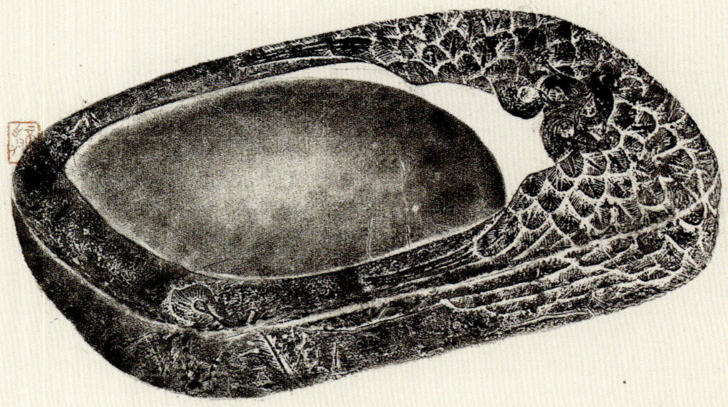

此硯以端石為材，質地堅實細滑，色澤深沉青異，硯體呈長方形淌池樣式，四角圓潤敦實可愛。硯池其上中軸對稱處刻浮雕雙鳳，口銜飄帶，羽翮豐滿，覆蓋整片寬硯邊，鳳尾則隨硯堂兩側乘下并延伸至端硯背部。此以雙鳳合聚硯堂，可謂窾思獨運。硯背鳳尾拱立處鈐上下雙印，上落「乾清宮寶」四字篆書方印款，下落「宣和御製」四字篆書長印款。硯邊至硯背外皮飄綠，仿青銅之銹色，古雅質樸，拙具美感。此硯配紫檀木盒，色如蒸栗，可見天然牛毛紋理，與硯石色澤紋飾相得益彰。

清代宮廷仿古之風盛行，尤以仿宋內府御製為眾。據文獻記載，乾隆四十一年（一七七六）以後，清廷曾大量仿製古硯，用以賞賜宗室大臣。所仿之硯質感與色澤無不惟妙惟肖，古意穆然。此硯所鈐「宣和」為宋徽宗年號，整器質地精良，造型規整，構思巧妙，刻工純熟，色漿醇厚，實乃仿宋端硯之佳品。

壬寅冬月王承雄書於逸墨齋

清乾隆　御製仿宋宣和雙鳳紋端硯

長十八厘米　寬十二點五厘米　高二厘米

此硯以端石為材，質地堅實細滑，色澤深沈青黑。硯體呈長方形淌池樣式，四角圓潤，敦實可愛。硯池其上中軸對稱處刻浮雕雙鳳，口銜飄帶，羽翼豐滿，覆蓋整片寬厚硯邊，鳳尾則隨硯堂兩側垂下，並延伸至端硯背部。此以雙鳳合聚硯堂，可謂巧思獨運。硯背鳳尾拱立處，鈐上下雙印，上落『乾清宮寶』四字篆書方印款，下落『宣和御製』四字篆書長印款。硯邊至硯背外皮飄緑，仿青銅之銹色，古雅質樸，極具美感。此硯配紫檀木盒，色如蒸栗，可見天然牛毛紋理，與硯石色澤紋飾相得益彰。

清代宮廷仿古之風盛行，尤以仿宋內府御製為眾。據文獻記載，乾隆四十一年（一七七六）以後，清廷曾大量仿製古硯，用以賞賜宗室大臣，所仿之硯質感與色澤無不惟妙惟肖，古意穆然。此硯所鈐『宣和』為宋徽宗年號，整器質地精良，造型規整，構思巧妙，刻工純熟，包漿醇厚，實乃仿宋端硯之佳品。

清 陳古白銘隨形端硯（正面）

清 陳古白銘隨形端硯（背面）

陳古白銘隨形端硯

背有陳古白行草長銘篆書閑文印曰悠自樂養天和並白文陳氏朱文古白印款

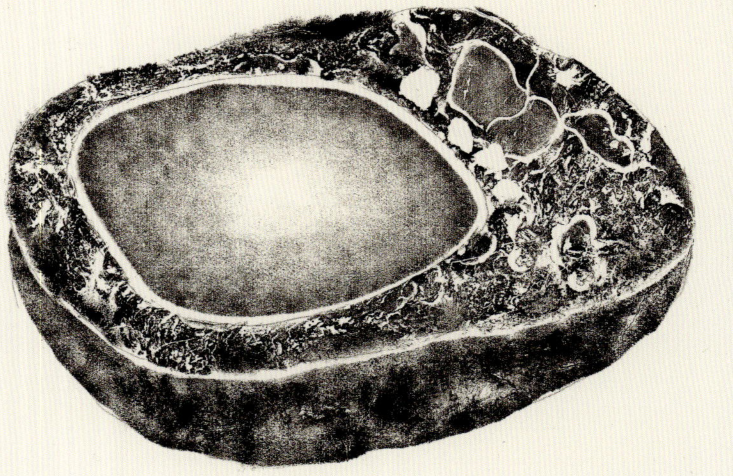

柟木盒

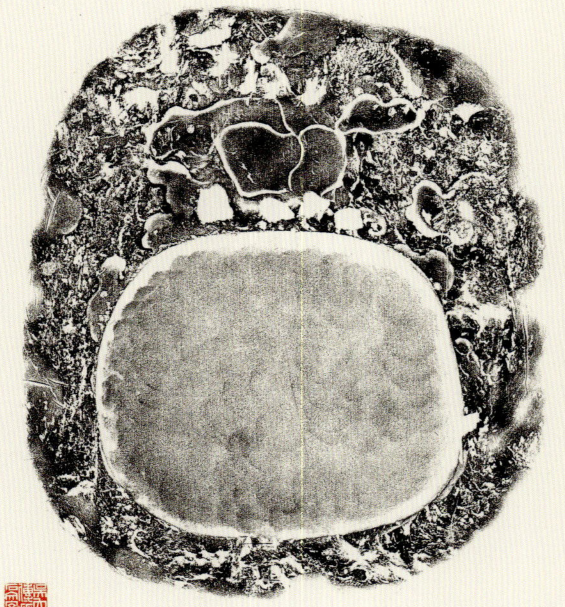

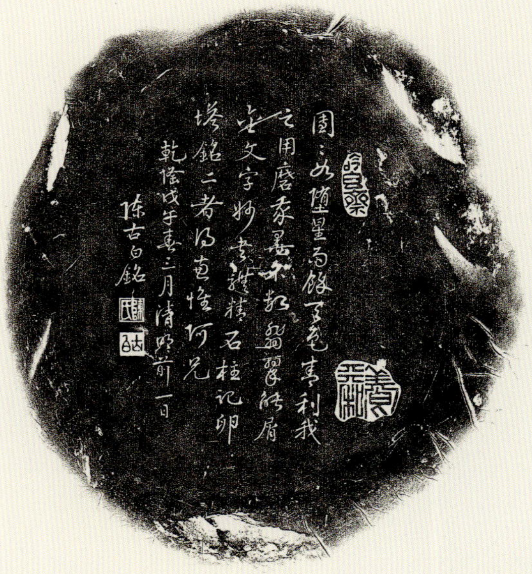

古白先生名素又字孝平金剛號素翁萬曆間諸生工詩善書楷法歐陽詢行草宗二王尤善畫蘭此硯石品上佳琢磨古樸刻款為乾隆戊午二七三八春三月清明前一日顯然不符古白先生生活年代或為後世摹其題畫句鐫刻

歲在戊戌夏月

王承雄書於滬

清　陳古白銘隨形端硯

長二十五厘米　寬二十三厘米　高五厘米

楠木盒。背有陳古白行草長銘，篆書閒文印曰『吟自樂』、『養天和』，並白文『陳氏』、朱文『古白』印款。

古白先生名元素，又字孝平、金剛，號素翁，萬曆間諸生。工詩善書，楷法歐陽詢，行草宗二王，尤善畫蘭。此硯石品上佳，琢磨古樸。刻款為『乾隆戊午（一七三八）春三月清明前一日。』顯然不符古白先生生活年代，或為後世摹其題畫句鐫刻。

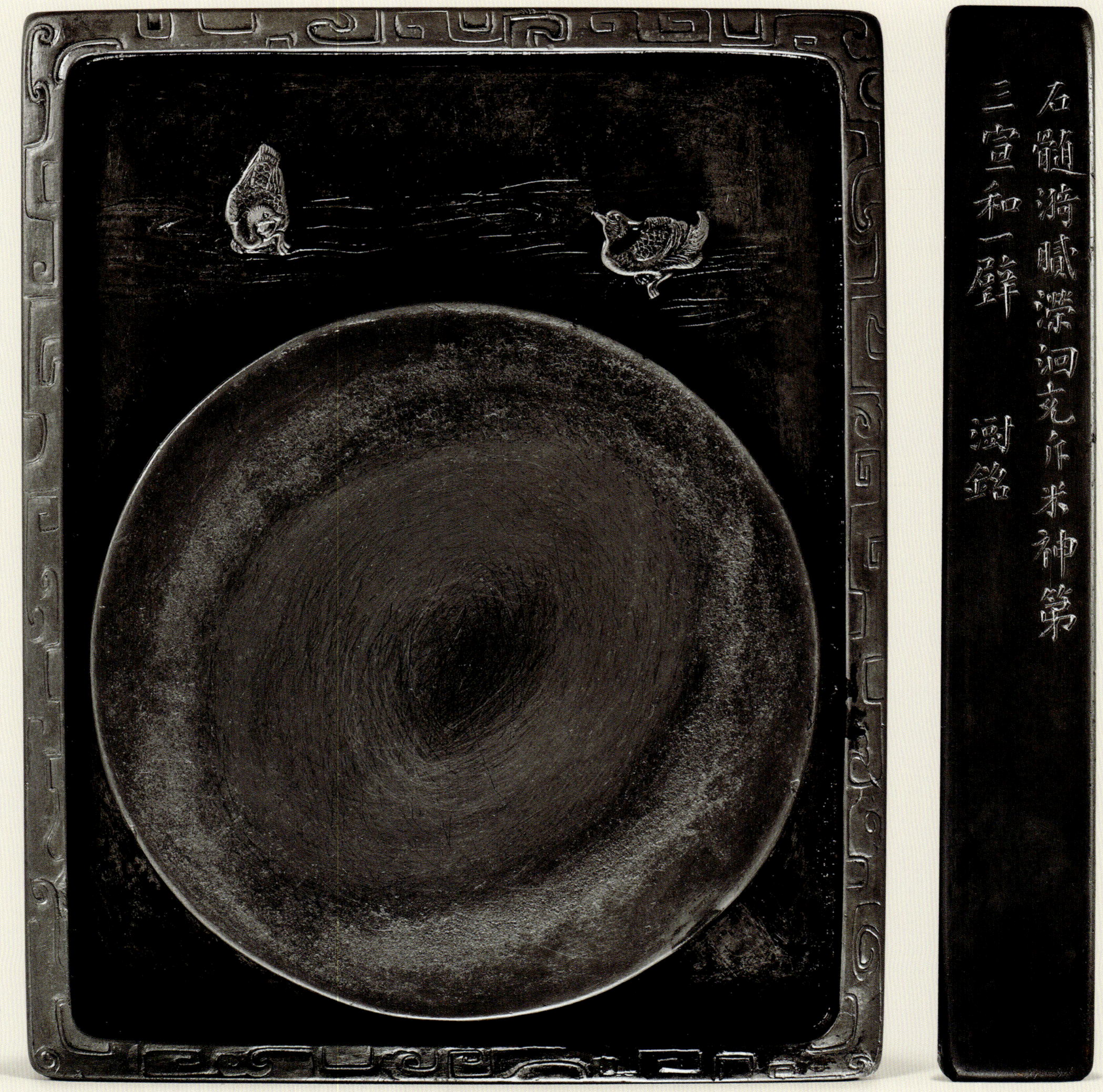

清乾隆　“天濤珍賞”款連弧紋漢鏡式歙硯（正面及邊款）

清乾隆　“天濤珍賞”款連弧紋漢鏡式歙硯（背面及邊款）

天濤珍賞款連弧紋漢鏡式歙硯

清乾隆

硯墻左側楷書刻銘曰石髓漪賦潆洄充斥米神第三宣和一辟澍銘右側玉筯篆刻天濤真賞澍即王澍（一六六八—一七三七）康熙進士授翰林院編修官至吏部員外郎以善書特命充五經文館總裁篆法玉筯正書出歐褚此銘即歐體正書正如清人吴修所許書入率更室

天濤乃清初高其佩外甥畫家李由倬（一六八七—一七七零）之别字華鳥得且園真傳惟改指爲筆山水法山樵而秀雋

觀此硯骨琢夔紋堂起崗如滿月四圍成池有鴛鴦顧相戲霞手浮雕取漢鏡連弧紋樸工致精美意趣横生或爲李太常訂婚迎娶之際特請王澍爲其作銘之硯

有詩曰

月影清漪雙戲禽
潆洄凝辟又霜侵
等閑不入高人眼
寶鏡爲研鑒古今

歲在戊戌既望八月之時

王承雄書於逸墨齋

清乾隆　『天濤珍賞』款連弧紋漢鏡式歙硯

長十六點七厘米　寬十三點三厘米　高二點三厘米

硯牆左側楷書刻銘曰：『石髓漪膩，瀠洄充斥。米神第三，宣和一璧。澍銘。』右側玉筋篆刻『天濤真（珍）賞』。

『澍』即王澍（一六六八—一七三七（九）），康熙進士，授翰林院編修，官至吏部員外郎。以善書，特命充五經（篆）文館總裁。篆法玉筋，正書出歐、褚。此銘即歐體正書，正如清人吳修所評：『書入率更（之）室』。『天濤』乃清初高其佩外甥、畫家李世倬（一六八七—一七七零）之別字。花鳥得且園真傳，惟改指為筆，山水法山樵而秀雋。

觀此硯，唇琢夔紋，堂起崗如滿月；四圍成池，有鴛鴦顧盼相戲。覆手浮雕，取漢鏡連弧紋樣。工致精美，意趣橫生。或為李太常訂婚迎娶之際，特請王澍為其作銘之硯。

有詩曰：月影清漪雙戲禽，瀠洄凝辟又霜侵。等閒不入高人眼，寶鏡為研鑒古今。

清 華嵒刻盒蓋金蟾吐瑞圖隨形端硯（正面）

清　華喦刻盒蓋金蟾吐瑞圖隨形端硯（背面）

清　華嵒刻盒蓋金蟾吐瑞圖隨形端硯（硯盖）

清　華嵒刻盒蓋金蟾吐瑞圖隨形端硯（硯盖拓片）

華刻蓋蟾瑞隨端
函盒金吐葡形硯

原配紅木盒

蓋面刻新羅山人門鶏葡並吳大澂龍節虎符之館收藏印記

春邊荷葉賦形平堂淺池金蟾吐瑞為額碾琢精細堂池之間枝出新葉葉莖之上田螺出頭具隱喻者分明華新羅也罷蓋有華嵒布衣生印款之門鳥葡故知乾嘉時延新羅山人所用後為白雲山樵所得

今得一律云落筆華叢簡且柔京城失意走揚州官員門鳥貪戕物野老蓬頭認付酬畫款新羅隱物主鈐章山敬得所求端谿上品石難覓名手留痕話千秋

歲次戊戌孟夏之月
王承雄書於海上邊墨齋

清　華嵒刻盒蓋金蟾吐瑞圖隨形端硯

長二十點五厘米　寬十九厘米　高二點三厘米

原配紅木盒。蓋面刻新羅山人鬥鳥圖，並吴大澂『龍節虎符之館』收藏印記。

卷邊荷葉賦形，平堂淺池。金蟾吐瑞為額，碾琢精細。堂池之間，枝出新葉。葉莖之上，田螺出頭。其隱喻者，分明華新羅也。器蓋有『華嵒』、『布衣生』印款之鬥鳥圖。故知乾嘉時，乃新羅山人所用，後為白雲山樵所得。今得一律云：落筆華巘簡且柔，京城失意走揚州。官員鬥雞貪翫物，野老蓬頭認付酬。畫款新羅隱物主，鈐章止敬得所求。端溪上品石難覓，名手留痕話千秋。

清　金農自題像仿宋四直式端硯（正面）

清　金農自題像仿宋四直式端硯（背面）

金農自題像仿宋四直式端硯

清

原配紅木盒。石出老坑紫端，仿宋早期制式，坡堂無池。硯背磨平綫刻老僧，題銘"心出家庵粥飯僧小像，甲戌（一七五四）季夏杭郡金農繪於昔邪僧廬"，筆出金冬心無疑，所繪二為其自畫像。金農（一六八七—一七六三），字壽門，號冬心先生、昔邪居士等，揚州八怪之首。有感昔邪居士仿宋硯之法式，並書畫之清奇，奉詩以贊：壽農掌筆若執刀，畫稿疑似出石濤。治硯謹嚴依宋制，料知此老見識高。 王承雄

清　金農自題像仿宋四直式端硯

長十七點五厘米　寬十一點六厘米　高一點九厘米

原配紅木盒，石出老坑紫端。仿宋早期製式，坡堂無池。硯背磨平，線刻老僧，題銘：『心出家庵粥飯僧小像。甲戌（一七五四）季夏，杭郡金農，繪於昔邪僧廬。』筆出金冬心無疑，所繪亦為其自畫像。金農（一六八七—一七六三），字壽門，號冬心先生、昔邪居士等，『揚州八怪』之首。

有感昔邪居士仿宋硯之法式，並書畫之清奇，奉詩以贊：壽農掌筆若執刀，畫稿疑似出石濤。治硯謹嚴依宋製，料知此老見識高。

清　方士庶銘端硯（正面）

清　方士庶銘端硯（背面）

清 方士庶銘端硯

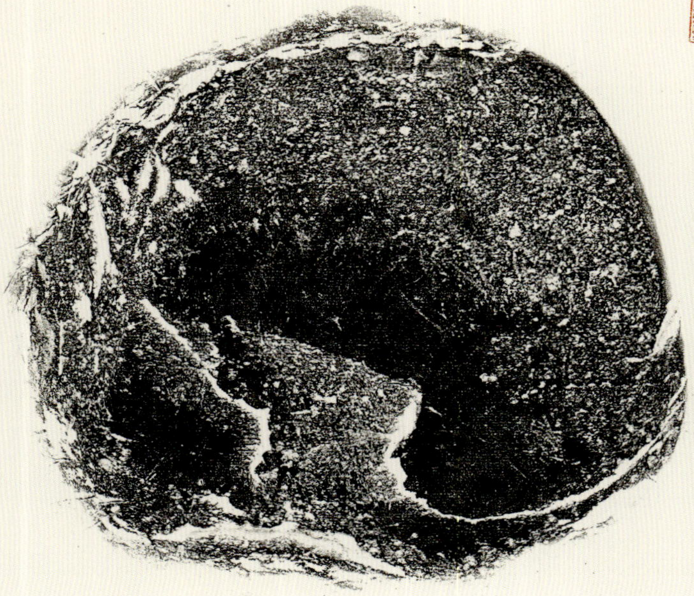

硯呈橢圓形，硯背保留原石石樸，硯面淺刻山石流水，遠處層巒疊嶂，柔石點顆立於山頭，疎密有致，近處坡石古柏屋舍儼然，溪水潺潺，間橫渡一舟，舟上一人靜坐垂釣，硯膛大片留白，與四周繁密構圖形成鮮明對比，硯額隨形深挖，巧作條帶形，整體觀感張弛有度，疎密交映，富於韻律美。硯面一側方框篆刻「方士庶記」。方士庶（一六九二—一七五一），清代著名書畫家，字循遠，一作洵遠，號環山，又號小獅道人，一作小師道人，又號天慵菴主，安徽新安人，家維揚。能詩善畫，書法嚴密端秀，繪畫筆墨斂潔，靈秀氣勢跌宕飛動，謂之爲王原祁後山水第一。受學於黃鼎，山水用筆靈斂，氣韻駘宕，早有出藍之目，時稱妙品。復以書法名蕪城，行楷結構嚴密，純學董其昌，是「婁東派」卓有成就之名家。

觀此器雕刻構圖布局頗有風格，細密清秀，突出一派蒼莽疊翠詩意，標榜用者深湛之功力以及純正清雅之藝術格調。方士庶嘗說「山川草木，造化自然，此實境也；因心造境，以手運心，此虛境也。虛而能實，是在筆墨有無間，衡是非，定工拙」，此硯是也。

歲次壬寅孟冬之月
海上王承雄書

清　方士庶銘端硯

長十五厘米　寬十七厘米　高二點六厘米

硯呈橢圓形，硯背保留原石石樣，硯面淺刻山石流水，遠處層巒疊嶂，松石點點立於山頭，疏密有致。近處坡石古柏，屋舍儼然，溪水潺潺間，橫渡一舟，舟上一人，靜坐垂釣。硯膛大片儼白，與四周緊密構圖形成鮮明對比，硯額隨形深挖，巧作條帶形。整體觀感緊弛有度，疏密交映，富於韻律美。硯面一側方框篆刻『方士庶記』，方士庶（一六九二—一七五一），清代著名書畫家，字循遠，一作洵遠，號環山，又號小獅道人，一作小師道人，又號天慵庵主。安徽新安人，家維揚。能詩善畫，書法嚴密端秀，繪畫筆墨敏潔靈秀，氣勢跌宕飛動，謂之為王原祁後山水第一。受學於黃鼎，山水用筆靈敏，氣韻駘宕，早有出藍之目，時稱妙品。復以書法名蕪城。行楷結構嚴密，純學董其昌，是『婁東派』卓有成就之名家。

觀此器雕刻構圖佈局頗有風格細密清秀，突出一派蒼莽疊翠詩意，標榜用者深湛之功力，以及純正、清雅之藝術格調。方士庶曾說：『山川草木，造化自然，此實境也；因心造境，以手運心，此虛境也。虛而能實，是在筆墨有無間，衡是非、定工拙』，此硯是也。

清　松崖氏藏仿唐鏡式矩形歙硯（正面）

清　松崖氏藏仿唐鏡式矩形歙硯（背面）

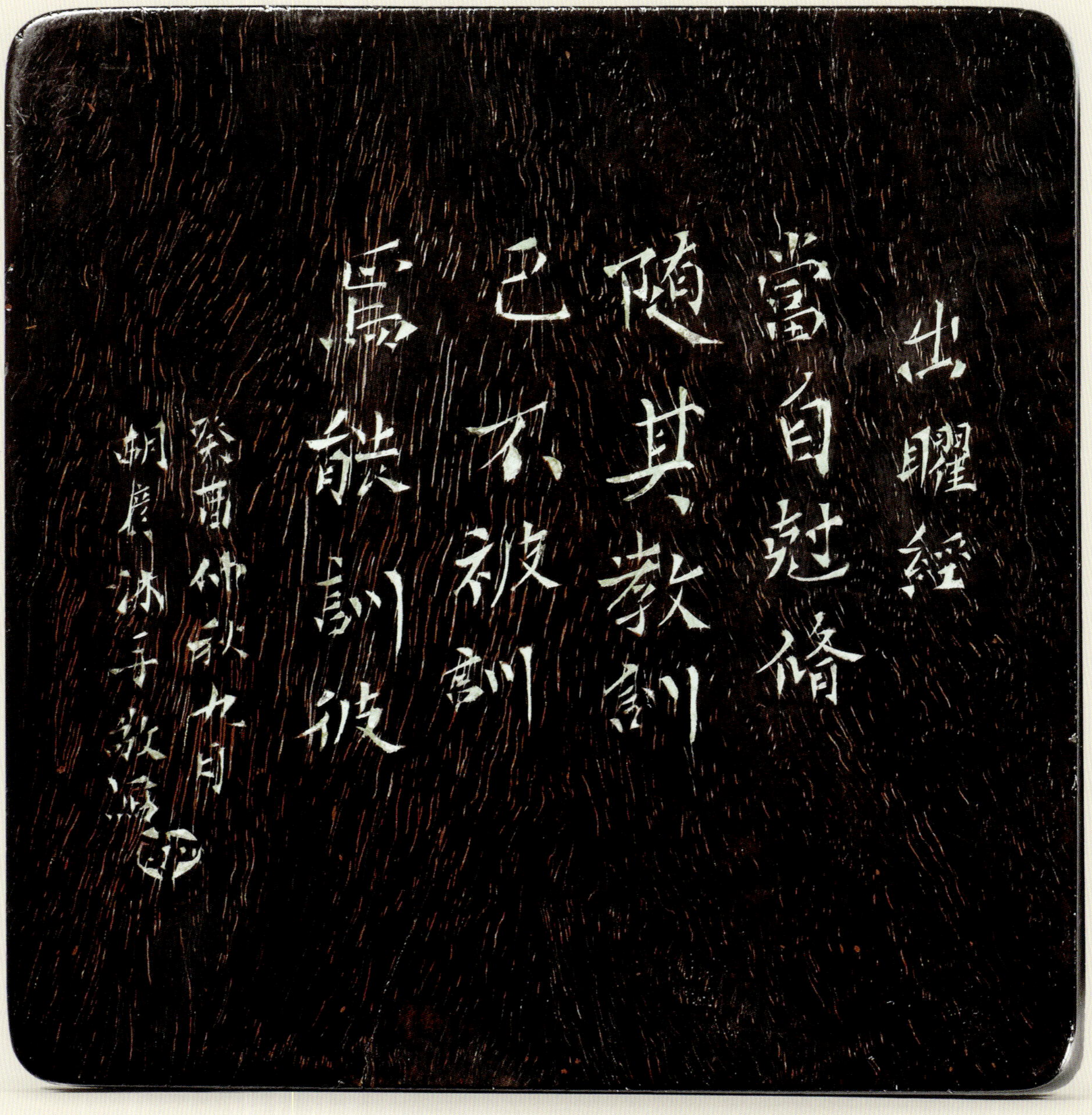

清　松崖氏藏仿唐鏡式矩形歙硯（盒蓋）

清　松崖氏藏仿唐鏡式矩形歙硯（盒底）

松崖氏藏仿唐鏡式矩形歙硯

攜行硯乾隆閒胡彥刻『出曜經』四句於面底有『松崖氏藏』篆書印款

原配紫檀盒

取材歙石金星暈似流螢硯為板式方正法自唐鏡折枝葡萄飾散布十二辰其鈕以虎環琢四猴是為席侯緣工巧絕類造辨處法式亦輕薄便攜或出御賜行匣之物也松崖氏乃管干珍彝其字復陽出清初官宦之家乾隆三十年丙戌科進士由內閣學士累官至漕運總督花鳥得惲南田筆

有詩曰乾隆制踶巧而工硯取唐風銅鏡形上手還生古物趣旅途別有一番情

戊戌夏月王承雄書

清　松崖氏藏仿唐鏡式矩形歙硯

長八點八厘米　寬八點八厘米　高〇點九厘米

原配紫檀盒

攜行硯乾隆間胡彥刻《出曜經》四句於面

底有『松崖氏藏』篆書印款

取材歙石，金星金暈似流螢。硯為板式，方正法自唐鏡。折枝葡萄飾，散布十二辰。其鈕以虎，環琢四猴，是為虎侯。緣工巧絕類造辦處法式，亦輕薄便攜，或出御賜行匣之物也。『松崖氏』乃管干珍號，其字複陽，出清初官宦之家。乾隆三十（一）年丙戌科進士，由內閣學士累官至漕運總督。花鳥得惲南田筆。

有詩曰：乾隆製器巧而工，硯取唐風銅鏡形。上手還生古物趣，旅途別有一番情。

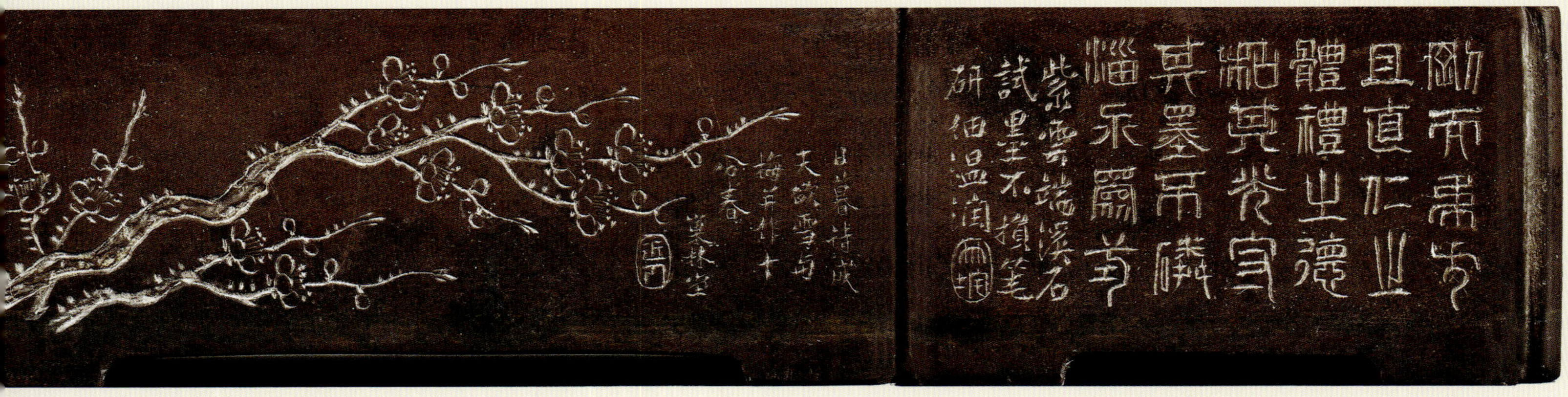

清乾隆　汪士慎、朱彝尊銘端石梅花長方洗（邊款）

清乾隆 汪士慎、朱彝尊銘端石梅花長方洗（底部）

清乾隆 汪士慎朱彝尊銘端石梅花長方洗

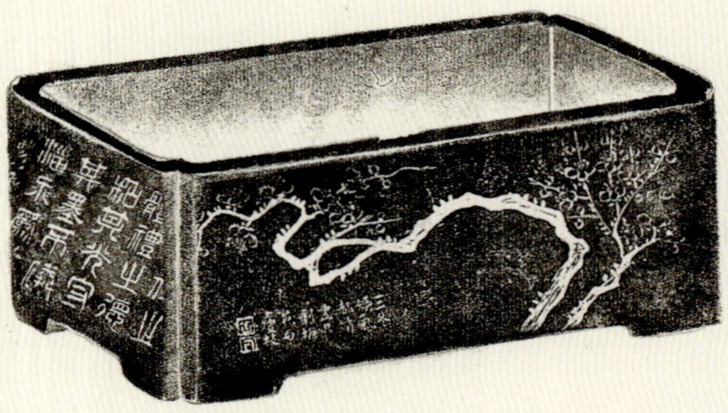

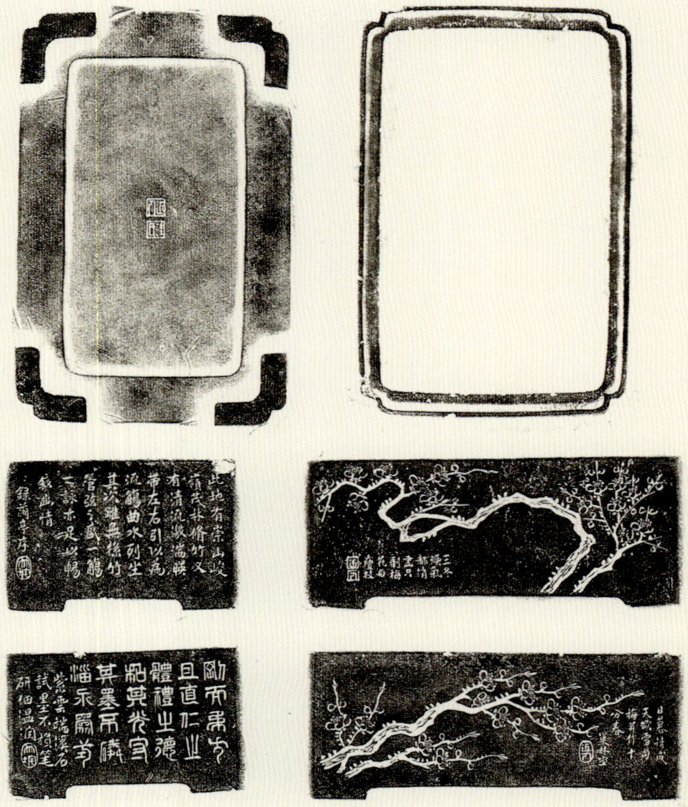

端溪古硯天下奇，紫花夜半吐虹霓。是器長方倭角形製，端溪老坑石，硯身斑駁古拙渾厚。洗壁兩刻傲雪綻蕊的臘梅圖案，疏影橫斜，古干虬枝，千花萬蕊。一面旁刻詩文「日暮詩成天欲雪，與梅並作十分春」，後落「巢林畫」及「近人」方章款。另一面下題「三冬煩氣都消盡，祇剩梅花和瘦枝」，落款「近人」。側壁一面題字「此地有崇山峻嶺，茂林修竹，又有清流激湍，暎帶左右，以爲流觴曲水，列坐其次。雖無絲竹管絃之盛，一觴一詠，亦足以暢敘幽情。錄蘭亭序」，後落「竹垞」印款。另一面篆書「剛而柔，方且直，仁之體，禮之德，和其光，守其墨，不磷緇，永爲式」。紫雲端石，試墨不損筆，研細溫潤」，後落「竹垞」印款。水洗底足有「近人」「汪氏」落款。整器線洗練，刀法爽利，一氣而就。所刻梅花雋瘦遒勁，傲骨錚錚，所鐫詩句貼切傳神，氣韻相通，尤顯清雅端莊。

汪士慎（一六八六—一七五九）字近人，號巢林、溪東外史等，安徽休寧人。清代著名畫家、書法家，與羅聘、李方膺、李鱓、金農、黃慎、高翔和鄭燮並稱「揚州八怪」。工分隸，善畫梅，清妙獨絕，神腴氣清，墨淡趣足，千花萬蕊，管領冷香儼灞橋風雪中。金農謂其畫梅之妙與高西唐「翔」異曲同工。朱彝尊（一六二九—一七零九）字錫鬯，號竹垞、醧舫，浙江嘉興人。康熙十八年舉博學鴻詞，授檢討，值南書房。康熙二十年江南鄉試副主考。善書法，精考證，詩文與王士禛齊名，著有「曝書亭集」八十卷等。

壬寅冬 王承雄書於海上

清乾隆　汪士慎、朱彝尊銘端石梅花長方洗

長十一點五厘米　寬七點五厘米　高四厘米

端溪古硯天下奇，紫花夜半吐虹霓。是器長方倭角形製，端溪老坑石，硯身斑駁，古拙渾厚。洗辟兩（面）刻傲雪綻蕊的臘梅圖案，疏影横斜，古乾虬枝，千花萬蕊，一面旁刻詩文：『日暮詩成天欲雪，與梅並作十分春』，後落『巢林畫』及『近人』方章款，另一面下題：『三冬煩氣都消盡，祇剩梅花和瘦枝』，落款『近』、『人』。側辟一面題字：此地有崇山峻嶺，茂林修竹，又有清流激湍，映帶左右。引以為流觴曲水，列坐其次，雖無絲竹管弦之盛，一觴一詠，亦足以暢敘幽情。録蘭亭序』，後落『竹垞』印款；另面篆書：『剛而柔，方且直，仁之體，禮之德，和其光，守其墨，不磷淄，永受式。紫雲端溪石試墨，不損筆研細溫潤』，後落『竹垞』印款。水洗底足有『近人』、『汪氏』落款。整器線條洗練，刀法爽利，一氣而就，所刻梅花雋瘦遒勁，傲骨錚錚，所鐫詩句貼切傳神，氣韻相通，尤顯清雅端莊。

清乾隆　友石銘石渠式端硯（正面）

渠式端硯（邊款）

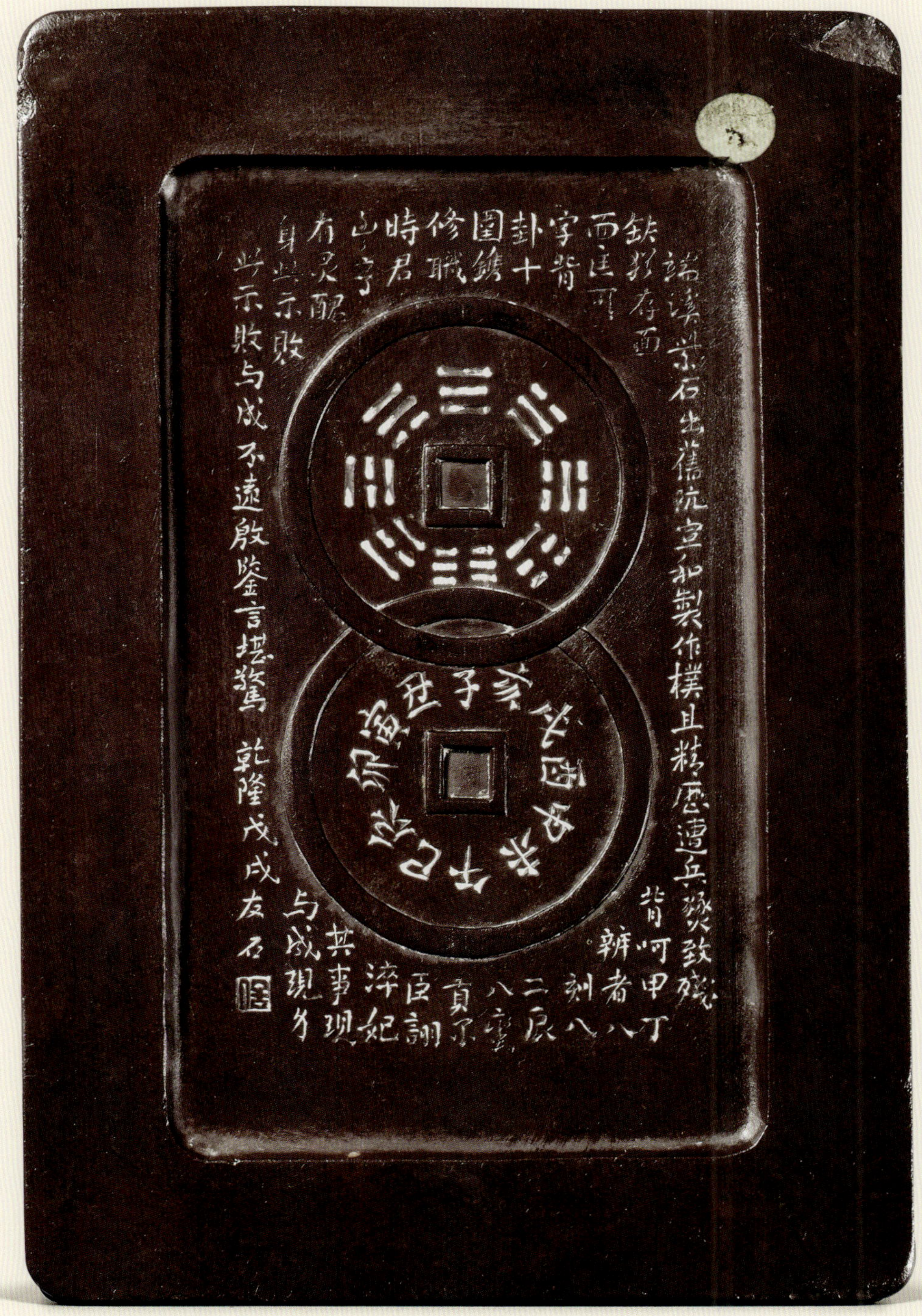

清乾隆 友石銘石渠式端硯（背面）

清乾隆 友石銘

友石銘石渠式端硯（明仿唐）

原配花梨天地蓋
背有長銘「乾隆戊戌（一七七八年）友石」款

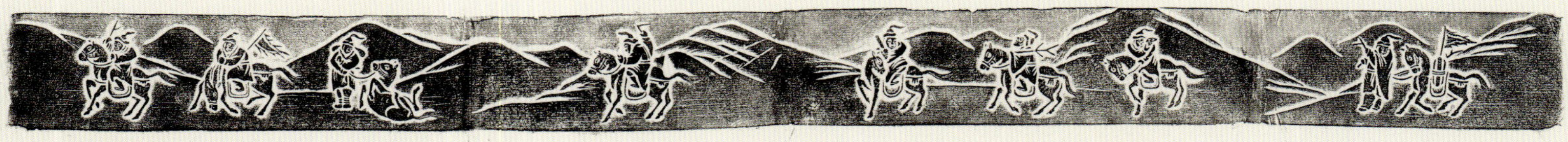

紫端矩形硯背雕琢蔓草硯堂
邊緣起線似糙還細池自成均環硯
堂典出漢石渠閣製出於唐邊墻
周雕胡人獻寶面底中碾琢雙環
式古錢紋其上為八卦面下乃十二辰於
此邊跋亦述之大器「端谿紫石出
舊坑宣和製作樸且精歷遭兵燹
致殘缺猶存面背呵甲丁面匪可辨
者八字背刻八卦十二辰圍鐫八篆係
職貢爾時君臣詡豐亨淬妃有靈
魄具事現身此示敗與成現不遠殷鑒
言堪驚乾隆戊戌友石」印款「舍人」
當為乾隆時內閣中書惟其以為此
硯出北宗宣和閣然據硯式及工藝
特徵實應為明時仿唐器也
贊曰石出端谿老坑無疑製出辟雍
舊典有依「西清硯譜」漢傳石渠
其為高古此實明季

戊戌王承雄書於海上逸墨齋

清乾隆　友石銘石渠式端硯

長十五厘米　寬十厘米　高三點七厘米

原配天地蓋

背有長銘『乾隆戊戌（四十三年）友石』款

紫端，矩形。硯唇雕琢蔓草，硯堂邊緣起線似糙還細，池自成均環硯堂，典出漢石渠閣製出於唐。邊牆周雕胡人獻寶圖，底中碾琢雙環式古錢紋。其上為八卦圖，下乃十二辰。於此邊跋亦述之大略曰：『端溪紫石出舊坑，宣和製作樸且精。歷遭兵燹致殘缺，猶存面背呵甲丁。面匡可辨者八字，背刻八卦十二辰。圍鐫八蠻條職貢，爾時君臣詡豐亨。淬妃有靈醜其事，現身此示敗與成，現身此示敗與成。不遠殷鑒言堪驚。乾隆戊戌友石』印款『捨人』。當為乾隆時內閣中書惟其以為此硯出北宗宣和間，然據硯式及工藝特徵實應為明時仿唐器也。

贊曰：石出端溪，老坑無疑。製出辟雍，舊典有依。《西清硯譜》，漢傳石渠。其為高古，此實明季。

清乾隆　晴嵐居士款東坡賞硯圖端硯（正面）

清乾隆　晴嵐居士款東坡賞硯圖端硯（背面）

晴嵐居士款東坡賞硯圖端硯

清 乾隆

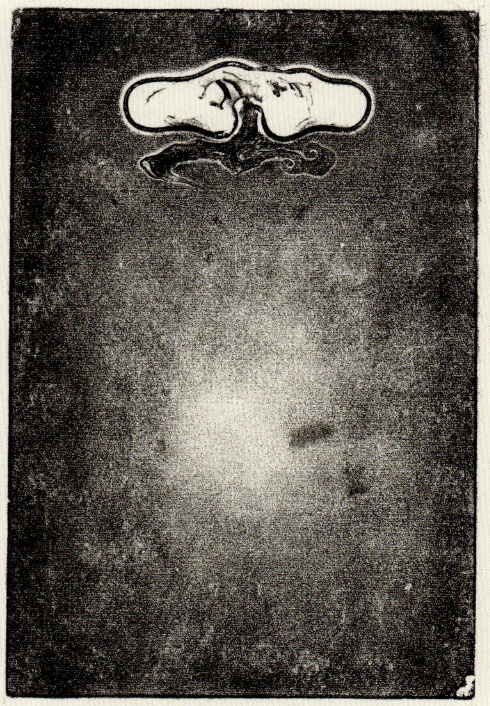

老坑紫端有胭脂火捺板硯樸式打洼起線作如意雲紋池硯背覆手内篆書朱文東坡賞硯圖并淺浮雕拄杖老杖者手持一箕形硯具工行楷刻蘇軾論硯詩長銘款識乾隆六年元春晴嵐居士後有篆書白文張字印款

張若靄（一七一三—一七四六）字景采號晴嵐居士祖張英乃康熙朝文華殿大學士父張廷玉系雍正乾隆朝大學士其為雍正十一年（一七三三）癸丑科傳臚未散散館特授編修內閣學士官至禮部尚書襲伯爵精鑒賞並以書畫供奉內廷與其弟張若澂同為清中期著名詞臣

今有詩曰一門三代盡簪纓書畫品評擅且精蘇軾執持海嶽硯馬肝之論無復爭

歲次戊戌孟秋之月

王承雄書於海上

清乾隆　晴嵐居士款東坡賞硯圖端硯

長二十二厘米　寬十四點八厘米　高二厘米

老坑紫端，有胭脂火捺。板硯樣式，打窪起線，作如意雲紋池。硯背覆手內篆書朱文『東坡賞硯圖』，並淺浮雕拄杖老者，手持一箕形硯。其上行楷刻蘇軾論硯詩長銘，款識『乾隆六年元春，晴嵐居士。』後有篆書白文『張』字印款。

張若靄（一七一三—一七四六），字景采，號晴嵐居士。祖張英乃康熙朝文華殿大學士，父張廷玉系雍正、乾隆朝大學士。其為雍正十一年（一七三三）癸丑科傳臚，未散館，特授編修、內閣學士，官至禮部尚書，襲伯爵。精鑒賞，並以書畫供奉內廷。與其弟張若澄同為清中期著名詞臣。

今有詩曰：一門三代盡簪纓，書畫品評擅且精。蘇軾執持海岳硯，馬肝之論無復爭。

清乾隆　劉墉、朱為弼銘竹節紋端硯（正面）

清乾隆　劉墉、朱為弼銘竹節紋端硯（背面）

劉墉 朱為弼銘竹節紋端硯

清乾隆

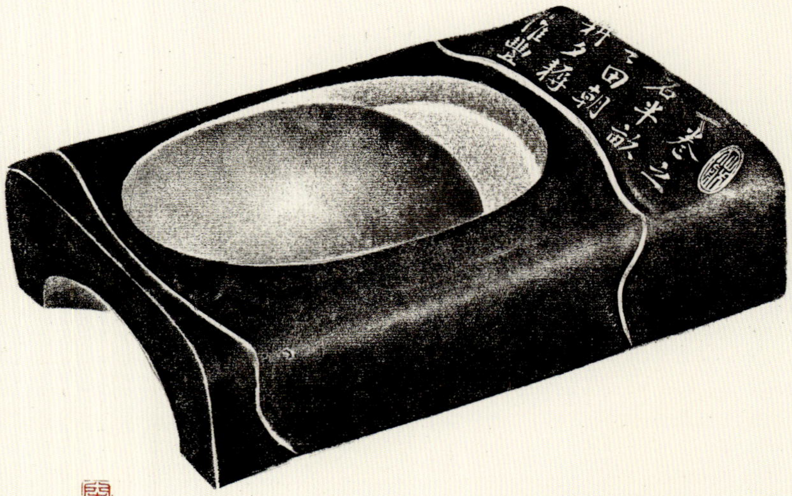

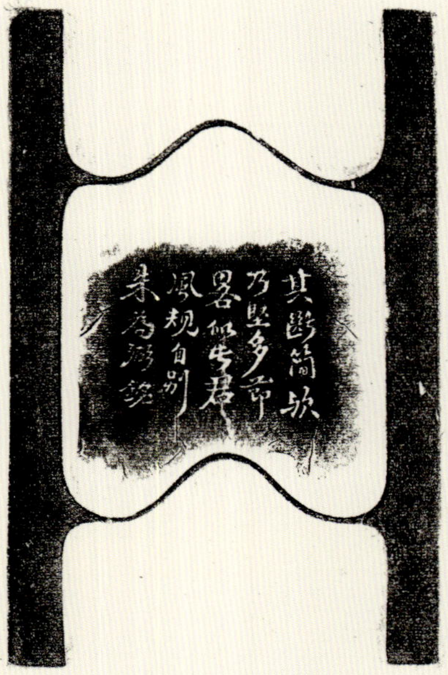

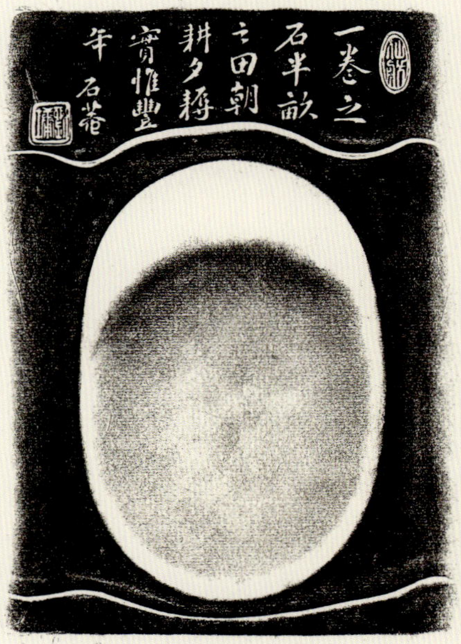

硯乃端溪名品—紫袍玉帶橢圓平堂高企偃月式淌池低陷硯面簡刻竹節紋硯背大挖減地現節狀覆手選材精良造型簡約礦琢細膩不尚雕鏤是為乾嘉文人硯典型風範硯額銘文一卷之石半畝之田朝耕夕耨實惟豐年石菴引首刻白文篆書閑文印仙舫題款後刻篆書白文劉墉竹節式覆手內刻銘斯斷簡欤乃堅多節器似此君鳳規自別朱為弼銘劉石菴久負盛名額題以為座右可知自用朱為弼為嘉慶十年進士官至兵部員外郎其善金石能書畫亡冒為阮雲臺『積古齋鐘鼎彝器款識』作序此硯於劉墉身後當為其所得故有此硯底贊譽竹器似此君之銘有詩贊曰虛懷節勁寓行操特立獨行品自高玉帶紫袍說將相筆刀墨劍鑄文豪

戊戌初秋王承雄書

清乾隆　劉墉、朱為弼銘竹節紋端硯

長十六厘米　寬十厘米　高三點八厘米

硯乃端溪名品—紫袍玉帶。橢圓平堂高企，偃月式淌池低陷。硯面簡刻竹節紋，硯背大挖減地現節狀覆手。選材精良，造型簡約；碾琢細膩，不尚雕鏤。是為乾嘉文人硯典型風範。

硯額銘文：『一卷之石，半畝之田。朝耕夕耨，實惟豐年。石庵。』引首刻白文篆書閒文印『仙舫』，題款後刻篆書白文『劉墉』。竹節式覆手內刻銘：『斯斷簡歟，乃堅多節。略似此君，風規自別。朱為弼銘。』

劉石庵久負盛名，額題以為座右，可知自用。朱為弼為嘉慶十年進士，官至兵部員外郎。其善金石，能書畫，亦曾為阮雲臺《積古齋鐘鼎彝器款識》作序。此硯於劉墉身後當為其所得，故有此硯底贊譽竹『略似此君』之銘。

有詩贊曰：虛懷節勁寓行操，特立獨行品自高。玉帶紫袍說將相，筆刀墨劍鑄文豪。

清乾隆　乾隆賜紀昀仿古辟雍式端硯（正面）

清乾隆　乾隆賜紀昀仿古辟雍式端硯（背面）

清乾隆

乾隆賜紀昀仿古辟雍式端硯

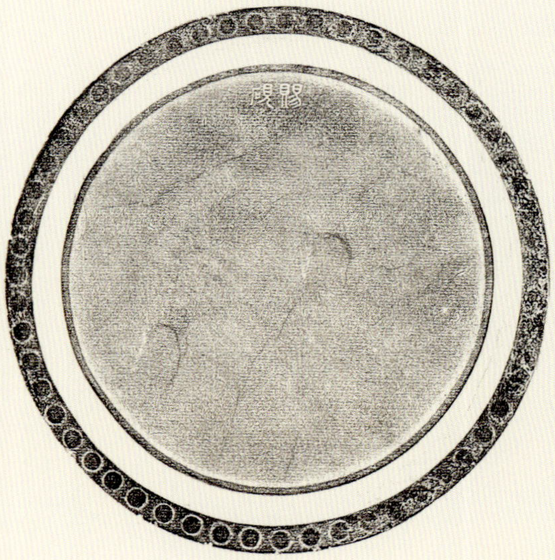

此硯由端石製成青銅盤式樣器身通體飾一周夔龍紋飾硯的口沿飾一圈鼓丁紋三足頂端為突出的立體獸面紋器心為硯池此硯除硯堂為端石本色外遍體飾仿古銅器的銅綠色銹斑古色古香硯面有賜硯篆書二字底心刻乾隆帝古希天子篆書四字印硯底一周刻有經筵講官禮部尚書兼文淵閣直閣侍臣紀昀敬藏其子子孫孫世寶用之設計製作風格極具皇家宮廷富貴氣度

紀昀字曉嵐歷雍正乾隆嘉慶三朝官至禮部尚書協辦大學士曾任『四庫全書』總纂修官撰寫了『四庫全書總目提要』據清宮內務府造辦處檔案記載乾隆帝對於有功臣子賞賜頗豐此硯或曰紀昀編修『四庫全書』有功特以此件古希天子銘款硯臺作為賞賜以資鼓勵

庚子秋月王承雄書

清乾隆　乾隆賜紀昀仿古辟雍式端硯

直徑十四厘米　高四點五厘米

款識：『古希天子』、『賜』

銘文：『經筵講官、禮部尚書兼文淵閣直閣侍臣，紀昀敬藏，其子子孫孫世寶用之』

此硯由端石製成青銅盤式樣，器身通體飾一周夔龍紋飾，硯的口沿飾一圈鼓丁紋。三足頂端為突出的立體獸面紋，器心為硯池。此硯除硯堂為端石本色外，遍體飾仿古銅器的銅綠色鏽斑，古色古香。硯面有『賜硯』篆書二字。底心刻乾隆帝『古希天子』篆書四字印，硯底一周刻有『經筵講官、禮部尚書兼文淵閣直閣侍臣，紀昀敬藏，其子子孫孫世寶用之』。設計製作風格極具皇家宮廷富貴氣度。

紀昀，字曉嵐，歷雍正、乾隆、嘉慶三朝，官至禮部尚書、協辦大學士。曾任《四庫全書》總纂修官，撰寫了《四庫全書總目提要》。

據清宮內務府造辦處檔案記載，乾隆帝對於有功臣子賞賜頗豐。此硯或因紀昀編修《四庫全書》有功，特以此件『古希天子』銘款硯臺，作為賞賜，以資鼓勵。

清乾隆 吳南昀銘仿宋四直羅紋歙硯（正面）

清乾隆 吳南昀銘仿宋四直羅紋歙硯（背面）

吳南畇銘仿宋四直羅紋歙硯

清 乾隆

硯為直墻平堂有常年使用形成之研凹痕落潮處篆名壽星硯硯背八分書銘老人星在弧南形如滿月一曰南極壽星常以秋分之旦見於丙春分之夕見於丁見主人君壽昌賢士進用天下安寧癸丑長至吳南畇識（南畇即吳甸華乾隆四十五年庚子恩科進士善製硯墨）

贊曰硯取歙石返樸以素如漂金箔羅紋遍佈仿宋模樸直墻無覆太白仙翁月輪化入碾琢工致纖毫畢露乾隆進士題名有著

戊戌孟秋之月

王承雄書於海上

清乾隆　吳南昀銘仿宋四直羅紋歙硯

長十五點五厘米　寬九點九厘米　高二厘米

硯為直牆平堂，有常年使用形成之研凹痕。落潮處篆名：壽星硯。硯背八分書銘：『老人星在弧南，形如滿月。一曰南極壽星，常以秋分之旦見於丙；春分之夕見於丁。見主人君壽昌，賢士進用，天下安寧。葵丑，長至吳南昀識。』（南昀，即吳甸華，乾隆四十五年庚子恩科進士，善製硯墨。）

贊曰：硯取歙石，返樸以素。如灑金箔，羅紋遍佈。仿宋模樣，直牆無覆。太白仙翁，月輪化入。碾琢工致，纖毫畢露。乾隆進士，題名有著。

清乾隆　紫檀嵌銀絲寶相花紋朱砂硯（正面）

清乾隆　紫檀嵌銀絲寶相花紋朱砂硯（硯蓋）

清乾隆 紫檀嵌銀絲寶相花紋朱砂硯（硯蓋）

清乾隆 紫檀嵌銀絲寶相花紋朱砂硯（硯座）

清乾隆紫檀嵌銀絲寶相花紋朱砂硯

材取檀香紫檀黑皮老料工為銀絲鑲嵌乾隆引領蓋工飾寶相之花法華莊嚴整挖平堂連池實用簡單巧製成奄緣為使用方便骨墻云雷窃曲紋法式古典底角曲尺形足正中篆書朱文方綱知為乾隆時翁相所用更使人乎添遐思無限

翁方綱字正三乾隆十七年進士散館授編修累官至內閣學士左鴻臚寺卿清季謂四家書者翁劉成鐵或言乾隆四家者翁劉梁王

今依乎水韻下平六麻韻有感以云筆筆翁書宗古法無人清季敢自誇而今稱善沽名者試敢面具研汞砂

稱汞砂出於新唐書習稱朱砂或辰砂因詩中須仄聲故用之

較冷僻稱謂

王承雄書於逸墨齋

清乾隆　紫檀嵌銀絲寶相花紋朱砂硯

長十二厘米　寬八厘米　高一點七厘米

材取檀香紫檀，黑皮老料。工為銀絲鑲嵌，乾隆引領。蓋上飾寶相之花，法華莊嚴。整挖平堂連池，實用簡單。巧製成奩，緣為使用方便。唇牆云雷、竊曲紋，法式古典。底角有曲尺形足，正中篆書朱文『方綱』。知為乾隆時翁相所用，更使人平添遐思無限。

翁方綱，字正三，乾隆十七年進士，散館授編修，累官至內閣學士、左鴻臚寺卿。清季謂四家書者，翁、劉、成、鐵，或言乾隆四家者，翁、劉、梁、王。

今依《平水韻》『下平六麻』韻有感以云：筆筆翁書宗古法，無人清季敢自誇。而今稱善沽名者，試敢面其研汞砂。

（稱汞砂出《新唐書》，習稱朱砂或辰砂，因詩中須仄聲，故用此比較冷僻稱謂。）

清乾隆　松圃居士銘蕉葉紋端硯（正面）

清乾隆　松圃居士銘蕉葉紋端硯（背面）

松圃居士銘蕉葉紋端硯

清 乾隆

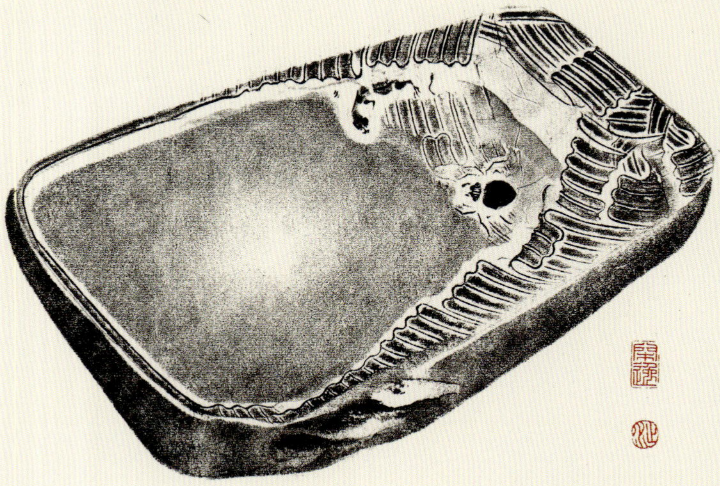

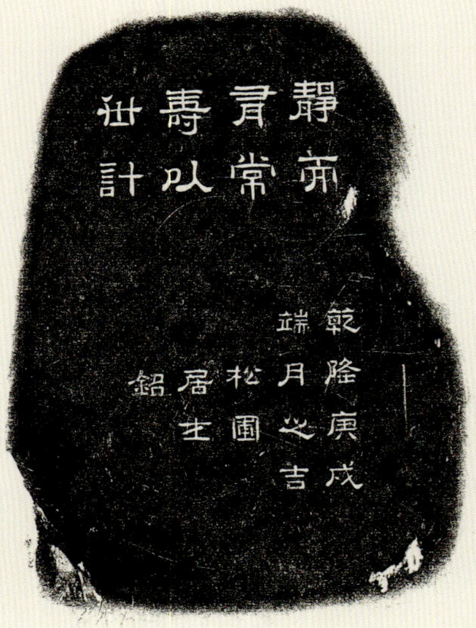

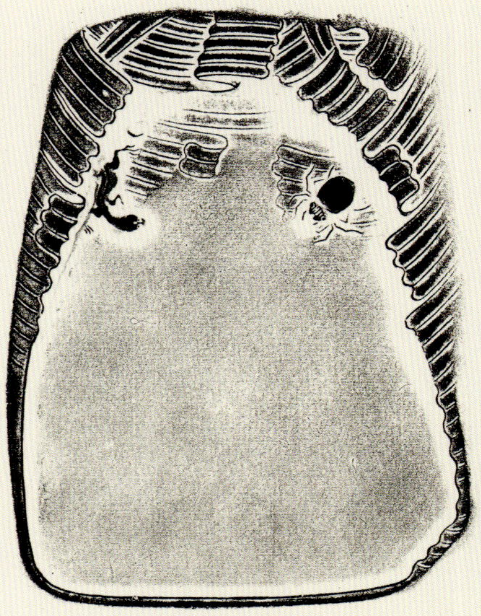

硯用端溪老坑石有火捺碎凍法式出宋製坡堂連池額琢券邉蕉葉落潮兩側出虎蛛守宫蛛背火眼點睛筆蕉葉碾琢巧示工背平銘隸字靜而有常壽以世計乾隆庚戌端月之吉松圃居士銘靜而有常典出周易壽以世計出北宋唐庚古硯銘筆之壽以日計墨之壽以月計硯之壽以世計李秉禮（一七四八—一八三零）字敬之號松圃等乾隆三十九年捐刑部江蘇郎中三年後歸鄉桂林善詩宗陶淵明韋應物書擅篆隸用去聲八齋韻五古以讚硯見乾隆工雅儒復細膩題銘切且深稱譽以世計吾輩執之慨思君之孝悌慕君之書風筆濡寫篆隸

王承雄書

清乾隆　松圃居士銘蕉葉紋端硯

長十六點五厘米　寬十三厘米　高二點六厘米

硯用端溪老坑石，有火捺碎涷。法式出宋製，坡堂蓮池。額琢卷邊蕉葉，落潮兩側出虎蛛、守宮。蛛背火眼點睛筆，蕉葉碾琢巧亦工。背平銘隸字：『靜而有常，壽以世計。乾隆庚戌端月之吉。松圃居士銘。』『靜而有常』典出《周易》，『壽以世計』出北宋唐庚《古硯銘》：『筆之壽，以日計；墨之壽，以月計；硯之壽，以世計。』

李秉禮（一七四八—一八三零），字敬之，號松圃等。乾隆三十九年捐刑部江蘇郎中，三年後歸鄉桂林。善詩，宗陶淵明、韋應物，書擅篆隸。

用『去聲八霽』韻五古以讚：硯見乾隆工，雅儒復細膩。題銘切且深，稱譽以世計。吾輩執之翫，思君之孝悌。慕君之書風，筆濡寫篆隸。

清乾隆 懶雲子刊蓋長方形端硯（正面）

清乾隆　懶雲子刊蓋長方形端硯（背面）

懶雲子刊蓋長方形端硯

原配花梨盒

蓋刻老僧坐像銘無量壽佛乙亥（一八一五）冬日懶雲子行於江上

懶雲子俗家姓閔道號一得系乾嘉全真教龍門派內丹家乾隆時曾為官滇西畢生頗多著述亦為高僧大德作傳具硯出水坑石理若佛光流瑩額琢如意雲紋法式為乾嘉匠執今占一絕云道家用硯簡為宜俗世繁華具作虛霧靄雲蒸呈天象再琢反倒是多餘

王承雄書

清乾隆　懶雲子刊蓋長方形端硯

長十四厘米　寬九點六厘米　高一點九厘米

原配花梨盒，蓋刻老僧坐像，銘：『無量壽佛。乙亥（一八一五）冬日懶雲子行於江上。』

懶雲子俗家姓閔，道號一得，系乾嘉全真教龍門派內丹家。乾隆時曾為官滇西。畢生頗多著述，亦為高僧大德作傳。其硯出水坑，石理若佛光流螢。額琢如意雲紋，法式為乾嘉匠藝。今占一絕云：道家用硯簡為宜，俗世繁華具作虛。霧靄雲蒸呈天象，再琢反倒是多餘。

清 顧二娘製款圓形竹報平安圖端硯（正面）

清　顧二娘製款圓形竹報平安圖端硯（背面）

清 顧二娘製款圓形竹報平安圖端硯（盒蓋）

清　顧二娘製款圓形竹報平安圖端硯（盒蓋）

清　顧二娘製款圓形竹報平安圖端硯（盒蓋）

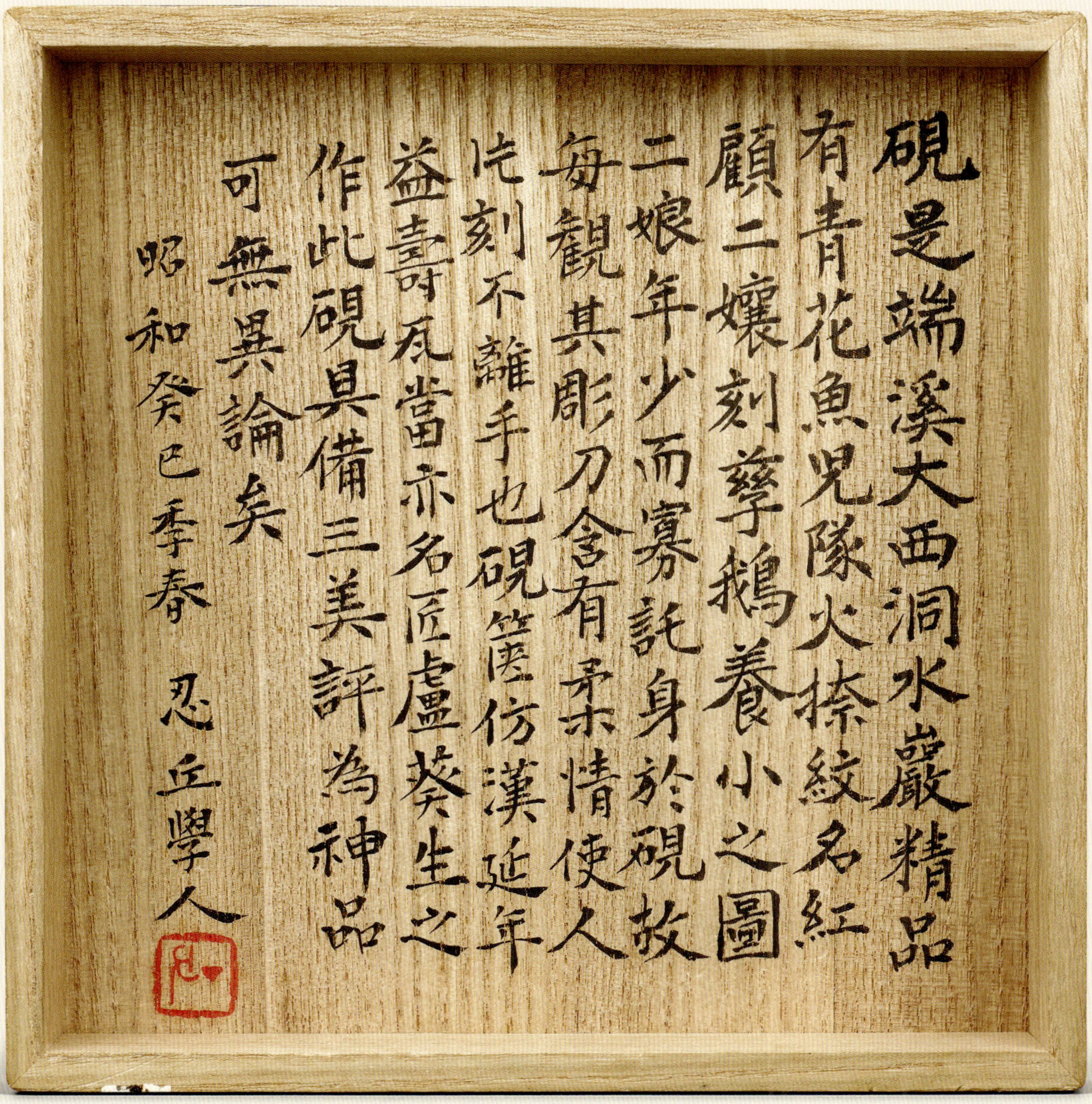

清 顧二娘製款圓形竹報平安圖端硯（盒蓋）

顧二娘製款圓形竹報平安蓋端硯

清

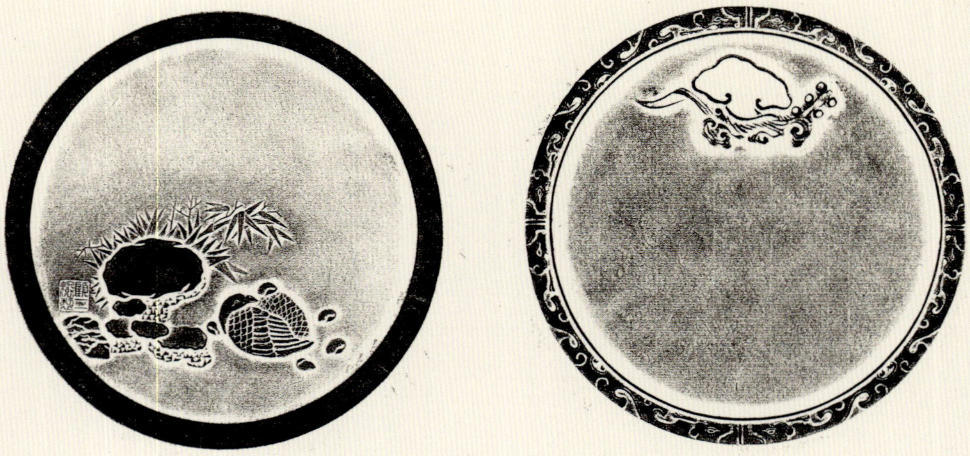

顧氏硯始於清順治康熙時顧道人子顧聖之字德麟人稱小道人至其子顧啟明不幸早逝遂由妻鄒青傳執人稱顧二娘二娘無嗣乃過繼啟明之侄顧仲呂傳執仲呂於乾隆間曾應召入值清廷造辦處尤令顧氏製硯隆名天下

此硯石出端溪老坑火捺遍佈硯面淺琢成堂肩雕螭龍陽起之古木靈芝為池至巧至工覆手內畱竹石鶺鴒用典竹報平安篆書朱文款識顧二娘制精製嚴整遂開典雅細琢之一代硯風

原配盧葵生製篆書款仿漢瓦當延年益壽嵌螺鈿漆盒盧葵生名棟字葵生揚州仿宣和漆戩世家蘇州顧氏硯多配盧氏漆盒

有詩曰雅集最盛賦流觴逸少塗鴉千古揚擷取文房今古事硯林惟傳顧二娘

王承雄書於海上陋室

清　顧二娘製款圓形竹報平安圖端硯

直徑十二點七厘米

顧氏硯始於清順治、康熙時顧道人。子顧聖之，字德麟，人稱小道人。至其子顧啓明，不幸早逝，遂由妻鄒青傳藝，人稱顧二娘。二娘無子嗣，乃過繼啓明之侄顧仲呂傳藝。仲呂於乾隆間曾應召入值清廷造辦處，尤令顧氏製硯隆名天下。

此硯石出端溪老坑，火捺遍布。硯面淺琢成堂，唇雕螭龍。陽起之古木靈芝為池，至巧至工。覆手內圖竹石鵪鶉，用典『竹報平安』。篆書朱文款識，『顧二娘製』。精製嚴整，遂開典雅細琢之一代硯風。原配『盧葵生製』篆書款仿漢瓦當『延年益壽』嵌螺鈿漆盒。盧葵生名棟，字葵生，揚州仿宣和漆甋世家。蘇州顧氏硯多配盧氏漆盒。有詩曰：雅集最盛賦流觴，逸少塗鴉千古揚。擷取文房今古事，硯林惟傳顧二娘。

清嘉慶 錢坫篆書七言聯銘歙硯（正面）

清嘉慶　錢坫篆書七言聯銘歙硯（背面）

钱坫篆书七言联铭款砚

原配整挖紫檀盒

清嘉庆

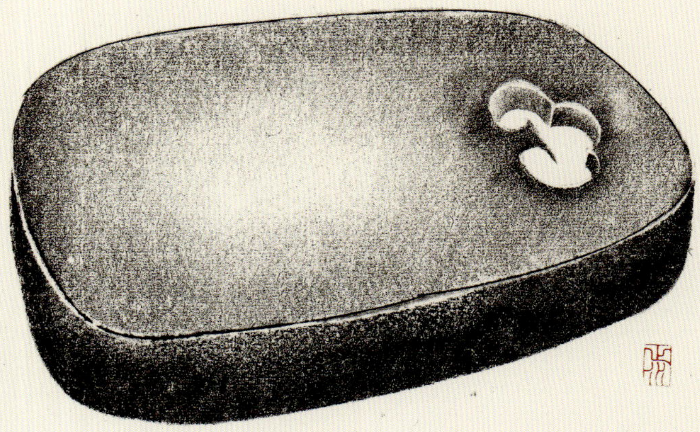

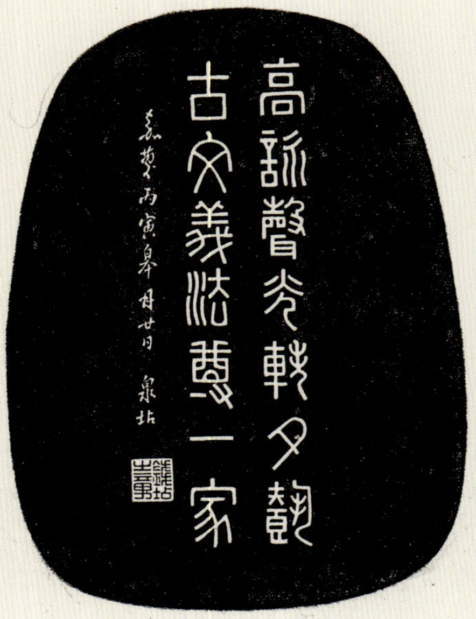

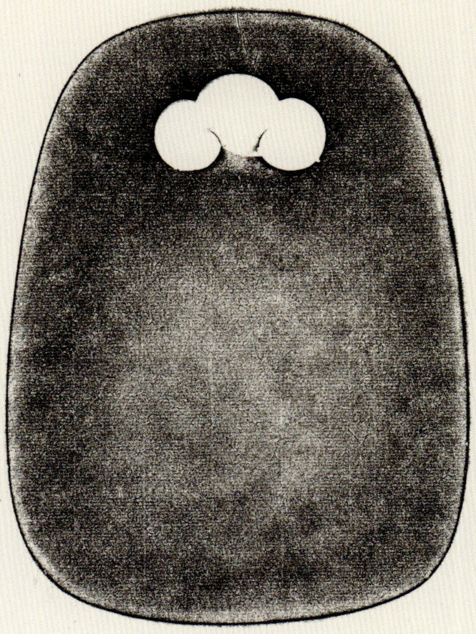

村取上品歙石眉紋横作硯面四角抹圓額窄而尾濶薄脣弧辟淺琢四堂開如意雲形池鏤挖精細覆手同形邊緣打洼起綫内有篆書七言聯銘高咏聲光軼夕執古文篆法尊一家嘉慶丙寅臯月廿日泉坫並刻篆書朱文錢坫之章印文款

乾隆舉人錢坫字獻之號小蘭十蘭書畫皆能尤工篆刻自視極高嘗刻一石章曰斯冰之後直至小生

今假五古以鑒卜辭皆刻畫鑿鑄金石工秦季初為筆法書自不窮玉筋鐵綫後完白又一峯十蘭精篆刻右廢左尤精今識此刀法確真再無爭

歲次戊戌秋月

王承雄書於海上陋室

清嘉慶　錢坫篆書七言聯銘歙硯

長十五厘米　寬十一點四厘米　高二點三厘米

材取上品歙石，眉紋橫布。硯面四角抹圓，額窄而尾濶。薄唇弧辟，淺琢凹堂。開如意雲形池，鏤挖精細。覆手同形，邊緣打洼起線。內有篆書七言聯銘：『高詠聲光軼夕藝，古文義法尊一家。嘉慶丙寅臯月廿日，泉坫。』並刻篆書朱文『錢坫之章』印文款。

乾隆舉人錢坫，字獻之，號小蘭、十蘭。書畫皆能，尤工篆刻，自視極高。嘗刻一石章曰：『斯、冰之後，直至小生。』

今假五古以鑒：卜辭皆刻畫，鑿鑄金石工。秦季初為筆，法書自不窮。玉筋鐵綫後，完白又一峰。十蘭精篆刻，右廢左尤精。今識此刀法，確真再無爭。

清中期 顧公望製變形竊曲紋銅鏡式端硯（正面）

清中期 顧公望製夔形竊曲紋銅鏡式端硯（背面）

顧公望製變形竊曲紋銅鏡式端硯

（清中期）

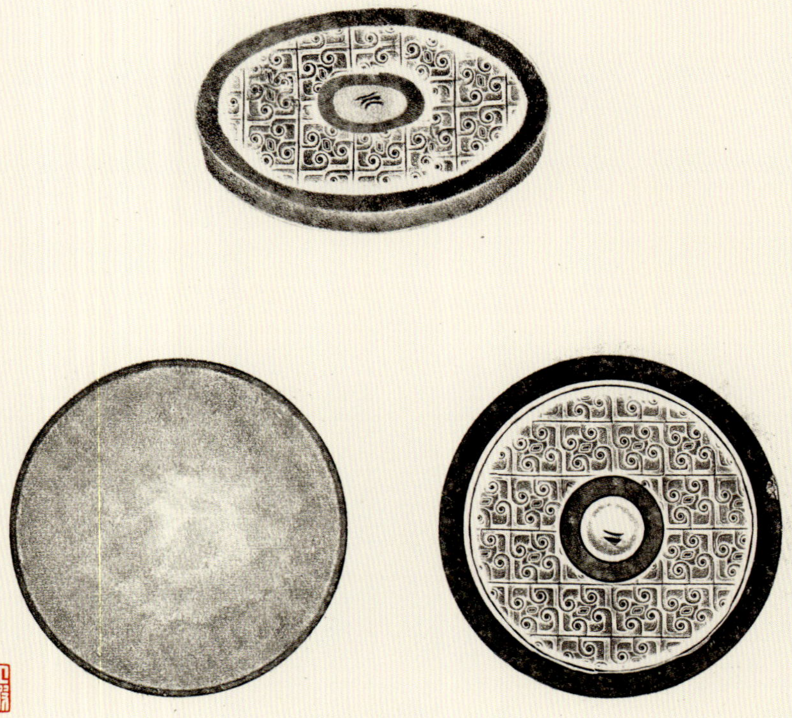

花梨蓋盒袖硯硯墻有環帶銘末刻仲呂製款

王承雄書於海上逸墨齋

端谿坑仔之石肌理腴膩雖無紋理奇趣而雕琢最宜式取戰漢銅鏡四簇卷雲具中有目『呂氏春秋』四周鼎有竊曲昔有吳門顧二娘膝下無嗣過繼姪顧公望表字仲呂『吳門補乘』記顧二娘硯店在大成坊巷西顧仲呂母顧鄒氏所製為近代第一『清稗類鈔』曰具效明代鑄造宣德香爐之意也古雅而閎華美當時實無具匠仲呂承家學執業有大成當應詔入值清廷造辦處此硯式為乾隆仿古樣形製嚴謹礪琢精細

今有一絕云石品潤腴美無倫宣和彝器譜為魂顧家硯店無雙地仲呂遺跡有世存

清中期　顧公望製變形竊曲紋銅鏡式端硯

直徑九點六厘米　高零點七厘米

花梨蓋盒袖硯。

硯牆有環帶銘，末刻仲呂製款。

端溪坑仔之石，肌理腴膩。雖無紋理奇趣，而雕琢最宜。式取戰漢銅鏡，四簇卷雲，其中有目。《呂氏春秋》曰：『周鼎有竊曲』。昔有吴門顧二娘，膝下無嗣。過繼乃侄顧公望，表字仲呂。《吴門補乘》記：『顧二娘硯店在大成坊巷西。顧仲呂母顧鄒氏所製，為近代第一。』《清稗類鈔》曰：其『效明代鑄造宣德香爐之意也，』『古雅而間華美，當時實無其匹。』仲呂承家學，藝業有大成，曾應詔入值清廷造辦處。此硯式為乾隆仿古樣，形製嚴謹，碾琢精細。

今有一絕云：石品潤腴美無輪，宣和彝器譜為魂。顧家硯店無雙地，仲呂遺珎有世存。

清中期 張煒銘肖形端硯（正面）

清中期 張煒銘肖形端硯（背面）

張煒銘肖形端硯

清中期

行匣硯銘癸卯（一七八三）十月既望芝瓢張煒記並朱文印款

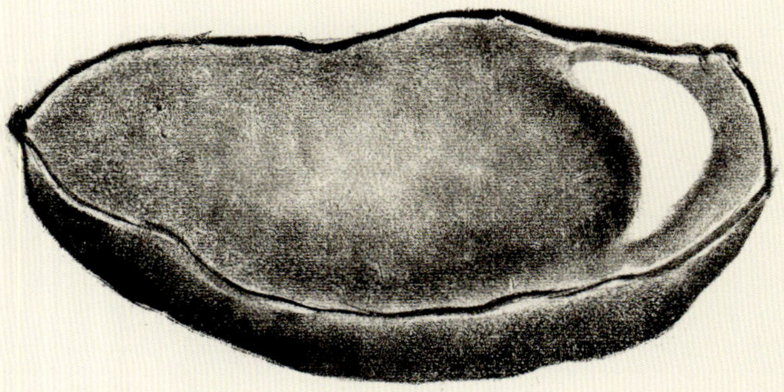

原配癭木盒

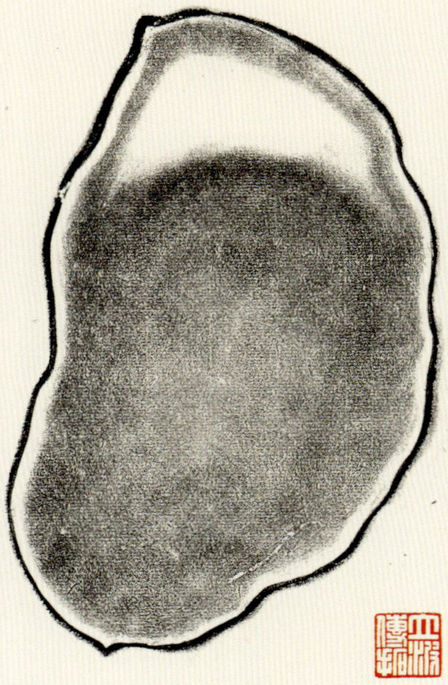

張煒字赤城號芝瓢乾隆間嘉定人能書善畫師從錫山華封其石材出端溪老坑制為肖形硯面似豆莢眉線交圜背面琢筋理宛如霜葉制銘合形意五言作聯具曰霜葉寒潭冷秋盡孤鴻歸

今以人文韻步其意而作一律曰蕭疏落葉感秋深霜伴哀鴻聲遠沉獨步寒潭終感冷邊游孤鷺倍思親四時流轉尋常事廿史編年往來人君未消沈歸有暖吾書振奮侍耕穎

歲次戊戌仲夏之月

王承雄書於申

清中期　張煒銘肖形端硯

長十六厘米　寬十厘米　高一點七厘米

原配瘿木盒

行匣硯銘『癸卯（一七八三）十月既望，芝瓢張煒記。』並（篆）朱文印款。

張煒字赤城，號芝瓢，乾隆間嘉定人，能書善畫，師從錫山華封。其石材出端溪老坑，製為肖形。硯面似豆莢，唇線交圈。背面琢筋理，宛如霜葉。製銘合形意，五言作聯。其曰：『霜落寒潭冷，秋盡孤鴻歸。』今以『人文韻』步其意而作一律曰：

蕭疏落葉感秋深，霜伴哀鴻聲遠沉。獨步寒潭終感冷，邊遊孤鶩倍思親。四時流轉尋常事，廿史編年往來人。君未消沉歸有暖，吾曹振奮待耕耘。

清中期　林佶銘橢形端硯（正面）

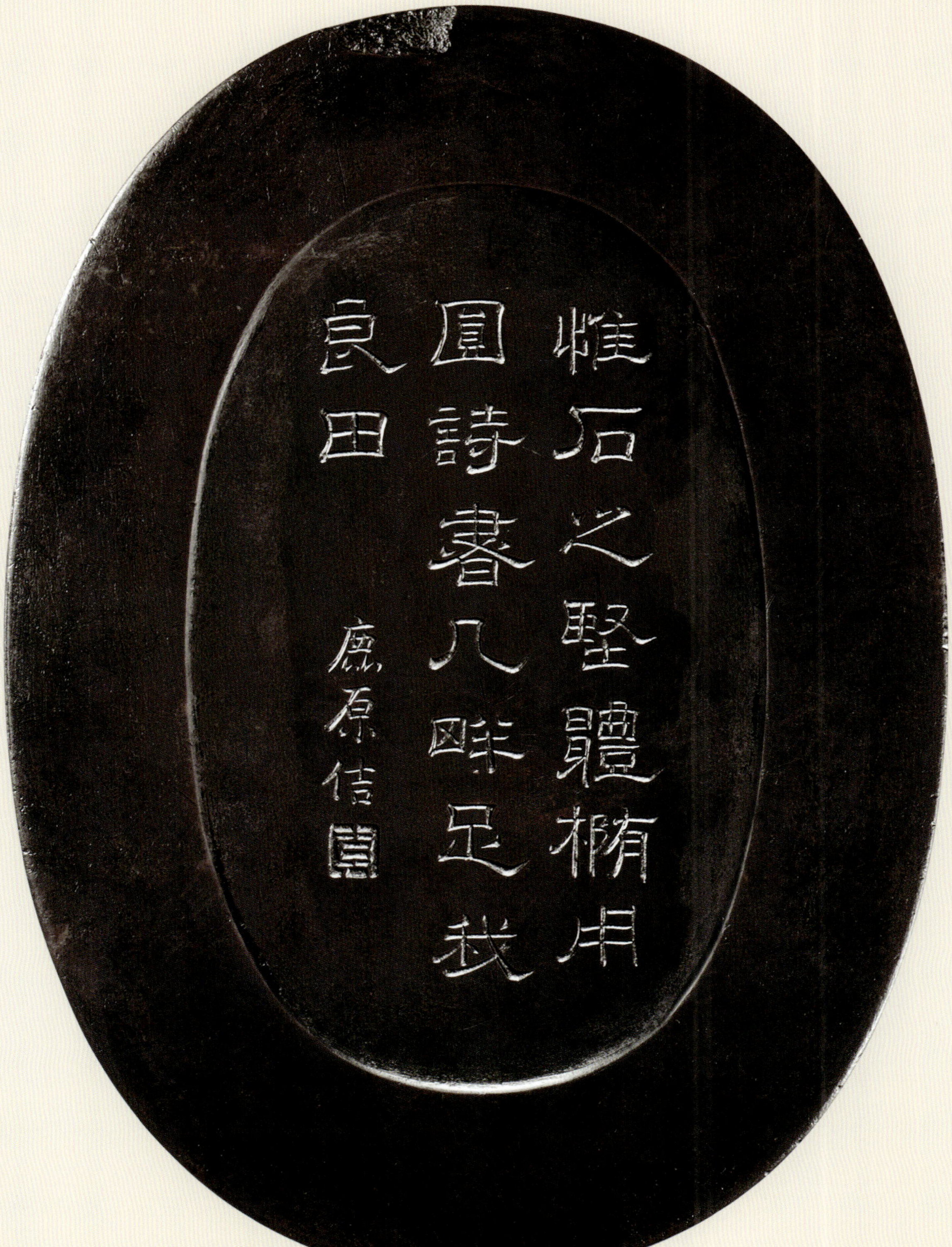

清中期　林佶銘橢形端硯（背面）

林佶銘橢形端硯

清中期

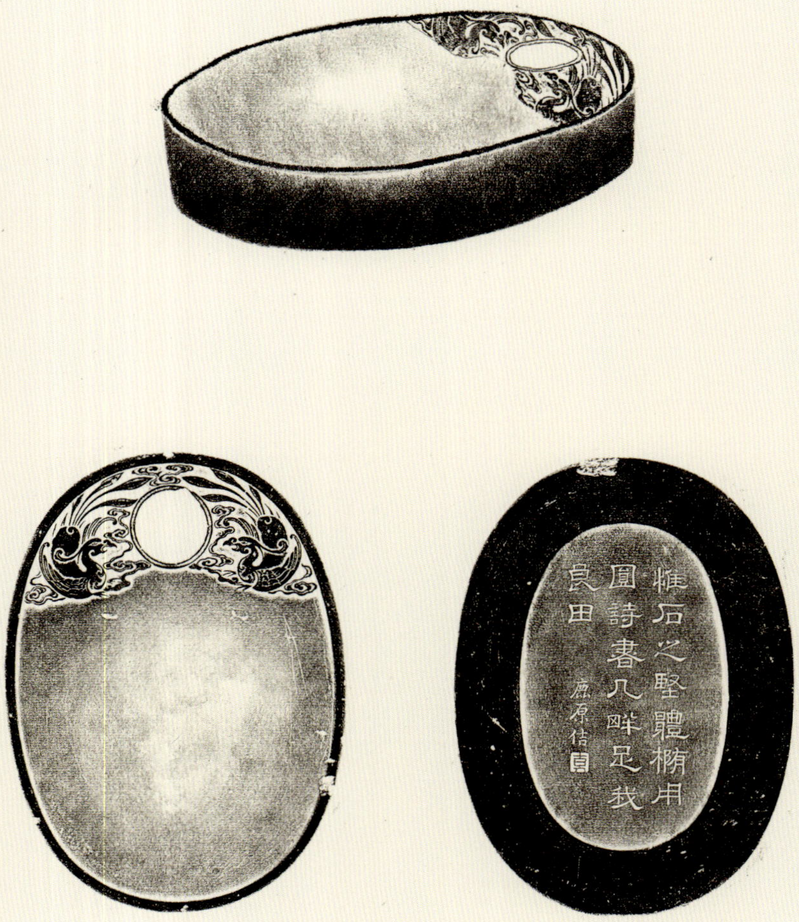

原配紫檀盒

有鹿原林佶銘款及吉人朱文印鑒

硯適老坑紫石扣之無聲細膩若嬰之膚研之無聲形如龍珠琢雙鳳拱日覆手制銘鹿原林佶命筆林佶字吉人號鹿原康熙五十一年特進士授内閣中書以楷書名又精篆隸時王世禎朱彝尊等諸家著述皆其工楷謄錄雕版付梓其所制硯銘曰惟石之堅體橢用圓詩書几畔足我良田

今有詩曰虎膽龍珠具賦形一得條美一雄渾難能互換脫俗趣雄渾修美具無倫

歲次戊戌夏月之初

王承雄書於海上適墨齋

清中期　林佶銘橢形端硯

長十三點七厘米　寬十厘米　高二點三厘米

原配紫檀盒

有鹿原林佶銘款及『吉人』朱文印鑒。

硯乃老坑紫石，扣之無聲。細膩若嬰之膚，研亦無聲。形如龍珠，琢雙鳳拱日。覆手製銘，鹿原林佶命筆。林佶字吉人，號鹿原，康熙五十一年特（賜）進士，授內閣中書，以楷書名，又精篆隸。時王世禎、朱彝尊等諸家著述皆其工楷眷録雕版付楨。其所製硯銘曰：惟石之堅，體橢用圓。詩書幾畔，足我良田。今有詩曰：虎膽龍珠具賦形，一得修美一雄渾。難能互換脫俗趣，雄渾修美具無倫。

清中期 邊壽民畫並銘器蓋腰圓形紅絲硯（正面）

清中期 邊壽民畫並銘器蓋腰圓形紅絲硯（背面）

清中期 邊壽民畫並銘器蓋腰圓形紅絲硯（盒蓋）

清中期　邊壽民畫並銘器蓋腰圓形紅絲硯（盒蓋拓片）

邉壽民畫竝銘器蓋腰圓形紅絲硯

（清中期）

面刻一枝芍藥及葦間居士所賦七古詩篆頤公印款

有原配紅木盒

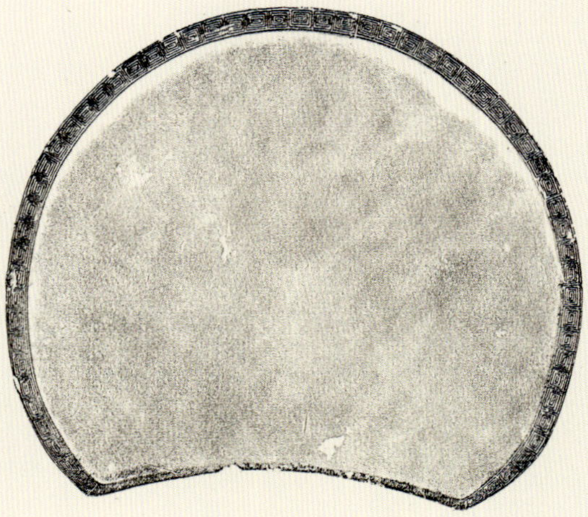

青州紅絲石位列古來四大硯石之列此硯挖成腰圓狀淺硯堂池一體背雕連續之雲雷紋原配紅木盒刻折枝芍藥下有七古一首為葦間居士款其為邉壽民孫所將離花乃古代文人謂芍藥之名今有絕句云青州石有謂紅絲尋丈洞中偶覓之體若油黃淋去血衣來儲墨蘸尤溼

歲次戊戌春末王承雄書於海上逸墨齋

清中期　邊壽民畫並銘器蓋腰圓形紅絲硯

長十二點五厘米　寬十五點五厘米　高二點二厘米

面刻一枝芍藥及葦間居士所賦七古詩，篆『頤公』印款。

有原配紅木盒

青州紅絲石位列古來四大硯石之列。此硯挖成腰圓狀，淺硯堂，堂池一體，唇雕連續之雲雷紋。原配紅木盒，刻折枝芍藥。下有七古一首，為葦間居士款。其為邊壽民號，所謂『將離花』乃古代文人謂芍藥之名。

今有絕句云：青州石有謂紅絲，尋丈洞中偶覓之。體若油黃淋赤血，夜來儲墨沾尤濕。

清中期　金農銘隨形端硯（正面）

清中期　金農銘隨形端硯（背面）

金農銘隨形端硯

（清中期）

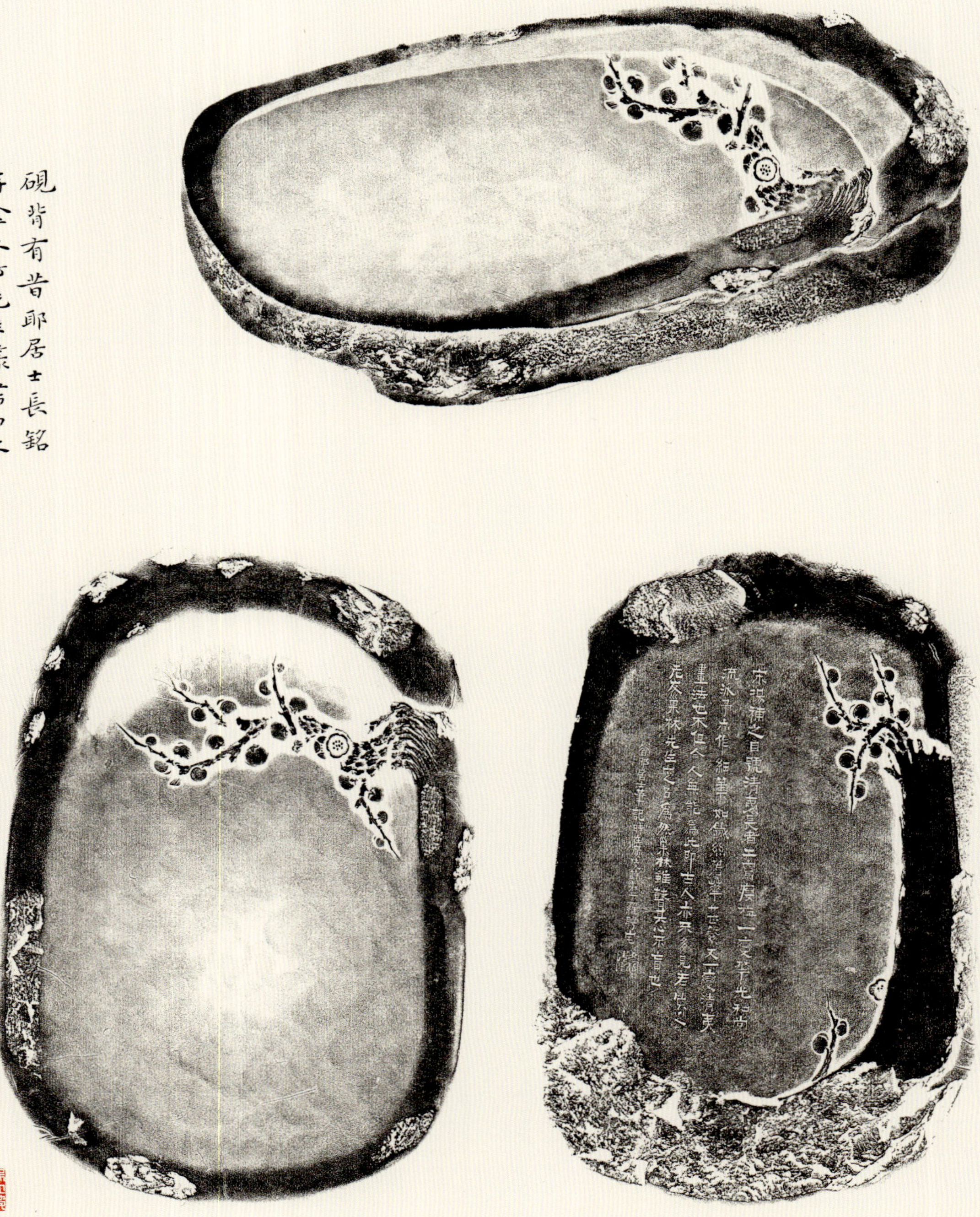

硯背有昔邪居士長銘并金冬心先生篆書白文印款

原配黃花梨盒

石自老坑水巖滑腴無比梅出巢林瞽後羅上石堂池橫亘老梅背亦淺雕絕辟橫枝金冬心長銘論宋人楊補之以降畫梅三變更盛贊巢林此梅今人無能為此即古人亦不多見並巢林雖瞽其心不盲也可知此硯之梅乃汪士慎暮年筆題款汪時在廣陵詩弟子羅聘宅則此硯理應系羅兩峯舊物致一硯而涵揚州八怪中三大家也

今有絕句曰兩峯藏硯本珍稀瞽目巢林筆更奇最妙司農三變論沉浮藏海隱畫几

王承雄於海上逸墨齋

清中期　金農銘隨形端硯

長三十厘米　寬二十一點五厘米　高四點七厘米

原配黃花梨盒

硯背有昔耶居士長銘，並『冬心先生』篆書白文印款。

石自老坑水巖，滑腴難比；梅出巢林瞽後，羅聘上石。堂池横亘老梅，背亦淺雕絕辟横枝。金冬心長銘，論宋人楊補之以降畫梅三變，更盛讚巢林此梅，『今人無能為此，即古人亦不多見。』並『巢林錐瞽，其心不盲也。』可知此硯之梅乃汪士慎暮年筆。題款注：『時在廣陵詩弟子羅聘宅。』則此硯理應系羅兩峰舊物，致一硯而涵揚州八怪中三大家也。

今有絕句曰：兩峰藏硯本珍稀，瞽目巢林筆更奇。最妙司農三變論，沉浮藏海隱畫璣。

清中期 張若靄銘獨占鰲頭圖長方形端硯（正面）

清中期 張若靄銘獨占鰲頭圖長方形端硯（背面及邊款）

張若靄銘獨占鰲頭圖

長方形端硯 清中期

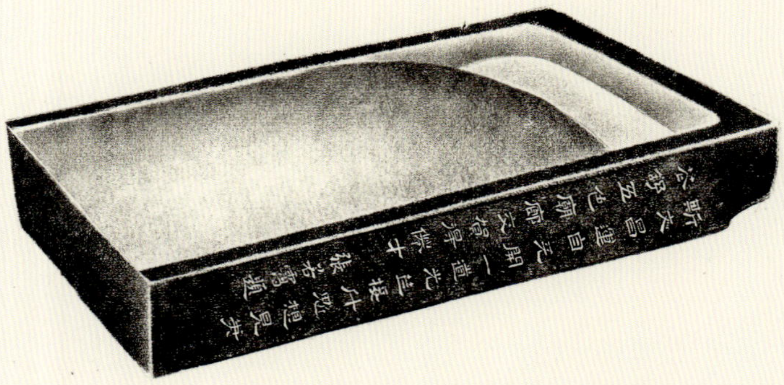

邊墻有張若靄隸書七絕一首及行楷款識

原配黄花梨整挖盒

取材歙端淺挖碾琢平堂陡坡淌池硯唇額寬而尾狹覆手三層工法遠水線刻波紋淺雕神鰲破浪高企魁星持筆回首望斗一足獨立鰲頭俗語說魁星點斗以祈祝得中科名獨占鰲頭乃為成語特指點中狀元轉義為占居首位以詩銘乃應景之篇或出藕香書屋絕非近世之筆緣近人用韻多取中華新韻韻腳魁與才不屬同一韻目而此詞用平水韻韻腳同屬上平聲韻目之十灰張若靄字晴嵐康熙翰林院掌院學士文華殿大學士張英之孫雍乾時保和殿大學士領衛軍機大臣張廷玉之子其為雍正十一年癸丑科二甲第一名坊傳其原為狀元以其父貴為內閣首輔故改傳臚並緣此而未散館特授翰林院條編纂至內閣學士官禮部尚書襲伯爵其以書畫供奉內廷與其弟若澂同為乾隆時著名詞臣傳世有陳豫鐘號秋堂同形同銘澂泥硯詩銘中異寫字亡同應為仿品以秋堂雖為西泠八家之一然無功名與獨占鰲頭魁星點斗及詩中寓意無涉硯墻銘曰斯文昌運自天開一道光芒接斗魁想見庚花舒五色廟廊交賀得仙才張瑞靄今步其意賦詩曰天樞如斗文運開必有魁星踏浪來獨占鰲頭筆所指點出耕硯狀元才

王承雄書

清中期　張若靄銘獨占鰲頭圖長方形端硯

長十七厘米　寬十一厘米　高二點五厘米

原配黃花梨整挖盒

邊牆有張若靄隸書七絕一首及行楷款識

材取紫端，淺挖碾琢平堂。陡坡淌池，硯唇額寬而尾狹。覆手三層工法。遠水線刻，波紋淺雕，神鼇破浪高企。魁星持筆，回首望斗，一足獨立鼇頭。俗語說魁星點斗，以祈祝得中科名。獨占鰲頭乃為成語，特指點中狀元，轉義為占居首位。以詩銘乃應景之篇，或出藕香書屋，絕非近世之筆。緣近人用韻多取《中華新韻》，韻腳『魁』與『才』不屬同一韻目。而此詞用《平水韻》，韻腳同屬上平聲韻目之『十灰』。

張若靄字晴嵐，康熙（朝）翰林院掌院學士、文華殿大學士張英之孫，雍乾時保和殿大學士、領銜軍機大臣張廷玉之子。其為雍正十一年癸丑科二甲第一名。坊傳其原為狀元，以其父貴為內閣首輔，故改傳臚，並緣此而未散館特授翰林院編修，累至內閣學士，官禮部尚書，襲伯爵。其以書畫供奉內廷，與其弟若澄同為乾隆時著名詞臣。傳世有陳豫鐘號秋堂同形同銘澄泥硯，詩銘中異寫字亦同，應為仿品。以秋堂雖為西泠八家之一，然無功名，與獨占鰲頭、魁星點斗及詩中寓意無涉。

硯牆銘曰：『斯文昌運自天開，一道光芒接斗魁。想見庚花舒五色，廟廊交賀得仙才。張若靄題。』

今步其意賦詩曰：天樞如斗文運開，必有魁星踏浪來。獨占鰲頭筆所指，點出耕硯狀元才。

清中期 隨園藏硯款長方形端硯（正面）

長方形端硯（邊款）

清中期　隨園藏硯款長方形端硯（背面）

清中期　隨園藏硯

隨園藏硯款長方形端硯

（清中期）

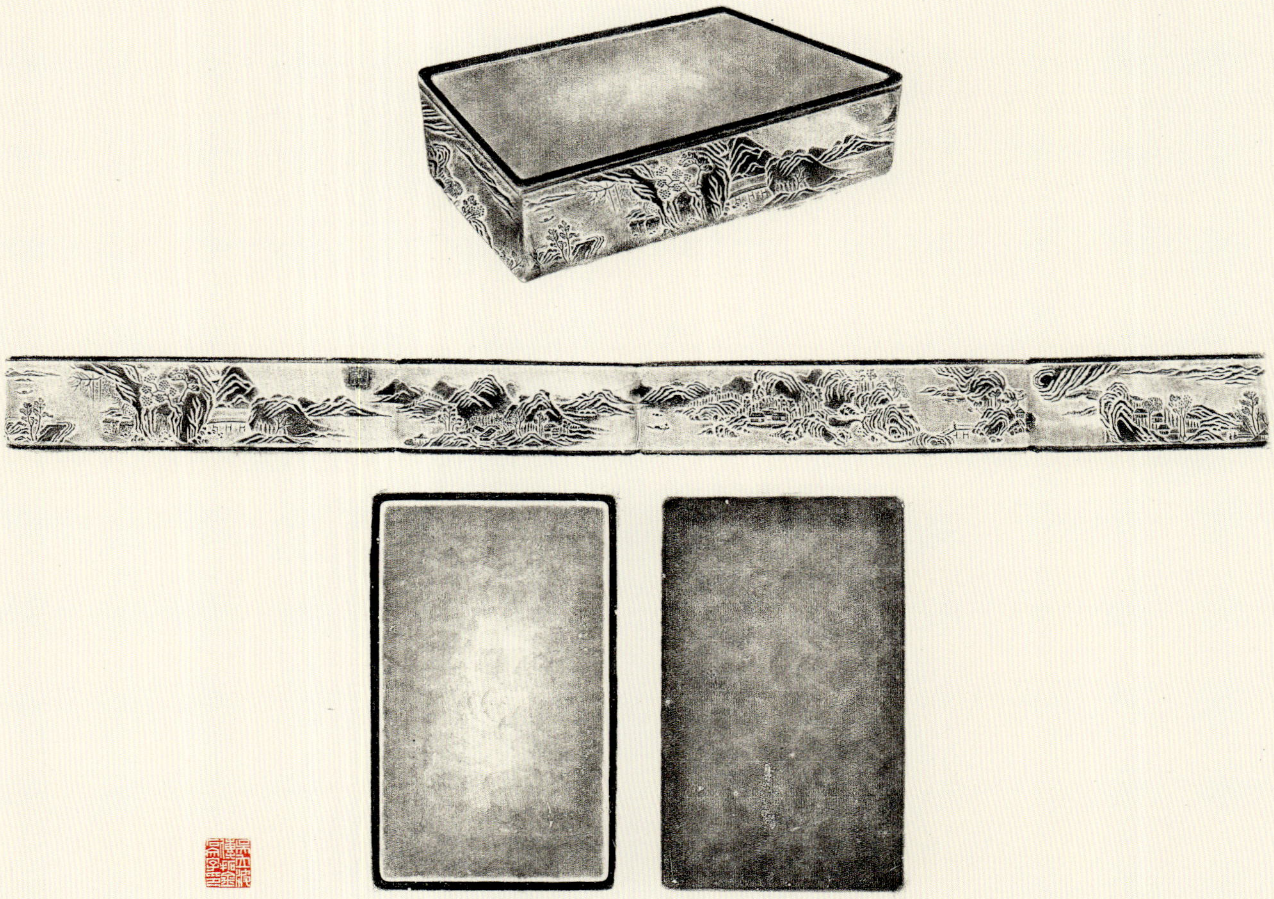

原配紅木天地蓋硯墻滿雕山水隨園藏硯篆刻方章款

硯石源自端谿色西而膩形制簡約古樸不讓康熙硯墻四周山水相連其地乃金陵小倉山曹寅故里乾隆間袁枚入主遂以隨園老人自譽其云雪芹撰紅樓夢一部備記風月繁華之盛中有所謂大者即余之隨園也

許曰簡齋實不簡歸隱築隨園一代騷壇主座下多名媛紅夢疑非夢環佩竟相憐如今惟此硯尤讀天河篇

注袁枚於乾隆四年殿試中有妙句聲疑來禁院人似隔天河卻語涉不莊將置之孫山幸得大司寇尹繼善力陳方得中進士

歲次戊戌初夏之月

王承雄書於逸墨齋

清中期　隨園藏硯款長方形端硯

長十八點五厘米　寬十一點五厘米　高四點五厘米

原配紅木天地蓋，

硯牆滿雕山水。『隨園藏硯』篆刻方章款。

硯石源自端溪，色而膩；形製簡約古樸，不讓康熙。硯牆四圍山水相連，其地乃金陵小倉山曹寅故里；乾隆間袁枚入主，遂以隨園老人自譽。其云：『雪芹撰《紅樓夢》一部，備記風月繁華之盛。中有所謂大（觀園）者，即余之隨園也。』

評曰：簡齋實不簡，歸隱築隨園。一代騷壇主，座下多名媛。紅樓疑非夢，環佩竟相憐。如今惟此硯，尤讀天河篇。

注：袁枚於乾隆四年殿試中有妙句『聲疑來禁院，人似隔天河。』卻『語涉不莊，將置之孫山。』幸得大司寇尹繼善力陳方得中進士。

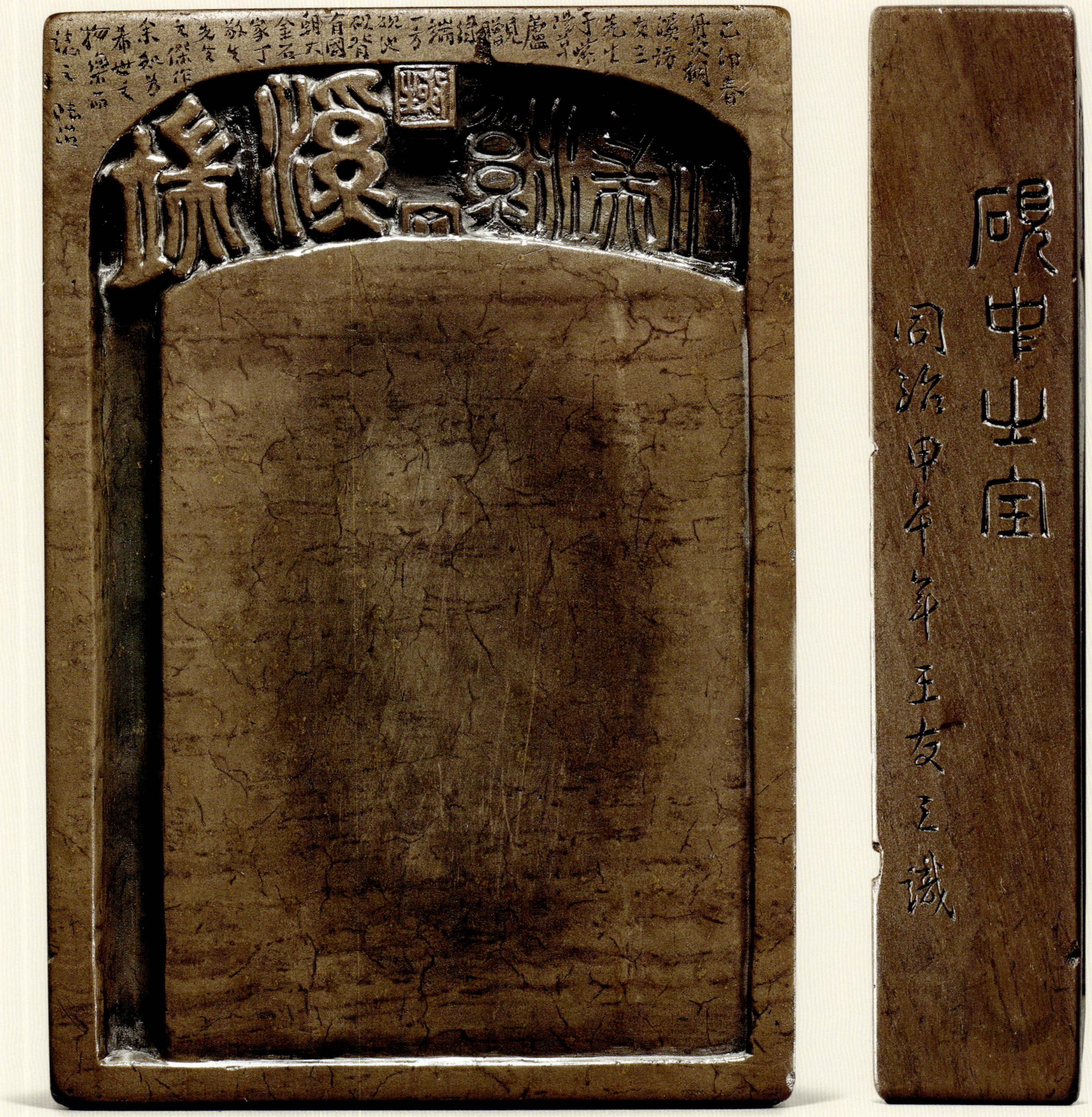

清中期 丁敬生題刻、陸治等銘長方形端硯（正面及邊款）

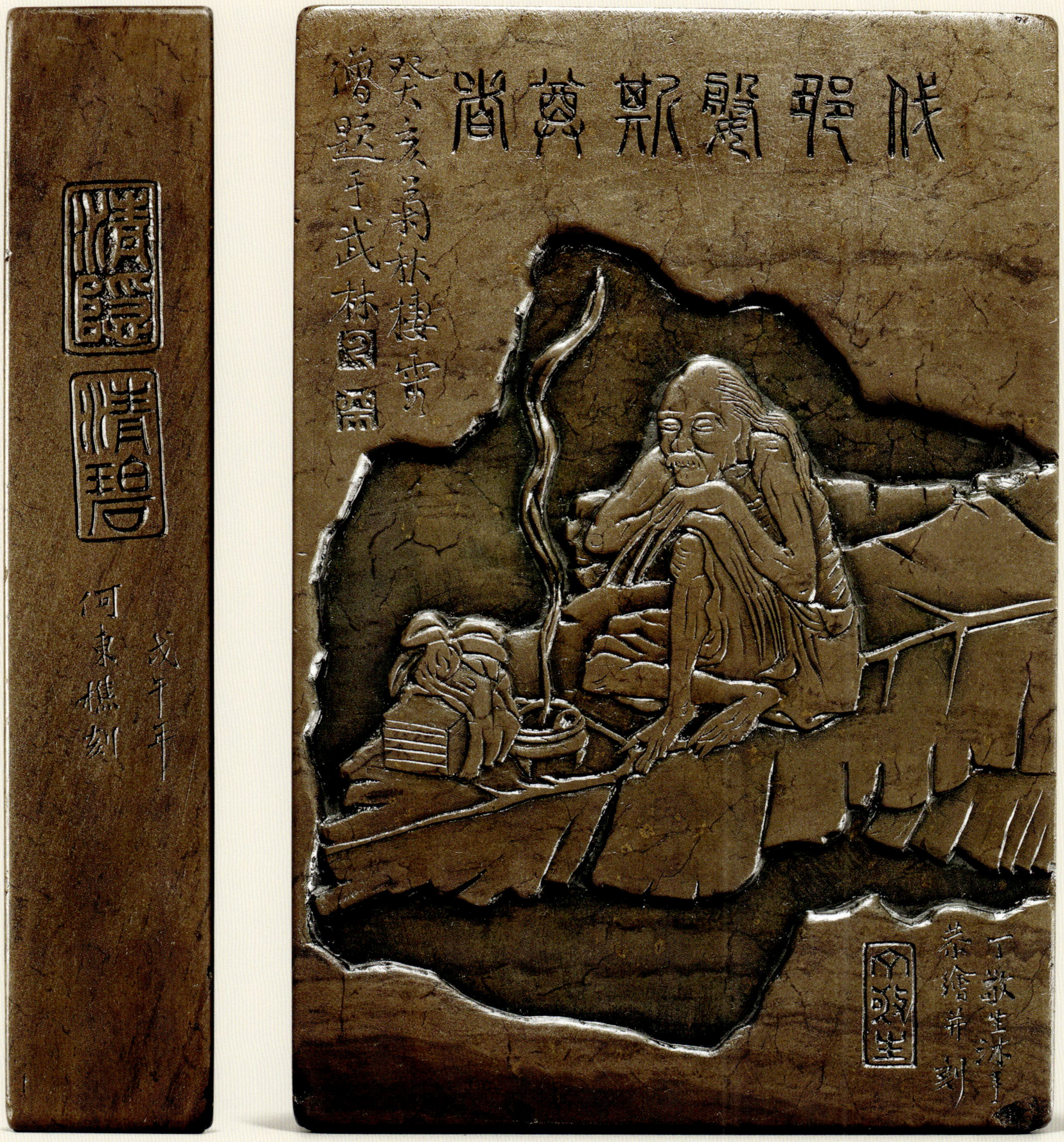

清中期　丁敬生題刻、陸治等銘長方形端硯（背面及邊款）

丁敬生題刻陸治等銘長方形端硯

清中期

硯為丁敬生刊刻棲霞僧題王友三陸治何震皆有銘

原配花梨蓋

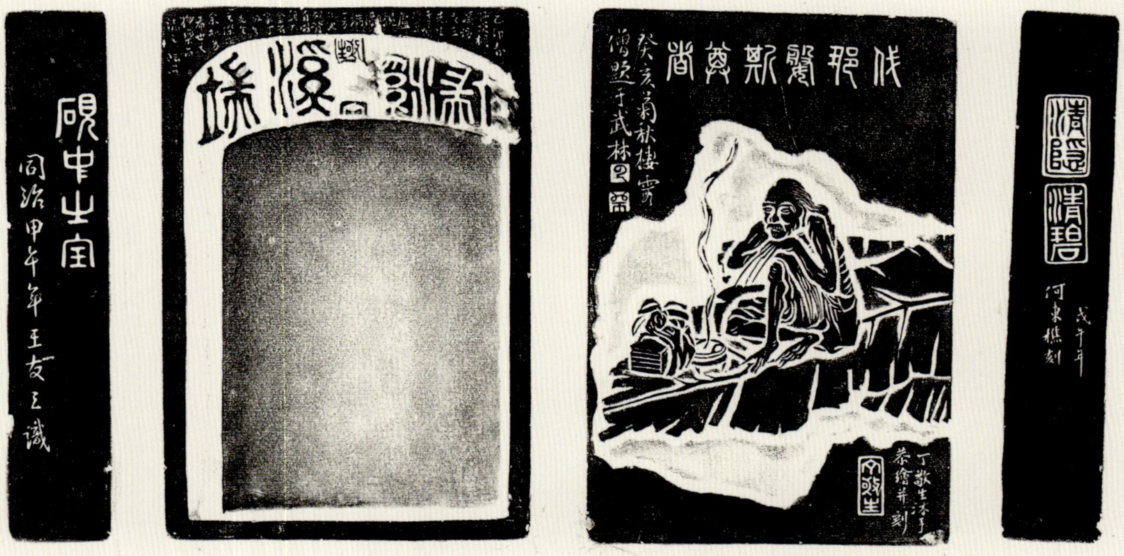

硯取泮宮之製典出詩魯頌所謂諸侯之學也乃辟雍石渠之流變是以硯堂右倚池如泮水池內篆白文端溪篆朱文溪端款生丁連珠印款居中丁敬生乃全冬心鄉鄰浙派金石界謂之開山硯背右下「丁敬生沐手恭繪并刻」并白文篆印款「丁敬生」可知此硯之始具繪刻尊者俗稱芭蕉尊者十八羅漢中位列十四額篆「伐那婆斯尊者」為其梵文譯音癸亥（一七四三）菊秋棲霞僧題於武林（今杭州之古稱）據「皇清書史」棲霞僧當為新會楊大進之法號故此硯成於乾隆間則無疑耳硯墻「硯中之寶同治甲午（戌）年（一八七四）王友三識」知同光間此硯為瑞安王友三所得其能書畫卻不善篆刻故有刻工之誤將戌字刻作午硯額長銘曰「乙卯（一九一五）春廿次桐溪訪友三先生於紫陽草廬見綠端一方硯池硯背有國朝大金石家丁敬生先生之傑作余知乃稀世之物樂而誌之陸治」然陸治為清末民國初之吳門畫家另側篆朱文「清隱」白文「清碧」印款并「戊午年（一九一八）何東樵刻」而此君亦非有名之篆刻大家何震實乃晚清之何震（一八七六一一九四七）字東樵号寄園宣統時累官至吏部尚書內閣大學士其楷行法晉唐又能篆分及章草民國間頗有書名

試作七言有感云流傳患數費周章四面皆銘耐恭詳歷盡滄桑煙雨後留痕如縷付宮商

歲次戊戌仲夏王承雄書於海上逸墨齋

清中期　丁敬生題刻、陸治等銘長方形端硯

長十七厘米　寬十一點五厘米　高三厘米

硯為丁敬生刊刻，棲霞僧題，王友三、陸治、何震皆有銘。

原配花梨蓋

硯取泮宮之製，典出《詩·魯頌》，所謂諸侯之學也。乃辟雍、石渠之流變。是以硯堂右倚，池如泮水。池內篆白文『端溪』，朱文『溪端』，『敬生』、『丁』連珠印款居中。丁敬生乃金冬心鄉鄰，浙派金石界謂之開山。硯背右下『丁敬生沐手恭繪並刻』並白文篆印款『丁敬生』，可知此硯之始。其繪刻尊者，俗稱芭蕉尊者，十八羅漢中位列十四。額篆『伐那婆斯尊者』，為其梵文譯音。『癸亥（一七四三）菊秋，棲霞僧題於武林（今杭州之古稱）。』據《皇清書史》，當為新會楊大進之法號。故此硯成於乾隆間則無疑耳。

硯牆『硯中之寶。同治甲午（戌）年（一八七四）王友三識。』知同光間此硯為瑞安王友三所得。其能書畫，卻不善篆刻，故有刻工之誤將戌字刻作午。

硯額長銘曰：『乙卯（一九一五）春卅次，桐溪訪友三先生。於紫陽草廬見贈緑端一方。硯池、硯背有國朝大金石家丁敬生先生之傑作。余知乃稀世之物。樂而誌之。陸治。』然陸治為清末民國初之吳門畫家。另側篆朱文『清隱』、白文『清碧』印款，並『戊午年（一九一八），何東樵刻。』而此君亦非有名之篆刻大家何震，實乃晚清之何震（一八七六—一九四七）字東樵，號寄圜，宣統時累官至吏部尚書、內閣大學士。其楷行法晉唐，又能篆分及章草，民國間頗有書名。

試作七言有感云：流傳悉數費周章，四面皆銘耐參詳。歷盡滄桑煙雨後，留痕如縷付宮商。

清中期　改琦詩銘隨形澄泥硯（正面）

清中期 改琦詩銘隨形澄泥硯（背面）

玫琦詩銘隨形澄泥硯

清中期

原配紫檀天地盒

眉邊有「宋澂泥」楷書銘

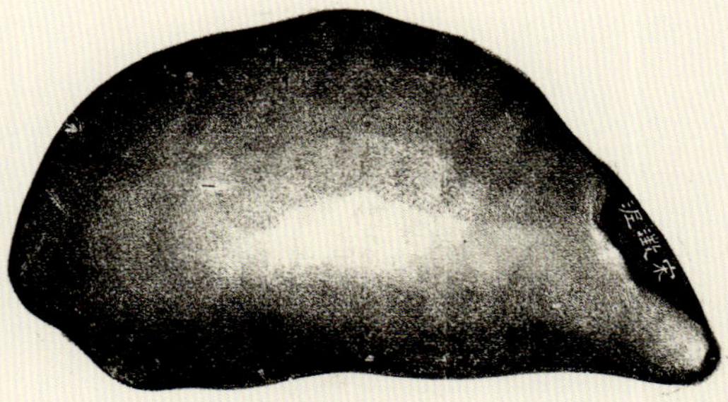

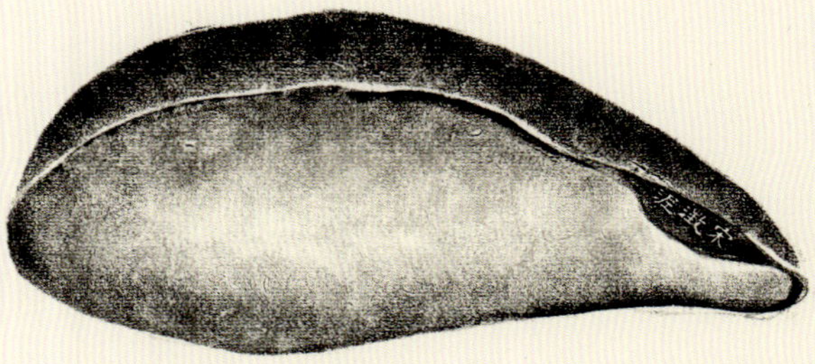

今人以葉形硯者皆曰一夜成名或安居樂業然雍正之後清季頗此吉祥圖式者必一葉而有鳴蟲或蝸牛是所謂字字落實若鳴蟲蝸牛皆有之則多出東瀛以硯雖古質式則不合宋元之法又眉邊宋澂泥三字乃松雪體書顯見爲乾嘉時人筆抑或僅泥料出於宋而詩銘圖式均出於玫琦筆款識丁巳秋末玉壺外史乃嘉慶二年（一七九七）其年念有五且畫風猶在新羅山人筆意中

其有詩曰西風紈扇劇堪憐獨抱雲和一晌眠好夢乍回明月上最難消受晚涼天

試和一絕云飄來一葉已堪憐獨伴清秋難入眠不負良宵山海誓留得功業昭青天

歲次戊戌夏月王承雄於海上

清中期　改琦詩銘隨形澄泥硯

長十五厘米　寬七點五厘米　高一點七厘米

原配紫檀天地盒。唇邊有『宋澂泥』楷書銘。

今人以葉形器者，皆曰一夜成名，或安居樂業。然雍正之後，清季類此吉祥圖式者，必一葉而有鳴蟲，或蝸牛，是所謂字字落實。若鳴蟲蝸牛皆有之，則多出東瀛。以硯雖古質，式則不合宋元之法。又唇邊『宋澂泥』三字，乃松雪體書，顯見為乾嘉時人筆，抑或僅泥料出於宋，而詩銘、圖式均出於改琦筆。款識『丁巳秋末玉壺外史』，乃嘉慶二年（一七九七），其年念有五耳，畫風猶在新羅山人筆意中。

其有詩曰：『西風紈扇劇堪憐，獨抱雲和一晌眠。好夢乍回明月上，最難消受晚涼天。』試和一絕云：飄柔一葉已堪憐，獨伴清秋難入眠。不負良宵山海誓，留得功業昭青天。

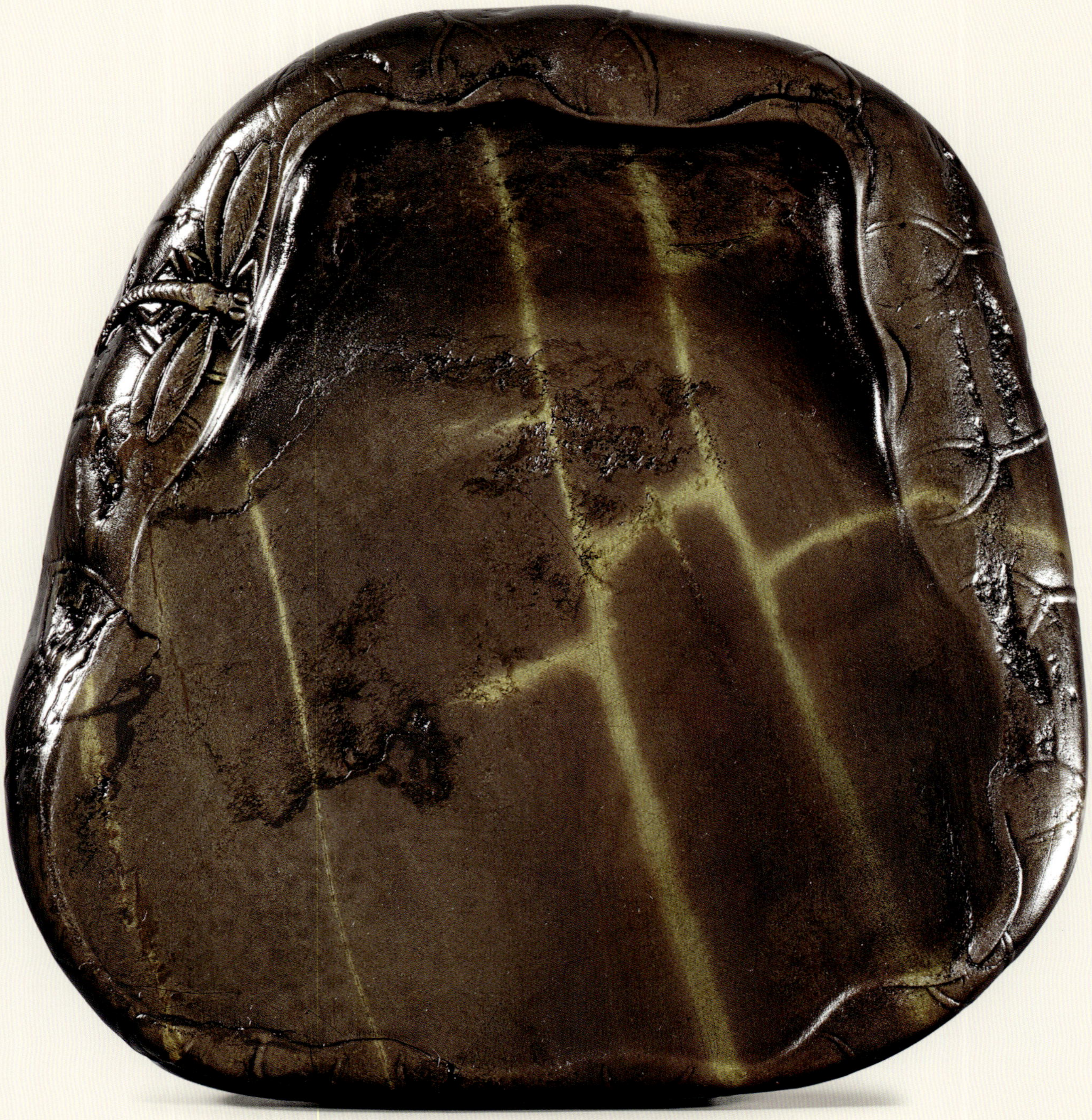

清中期 梁章鉅書銘隨形端硯（正面）

清中期 梁章鉅書銘隨形端硯（背面）

梁章鉅書銘隨形端硯

清中期

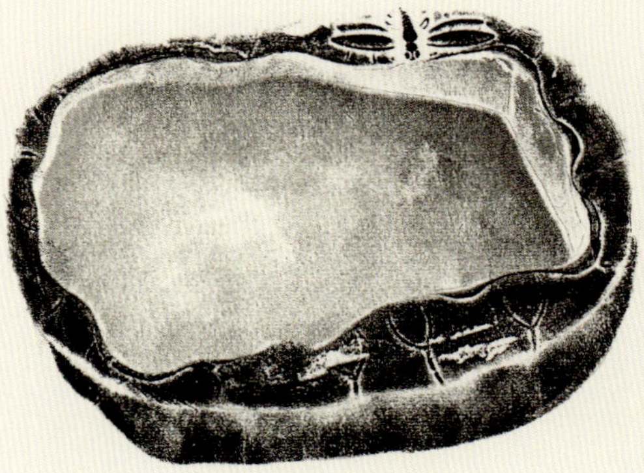

原配花梨木盒
背有丙申六月福州梁章鉅書並朱文章白文鉅印款

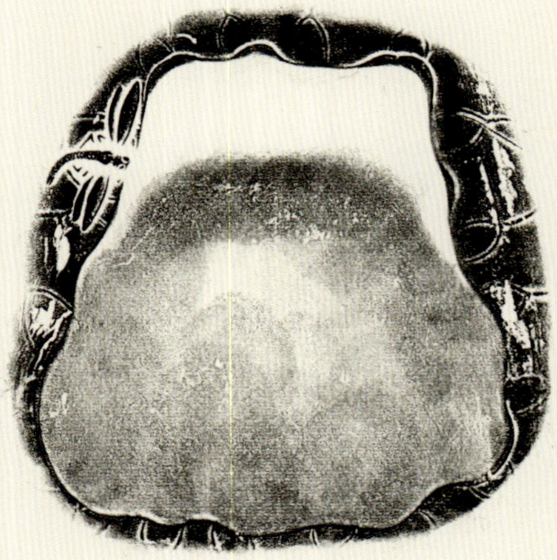

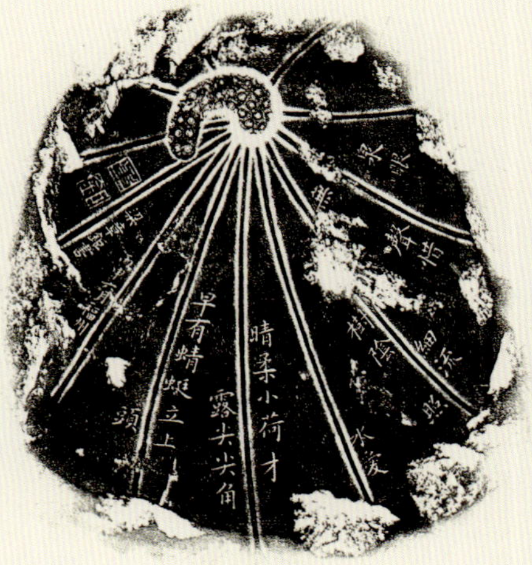

端硯中紫袍玉帶備受愛戴緣於迄唐抵明高品級官服即紫蟒袍佩玉帶白玉璁玉雖為玉之正色然硯家則習稱白色整齊分中者為玉帶青碧者曰綠帶此石材上佳紫綠兼有惟非一線中分耳遂僅能匠琢成荷葉蜻蜓圖

背銘梁章鉅者乃嘉慶進士累官至江蘇巡撫署理兩江總督兼兩淮鹽政抗英禁煙之名甚著劾奏收香港為首務之第一昔撫因病還鄉後著述充棟尊譽為閩碩儒此硯背所書系南宋楊萬里名詩小池泉眼無聲惜細流樹陰照水愛晴柔小荷才露尖尖角早有蜻蜓立上頭

今用高標韻賦得一律云紫袍當面碧線交堪歎綠帶未纏腰挖就淌池能墨碾成乎堂得醮毫碩儒提筆難出句廷秀有詩策硯標一瓿合成誰忍用只緣格調者般高

戊戌夏王承稚於海上

清中期　梁章鉅書銘隨形端硯

長十二點五厘米　寬十二點五厘米　高二點五厘米

原配花梨木盒，背有『丙申六月福州梁章鉅書』並朱文『章』白文『鉅』印款。

端硯中紫袍玉帶備受愛戴，緣於迄唐抵明，高品級官服即紫蟒袍佩玉帶。白玉、碧玉雖皆為玉之正色，然硯家則習稱白色整齊分中者為玉帶，青碧者曰緑帶。此石材上佳，紫緑兼有，惟非一線分中耳。遂假能匠琢成荷葉蜻蜓圖。

背銘梁章鉅者，乃嘉慶進士，累官至江蘇巡撫、署理兩江總督兼兩淮鹽政。抗英禁煙之名甚著，起奏『收香港為首務』之第一督撫。因病還鄉後，著述充棟，尊譽為『八閩碩儒』。此硯背所書，系南宋揚萬里名詩《小池》：『泉眼無聲惜細流，樹陰照水愛晴柔。小荷才露尖尖角，早有蜻蜓立上頭。』今用『高標韻』賦得一律云：紫袍當面碧線交，堪歎緑帶未纏腰。挖就淌池能聚墨，碾成平堂得蘸毫。碩儒提筆難出句，廷秀有詩築覘標。一器合成誰忍用，只緣格調者般高。

清 王兆辰書銘長方形端硯（正面及邊款）

清　王兆辰書銘長方形端硯（背面）

王兆辰書銘瓶方形端硯

邊墻篆筆花墨磨慈銷始畫吳中王兆辰

花梨盒

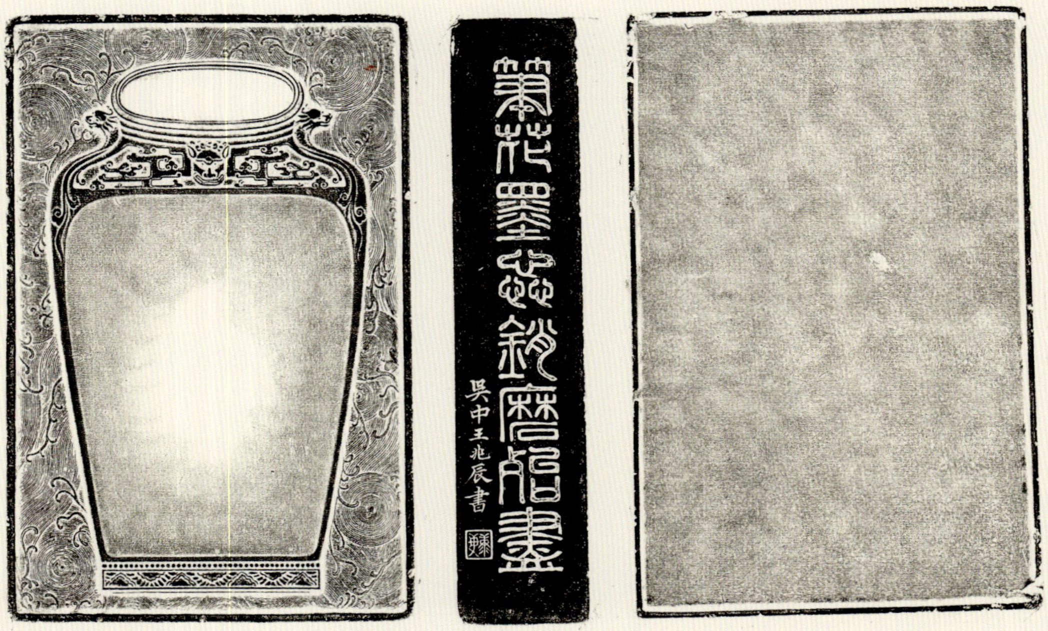

王兆辰字康庚嘉道間有書名善篆籀行楷法求入筆硯材出宋坑有火捺碎凍面琢螭龍紋寶瓶水渦為地或曰海上平生以為身世之慨有詩曰陶泓注定伴毛穎以硯為田筆作耕何歎慈花銷始畫唯緣海上容平生

戊戌夏月王承雅於海上

清　王兆辰書銘長方形端硯

長十九點五厘米　寬十三厘米　高四點三厘米

花梨盒，邊牆篆『筆花墨蕊，銷磨殆盡。吳中王兆辰（書）。』

王兆辰，字康庚，嘉道間有書名，善篆籀，行楷法宋人筆。硯材出宋坑，有火捺、碎凍。面琢螭龍紋寶瓶，水渦為地，或曰海上平生，以為身世之慨。

有詩曰：陶泓註定伴毛穎，以硯為田筆作耕。何歎蕊花銷殆盡，唯緣海上客平生。

清 馮敏昌銘金星歙硯（正面）

清　馮敏昌銘金星歙硯（背面）

馮敏昌銘金星歙硯

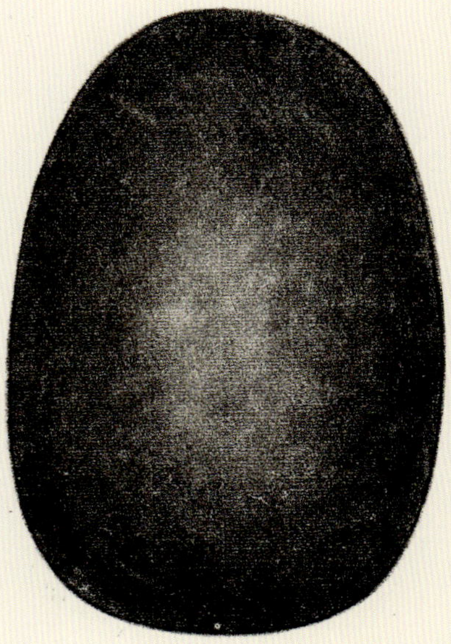

材取歙石可見眉紋隱現金銀星暈影散分佈如圖琢成橢圓板式背雕雲紋並刻行書四言曰鈔書屋簏研與有功著書滿屋硯壽與同此硯之宜子孫寶之己未秋日馮敏昌銘並篆書朱文印款漁山

馮敏昌（一七四七—一八零六）字伯求號魚『漁』山廣西壯族人乾隆四十三年進士散館授編修官至户部刑部主事等以丁憂不復為官前後主講端溪越華粵秀書院詩書皆能被譽為清壯族第一大詩文著作家

取下乎一先韻成五言漢學不惟漢佳硯代相傳舍汝別離去氣息總掛牽伊詩誰復吟豕字人何涎可嘆心同跡今宵照無眠

戊戌秋月王承雄書於逸墨齋

清　馮敏昌銘金星歙硯

長十五厘米　寬十點三厘米　高一點四厘米

材取歙石，可見眉紋隱現。金銀星暈，聚散分布如圖。琢成橢圓板式，背雕雲紋，並刻行書四言，曰：『鈔書屋簏，研與有功。著書滿屋，硯壽與同。此硯之宜，子孫寶之。己未秋日，馮敏昌銘。』並篆書朱文印款『漁山』。

馮敏昌（一七四七—一八零六），字伯求，號魚（漁）山，廣西壯族人。乾隆四十三年進士，散館授編修，官至戶部、刑部主事等。以丁憂不復為官，前後主講端溪、越華、粵秀書院。詩書皆能，被譽為有清壯族第一大詩文著作家。

取『下平一先』韻，成五言：漢學不惟漢，佳硯代相傳。捨汝別離去，氣息總掛牽。伊詩誰復吟？我字人何涎！可嘆心同跡，今宵照無眠。

清　姚文田銘圓形端硯（正面及邊款）

清　姚文田銘圓形端硯（背面）

姚文田銘圓形端硯

紅木盒
行匣硯

背銘「丁卯（一八零七）秋月
姚文田識」覆手正中隨
形印款「秋農珍藏」

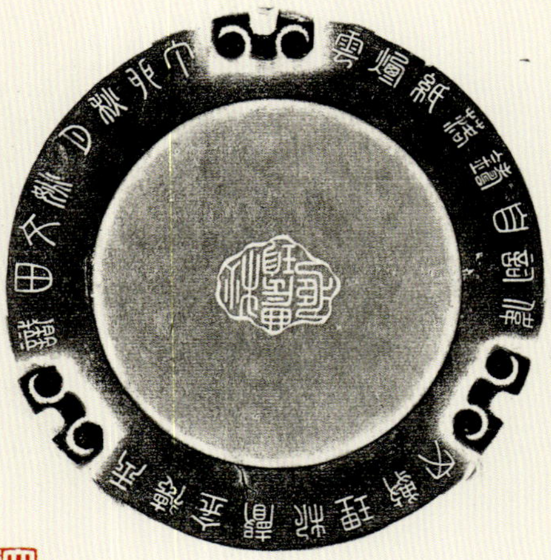

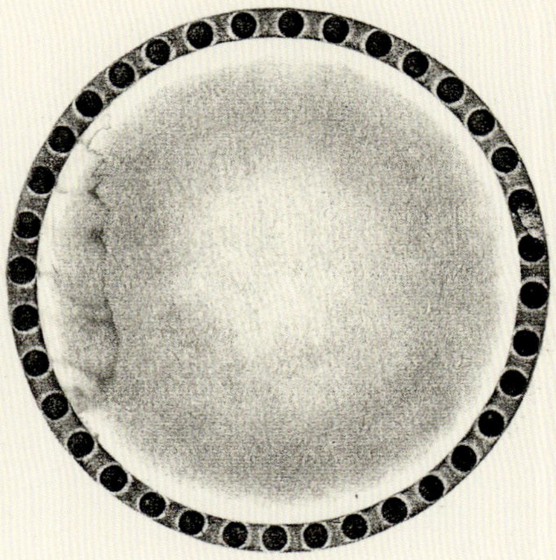

姚文田字秋農號梅漪嘉慶四年（一七九九）己未科狀元官至國子監祭酒入值南書房道光七年至禮部尚書為文壇巨擘翰苑名賢具硯墻若銅罍以狩面螭龍為足膺起乳釘似鼓凹堂代池具銘向左旋讀曰玉德金聲析理敷文偉詞自鑄落帋煙雲丁卯秋月姚文田識步其意成一絕云

佳硯滑腴潤且瑩叩之清越似金聲偉詞鑄就渾雄氣祭酒廟堂展從容

歲次戊戌仲夏之月
王承雄書於海上逸墨齋

清　姚文田銘圓形端硯

直徑十二厘米　高二厘米

紅木盒行匣硯，背銘『丁卯（一八零七）秋月，姚文田識。』覆手正中隨形印款『秋農珍藏』。

姚文田，字秋農，號梅漪，嘉慶四年（一七九九）己未科狀元，官至國子監祭酒，入值南書房。道光七年至禮部尚書，為文壇巨擘，翰苑名賢。其硯牆若銅器以狩面，螭龍為足。唇起乳釘似鼓，凹堂代池。其銘向左旋讀，曰：玉德金聲，析理敷文。偉詞自鑄，落紙煙雲。丁卯秋月，姚文田識。步其意成一絕云：佳硯如玉潤且瑩，叩之清越似金聲。偉詞鑄就渾雄氣，祭酒廟堂展從容。

清　陳鴻壽銘隨形端硯（正面）

清　陳鴻壽銘隨形端硯（背面）

清　陳鴻壽銘隨形端硯（盒蓋）

清　陳鴻壽銘隨形端硯（盒蓋拓片）

陳鴻壽銘隨形端硯

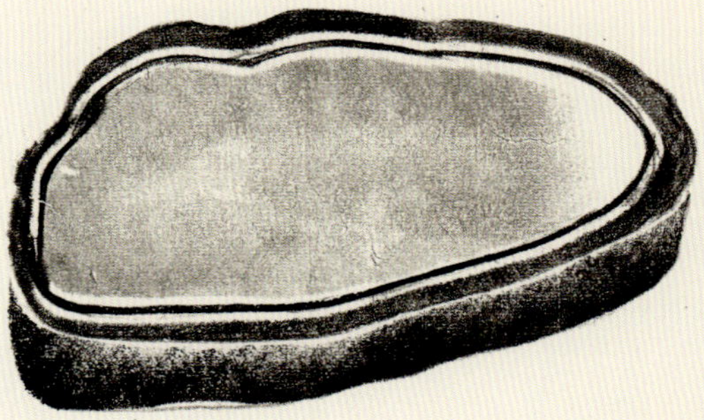

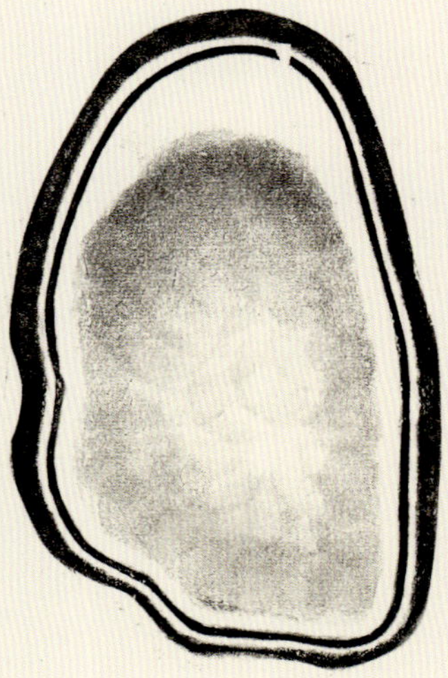

金冬心於盖銘暗香浮動典出北宋林逋七律山園小梅頷聯疏影橫斜水清淺暗香浮動月黃昏故後世皆以疏影香指代梅花於此則指端石工繁密之梅花點及斜月池硯即隨形以展天然之韻良工精碾唇線打洼起綫是謂簡而不陋硯堂起崗環池如谿陸坡淌池具為明晚遺風背銘『伯乂先生著書之硯弟子陳鴻壽題』其時曼公曾在阮雲臺撫浙時於其幕府當執弟子禮阮元字伯元累官至體仁閣大士撫浙先後近十載糾合文士編撰不休硯銘第二字沁漫不清或為伯淵故刻銘以記其編撰之餘隨手所贈之德用八庚韻成一絕句云

硯作墨耕遂簡明文人大雅良工成暗香疏影石中趣不礙邊墻蓄崢嶸

歲在戊戌夏月王承碓書於海上逸墨齋

原配紅木盒
蓋有『暗香浮動杭人
金農作』並篆『壽』字印
款硯背有陳鴻壽銘

清　陳鴻壽銘隨形端硯

長十五厘米　寬九點五厘米　高二厘米

原配紅木盒，蓋有『暗香浮動。杭人金農作』並篆『壽』字印款。硯背有陳鴻壽銘。

金冬心於蓋銘『暗香浮動』。典出北宋林逋七律《山園小梅》頷聯：『疏影横斜水清淺，暗香浮動月黄昏。』故後世皆以疏影、（暗）香指代梅花。於此則指端石上繁密之梅花點及斜月池。硯取隨形，以展天然之趣。良工精礪，唇邊打窪起綫，是謂簡而不陋。硯堂起崗，環池如溪，陡坡淌池，具為明晚遺風。背銘：『伯□先生著書之硯。弟子陳鴻壽題。』其時，曼公曾在阮雲臺撫浙時於其幕府，當執弟子禮。阮元字伯元，累官至體仁閣大（學）士，撫浙先後近十載，糾合文士，編撰不休。硯銘第二字沁漫不清，或為伯淵。故刻銘以記其編撰之餘隨手所贈之德。

用『八庚』韻成一絶句云：硯作墨耕遂簡明，文人大雅良工成。暗香疏影石中趣，不礪邊牆蓄崢嶸。

清道光　張廷濟銘隨形金星歙硯（正面）

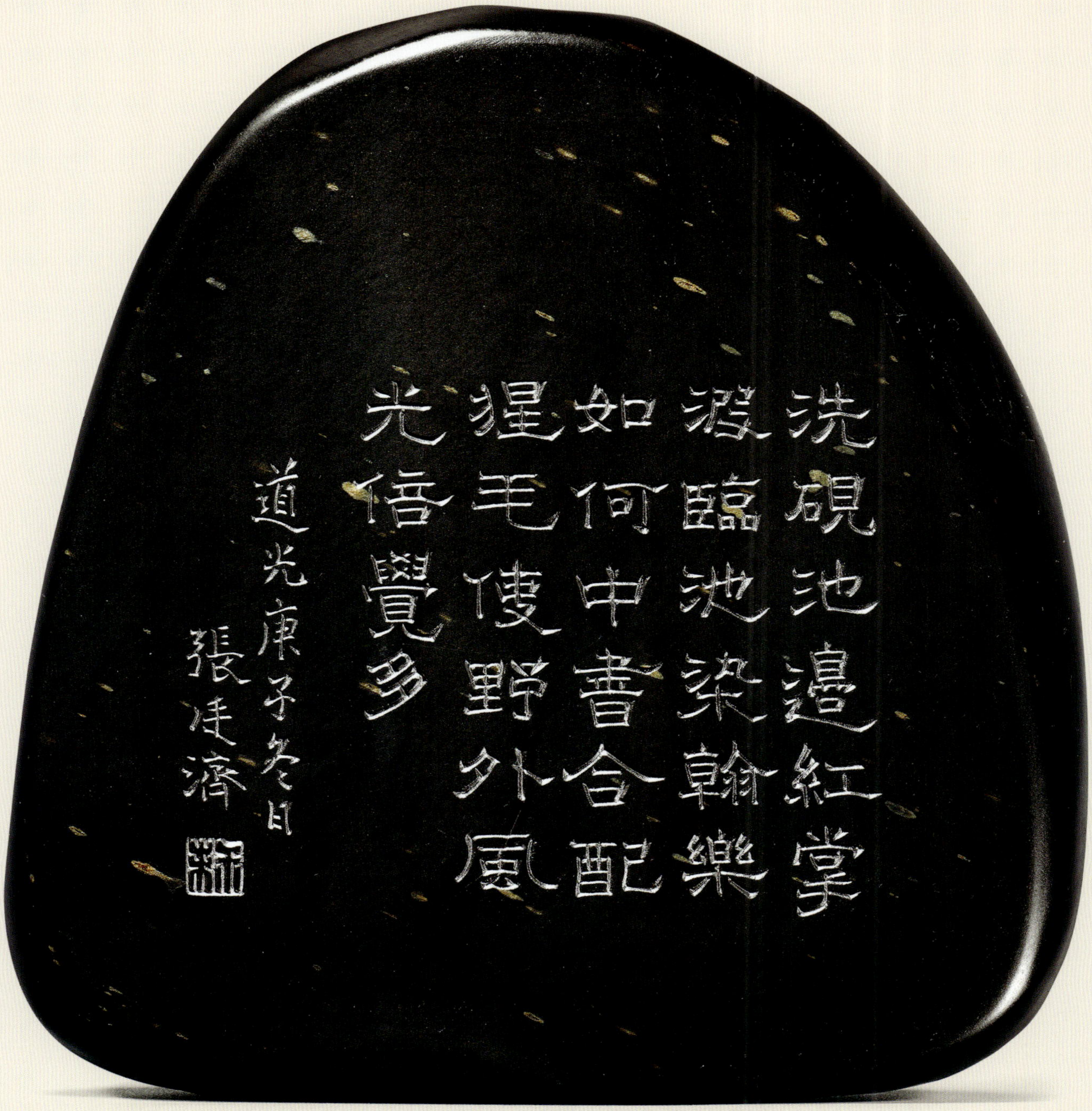

清道光　張廷濟銘隨形金星歙硯（背面）

張廷濟銘隨形金星歙硯

清 道光

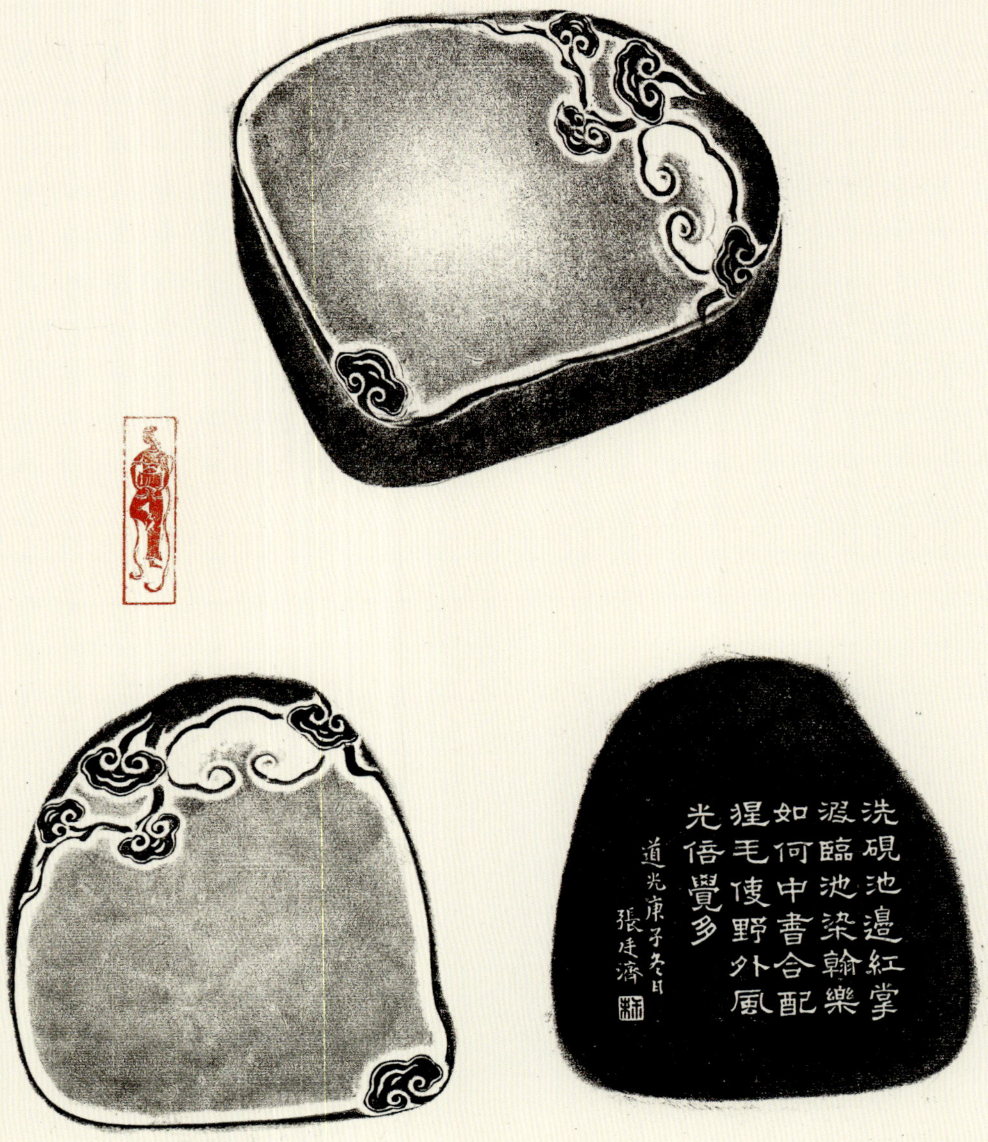

硯爲歙石金星恍若流螢祥雲作池隨形淺挖成形硯面琢六靈芝應喻六如典出十六國後秦鳩摩羅什所譯『金剛經應化非真分』謂之一切有爲法如夢泡影如露亦如電應作如是觀如是者佛家畧稱六如

硯底刻隸書七言詩銘洗硯池邊紅掌波臨池染翰樂如何中書合配猩毛使野外風光倍覺多道光庚子冬月張廷濟具書結體均衡筆畫蠶頭燕尾隸出『禮器碑』正書宗『醴泉銘』

張廷濟字順安號叔未嘉慶三年（一七九八）解元金石家書法家鑒藏家

夜觀先賢用硯有感

文房四寶硯爲先常伴書
家十數年易手仍將赴几
案佐君靜夜共嬋娟

歲次戊戌時值孟秋之月
王承雄揮汗於海上逸墨齋

清道光　張廷濟銘隨形金星歙硯

長十二點三厘米　寬十二厘米　高二厘米

硯為歙石，金星恍若流螢。祥雲作池，隨形淺挖成形。硯面琢六靈芝，應喻六如。典出十六國後秦鳩摩羅什所譯《金剛經·應化非真分》，謂之：『一切有為法，如夢幻泡影，如露亦如電，應作如是觀。』如是者，佛家略稱六如。

硯底刻隸書七言詩銘：『洗硯池邊紅掌波，臨池染翰樂如何。中書合配猩毛使，野外風光倍覺多。道光庚子冬月，張廷濟。』其書結體均衡，筆寫蠶頭燕尾。隸字出《禮器碑》，正書宗《醴泉銘》。

張廷濟，字順安，號叔未，嘉慶三年（一七九八）解元，金石家、書法家、鑒藏家。

夜觀先賢用硯有感：文房四寶硯為先，常伴書家十數年。易手仍將赴幾案，佐君靜夜共嬋娟。

清道光　石友銘無欺自安端硯（正面）

清道光　石友銘無欺自安端硯（背面）

清石友銘「無欺自安」端硯

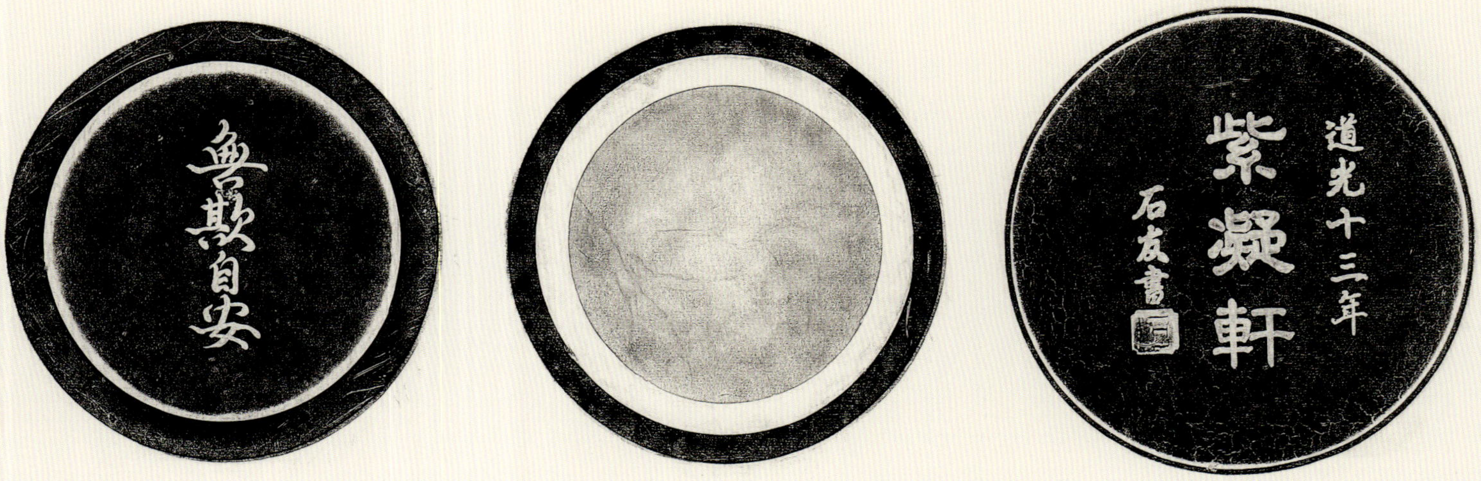

硯作辟雍形其圓如辟硯面中心受墨處略注下硯堂周環凹下如渠以爲池硯背亦牽挖圓形内凹而覆手正中落「無欺自安」四字行書疎朗有致頗具風骨隨形原配朱漆描金天地蓋具面深琢款題銘者石友王望霖是也系清代浙江上虞梁湖鄉人字濟蒼号石友生於乾隆年間卒於道光年間其善書法廣收歷代名家墨跡鈎摹鐫石碑二百餘方滙集而成「天香樓藏帖」

歲次庚子秋月
王承雄書

清道光　石友銘無欺自安端硯

直徑十二點五厘米　高二厘米

硯作辟雍形，其圓如辟。硯面中心受墨處略洼下，硯堂周環凹下如渠，以為（墨）池，硯背亦牽挖圓形內凹，而（成）覆手，正中落『無欺自安』四字行書，疏朗有致，頗具風骨。隨形原配朱漆描金天地蓋，其面深琢款題。銘者石友，王望霖是也，系清代浙江上虞梁湖鄉人，字濟蒼，號石友，生於乾隆年間，卒於道光年間。其善書法，廣收歷代名家墨跡，鈎摹鐫石碑二百餘方，匯集而成《天香樓藏帖》。

清道光 楊覺三銘長卷式端硯（正面）

清道光　楊覺三銘長卷式端硯（背面及邊款）

清道光楊覺三銘長壽式硯

本硯為端石所製質堅而潤色沉而厚蘊然似玉光華自現硯體呈長方形長壽樸式硯邊左右兩端雕琢成長壽的包首與拖尾並以陰線刻作翻卷狀卷軸刻紋立體清晰織錦刻蟠龍戲珠紋包邊刻作翻海水紋紋飾高古氣勢威嚴上下兩端略弧似展閱時自然波折生動細致惟妙惟肖硯堂寬平受墨處微凹呵氣成暈扣如木敲下發流利便宜研磨硯堂平斜通成淌池池窄而深貯墨其中不溢不干與墨相親硯緣硯邊皆有石眼隱於紋飾之中天然生動尤顯巧思硯背隨長壽式起覆手寬边無飾内部中上起石眼周身似有光暈下刻繪拜月玉兔一隻線條簡練神形兼備姿態虔誠頗具靈性硯側有行書銘文「道光二年楊覺三」楊覺三為晚清期旅日書畫家此銘文字跡道劲刀鋒犀利風骨猶存嵌蓋紅木質地與兩側硯邊持平收取方便更添美觀此硯質佳功優器形精巧品相完好頗值把翫可謂文房之一助

壬寅冬月

王承雄書於海上

清道光　楊覺三銘長卷式端硯

長十六厘米　寬十點四厘米　高三點四厘米

本硯為端石所製，質堅而潤，色沈而厚，藴然似玉，光華自現。硯體呈長方形，長卷樣式，硯邊左右兩端雕琢成長卷的包首與拖尾，並以陰線刻作翻卷狀，捲軸刻紋立體清晰，織錦刻螭龍戲珠紋，包邊刻海水紋，紋飾高古，氣勢威嚴。上下兩端略弧，似展閱時自然波折，生動細緻，惟妙惟肖。硯堂寬平，受墨處微凹，呵氣成暈，扣如木聲，下發流利，便宜研磨。硯堂平斜通成淌池，池窄而深，貯墨其中，不滲不干，與墨相親。硯緣硯邊皆有石眼，隱於紋飾之中，天然生動，尤顯巧思。硯背隨長卷式起覆手，寬邊無飾，內部中上起石眼，周身似有光暈，下刻繪拜月玉兔一隻，線條簡練，神形兼備，姿態虔誠，頗具靈性。硯側有行書銘文：『道光二年，楊覺三。』楊覺三為晚清期旅日書畫家，此銘文字跡遒勁，刀鋒犀利，風骨猶存。嵌蓋紅木質地，與兩側硯邊持平，收取方便，更添美觀。此硯質佳功優，器形精巧，品相完好，頗值把玩，可為文房之一助。

甌江草堂藏藝術品叢書

硯田豐穫

易蘇昊編

甲辰仲夏李燕生

（下册）

中國言實出版社

砚田春秋

（下册）

目録

目錄

清　汪福慶製、程守謙舊藏降龍羅漢圖眉紋歙硯（正面）

清　汪福慶製、程守謙舊藏降龍羅漢圖眉紋歙硯（背面）

清 汪福慶製 程守謙舊藏降龍羅漢圖眉紋歙硯

此硯屬歙州舊坑石石色青碧質細瑩潤紋理清晰磨之堅而不滑扣之玉振金聲撫之堅密溫潤硯體呈長方形淌池式坡池和緩硯堂平坦堂面有水浪眉紋似碧波似漣漪紋路清晰流暢多變清雅動人歙硯硯邊多采用古器物之紋此硯邊取雲谷紋勾連應和綿飾簡凝高古莊肅硯背起覆手內有淺浮雕繪刻迦葉尊者降龍畫迦葉尊者即降龍羅漢為十八羅漢中的第十七位畫中羅漢頭戴法箍手執寶缽與隱匿雲中的龍首相對更顯神色肅穆身姿矯健其繁複衣紋粗獷石紋與成排海水波浪紋頗有漢畫像石遺韻硯側邊有「星江程守謙珍藏」款鈐「福慶琢硯」印帶紫檀盒另有全形硯拓一套鈐「立波所揭硯譜」朱文印

汪福慶安徽歙縣人善琢硯一本古法尤善度材跡渾象硯能就石理而得模形異樣天成素質弥煥不假雕琢而邊幅整齊可謂善矣程守謙字荀叔儀徵人諸文學家程兆棟之子曾在河南福建四川等地為人幕客足跡半天下為文平易暢達語言洗煉尤長於敘事狀物描摹山水於所歷各地民風民俗均有反映對現實亦有所揭露著有「退谷文存」

王承雄書於海上

清　汪福慶製、程守謙舊藏降龍羅漢圖眉紋歙硯

長十二點二厘米　寬八點四厘米　高一點五厘米

此硯屬歙州舊坑石，石色青碧，質細瑩潤，紋理清晰，磨之堅而不滑，扣之玉振金聲，撫之緊密溫潤。硯體呈長方形，淌池式，坡池和緩，硯堂平坦，堂面有水浪眉紋，似碧波，似漣漪，紋路清晰，流暢多變，清雅動人。歙硯硯邊多采用古器物之紋，此硯邊取雲谷紋，勾連應和，線飾簡凝，高古莊肅。硯背起覆手，內有淺浮雕，繪刻迦葉尊者降龍圖。迦葉尊者即降龍羅漢，為十八羅漢中的第十七位。圖中羅漢頭戴法箍，手執寶器，與隱匿雲中的龍首相對，更顯神色肅穆，身姿矯健。其繁複衣紋、粗獷石紋與成排海水波浪紋，頗有漢畫像石遺韻。硯側邊有『星江程守謙珎藏』款，鈐『福慶琢硯』印。帶紫檀盒。另有全形硯拓一套，鈐『立波所搨硯譜』朱文印。

汪福慶，安徽歙縣人。善琢硯，一本古法，尤善度材，跡渾象硯，能就石理而得模形，異様天成，素質彌煥，不假雕琢，而邊幅整嚴，可謂善矣。

程守謙，字荀叔，儀徵人，文學家程兆楝之子（，諸生）。曾在河南、福建、四川等地為人幕客，足跡半天下。為文平易暢達，語言洗煉。尤長於敘事狀物、描摹山水，於所歷各地民風民俗均有反映，對現實亦有所揭露。著有《退谷文存》。

清中期 郭尚先銘長方形澄泥硯（正面）

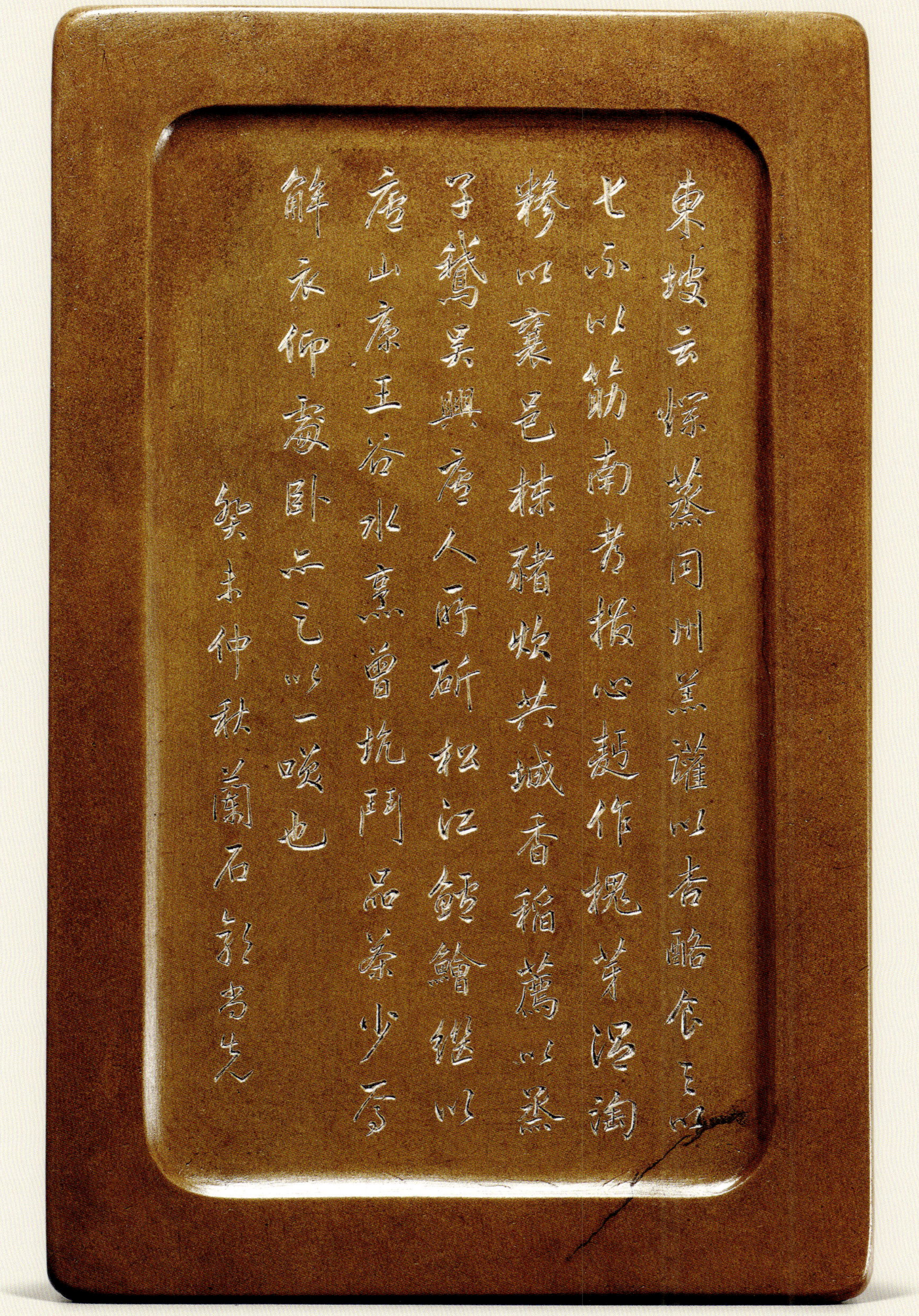

清中期　郭尚先銘長方形澄泥硯（背面）

郭尚先銘長方形澂泥硯

清中期

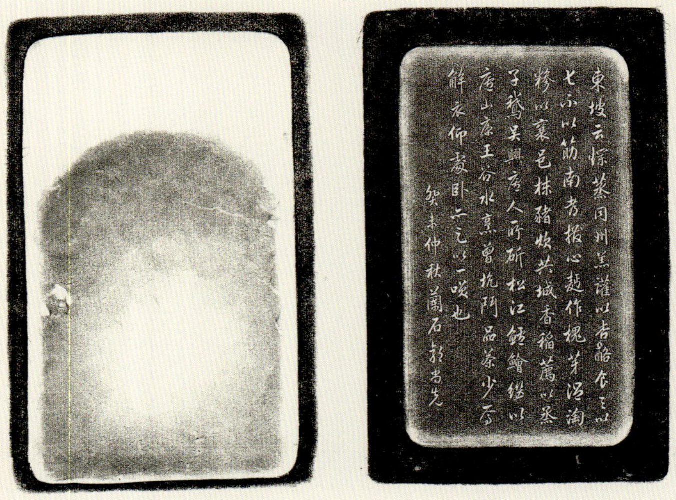

上品鱔魚黃澂泥硯仿宋四直式平堂淌池圓足式霞手內鐫有郭尚先銘甚精其字元開號蘭石嘉慶十四年（一八零九）己巳科進士累官至禮部右侍郎能詩善畫尤工蘭石精篆刻此銘乃行草節錄南宋胡仔編撰苕溪漁隱叢話東坡云爛蒸同州羔灌以杏酪食之以匕不以筯南都撥心面作槐芽溫淘糝以襄邑抹豬炊共城香稻薦以蒸子鵝吳興庖人所斫松江鱸鱠繼以廬山康王谷水烹曾坑斗品茶少焉解衣仰處卧亦足以一笑也所載太使人誦東坡赤壁前後賦句頗合理此皆可證其到代耳

假十四寒成一絕句曰棗面朝天罷最難共形不損亦為殘尤其題刻長銘筆刀下無神意索然

原配黃花梨盒 霞手有行書長銘並款識癸未（一八二三）仲龝蘭石郭尚先

歲在戊戌初夏之月王承雄書於海上逸墨齋

清中期　郭尚先銘長方形澄泥硯

長二十點五厘米　寬十三厘米　高二點七厘米

原配黃花梨盒。覆手有行書長銘，並款識『癸未（一八二三）仲穐，蘭石郭尚先。』

上品鱔魚黃澄泥硯，仿宋四直式，平堂淌池。圈足式覆手，內鐫有郭尚先銘，甚精。其字元開，號蘭石，嘉慶十四年（一八零九）己巳科進士，累官至禮部右侍郎。能詩（書）善畫，尤工蘭石，精篆刻。此銘乃行草，節錄南宋胡仔編撰《苕溪漁隱叢話》：『東坡云：爛蒸同州羔，灌以杏酪，食之以匕不以筯。南都撥心麵，作槐芽溫淘。糁以襄邑抹豬，炊共城香稻，薦以蒸子鵝。吳興庖人所斫松江鱸鱠，繼以廬山康王谷水，烹曾坑斗品茶。少焉，解衣仰處卧，亦足以一笑也。』所截去『使人誦東坡《赤辟前後賦》』句頗合理。此皆可證其到代耳。

假『十四寒』成一絕句曰：素面朝天器最難，失形不損亦為殘。尤其題刻長銘筆，刀下無神竟索然。

清　汪趙棻銘長方形端硯（正面）

清　汪趙棻銘長方形端硯（背面）

汪趙棻銘長方形端硯

硯脣楷書銘「丁亥夏至節（一八二七年六月二十二日）子逸汪趙棻」，朱文「汪趙棻印」，白文「矢水小茶」

紫檀天地蓋

趙棻字婉卿號子逸乾隆朝廷臣趙文哲孫女內閣侍讀學士侍郎秉冲之女海上著名女詩人然生北京南城虎坊橋事夫汪延澤後從汪姓有道光間濾月軒集詩文傳世硯雕一水兩岸依山溪之勢遠池近堂又似瀑布恍若飛流覆手一角雕榴開百子寓工於乾隆時蘇工深挖細琢而善留白

有詩贊曰雕鏤一水兩邊山巖下柳亭人賦閑隔岸垂絲那釣叟近坡攏草獨行船遠峯浩蕩雲遮去近樹龍蔥崖捧還盡付情思圖畫裏琢來此硯作詩田

歲次戊戌仲夏之月

王承雄書於海上

清　汪趙棻銘長方形端硯

長二十厘米　寬十四厘米　高四點三厘米

紫檀天地蓋

硯唇楷書銘：『丁亥夏至節（一八二七年六月二十二日），子逸汪趙棻』、朱文『汪趙棻印』、白文『天水小茶』。

趙棻字婉卿，號子逸，乾隆朝廷臣趙文哲孫女，內閣侍讀學士、侍郎秉沖之女，海上著名女詩人，然生（於）北京南城虎坊橋。事夫汪延澤後從汪姓，有道光間《濾月軒集》詩文傳世。硯雕一水兩岸，依山溪之勢，遠池近堂，又似瀑布，恍若飛流。覆手一角雕榴開百子圖。工系乾隆時蘇工，深挖細琢而善留白。

有詩贊曰：雕鏤一水兩邊山，巖下柳亭人賦閑。隔岸垂絲孤釣叟，近坡攏葦獨行船。遠峰浩蕩雲遮去，近樹蘢葱崖捧還。盡付情思圖畫裏，琢來此硯作詩田。

清　何海滌銘荷葉紋隨形綠歙硯（正面）

清　何海滌銘荷葉紋隨形緑歙硯（背面）

何海滌銘荷葉紋隨形綠端硯

盒蓋内銘此硯余於壬午（一八四二）歲得之滬上石綠色爲歙州産雖非稀世珍品然亦作易製之物也增福老兄清翫何海滌贈並誌

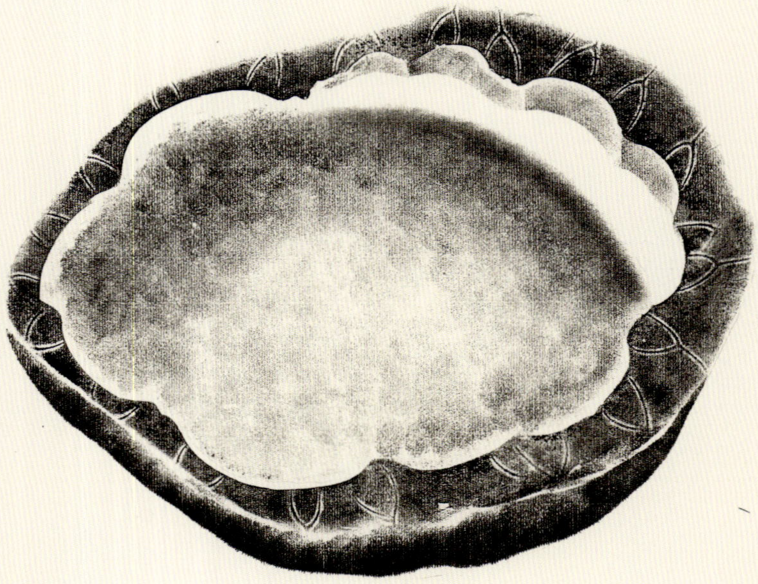

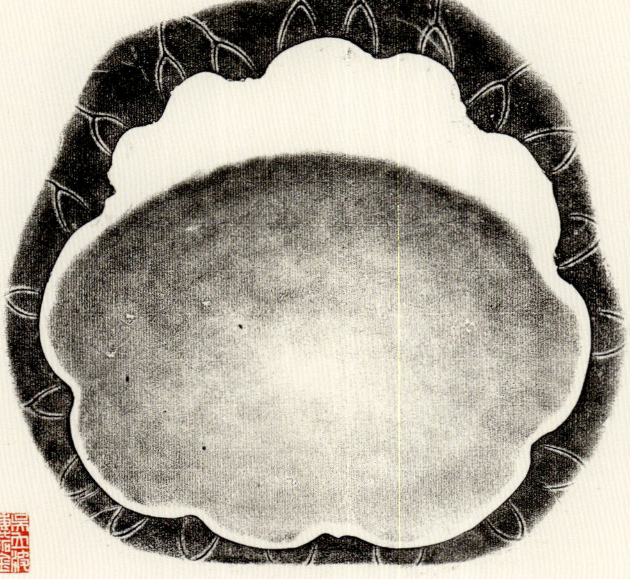

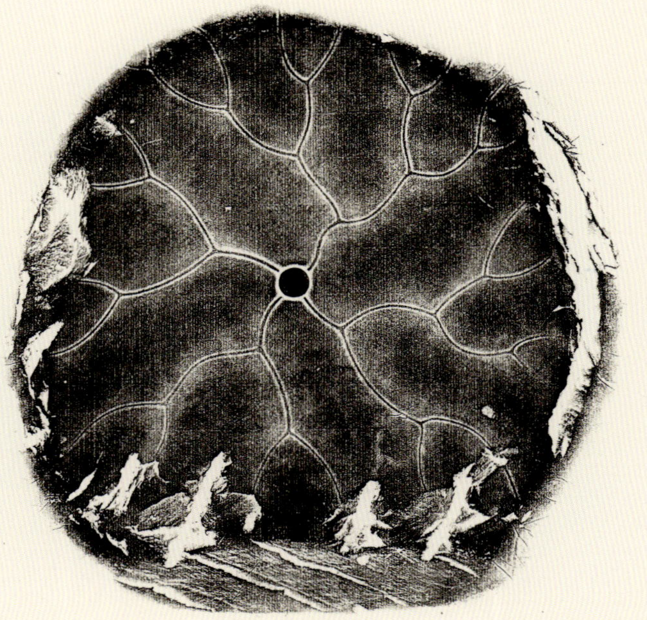

歙州龍尾溪綠石罨輸端黯然下墨快尤有金星者爲佳此硯即如是其琢成荷葉狀葉脉舒展不加過多修飾概括洗練平堂淌池激起硯崗儼然嘉道之風工取薄意

有詩云

開元獵户載石歸至有盛名硯史垂龍尾溪流清碧淺採得綠玉下翠薇

歲次戊戌孟夏之月

王承雄書

清　何海滌銘荷葉紋隨形緑歙硯

長二十三點五厘米　寬二十四點八厘米　高三厘米

盒蓋内銘：『此硯余於壬午（一八二二）歲得之滬上。石緑色，為歙州産。雖非稀世珍品，然亦作易製之物也。增福老兄清翫。何海滌贈並誌。』

歙州龍尾溪緑石，略輸端溪。然下墨快，尤有金星者為佳。此硯即如是。其琢成荷葉狀，葉脈舒展。不加過多修飾，概括洗練。平堂淌池，微起硯崗。儼然嘉道之風，工取薄意。有詩云：開元獵戸載石歸，至有盛名硯史垂。龍尾溪流清碧淺，採得緑玉下翠薇。

清中期　盧葵生銘仿宋四直式漆砂硯（正面）

清中期　盧葵生銘仿宋四直式漆砂硯（背面及邊款）

盧葵生銘仿宋四直式漆砂硯

清中期

硯墻有模印楷書銘
古榆書屋盧氏監製
並篆書葵生白文印款

原配富貴根基圖
百寶嵌漆砂盒

硯乃仿北宋宣和漆砂硯亦四直式坡堂無池器款硯背設圈足淺平覆手盧棟乾隆至道光間人字葵生出揚州古代漆作之家至其更有出藍之勢所製文房諸器皆漆砂所成類徽泥而輕巧致浮於水吳閶顧氏硯亦多有其為盒者其又能書畫山水花鳥授業張杜巘以恭謹稱有詩云吳楚匠漆淵遠長晉唐騷客作流觴葵生重啟宣和漆更把素容巧點妝

戊戌王永雄於海上陋室

清中期　盧葵生銘仿宋四直式漆砂硯

長十五厘米　寬十二厘米　高二點六厘米

原配富貴根基圖百寶嵌漆砂盒

硯牆有模印楷書銘『古榆書屋盧氏監製』並篆書『葵生』白文印款。

硯乃仿北宋宣和漆砂硯，亦四直式。坡堂無池，略起硯崗。背設圈足，淺平覆手。盧棟，乾隆至道光間人，字葵生，出揚州世代漆作之家，至其更有出藍之勢。所製文甑諸器皆漆砂所成，類澄泥而輕巧，致浮於水，吳門顧氏硯亦多有其為盒者。其又能書畫，山水花鳥授業於張桂岩，以恭謹稱。

有詩云：吳楚匠漆淵遠長，晉唐騷客作流觴。葵生重啟宣和法，更把素容巧點妝。

清中期 雙螭紋長方形端硯（正面）

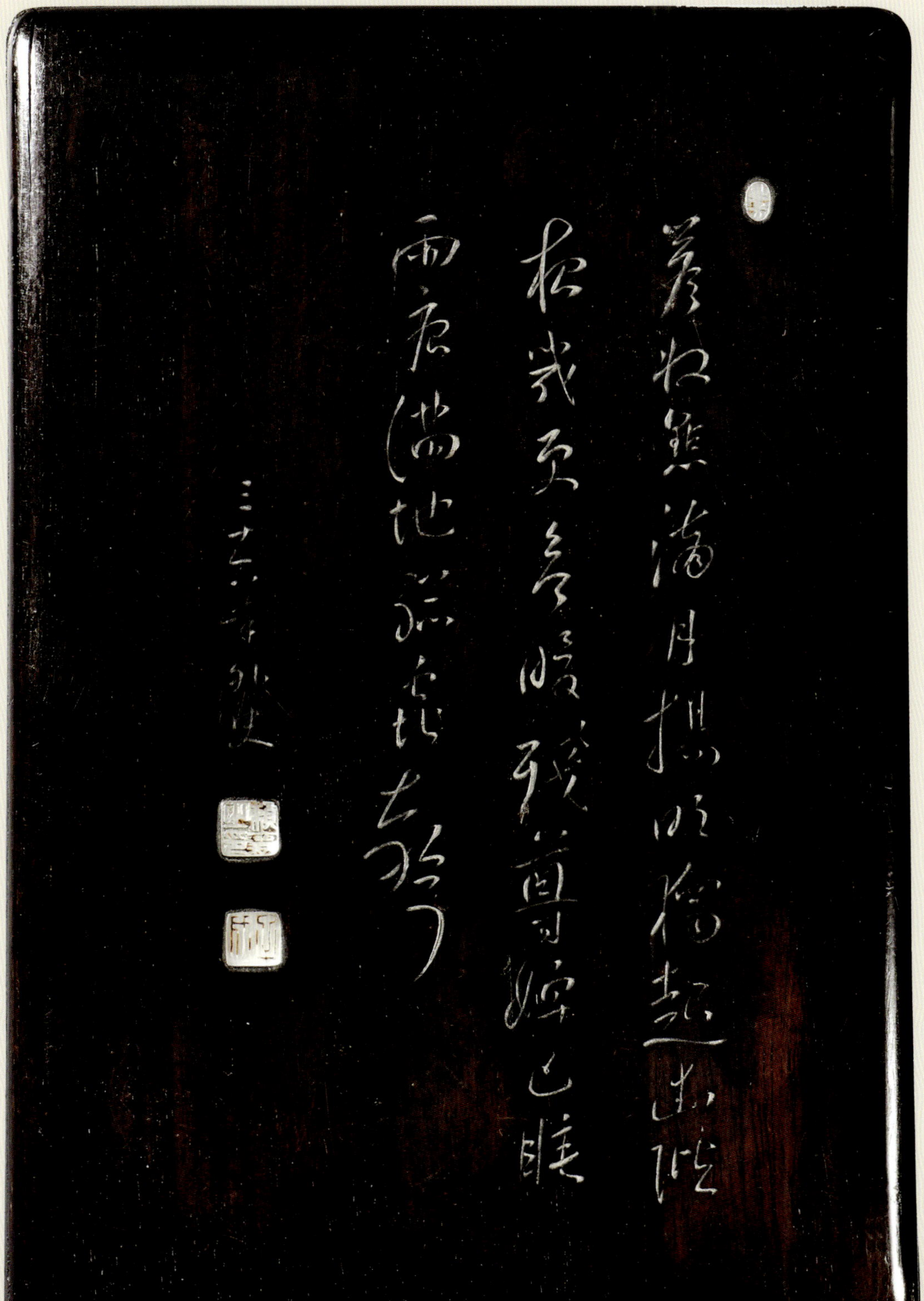

清中期 雙螭紋長方形端硯（盒蓋）

夔螭紋長方形端硯

清中期

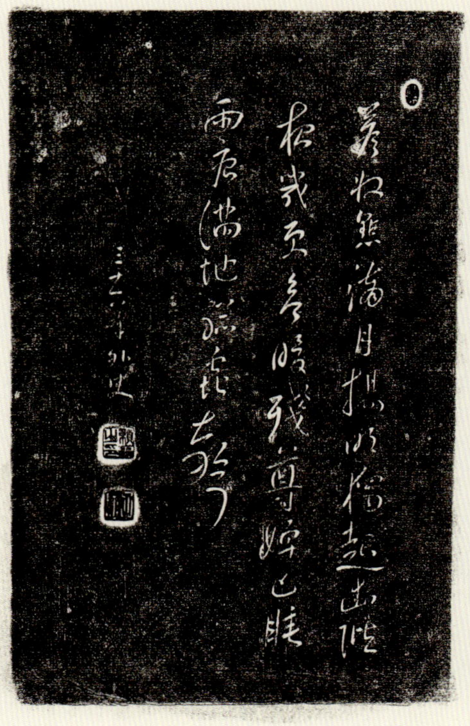

紅木盒
盒蓋有銘
三十六峯外史款並賴襄之印子成

端溪水巖材質細潤一片窖集沕傷純出天然硯工妙想巧雕夔螭出雲嬉戲圖式配合骨雕連續雲累紋則莊諧得宜精雅有趣所謂假天成以賦奇趣者非能工巧匠而莫屬也賴襄（一七八〇—一八三九）字子成號山陽別署三十六峯外史東瀛著名漢學家著有日本外史

合僧寒天韻賦得一律云水瀝沙沕石有殘能工琢就螭夔歡亦莊亦諧賦天趣若現若隱舞雲嵐鬼斧渾施無禁地靈臺巧成有情闌漫說匠做多俗手千古無不話魯班

歲次戊戌初夏之月
王永雄書於海上

清中期　雙螭紋長方形端硯

長二十一厘米　寬十四厘米　高二點九厘米

紅木盒，盒蓋有銘

『三十六峯外史』款，並『賴襄之印』、『子成』

端溪水巘，材質細潤，一片密集泐傷純出天然。硯工妙想，巧雕雙螭出雲嬉戲圖式。配合唇雕連續雲累（雷）紋，則莊諧得宜，精雅有趣。所謂假天殘以賦奇趣者，非能工巧匠而莫属也。

賴襄（一七八〇—一八三九），字子成，號山陽，別署三十六峯外史，東瀛著名漢學家。著有《日本外史》。

今借『寒天韻』賦得一律云：水灧沙泐石有殘，能工琢就螭雙歡。亦莊亦諧賦天趣，若現若隱舞雲嵐。鬼斧渾施無禁地，靈臺巧成有情關。漫說匠做多俗手，千古無不話魯班。

清中期 祁寯藻銘四直式端硯（正面）

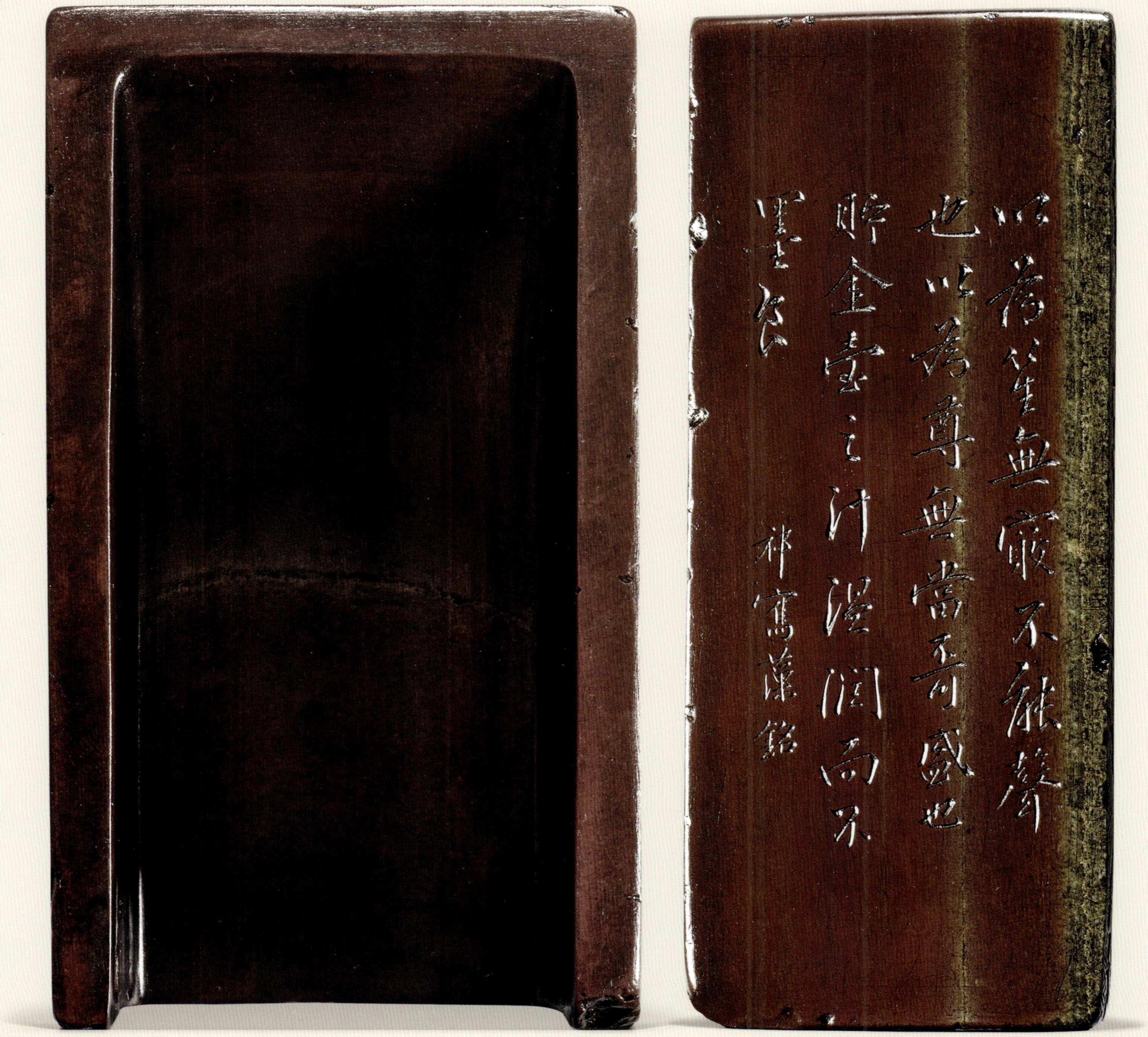

清中期　祁寯藻銘四直式端硯（背面及邊款）

祁寯藻銘四直式端硯

清中期

原配紫檀天地盒
硯墻左有祁寯藻
銘

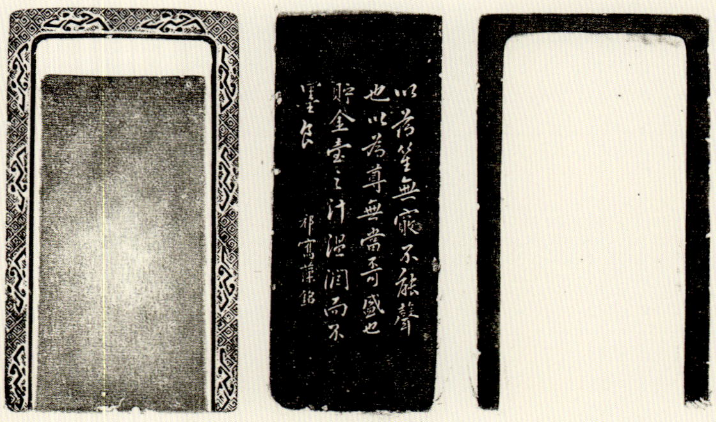

紫石綠而隱約玉帶纏置拳中之物製出大氣磅礴四直平堂有明之後模本一字橫池北宋宣和添式是所謂傳承有據鼎新有依金石學派風氣以為筆無窮不能聲也以為尊無當不可盛也貯金壺之汁溫潤而不墨食祁寯藻銘具乃嘉慶進士累官至體仁閣大學士三代帝師據銘文意竊乃窃之訛也然此過不在書家實硯工之責即宮廷造辦處刻銘亦出過類此差訛惟主管官員賠付一應款項並降職罰俸今續其銘曰金無足赤白玉有瑕時風漸變古韻常溫研習但改硯制遂更尊而不添為此硯存

戊戌初夏王承雄書於海上

清中期　祁寯藻銘四直式端硯

長十一厘米　寬六厘米　高四點五厘米

原配紫檀天地盒，硯牆左有祁寯藻銘。

紫石緑面，隱約玉帶纏腰。拳中之物，製出大氣磅礴。四直平堂，有明之後模本。一字横池，北宋宣和法式。是所謂傳承有據，鼎新有依，金石學派風氣。

『以為筀，無窮不能聲也。以為尊，無當不可盛也。貯金臺之汁，温潤而不墨食。祁寯藻銘。』其乃嘉慶進士，累官至體仁閣大學士，三代帝師。據銘文意，『竅』乃『窍』之訛也。然此過不在書家，實硯工之責。即宮廷造辦處刻銘，亦出過類此差訛。惟主管官員賠付一應款項，並降職罰俸。

今續其銘曰：金無足赤，白玉有瑕。時風漸變，古韻常温。研習但改，硯制遂更。尊而不法，為此硯存。

清 眉山銘夔龍紋端硯（正面）

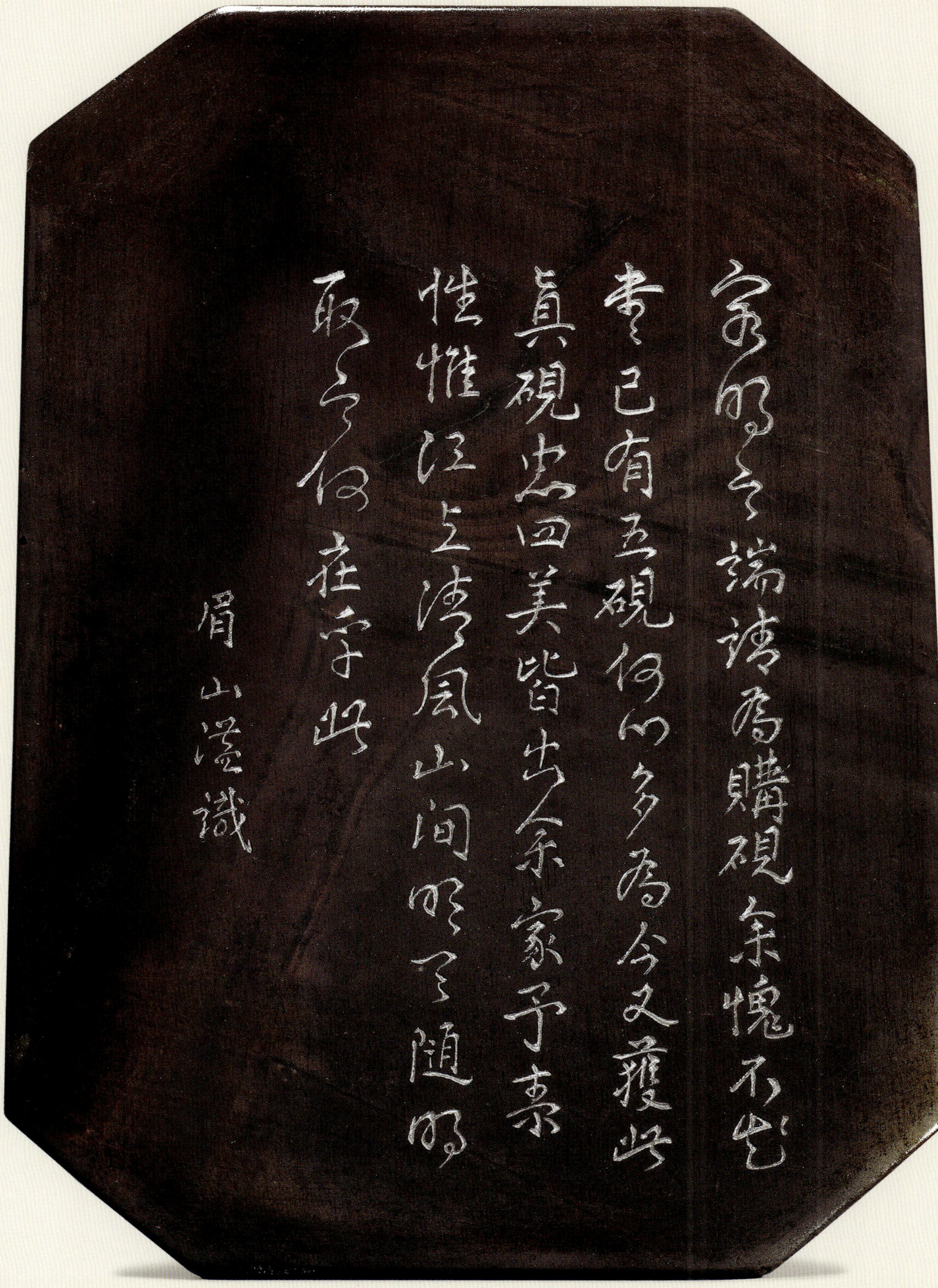

清　眉山銘夔龍紋端硯（背面）

眉山銘夔龍紋端硯

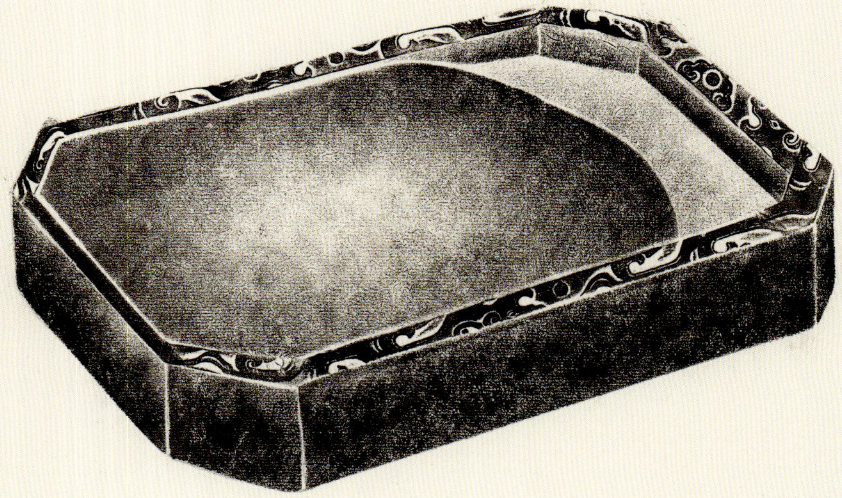

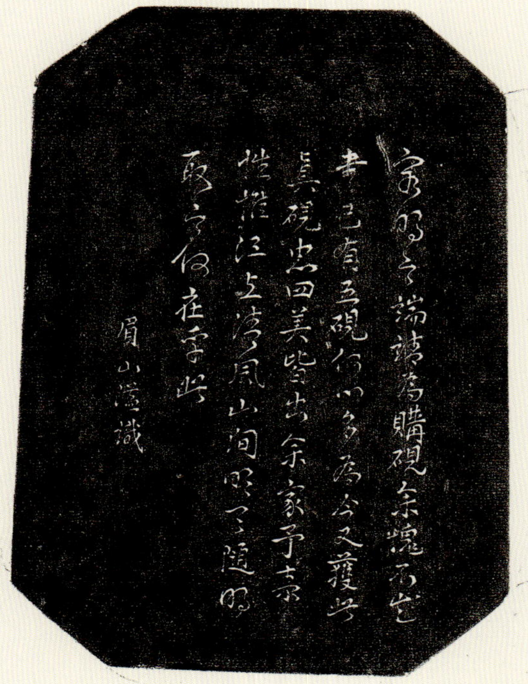

此硯端石為材，據「端溪硯史」載「一端石」體重而輕，剛而柔，摩之寂寞無纖響，按之若小兒肌膚，溫軟嫩而不滑，秀而多姿，握之既久，掌中水滋，蓋筆陣圖所謂津耀墨無價之奇材者也」。硯體呈長方八角形，上端略窄，下端外擴，棱角分明，古雅端莊。硯池開闊，儲量極佳，雖歷經年，墨光依舊。硯堂頂端圓潤，堂面微凹，其上天青、魚腦凍、蕉葉白散布，火捺明顯，石色絢麗，雯顯石質豐富。硯邊浮雕夔龍雲紋，形制高古，氣勢撼人。硯額龍首相對，正中擁如意雲紋珠，整體為夔龍戲珠樣式，典雅傳統，寓意吉祥。硯背平滑，刻行書銘文「客將之端請為購硯，余愧不知書，已有五硯，何以多為，今又獲此真硯，忠四美皆出余家，予素性惟江上清風、山間明月，隨時取之，何在乎此。眉山溢識」，記述此硯由來，頗有史料價值。硯另有全形影搨，細節清晰，墨色分明，影搨頁鈐朱文印「立波所拓硯譜」。此端硯石料、刻工、銘文、影搨俱佳，可謂賞用兼優之文房雅器。

歲次壬寅冬月 王承雄書

清　眉山銘夔龍紋端硯

長十七厘米　寬十三厘米　高二點八厘米

此硯端石為材，據《端溪硯史》載：『（端石）體重而輕，剛而柔，摩之寂寞無纖響，按之若小兒肌膚，溫軟嫩而不滑，秀而多姿。握之既久，掌中水滋，蓋《筆陣圖》所謂津耀墨，無價之奇材者也。』硯體呈長方八角形，上端略窄，下端外擴，棱角分明，古雅端莊。硯池開闊，儲量極佳，雖歷經年，墨光依舊。硯堂頂端圓潤，堂面微凹，其上天青、魚腦凍、蕉葉白散布，火捺明顯，石色絢麗，更顯石質豐富。硯邊浮雕夔龍雲紋，形制高古，氣勢撼人。硯額龍首相對，正中擁如意雲紋珠，整體為雙龍戲珠樣式，典雅傳統，寓意吉祥。硯背平滑，刻行書銘文：『客將之端，請為購硯，余愧不知書，已有五硯，何以多為？今又獲此真，硯忠四美皆出余家。予素性惟江上清風，山間明月，隨將取之，何在乎此。眉山溢識。』記述此硯由來，頗有史料價值。硯另有全形影搨，細節清晰，墨色分明，影搨頁鈐朱文印：『立波所拓硯譜』。此端硯石料、刻工、銘文、影搨俱佳，可謂賞用兼優之文房雅器。

清中期 陸愚卿藏畫龍點睛圖端硯（正面）

清中期 陸愚卿藏畫龍點睛圖端硯（背面）

陸愚卿藏畫龍點睛圖端硯

清中期

石品紫中沉青端谿所出硯材逾尺厚盈寸又工眼鐠落有致遂得巧做借張僧繇畫龍點睛故典硯額之側雕雲蒸霧靄假中央兩顆活眼翔造出遊龍炯炯之睛舊藏家延乾隆時國子監生陸時化之子陸愚卿字顧吾號魯亭家藏宋元明清善本成千累萬書畫充棟懷煙閣為魯亭先生所起藏書樓其父子陸氏珍藏及珍翫印亦多見於故宮所藏今有一詩曰活眼端石多巧雕畫龍點睛張僧繇圖依舊典一方硯陸氏富藏品自高

歲在戊戌王承雄書

原配漆木盒
硯墻右側篆有懷煙閣陸氏珍玩印款

清中期　陸愚卿藏畫龍點睛圖端硯

長三十一點八厘米　寬二十點五厘米　高四點三厘米

原配漆木盒，硯牆右側篆有『懷煙閣陸氏珍玩』印款。

石品紫中泛青，端溪所出。硯材逾尺厚盈寸，又上眼錯落有致，遂得巧做。借張僧繇畫龍點睛故典，硯額之側雕雲蒸霧靄；假中央兩顆活眼，塑造出遊龍炯炯之睛。舊藏家乃乾隆時國子監生陸時化之子陸愚卿，字願吾，號魯亭。家藏宋元明清善本成千累萬，書畫充棟。懷煙閣為魯亭先生所起藏書樓，其父子『陸氏珍藏』及『珍翫』印亦多見於故宮所藏。

今有一詩曰：活眼端石多巧雕，畫龍點睛張僧繇。圖依舊典一方硯，陸氏富藏品自高。

清中期 “泰州宫氏珍藏”款随形端砚（正面）

清中期 “泰州宫氏珍藏”款随形端砚（背面）

泰州宮氏珍藏款隨形端硯

清中期

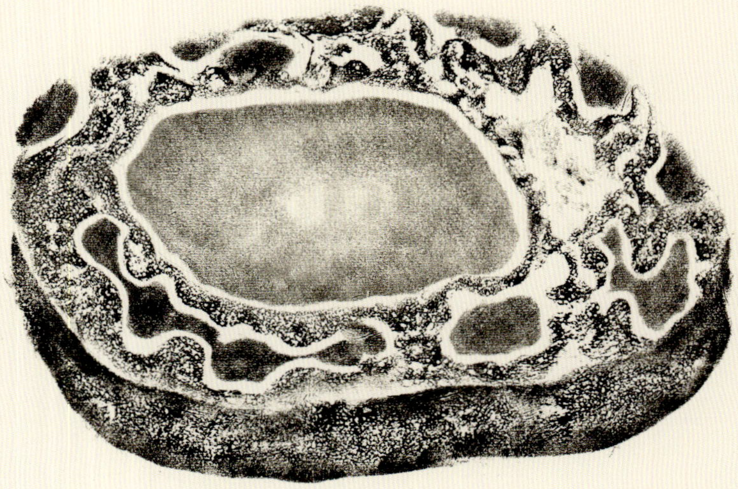

原配紅木盒背有白文泰州宮氏珍藏篆書印款

戊戌初夏之月王承雄書於申

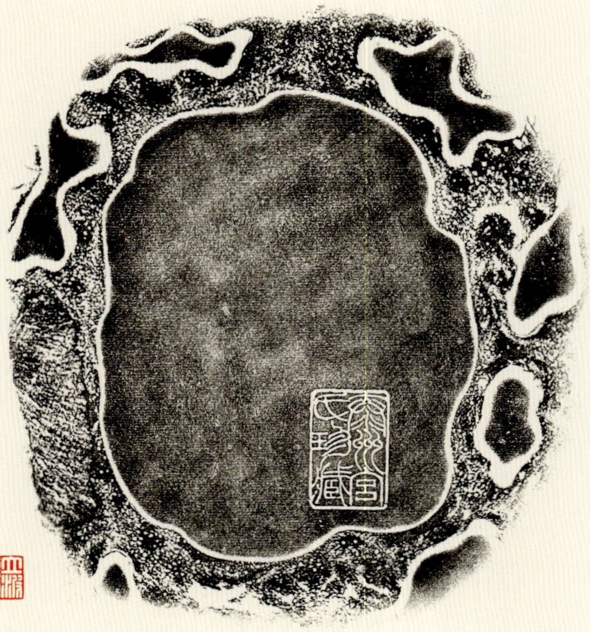

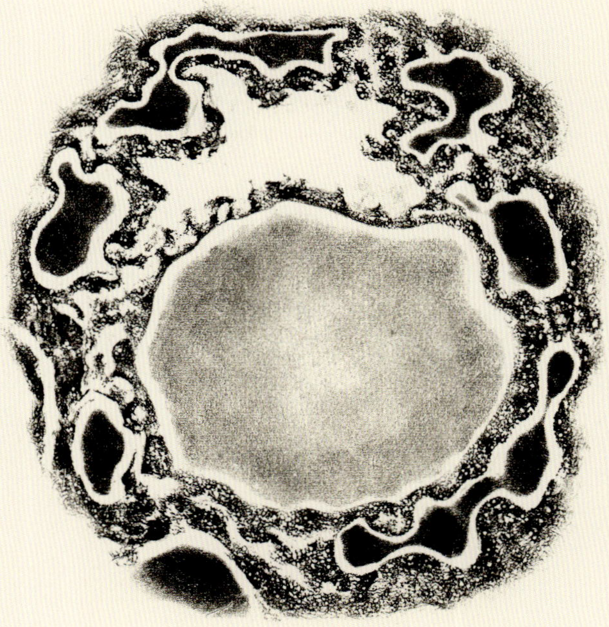

本譜收此類隨形硯三而吾傳之比則絶無僅有存世者皆緣其為水坑偶出歷代之匠多不忍大動所至硯背泰州宮氏珍藏印常見於明清書畫其家族近明崇禎十年（一六三七）丁丑科宮繼蘭高中二甲第六名進士至清季共出舉人二十餘進士七人

有詩云泰州宮氏畫簪纓兩榜明清多有名雅好琹棋書與畫文房清供硯為精

清中期　『泰州宮氏珍藏』款隨形端硯

長十七點九厘米　寬十七厘米　高三點三厘米

原配紅木盒，背有白文『泰州宮氏珍藏』篆書印款。

本譜收此類隨形硯三，而世傳之比則絕無僅有。存世者皆緣其為水坑偶出，歷代之匠多不忍大動所至。硯背『泰州宮氏珍藏』印常見於明清書畫。其家族迄明崇禎十年（一六三七）丁丑科宮繼蘭高中二甲第六名進士，至清季共出舉人二十餘，進士七人。有詩云：泰州宮氏盡簪纓，兩榜明清多有名。雅好琴棋書與畫，文房清供硯為精。

清中期 趙星日銘四直式端硯（正面）

清中期 趙星日銘四直式端硯（背面及邊款）

趙星日銘四直式端硯

清中期

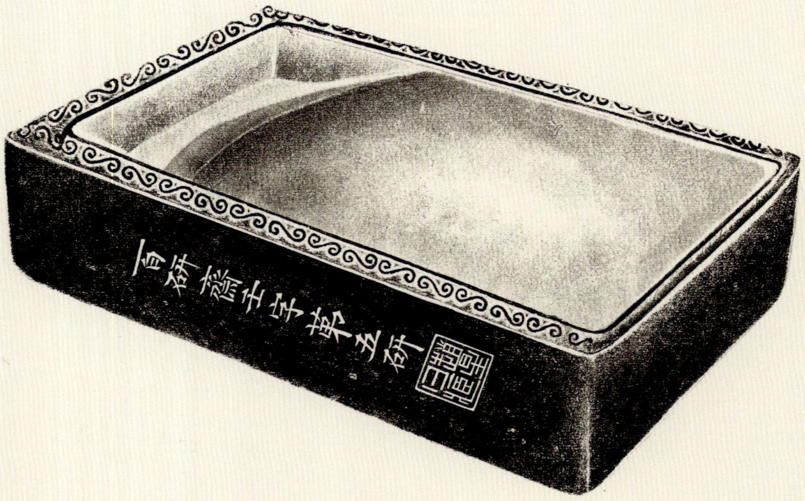

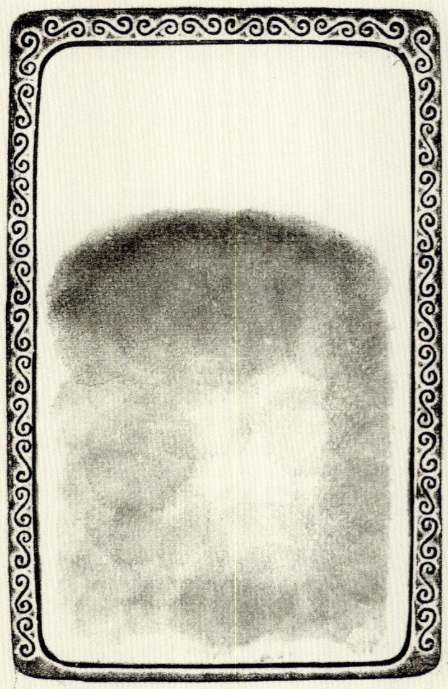

麻子坑石呈色匀質細膩平堂淌池仿宋四直樸式硯脣淺琢簡化之竊曲紋硯背浮雕雲空飛鳳海底騰龍坊間稱游龍戲鳳者乃大明皇帝朱厚照擒撥民女生嘉靖之野史

據此畫示有感以作云

飛鳳舞天龍鬧淵或曰僊女落塵寰世間每有傷感事總在兩情悲喜間

歲次戊戌初夏之月

王承雄書於海上北

漆木盒

硯墻銘：百研齋壬字第五研並趙星日藏印款

清中期　趙星日銘四直式端硯

長十八厘米　寬十一點五厘米　高四厘米

漆木盒，硯牆銘『百研齋壬字第五研』並『趙星日藏』印款。

麻子坑石，呈色勻質細膩。平堂淌池，仿宋四直樣式。硯唇淺琢，簡化之竊曲紋。硯背浮雕，雲空飛鳳，海底騰龍。坊間稱遊龍戲鳳者，乃大明皇帝朱厚照撩撥民女生嘉靖之野史。

據此圖示有感以作云：飛鳳舞天龍鬧淵，或曰仙女落塵寰。世間每有傷感事，總在兩情悲喜間。

清中期　仿宋四直抄手式端砚（正面）

清中期 仿宋四直抄手式端砚（背面）

仿宋四直抄手式端硯

清中期

原配紫檀嵌白玉雕天地蓋

石出端溪水巖潤澤柔
膩式取仿宋四直利落
清奇平堂淌池明清以
降流變料大工奢自然
觀瞻非凡紫檀嵌玉彰
顯乾嘉氣度無題無款
更覺前人珍惜
有詩贊曰宋時搓用式
致硯皆坡堂明季以象
轉取平式乃張鐘鳴鼎
食輩內斂之張揚素面
朝天者何須裹金裝
戊戌秋月王承雄
書於海上

清中期　仿宋四直抄手式端硯

長二十五點五厘米　寬十五點五厘米　高四厘米

原配紫檀嵌白玉雕天地蓋

石出端溪水巗，潤澤柔膩。式取仿宋四直，利落清奇。平堂淌池，明清以降流變。料大工奢，自然觀瞻非凡。紫檀嵌玉，彰顯乾嘉氣度。無題無款，更覺前人珍惜。有詩贊曰：宋時搓用式，致硯皆坡堂。明季以寰轉，取平式乃張。鐘鳴鼎食輩，內斂亦張揚。素面朝天者，何須裹金裝。

清中期 辟雍式仿漢連弧紋天象鏡端硯（正面）

清中期 辟雍式仿漢連弧紋天象鏡端硯（背面）

辟雍式仿漢連弧紋天象鏡端硯

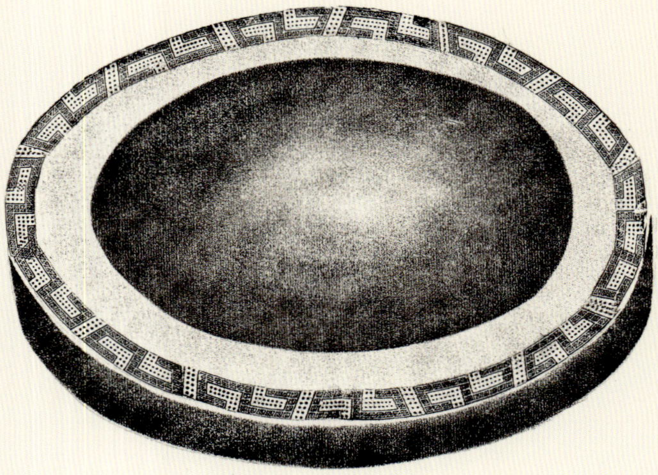

清中期

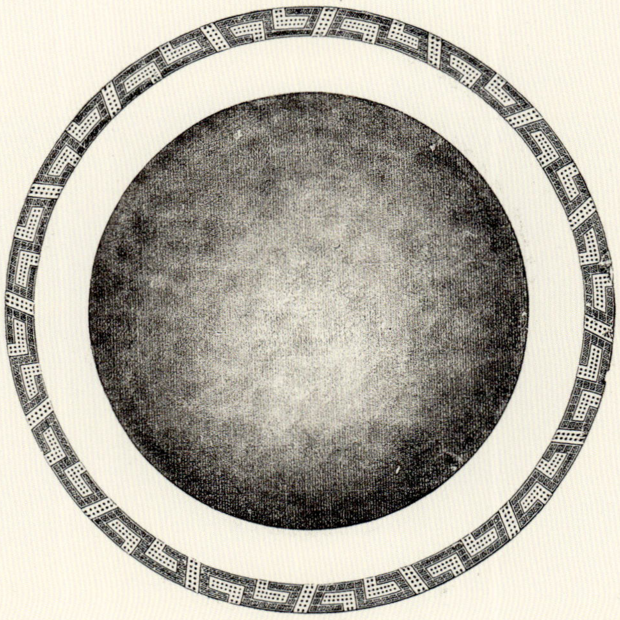

石出端溪金星銀暈寄佈硯法辟雍環池簇擁圓堂胥紋曰竊曲乃周鼎龍紋簡化底作漢鏡式顯乾嘉尚古之風

有詩賛曰材取端溪石乾嘉仿古風辟雍成硯式漢鏡集銅工繁復無堆砌奢華有圓融清廷造辦處罷不厭其精

歲次戊戌秋月
王承雄書

清中期　辟雍式仿漢連弧紋天象鏡端硯

直徑二十四厘米　高二點五厘米

石出端溪，金星銀暈密布。硯法辟雍，環池簇擁圓堂。唇紋曰竊曲，乃周鼎龍紋簡化。底作漢鏡式，顯乾嘉尚古之風。有詩贊曰：材取端溪石，乾嘉仿古風。辟雍成硯式，漢鏡集銅工。繁復（複）無堆砌，奢華有圓融。清廷造辦處，器不厭其精。

清中期 河圖洛書紋抄手端硯（正面）

清中期 河圖洛書紋抄手端硯（背面）

河圖洛書紋手抄端硯

（清中期）

原配鐵力木天地蓋

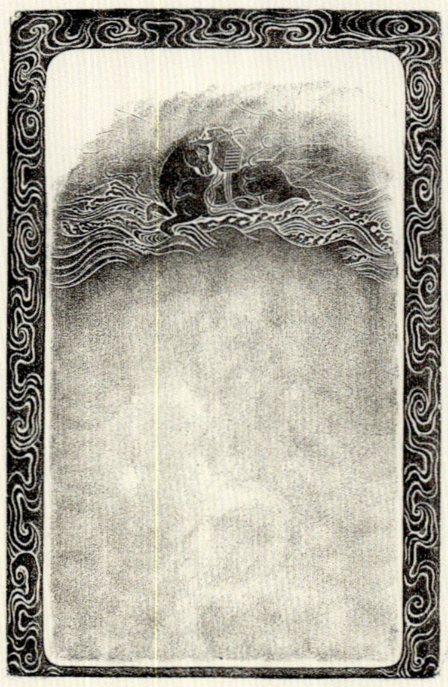

四直抄手硯式平堂歙池琢磨細膩寫實海派精工硯背水渦堂池間龍馬踏波背負書函乃瑞兆之河圖洛書硯墻雕山水圖有詩云

火捺鸜鵒碎凍存
河圖瑞兆巧琢成
宋元本是坡堂法
只緣圖研始自明

歲次戊戌春末王承雄於逸墨齋

清中期　河圖洛書紋抄手端硯

長二十二點六厘米　寬十四點六厘米　高五點四厘米

原配鐵力木天地蓋

四直抄手硯式，平堂敞池；琢磨細膩寫實，海派精工。硯唇水渦，堂池間龍馬踏波。背負書函，乃瑞兆之河圖洛書。硯牆雕山水圖。有詩云：火捺鸜鵒碎凍存，河圖瑞兆巧琢成。宋元本是坡堂法，只緣圜研始自明。

清中期 蕉葉紋長方形端硯（正面）

清中期　蕉葉紋長方形端硯（背面）

蕉葉紋長形端硯（清中期）

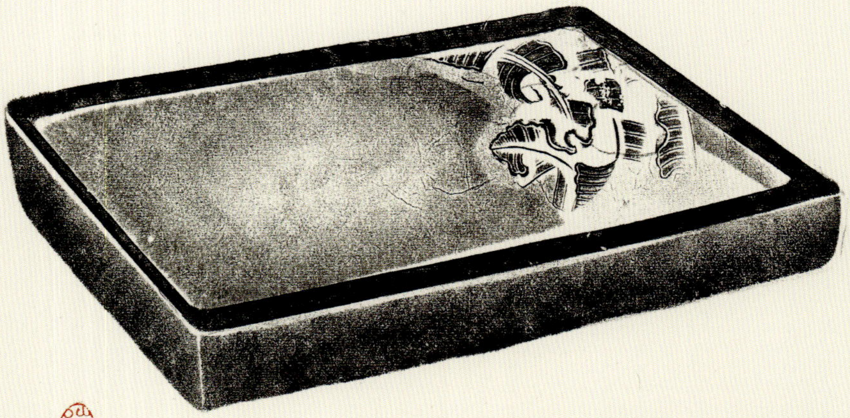

紫檀盒無銘

老坑紫石諸般特
色皆備簡中有繁
一簇蕉葉層叠淺
凿淌池式法宋元
硯制蓋罷無銘尚
需方家鑒識賛曰
蕉葉驕業源流清
冽細筆雕琢參差
排列三層隱起重
重相叠執出宫禁
乾嘉為界

王承雄書

清中期　蕉葉紋長方形端硯

長十九點二厘米　寬十三厘米　高二點二厘米

紫檀盒，無銘。

老坑紫石，諸般特色皆備。簡中有繁，一簇蕉葉層疊。淺堂淌池，式法宋元硯制。蓋器無銘，尚需方家鑒識。贊曰：蕉葉驕業，源流清冽。細筆雕琢，參差排列。三層隱起，重重相疊。藝出宮禁，乾嘉為界。

清中期 臥鹿紋鐘形端硯（正面）

清中期 臥鹿紋鐘形端硯（背面）

臥鹿紋鐘形端硯

清中期

原配紅木盒

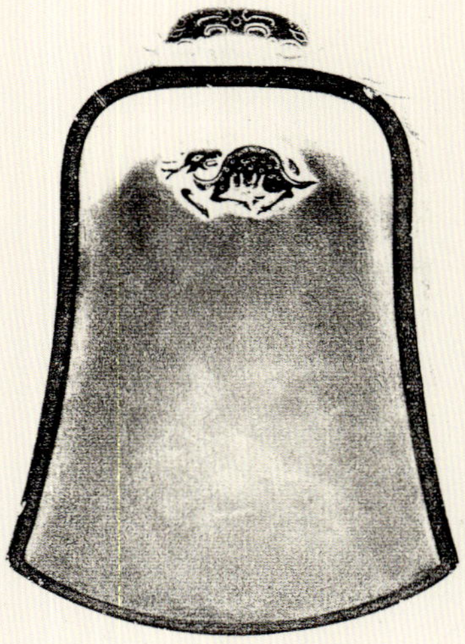

鐘者古之重器硯賦青銅彝器之形興於乾隆仿古鐘形硯實乃箕形之流變緣額出鐘鈕以別於同類風字硯其背琢紋飾而無覆手亦常型此硯選上好端石平堂淌池琢一臥鹿乃握祿之意也背紋類剔紅器以雲雷為地紋其上浮雕各種夔形之夔龍竊曲紋等

詩云一硯刊成不為用 石能類玉作金
贊乾嘉騷客尚高雅 文案之頭列
甬鐘

歲次戊戌仲夏王承雄書

清中期　臥鹿紋鐘形端硯

長十三點五厘米　寬九點八厘米　高二厘米

原配紅木盒

鐘者，古之重器。硯賦青銅彝器之形，興於乾隆仿古。鐘形硯實乃箕形之流變，緣額出鐘鈕，以別於同類風字硯。其背琢紋飾而無覆手，亦常型。此硯選上好端石，平堂淌池。琢一臥鹿，乃握祿之意也。背紋類剔紅器，以雲雷為地紋，其上浮雕各種變形之夔龍、竊曲紋等。

詩云：一硯刊成不為用，石能類玉作金聲。乾嘉騷客尚高雅，文案之頭列甬鐘。

清中期 攏鵝圖橢（圓）形端硯（正面）

清中期 攏鵝圖橢（圓）形端硯（背面）

攏鸑首揹形端硯

清中期

原配櫸木盒無銘

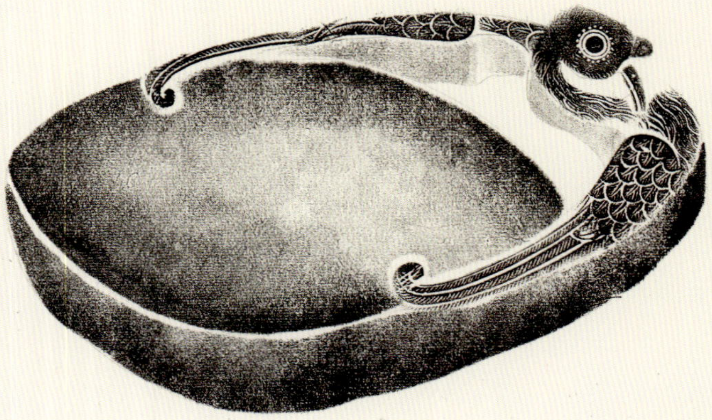

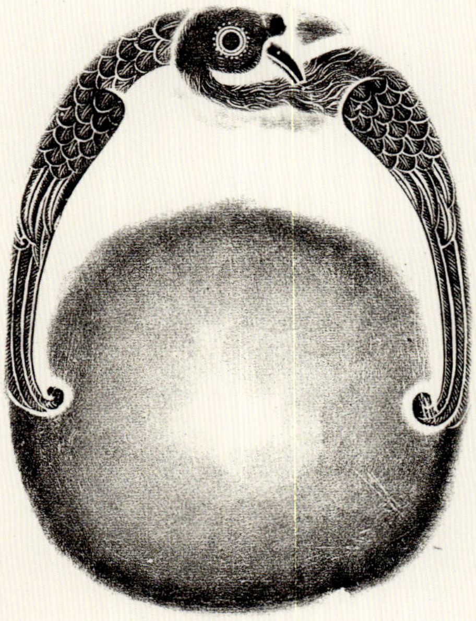

水坑紫雲綠暈額工活眼蘇工傳統模樣寓巧於文典出逸少羲之黃庭籠鸑鷟抱雙翅依勢而下圓背硯底淺挖覆手細硯如堂紫檀整挖為匣堂出乾嘉
今賦詩云端谿石眼巧生暉鸞字黃鸑換回逸少癡情傳自古硯滌染就一池墨
王承雄寫於滬

清中期　攏鵝圖橢（圓）形端硯

長十七點四厘米　寬十三厘米　高二點二厘米

原配欅木盒，無銘。

水坑紫雲緑暈，額上活眼。蘇工傳統模樣，寓巧於文。典出逸少，羲之黄庭籠鵝，鵝抱雙翅，依勢而下。圓唇。硯底淺挖覆手，細碾如堂。紫檀整挖為匣，當出乾嘉。

今賦詩云：端溪石眼巧生暉，鬻字黄（庭）鵝換回。逸少癡情傳自古，硯滌染就一池墨（黑）。

清中期 蟬紋肖形端硯（正面）

清中期　蟬紋肖形端硯（背面）

蟬紋肖形端硯

清中期

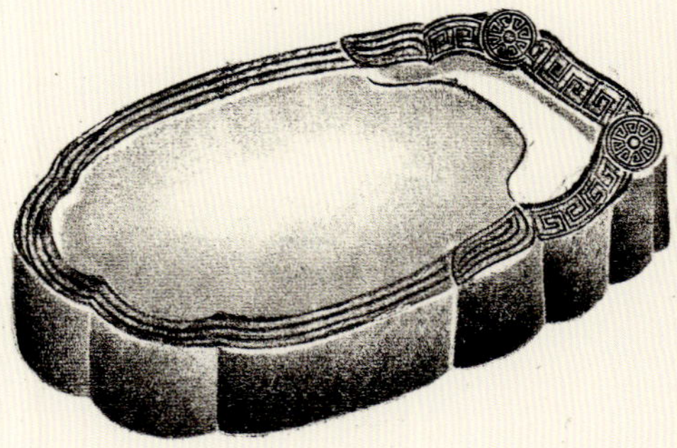

原配同形雕紫檀天地蓋
無銘

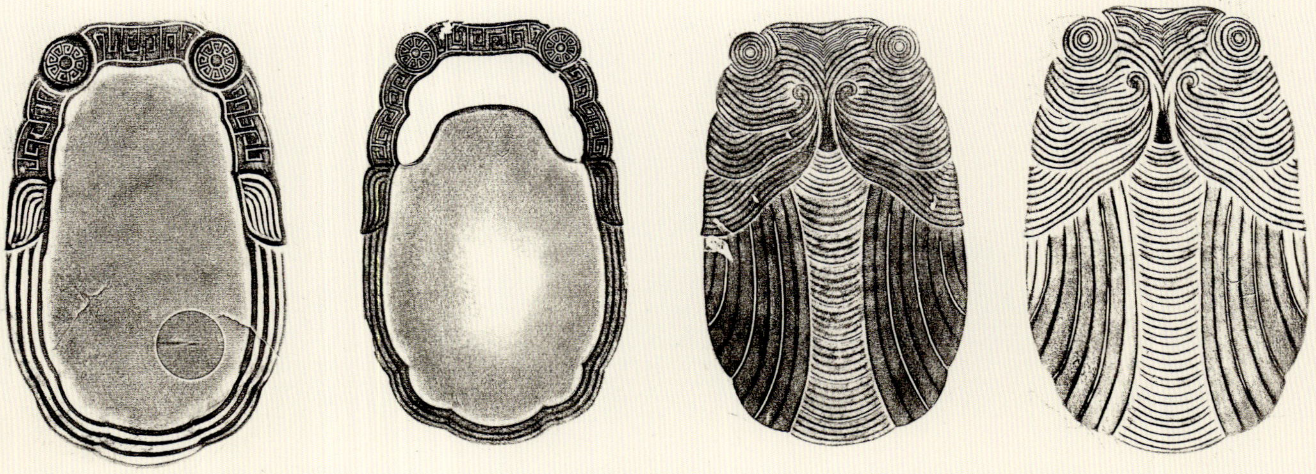

硯品敦厚肥美色漿熟
老碾琢精致概惟求傳
神紋理刻畫古樸不求
具象苦心孤詣定制器
蓋同形是所謂以效古
之格調者也
有詩云紫端上品化為
蟬紋理傳神繁紋連十
載蟄伏為蓄勢一鳴驚
世自衡天
王承雄書於申

清中期　蟬紋肖形端硯

長十二點五厘米　寬七點五厘米　高二點二厘米

原配同形雕紫檀天地蓋，無銘。

硯品敦厚肥美，包漿熟老。碾琢精緻概（括），惟求傳神。紋理刻畫古樸，不求具象。苦心孤詣定制，器蓋同形。是所謂以效古之格調者也。

有詩云：紫端上品化為蟬，紋理傳神繁絞連。十載蟄伏為蓄勢，一鳴驚世自衝天。

清中期　左宗棠銘蒼龍橫沼隨形硯（正面）

清中期 左宗棠銘蒼龍橫沼隨形硯（背面）

左宗棠銘蒼龍横沼随形硯（清中期）

有宋瀛紅木盒硯左宗棠
戴熙銘紫色青花美玉無瑕
鸜鵒魚腦石之精華

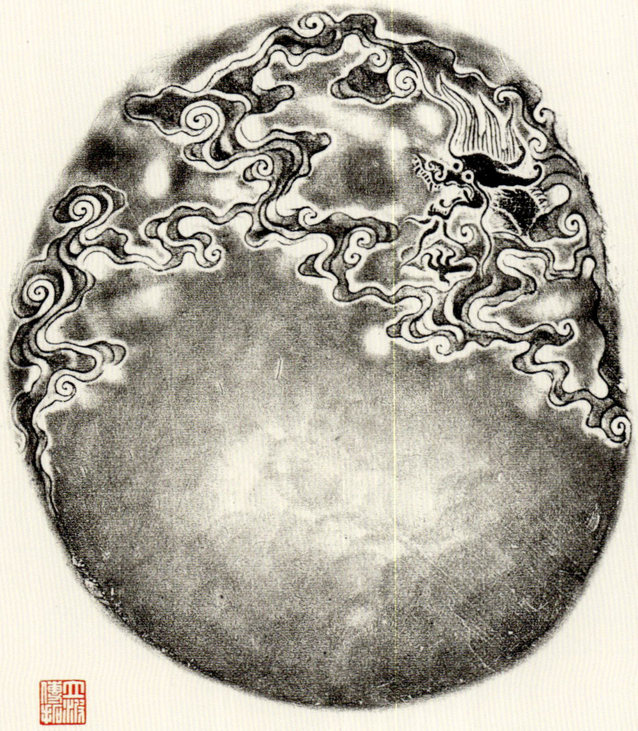

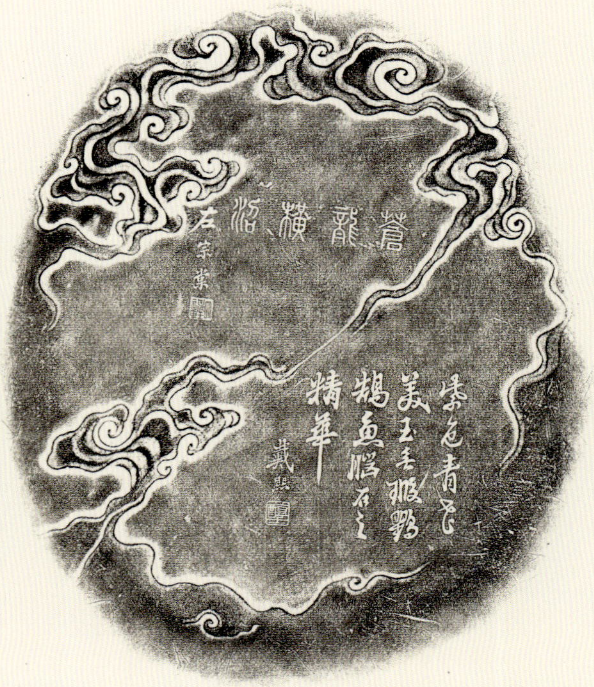

光緒十五年湖廣總督張之洞命疏濬排水重開端谿老坑大西洞其石品工佳且多天青帶紫或紫石帶青金線碎凍者後世謂之張坑硯即此石類造辦處工精整大氣稿亦似禁中

有感賦詩曰醇王勒銘言硯品額題宮保賦畝形若非涵養蒸天氣何感名臣謝此評

王承雄於中城

清中期　左宗棠銘蒼龍橫沼隨形硯

長二十二厘米　寬十九厘米　高四點七厘米

有東瀛紅木盒，硯（底）左宗棠、戴熙銘：『紫色青花，美玉無瑕。鸜鵒魚腦，石之精華。』

光緒十五年，湖廣總督張之洞命疏淤排水，重開端溪老坑大西洞。其石品上佳，且多天青帶紫，或紫石帶青、金線碎凍者，後世謂之張坑。硯即此石，類造辦處工；精整大氣，稿亦似禁中。有感賦詩曰：醇士勒銘言硯品，額題宮保賦圖形。若非涵養燕天氣，何感名臣謝此評。

清中期 羅天池銘長方形端硯（正面）

清中期 羅天池銘長方形端硯（背面及邊款）

羅天池銘長方形端硯

清中期

紫檀盒

邊墉圻書道光丁未七月十九日（一九四七年八月二十九日）羅天池硯圓方連珠印款羅六湖

羅天池字六湖道光六年丙戌科進士官至雲南迤西兵備道兼署雲南按察使司緣回務案革職回鄉後潛心於書畫其行筆由董香光上追至二王畫宗元四家一脈是為嶺南畫壇先驅此硯取上品端石火捺碎眼星羅淺堂淌池眉雕如意雲紋覆手琢海水江崖畐所謂福山壽海者中流砥柱者一統江山者皆可為此式詩曰

江流一柱有畐典福海當中有壽山莫道沉浮官運苦粵東奮筆勢擎天

戊戌夏王承雄於海上

清中期　羅天池銘長方形端硯

長十六厘米　寬十點四厘米　高二點四厘米

紫檀盒，邊牆行書『道光丁未七月十九日（一八四七年八月二十九日），羅天池觀。』圓方連珠印款『羅』、『六湖』。

羅天池，字六湖，道光六年丙戌科進士，官至雲南迤西兵備道兼署雲南按察使司，緣回務案革職，回鄉後潛心於書畫。其行筆由董香光上追至二王，畫宗元四家一脈，是為嶺南畫壇先驅。此硯取上品端石，火捺、碎眼星羅。淺堂淌池，唇雕如意雲紋。覆手琢海水江崖圖，所謂福山壽海者、中流砥柱者、一統江山者皆可為此式。

詩曰：江流一柱有圖典，福海當中有壽山。莫道沉浮官運苦，粵東奮筆勢擎天。

清　蘇州貝氏藏老坑端硯（正面）

清　蘇州貝氏藏老坑端硯（背面及邊款）

蘇州貝氏藏老坑端硯

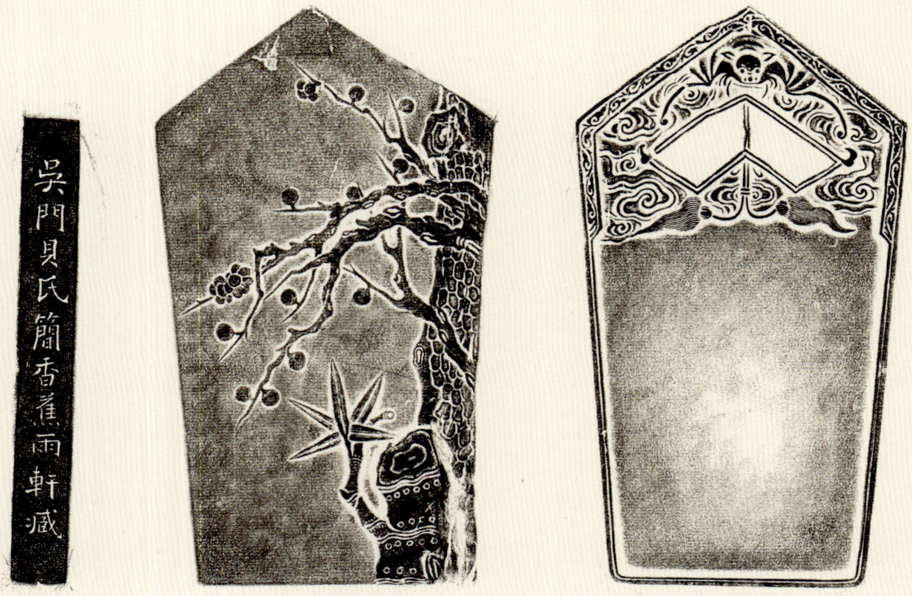

此端硯出自老坑，石質溫潤且幼滑，石色青灰泛藍紫，石品絢麗伴氤氳，可謂潤如碧玉，細若綢緞。整器呈玉圭形，頂端尖銳，下部平直，線條利落，棱角分明。硯額浮雕蝙蝠一隻，面目生動，氣勢威嚴，周邊祥雲繾綣繚繞不斷，此組蝙蝠雲紋寓意吉祥有福，綿延不絕。硯額另沿頂角中心線開對稱硯池，平滑深邃，造型奇特，夾角處垂雙股線繩結福穗分飾兩端，秀美之餘頗顯巧思。硯邊微凸，頂端刻繪纏枝花紋，優雅和緩，極具形式美感。硯堂平闊，偶綴玫瑰紫青花，可氣成墨，易於研磨。硯背浮雕梅竹雙清，蓋為文人書齋常見之意象，竹出老樁，猶發新葉，梅干虬曲，含苞欲放，造型古樸典雅，刻工精湛老到，意蘊清高，質潔，更加凸顯硯之氣韻。側邊刻楷書款「吳門貝氏簡香蕉雨軒藏」，行文規矩，來源清晰。成硯體重而輕，質剛而柔，紋飾精美，雅俗共賞，且經年累月皮殼猶存，墨充實，為端中佳品。

貝墉（一七八零至一八四六），字既勤，一字定甫，號簡香，又號礀香居士，江蘇吳縣人，遠廷檮婿，好收藏古書、金石、字畫，「友漢居」「千墨庵」等均為其藏書之所，收藏有「脈望館書目」，藏書有「平江貝氏」「文苑」「礀香居士」「平江貝墉珍藏秘書印」「定夫居士」「款冬書屋」等，刻有「千墨庵帖」「賓齋集帖」等。

壬寅冬月王承雄書於海上逸墨齋

清　蘇州貝氏藏老坑端硯

長十五厘米　寬八厘米　高一點六厘米

此端硯出自老坑，石質溫潤且幼滑，石色青灰泛藍紫，石品絢麗伴氤氳，可謂潤如碧玉，細若綢緞。整器呈玉圭形，頂部尖鋭，下部平直，綫條利落，稜角分明，硯額浮雕蝙蝠一隻，面目生動，氣勢威嚴，周邊祥雲繾綣，繚繞不斷。此組蝙蝠雲紋寓意吉祥有福，綿延不絕。硯額另沿頂角中心綫開對稱硯池，平滑深邃，造型奇特。夾角處垂雙股綫繩，結福穗分飾兩端，秀美之餘頗顯巧思。硯邊微凸，頂端刻繪纏枝花紋，優雅和緩，極具形式美感。硯堂平闊，偶綴玫瑰紫青花，呵氣成墨，易於研磨。硯背浮雕梅竹雙清圖，為文人書齋常見之意象。竹出老樁，猶發新葉；梅干虬曲，含苞欲放。造型古樸典雅，刻工精湛老到，意藴清高質潔，更加凸顯硯之氣韻。側邊刻楷書款『吴門貝氏簡香蕉雨軒臧』，行文規矩，來源清晰。成硯體重而輕，質剛而柔，紋飾精美，雅俗共賞，且經年累月，皮殼猶存墨光，實為端中佳品。

貝墉（一七八零至一八四六）字既勤，一字定甫，號簡香，又號碉香居士，江蘇吴縣人，遠（袁）廷檮婿。好收藏古書、金石、字畫，『友漢居』、『千墨庵』等均為其藏書之所，收藏有《脈望館書目》，藏書有『平江貝氏』、『文苑』、『碉香居士』、『平江貝墉珍藏秘書印』、『定夫居士』、『款冬書屋』等。刻有《千墨庵帖》、《寶嚴集帖》等。

清　吳讓之銘仿漢瓦式歙硯（正面）

清　吳讓之銘仿漢瓦式歙硯（背面）

吳讓之銘仿漢瓦式歙硯

清

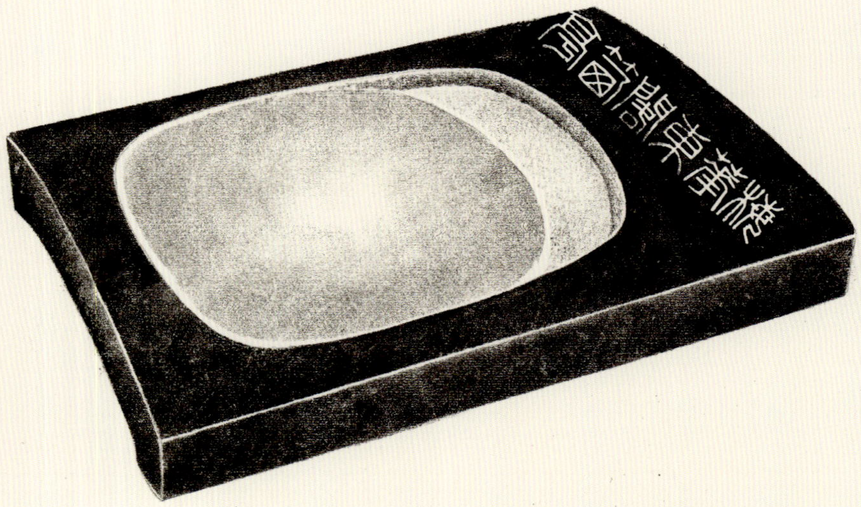

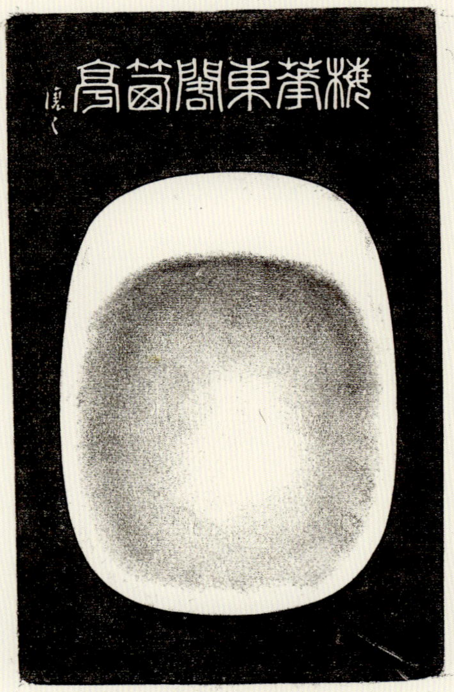

此乃歙石美品硯面眉紋如冬雪西風吹落梅花片片硯背紋理更趨奇幻銀暈似長河流經萬有雲飛曠野蒼茫之感硯形取地方天圓淺挖起崗深琢連池額題篆筆梅花東閣竹西亭款識行草讓之

吳廷揚字熙載號讓之後以字號行晚清著名書法篆刻家篆隸由鄧石如行楷法包世臣然自成風貌於晚清及民國初書壇印壇皆影響至深此額題與其傳世方章一軌式緣硯面廣濶故刀下更為沉實凝重

依十四寒成一律云

此硯惟堪在把翫恍惚感徹三冬寒飛花加雪知春訊蘸筆畫梅添鵲歡篆帶八分完白趣刀攜四體熙載翰為證先賢存舊物搜腸絞腦始心安

歲在戊戌仲夏之月

王承雄書於滬

清　吳讓之銘仿漢瓦式歙硯

長二十點五厘米　寬十二點八厘米　高二點六厘米

此乃歙石美品。硯面眉紋如冬雪西風吹落梅花片片。硯背紋理更趨奇幻，銀暈似長河流經，兼有雲飛曠野蒼茫之感。硯形取地方天圓，淺挖起崗，深琢連池。額題篆筆『梅花東閣竹西亭』，款識行草『讓之』。

吳廷揚，字熙載，號讓之，後以字、號行。晚清著名書法、篆刻家。篆隸出鄧石如，行楷法包世臣，然自成風貌，於晚清及民國初書壇、印壇皆影響至深。此額題與其傳世方章一輒（轍），或緣硯面廣濶，故刀下更為沉實凝重。

依『十四寒』成一律云：此硯惟堪在把翫，恍惚感徹三冬寒。飛花加雪知春訊，蘸筆畫梅添鵲歡。篆帶八分完白趣，刀攜四體熙載翰。為證先賢存舊物，搜腸絞腦始心安。

清中期 獅戲面雲龍底圓形端硯（正面）

清中期　獅戲面雲龍底圓形端硯（背面）

獅戲面雲龍底圓形端硯

清中晚

瘿木天地蓋 無銘

石材肥厚上出七眼緣錯
落排列無法琢成七星遂
雕成一串彩球構成舞獅
置中有幼獅匍匐於側舊
稱太師少師亦曰帶子上
朝硯式取圓大挖而成硯
底散布石眼雕琢遊龍吐
瑞彩恍若天瀚工或失之
柔膩然尚具明韻色漿尔
肥美有詩曰
雲龍變幻說隱趣帶子上
朝代代官總是萬般皆下
品聊將詩酒付闌珊
王承雄書

清中期　獅戲面雲龍底圓形端硯

直徑二十點五厘米　高五點三厘米

癭木天地蓋，無銘。

石材肥厚，上出七眼，緣錯落排列，無法琢成七星，遂雕成一串彩球，構成舞獅圖。中有幼獅匍匐於側，舊稱太師少師，亦曰帶子上朝。硯式取圓，大挖而成。硯底散佈石眼，雕琢遊龍吐瑞彩，恍若天瀚。工或失之柔膩，然尚具明韻，包漿亦肥美。

有詩曰：雲龍變幻說隱起，帶子上朝代代官。總是萬般皆下品，聊將詩酒付闌珊。

清中晚　太白醉酒圖肖形端硯（正面）

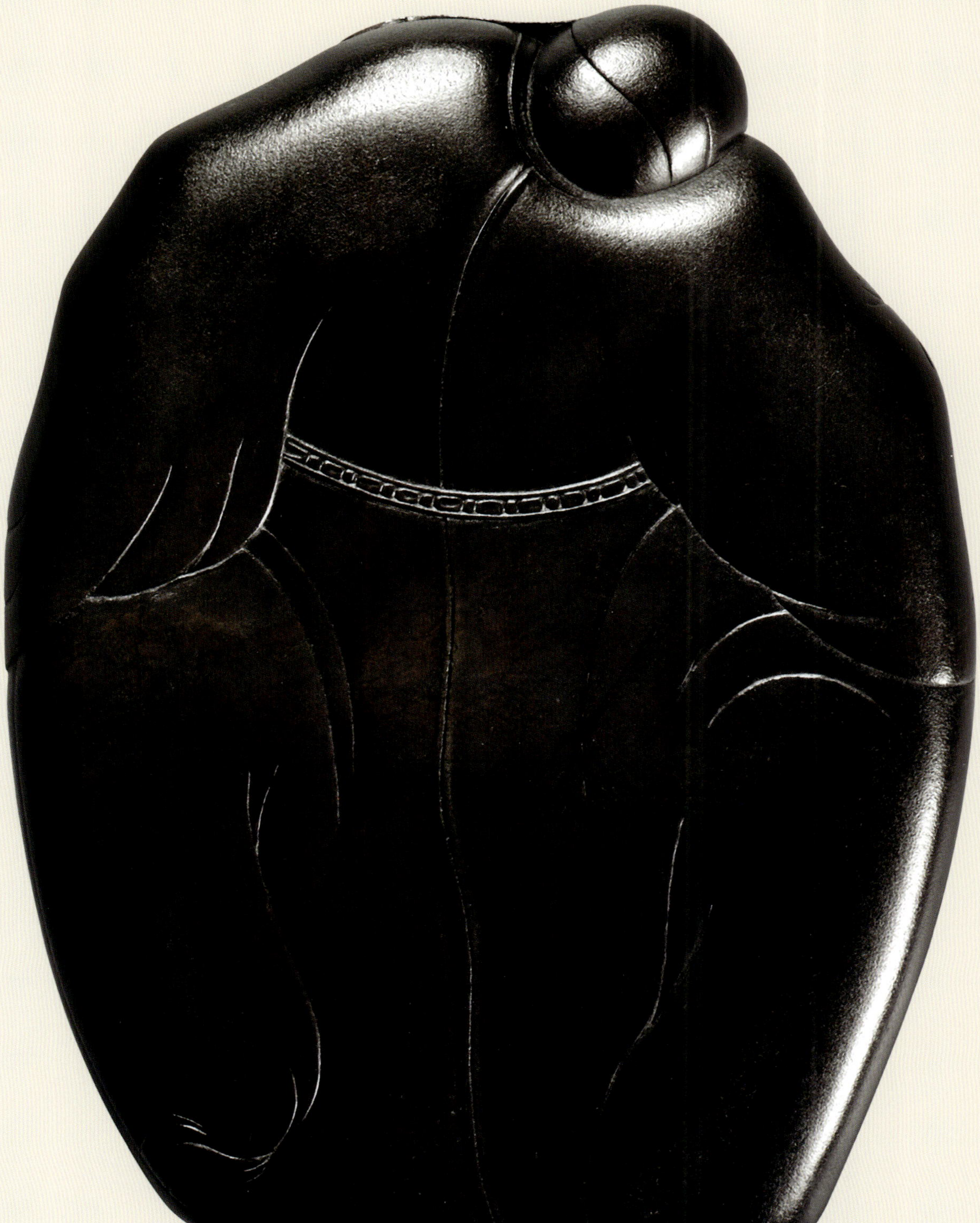

清中晚　太白醉酒圖肖形端硯（背面）

太白醉酒圖肖形端硯

清中晚

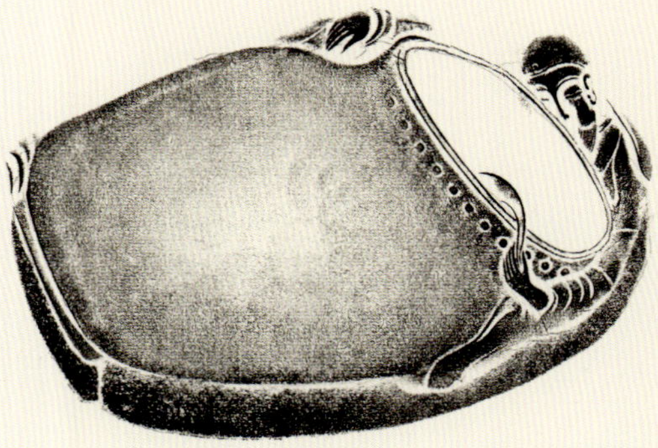

原配紅木同形盒攜行硯

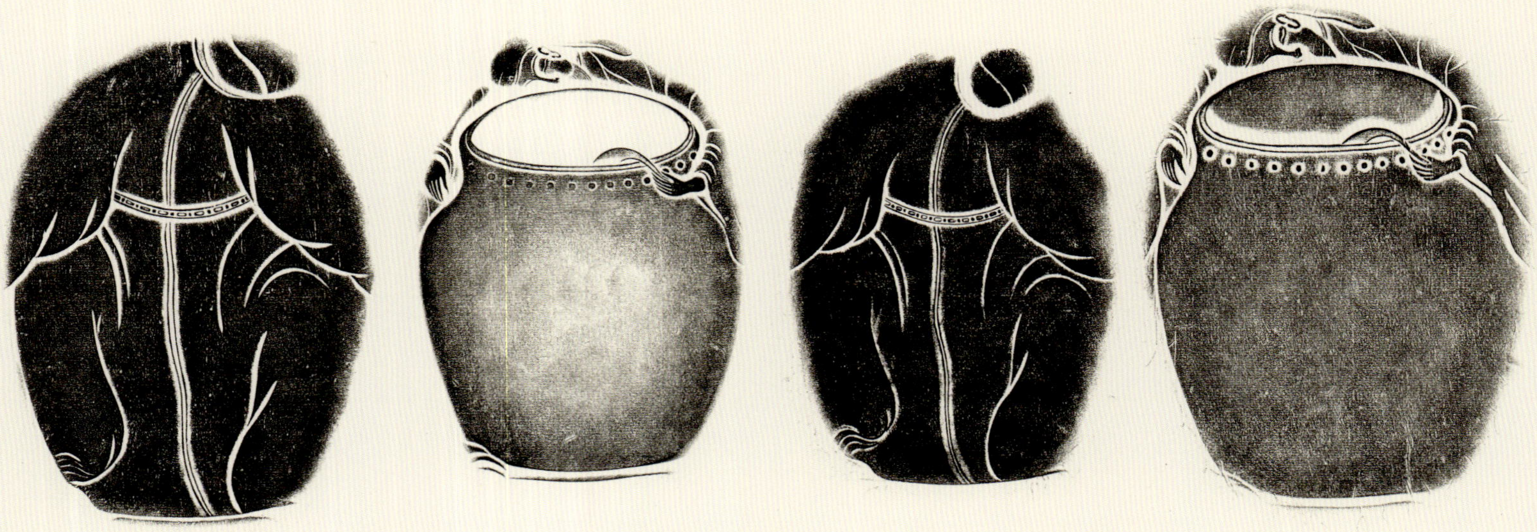

石出張坑碎凍寮若星辰缶式极硯隨形巧
置堂池霞手雕飾衣紋展脚幞頭分明太白
酣醉相抱瓮長勺猶採醉鬆閑確屬酒肆中
眠憨體手法細膩應為海派寫意中具寫實
晚清時風踞蓋同形々匠心頗有機巧雖無款
識觀之々非俗手所成
詩云將進酒時憶謫僊詩情如瀑帋作天
揮毫筆下豪氣盡須待硯中走墨丸
注々至中唐時尚無墨錠仍為墨丸就研踞以硯
歲在戊戌孟夏之月王承雄書於申

清中晚　太白醉酒圖肖形端硯

長十三點三厘米　寬十厘米　高一點五厘米

原配紅木同形盒。攜行硯。

石出張坑，碎凍寥若星辰。缶式板硯，隨形巧置堂池。覆手雕飾衣紋，展腳襆頭，分明太白酣醉相。抱瓮長勺猶探，醉（眼）緊閉，確屬酒肆中眠。整體手法細膩，應為海派；寫意中具寫實，晚清時風。器蓋同形，匠心頗有機巧。雖無款識，觀之亦非俗手所成。

詩云：將進酒時憶謫仙，詩情如瀑紙作天。揮毫筆下豪氣盡，須待硯中走墨丸。

注：至中唐時尚無墨錠，仍為墨丸就研器以硯。

清中晚　胡震銘長方形歙硯（正面）

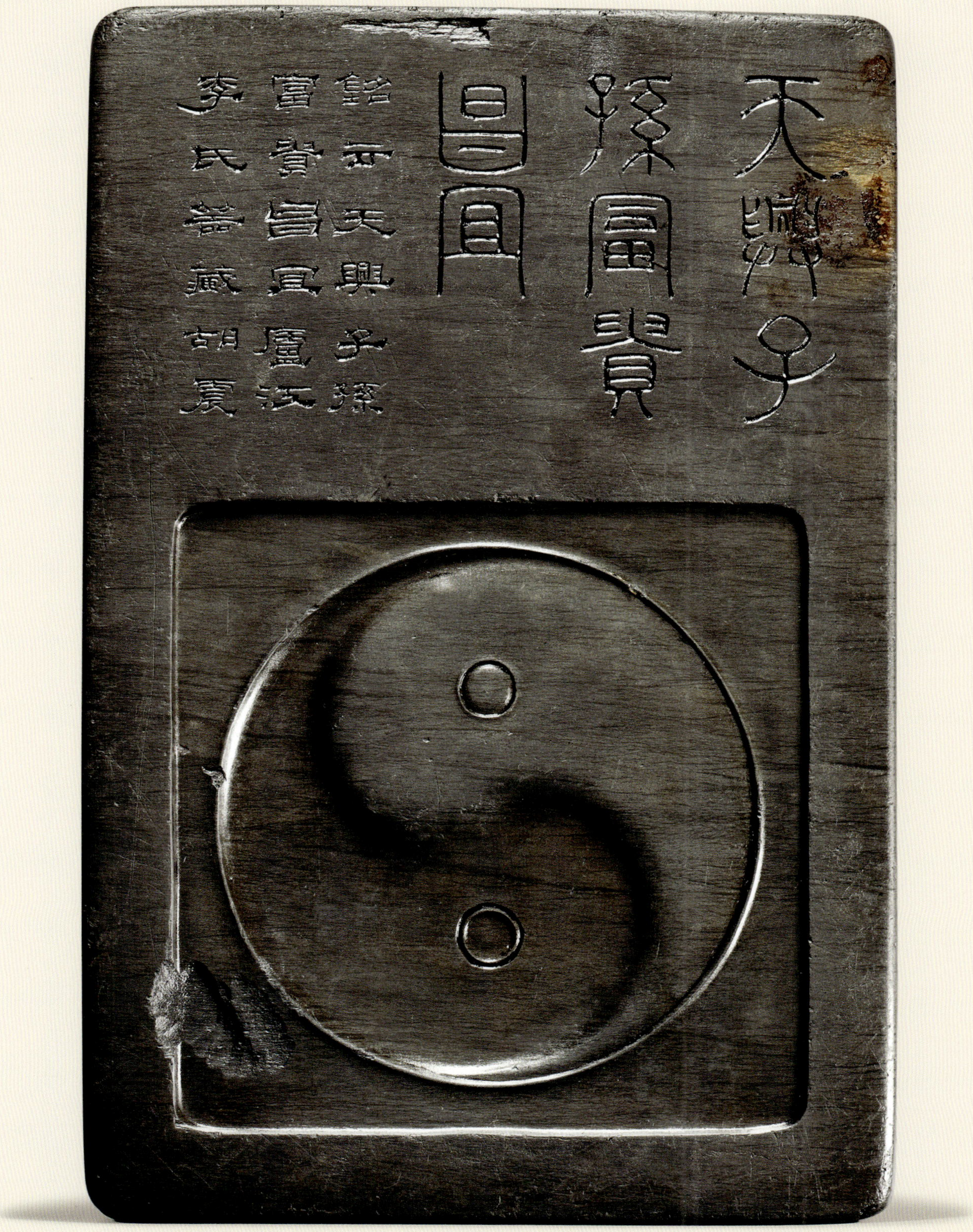

清中晚　胡震銘長方形歙硯（背面）

胡震銘長方形款硯

清中晚

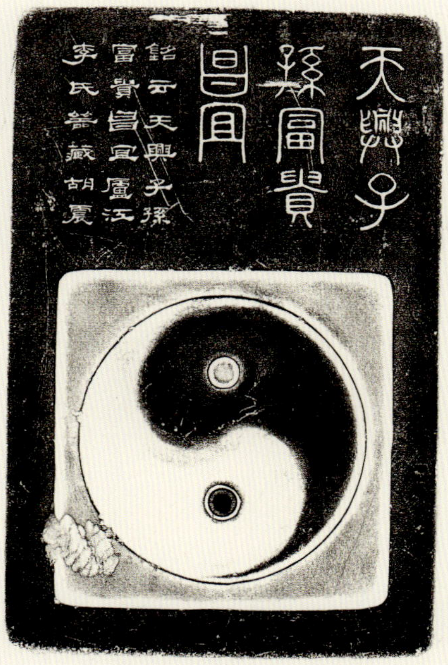

原配紅木盒

硯背篆天興子孫富貴昌宜並注廬江李天罷藏胡震

胡震（一八一七—一八六二）字不恐伯恐號鼻山嘉慶至同治間諸生能書畫金石篆刻一時馳名上海篆得斯冰之法隸宗蔡邕印出錢松此硯取眉紋款石板式硯面雕月出山巔雲海間圓月為池緣其獨愛靜立山巔曾獨步八千里故喜高視角入畫羣山蒼松雲海圓月盡在一覽於寰手琢太極啚可知乃存向道之心也

詩讚眉紋似水走雲天獨對陸叢松月間宦海本非清靜地道心高遠任翩躚

歲在戊戌仲夏七月初始

王承雄書於海上逸墨齋

清中晚　胡震銘長方形歙硯

長十九厘米　寬十二點五厘米　高三點五厘米

原配紅木盒，硯背篆『天興子孫富貴昌宜』，並注『銘曰：天興子孫富貴昌宜。盧江李天（氏）器藏。胡震。』

胡震（一八一七—一八六二）字不恐、伯恐，號鼻山，嘉慶至同治間諸生，能書畫，金石篆刻一時馳名上海。篆得斯冰之法，隸宗蔡邕，印出錢松。此硯取眉紋歙石，板式硯。面雕月出山巔雲海間，圓月為池。緣其獨愛靜立山巔，曾獨步八千里，故喜高視角入畫。群山蒼松，雲海圓月，盡在一覽。於覆手琢太極圖，可知乃存向道之心也。

詩讚：眉紋似水走雲天，獨對陡巖松月間。宦海本非清靜地，道心高遠任翩躚。

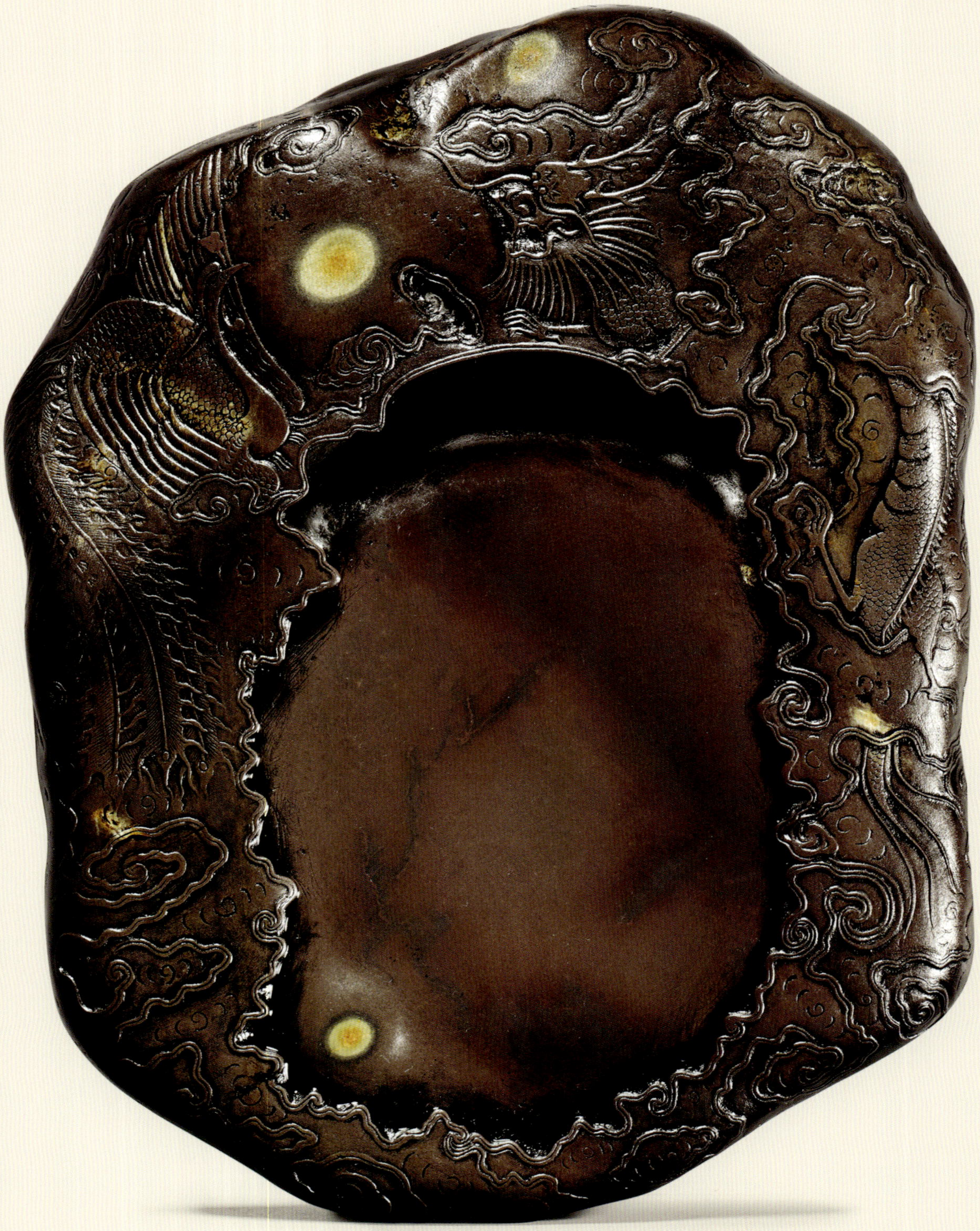

清中晚 劉榮銘龍鳳呈祥圖隨形端硯（正面）

清中晚　劉榮銘龍鳳呈祥圖隨形端硯（背面）

劉榮銘龍鳳呈祥圖隨形端硯

清中晚

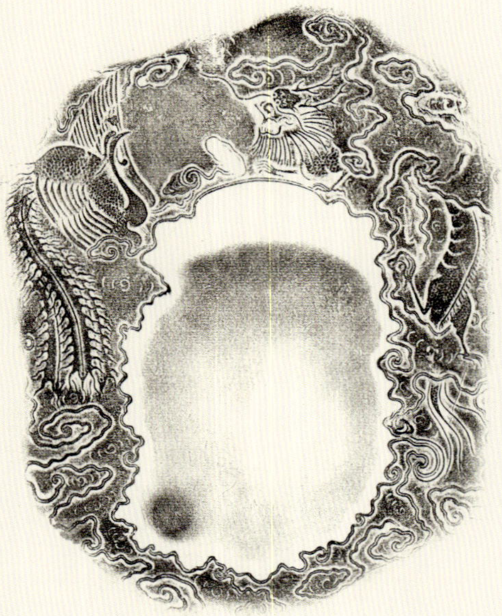

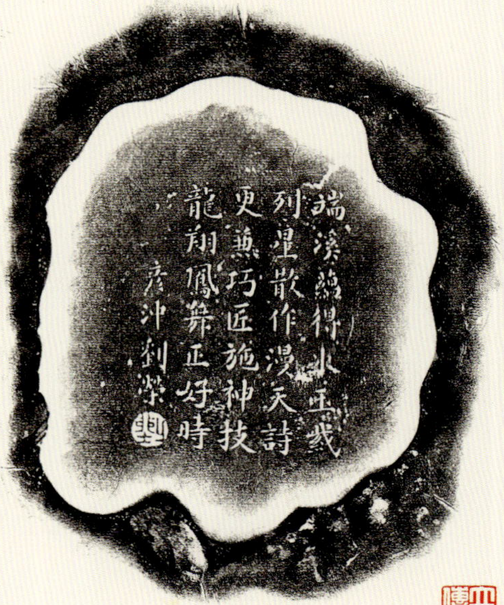

硯配紅木盒

背銘端溪蘊得水玉石列星散作漫天詩更兼巧匠施神技龍翔鳳舞正好時劉彥衝劉榮並圖形劉印款

石出端溪水巖肌理潤膩而有淨意雕琢工堪稱細大小石眼分上下或曰日月同輝畫亦龍鳳呈祥一派富華瑞氣勒銘者劉榮初字咏之嘉道間人自己中寓吳門後師從朱昂之故出入於四王吳惲後以古為法潑墨換小米雲山畫史留痕試作五古八句端溪坑仔石散眼難為序矮崗硯作掌淌池將墨蓄潤緣雕龍鳳石眼恰如旭勒銘劉彥衝畫史留名跡

戊戌初夏王承雄書於海上逸墨齋

清中晚　劉榮銘龍鳳呈祥圖隨形端硯

長十七厘米　寬十三厘米　高四厘米

原配紅木盒，背銘：『端溪蘊得氷玉石（紫），列星散作漫天詩。更兼巧匠施神技，龍翔鳳舞正好時。彥沖劉榮。』並圓形『劉』印款。

石出端溪水巖，肌理潤膩。面有薄意雕琢，工堪稱細。大小石眼分上下，或曰日月同輝。圖示龍鳳呈祥，一派富華瑞氣。勒銘者劉榮，初字咏之，嘉道間人。自巴中寓吳門後，師從朱昂之，故出入於四王吳惲。後以古為法，潑墨撫小米雲山，畫史留痕。

試作五古八句：端溪坑仔石，散眼難為序。矮崗碾作堂，淌池將墨蓄。潤緣雕龍鳳，石眼恰如旭。勒銘劉彥衡，畫史留名跡。

清中晚　桃形端砚（正面）

清中晚　桃形端砚（背面）

桃形端硯

清中晚

原配桃形龍眼木盒

無銘

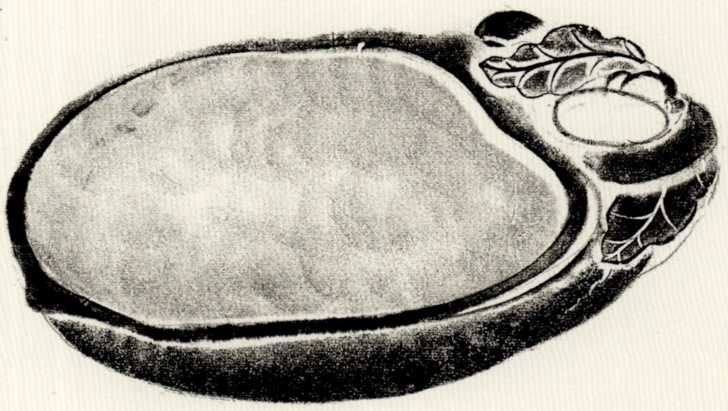

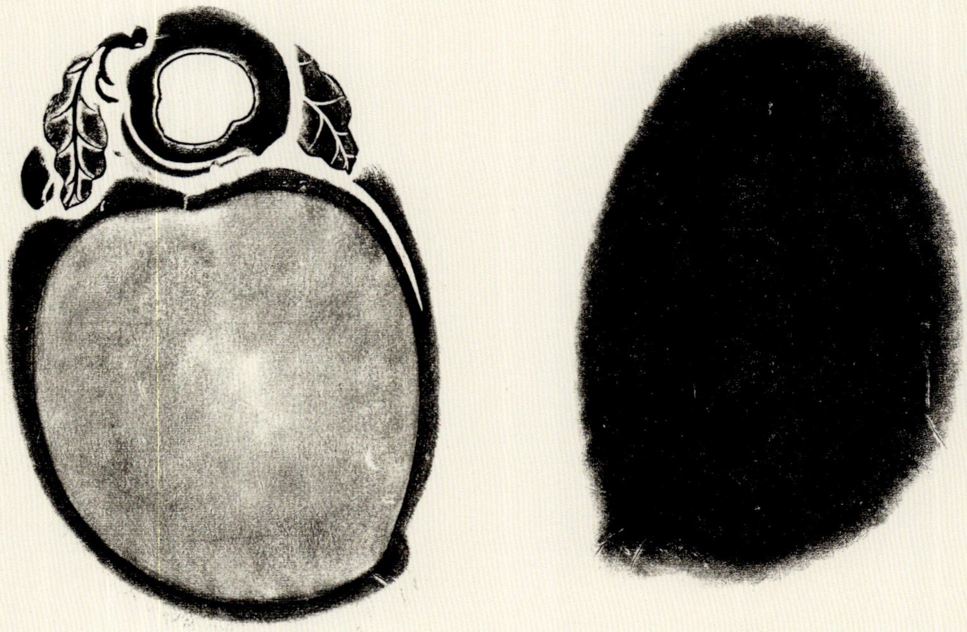

取紫端水坑石琢成桃
肖堂池雕碾纖毫畢至
果木為盒亦為僊桃狀
貌遂無名家刻銘亦堪
稱佳品矣
有詩贊曰王母瑤池會
南極一品僊杖頭懸此
物遺落到人間
歲次戊戌仲夏之月
王承雄書

清中晚　桃形端硯

長十八厘米　寬十二點三厘米　高二點五厘米

原配桃形龍眼木盒，無銘。

取紫端水坑石，琢成桃。肖堂池，雕碾纖毫畢至。果木為盒，亦為仙桃狀貌。遂（雖）無名家刻銘，亦堪稱佳品矣。有詩贊曰：王母瑤池會，南極一品仙。杖頭懸此物，遺落到人間。

清中晚 太平有象圖長方形端硯（正面）

清中晚　太平有象圖長方形端硯（背面）

太平有象圖長方形端硯

清中晚

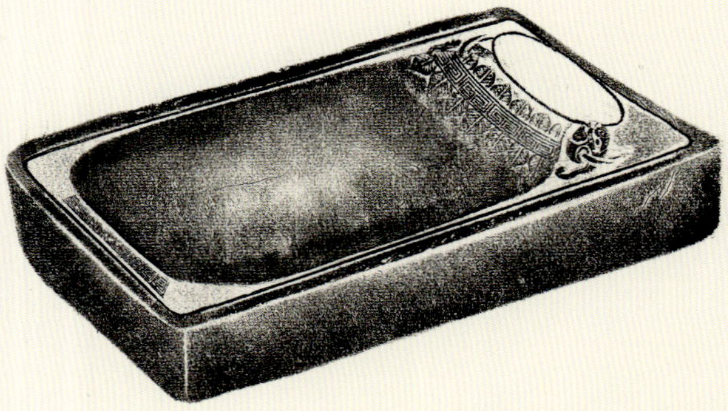

原配紅木盒

霞手琢一長髯老者影像

材為端溪水坑潤澤肥腴硯式外方內有圓暗合古制太瓶頸間有象耳吉祥寓意霞手影像雕老者當為賀壽此硯應出清中晚砥琢精致人物刻畫細膩式為定製

今以四支韻成一絕句曰

端方正大不奇為證水坑故留皮老者垂足安泰望耄耋書影壽眉慈

王承雄書於申城

清中晚　太平有象圖長方形端硯

長十四厘米　寬八點五厘米　高一點八厘米

原配紅木盒，覆手琢一長髯老者影像。

材為端溪水坑，潤澤肥腴。硯式外方內有圓，暗合古制。太瓶頸間有象耳，吉祥寓意。覆手影像雕老者，當為賀壽。此硯應出清中晚，碾琢精緻。人物刻畫細膩，或為定製。

今以『四支』韻成一絕句曰：端方正大不奇，為證水坑故留皮。老者垂足安泰坐，耄耋書影壽眉慈。

清中晚 螭龍玉圭紋長方形倭角端硯（正面）

清中晚　螭龍玉圭紋長方形倭角端硯（背面）

螭龍玉圭紋長方形倭角端硯

清 中晚

原配櫸木盒

無銘

硯式如倭角花寬閨閣所喜額雕雙螭連理以征兩情漢書司馬相如傳曰於是蛟龍赤螭以寓兩情相悅中結靈芝是謂九如借小雅天保曰如阜如山如岡如陵霞手琢一玉圭取為山盟故此硯當系定情之之物屬稀見之品有感以發作一絕云

龍呈花尾即蛟螭連理
仙芝謂九如圭是山形
征永固兩情相悅結草
廬

歲在戊戌仲夏

王承雄書

清中晚　螭龍玉圭紋長方形倭角端硯

長十八厘米　寬八點六厘米　高二點二厘米

原配櫸木盒，無銘。

硯式如倭角花窗，閨閣所喜。額雕雙螭連理，以證兩情。《漢書·司馬相如傳》曰：『於是蛟龍赤螭，』以寓兩情相悅。中結靈芝，是謂九如。借《小雅·天保》曰：『如阜如山，如岡如陵。』覆手琢一玉圭，取為山盟。故此硯當系定情之物，屬稀見之品。

有感以發，作一絕云：龍呈花尾即蛟螭，連理仙芝謂九如。圭是山形證永固，兩情相悅結草廬。

清中晚 眉紋漢瓦式歙硯（正面）

清中晚 眉紋漢瓦式歙硯（背面）

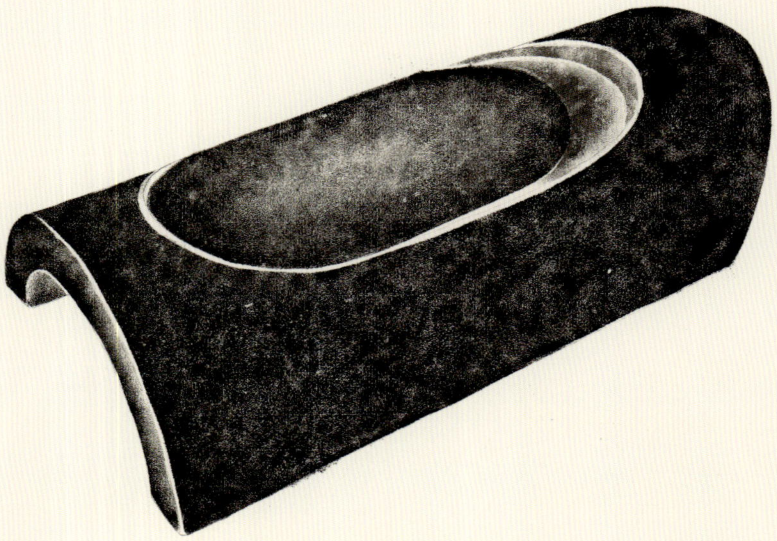

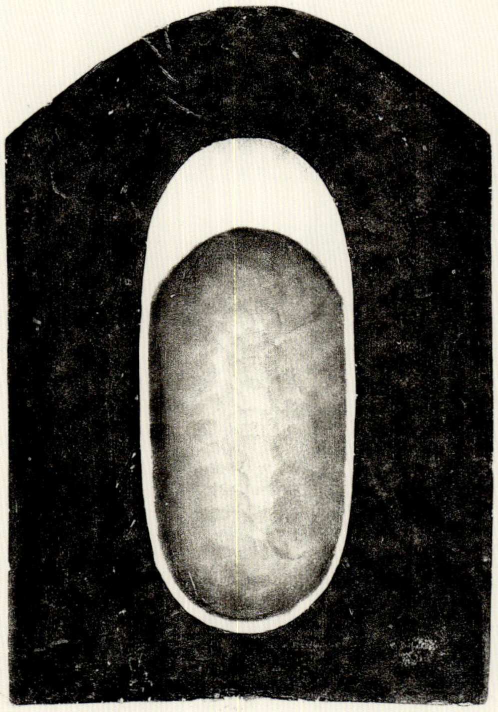

眉紋漢瓦式款硯

清中晚

原配漆木盒

清乾嘉學派起復古之風大興
是硯取漢魏澄泥瓦式形似唐
人以鏡雀臺瓦所製石渠硯然
以工品眉紋款石賦具形且硯
堂起崗殘月形池不似古漆凝
重卻也儒雅精整
口占一律云金星銀暈交相暎
互攬眉紋三兩重銅雀不識昔
日景瓦泥猶記故情濃款難似
端澀益墨今倘勝古溢雍容攝
取漢唐雄霸氣案頭閑保對乾
隆

歲次戊戌孟夏之月
王承雄揮汗於海上逸墨齋

清中晚　眉紋漢瓦式歙硯

長三十二點八厘米　寬十五點五厘米　高二厘米

原配漆木盒

清乾嘉學派起，復古之風大興。是硯取漢魏澄泥瓦式，形似唐人以銅雀臺瓦所製石渠硯，然以上品眉紋歙石賦其形，且硯堂起崗，殘月形池，不似古法凝重，卻也儒雅精整。

口占一律云：金星銀暈交相映，互攬眉紋三兩重。銅雀不識昔日景，瓦泥猶記故情濃。歙難似端澀益墨，今倘勝古溢雍容。攝取漢唐雄霸氣，案頭閒侃對乾隆。

清中晚　鄧邦述篆肖形端硯（正面）

清中晚　鄧邦述篆肖形端硯（背面）

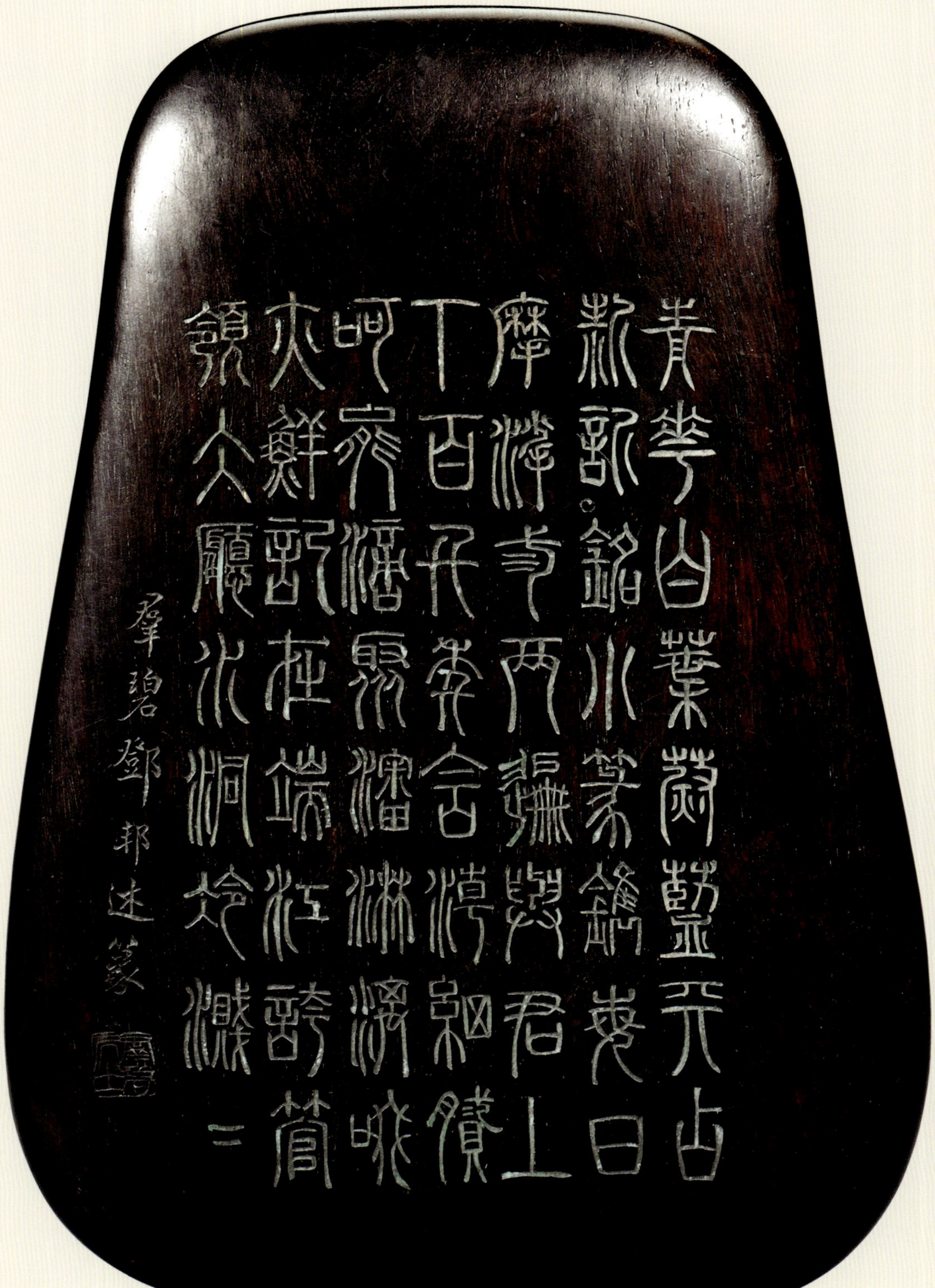

清中晚　鄧邦述篆肖形端砚（盒盖）

清中晚　鄧邦述篆肖形端硯（盒蓋拓片）

鄧邦述纂肖形端硯

清中晚

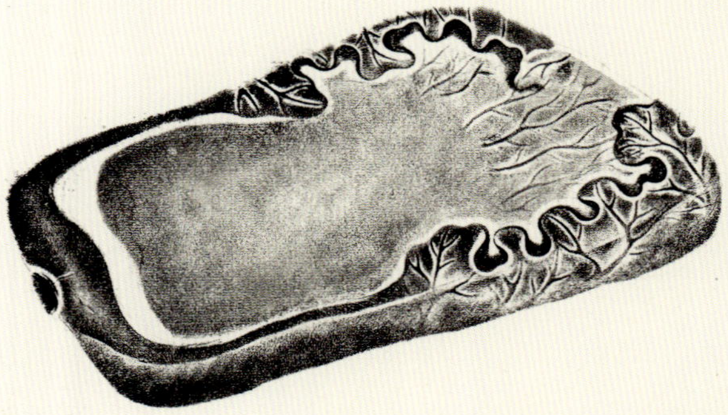

紫檀盒

蓋有鄧邦述所纂七律一首

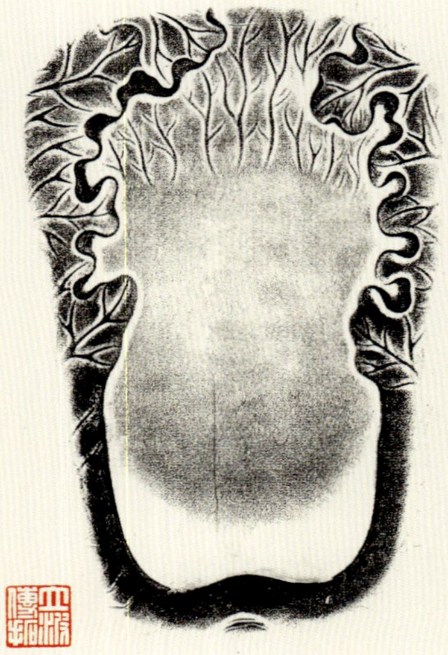

鄧邦述廼光緒進士授翰林官至吉林民政使其纂善玉筋行草法李北海碧翠樓爲其藏書之所宋版即逾千數硯材選自上品宋坑白菜肖形式取清白意於器蓋銘玉筋纂七言格律詩一首以頷聯最妙其曰每日摩挲三兩遍與君上下百千年

有感賦詩云言辭真切感人篇取意高潔不復言總是青白立命處夢中坦坦可昭天 王承雄書

清中晚　鄧邦述篆肖形端硯

長十七點五厘米　寬十二厘米　高二厘米

紫檀盒，蓋有鄧邦述所篆七律一首。

鄧邦述乃光緒進士，授翰林，官至吉林民政使。其篆善玉筋，行草法李北海。碧翠樓為其藏書之所，宋版即逾千數。硯材選自上品宋坑，白菜肖形式，取清白意。於器蓋銘玉筋篆七言格律詩一首，以頷聯最妙。其曰：『每日摩挲三兩遍，與君上下百千年。』

有感賦詩云：言辭真切感人篇，取意高潔不復言。總是青白立命處，夢中坦坦可昭天。

清中晚　周作人藏瓦形端硯（正面）

清中晚　周作人藏瓦形端砚（盒盖）

周作人藏瓦形端硯（清中晚）

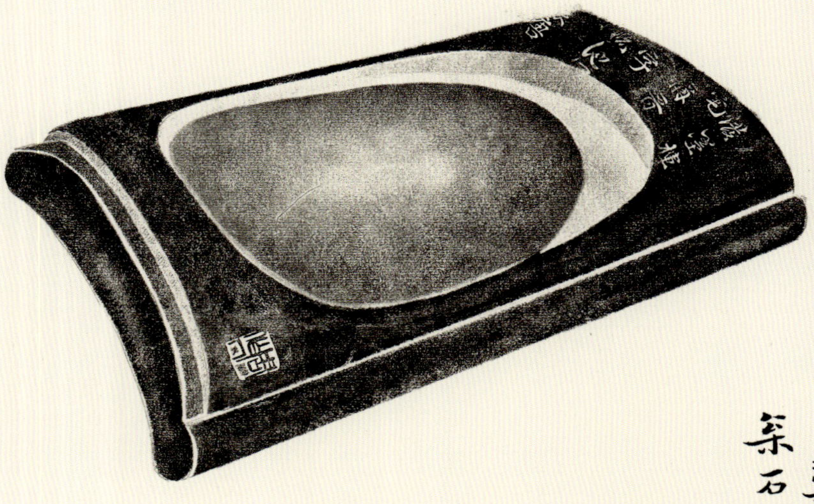

鷄翅木嵌紫石雕紋盒

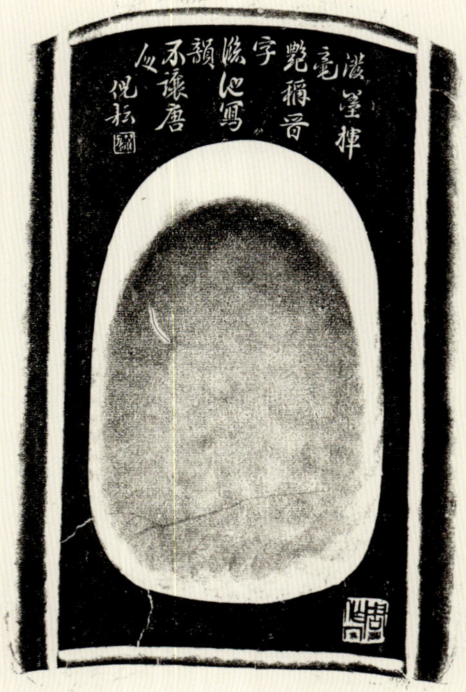

有倪稹銘額「潑墨揮毫艷稱晉字滌池寫韻不讓唐人」右下有「周作人藏」印章款

石為紫端隱約可見史捺式出漢瓦古質獨見匠心硯堂似樹碑而微凹有池如殘月而覆被石門倪稹舊時物銘頗自負轉入知堂書齋裹伴其殘年

贊曰石門蒼孫咸豐名士畫擬南田意頗靜致得此佳品額題銘字學人星杓鉛興周氏半生毀譽文章傳世硯角篆印毋庸爭執

王承雄書於滬

清中晚　周作人藏瓦形端硯

長二十厘米　寬十一厘米　高二厘米

雞翅木嵌松石雙（螭）紋盒。

有倪耘銘額『潑墨揮毫艷，稱晉字滌池寫韻不讓唐人』，右下有『周作人藏』印章款。

石為紫端，隱約可見火捺；式出漢瓦，古質獨見匠心。硯堂似樹碑而微凹，有池如殘月而覆被。石門倪耘舊時物，銘頗自負；轉入知堂書齋裏，伴其殘年。

贊曰：石門芥孫，咸豐名士。畫撫南田，意頗靜致。得此佳品，額題銘字。學人星杓，紹興周氏。半生毀譽，文章傳世。硯角篆印，毋庸爭執。

清 緑端石龍紋巨硯（正面）

清　緑端石龍紋巨硯（背面）

綠端石龍紋巨硯

此硯選綠端名坑之材精工雕琢而成硯石幼嫩細滑撫之如肌潤澤堅實觸之若玉通體青綠邊角帶黃色澤純淨別具美感整體呈長方形硯面下挖長方平直規矩邊角圓潤硯池深凹坡度垂斜面積寬大儲量可觀年久日下猶存墨色硯堂質部超拔形簡括規整堂面平滑晶瑩潤潔呵氣成墨發墨如油不失本色不損筆毫是爲大善沿邊寬廓周身作淺浮雕畫面繁復而開合有度線條簡潔卻意蘊高古所刻繪雲龍紋中雕龍或作駕雲奔馳狀或作凌雲翻舞狀莊嚴渾穆形態各異祥雲均卷優美氣勢升騰層次豐富表現力强硯額刻雙龍戲珠紋樣龍首相對正中龍珠呈壽字圖紋狀增添吉祥寓意硯堂之簡與硯緣之繁形成比對更具視覺美感硯背沿輪廓線起覆手光素無飾仍不掩其華此硯取材高端器形典雅取意吉祥雕工精美實爲文房不可多得之妙品且附紅木天地蓋更爲相得益彰

王承雄書

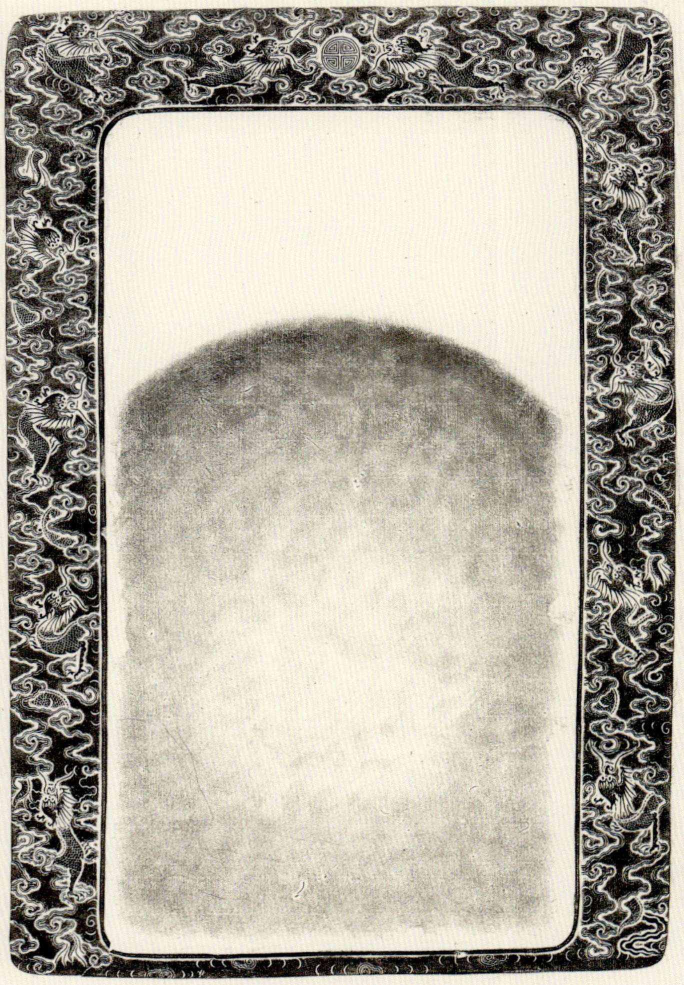

清　緑端石龍紋巨硯

長四十三厘米　寬三十厘米　高四點六厘米

此硯選緑端名坑之材精工雕琢而成。硯石幼嫩細滑，撫之如肌；潤澤堅實，觸之若玉；通體青緑，邊角帶黄，色澤純淨，別具美感。整器呈長方形，硯面亦挖長方，平直規矩，邊角圓潤。硯池深凹，坡度垂顯，面積寬大，儲量可觀。年久日下，猶存墨色。硯堂頂部起弧形，簡括規整，堂面平滑，晶瑩潤潔。呵氣成暈，發墨如油，不失本色，不損筆毫，是為大善。沿邊寬厚，周身作淺浮雕，畫面繁復而開合有度，線條簡潔卻意蘊高古。所刻繪雲龍紋中，螭龍或作駕雲疾馳狀，或作淩雲翻舞狀，莊嚴渾穆，形態各異；祥雲勾卷優美，氣勢升騰，層次豐富，表現力強。硯額刻雙龍戲珠紋樣，龍首相對，正中龍珠呈壽字團紋狀，增添吉祥寓意。硯堂之簡與硯緣之繁形成比對，更具視覺美感。硯背沿輪廓線起覆手，光素無飾，仍不掩其華。此硯取材高端，器形典雅，取意吉祥，雕工精美，實為文房不可多得之妙品。且附紅木天地蓋，更為相得益彰。

清 翁同龢銘仿宋四直式蒼龍教子紋端硯（正面）

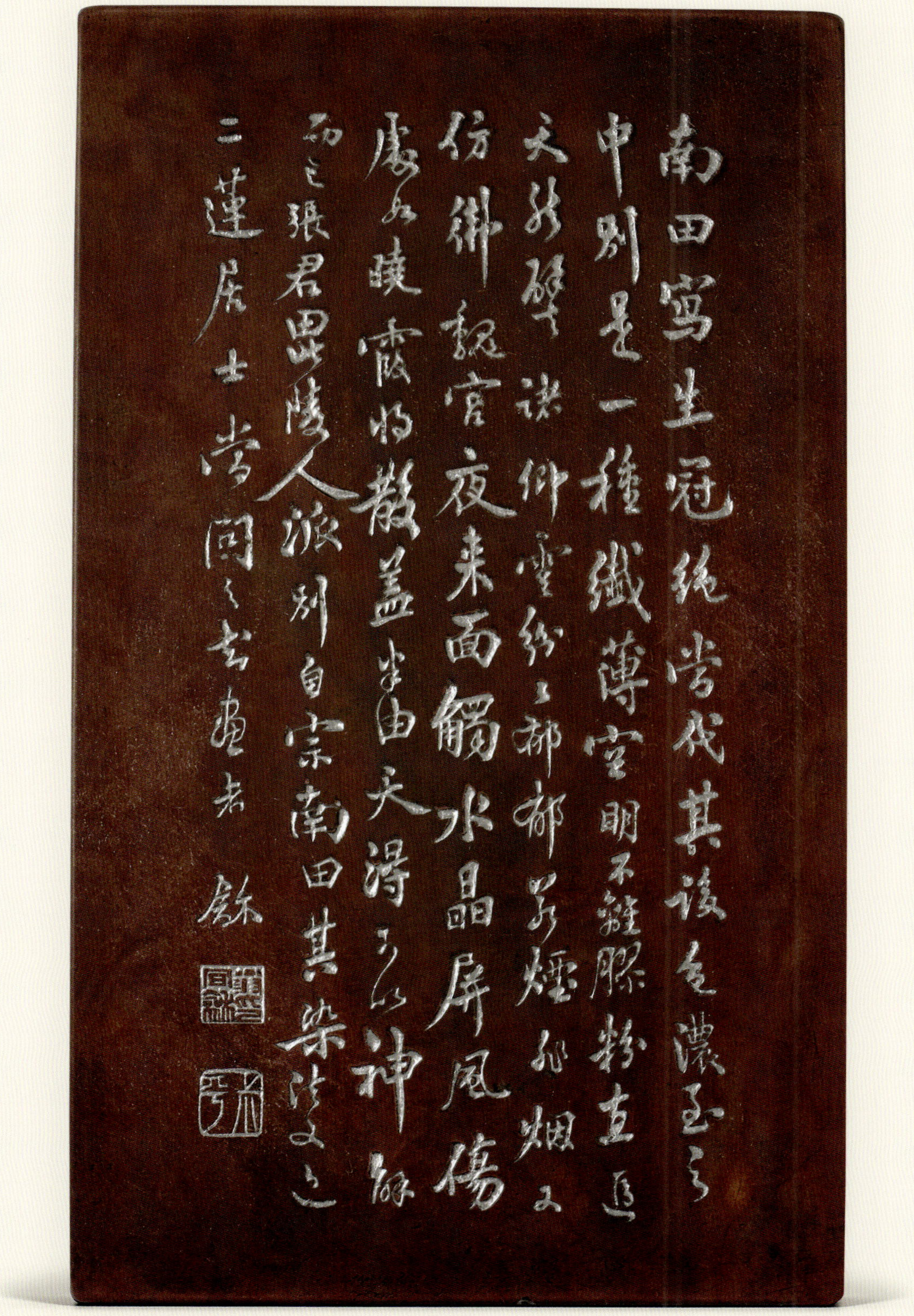

清　翁同龢銘仿宋四直式蒼龍教子紋端硯（背面）

翁同龢銘仿宋四直式蒼龍教子紋端硯

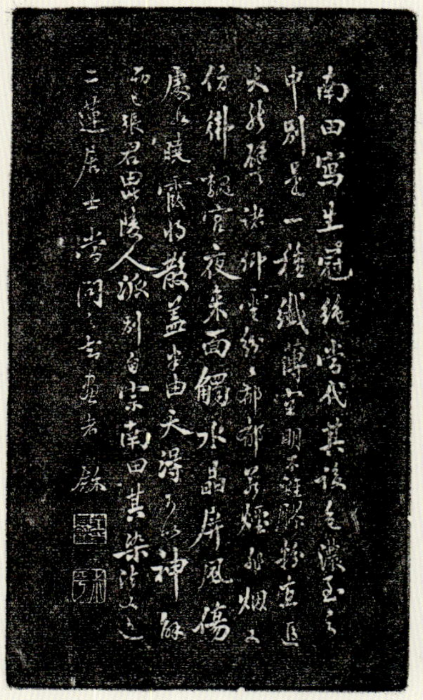

硯為紫端仿宋四直式平堂淌
池落潮處雕蒼龍教子脣寬辟
平鐫夔形螭龍紋不出覆手背
刻行書長銘南田寫生冠絕當
代其設色濃至雲中別是一種
纖薄空明不雜膠粉直追然辟
諸卿云紛紛欝鬱若煙非煙又
髣髴魏宮夜来面觸水晶屏風
傷處如曉霧將散蓋半由天得
可以神解而已張君毘陵人派
別自宋南田其染法又近二蓮
居士嘗閣之書畫者龢下有旋
讀篆書朱文印章款翁同龢印
及篆書白文叔平
詩贊有云長銘畫論誇南田治
硯帝師法古賢龍子倘須嚴父
教嘗聞快馬更加鞭
戊戌孟秋王承雄書

清　翁同龢銘仿宋四直式蒼龍教子紋端硯

長十八點三厘米　寬十點八厘米　高二點三厘米

硯為紫端，仿宋四直式。平堂淌池，落潮處雕蒼龍教子。唇寬壁平，鎸變形螭龍紋。不出覆手，背刻行書長銘：『南田寫生冠絕當代，其設色濃至，雲中別是一種纖薄空明。不雜膠粉，直追（天）然。譬諸卿云：紛紛鬱鬱，若煙非煙。又彷彿魏宮夜來面觸水晶屏風，傷處如曉霞將散。蓋半由天得，可以神解而已。張君，昆凌人，派別自宗南田。其染法又近二蓮居士。嘗問之書畫者。龢。』下有旋讀篆書朱文印章款『翁同龢印』及篆書白文『叔平』。

詩贊有云：長銘畫論誇南田，治硯帝師法古賢。龍子倘須嚴父教，嘗聞快馬更加鞭。

清 仿漢瓦雲龍紋端硯（正面）

清 仿漢瓦雲龍紋端硯（背面）

仿漢瓦雲龍紋端硯

清

石出端溪油潤滑
賦難匠制龍漢瓦
覆手弧形自成平
堂横池淺挖不起
骨線火眼琢珠有
巨龍淩雲来探清
晚樸式無題無銘
色漿熟老盤虢當
歷百年
有感而發戲曰
未逢名驥孫陽眼
有待文王和璞懷
自古端溪無普品
惟求緣份不期来
歲次戊戌時值
仲夏月酷暑難
當冀寫字消暑
王承雄

清　仿漢瓦雲龍紋端硯

長二十點五厘米　寬十二點七厘米　高一點三厘米

石出端溪，油潤滑膩難匹。製襲漢瓦，覆手弧形自成。
平堂橫池，淺挖不起唇線。火眼琢珠，有巨龍凌雲來探。
清晚樣式，無題無銘。包漿熟老，盤甀當歷百年。
有感而發，或曰：未逢名驥孫陽眼，有待文王和璞懷。
自古端溪無普品，惟求緣份不期來。

清 桃形辟雍式歙砚（正面）

清　桃形辟雍式歙砚（背面）

桃形辟雍式歙硯

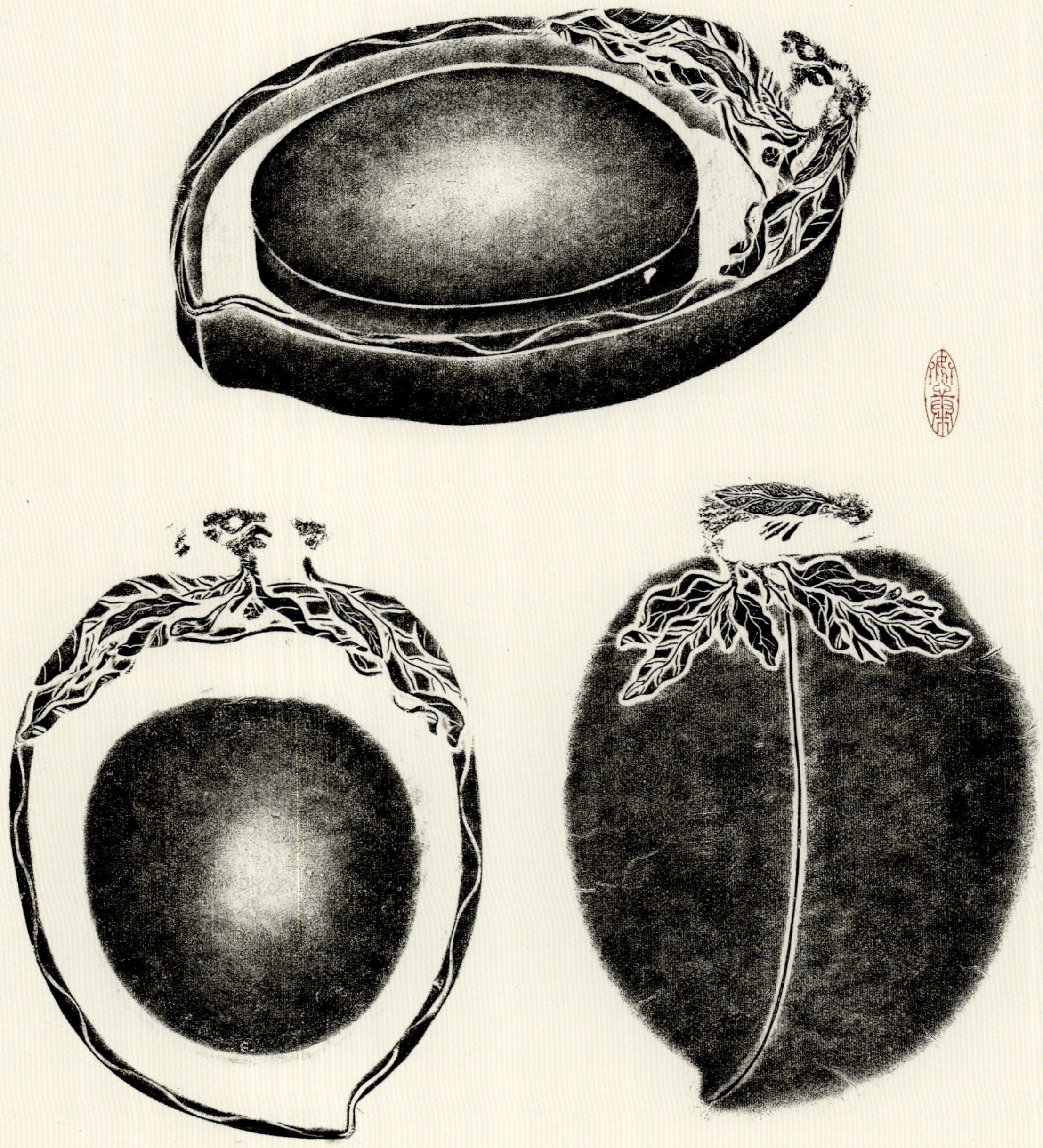

硯取工品歙石眉細盈琢成桃形於沉厚處見活潑辟雍硯法式作盈桃狀可謂亦莊亦諧邊飾硯背之礪琢細膩與硯堂不磨之粗礪質乃裝飾及功能之合理兼顧亦造就強烈視覺反差不可不謂之匠心獨具

桃者仙也桃者壽也寓意仙壽故其用可知

今作戲謔之句云大聖撒顛闖禁園今番方有此奇緣瑤池再借一盃酒仙氣籠

墨癸軒隸

王承雄書於中

清　桃形辟雍式歙硯

長二十七點五厘米　寬二十點五厘米　高五厘米

硯取上品歙石，眉（紋）細密。琢成桃形，於沉厚處見活潑。辟雍硯法式作蜜桃狀，可謂亦莊亦諧。邊飾、硯背之碾琢細膩，與硯堂不磨之粗礪，實乃裝飾及功能之合理兼顧，亦造就強烈視覺反差，不可不謂之匠心獨具。

桃者，仙也；桃者，壽也。寓意仙壽，故其用可知。

今作戲謔之句云：大聖撒顛闖禁園，今番方有此奇緣。瑤池再借一杯酒，仙氣籠墨祭軒轅。

清 二龍戲珠紋隨形端硯（正面）

清　二龍戲珠紋隨形端硯（背面）

二龍戲珠紋隨形端硯

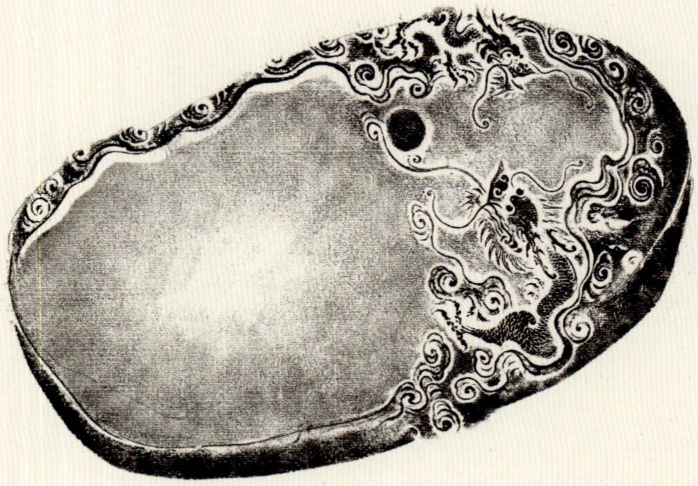

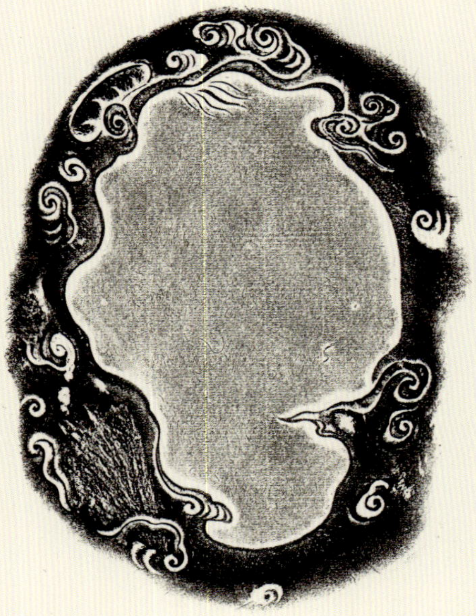

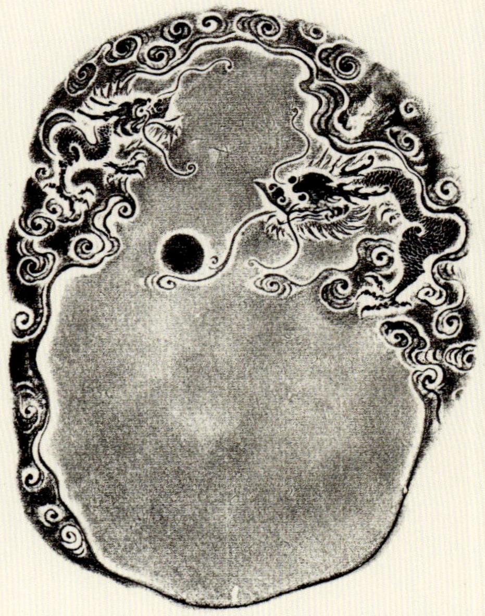

材出端溪火捺如雲
流動平堂無池浮雕
雙龍戲珠背琢雲紋
裏覆手内惜無銘原
配花梨木奩亦為素
面朝天
故贊曰平既是平無
銘無銘硯之為硯利
墨以研不辟隨形曰
勢予型雲龍乍現不
拘不散

戊戌秋月王承雄
書於海上逸墨齋

清　二龍戲珠紋隨形端硯

長十八厘米　寬十三點五厘米　高二點四厘米

材出端溪，火捺如雲流動。平堂無池，浮雕雙龍戲珠。背琢雲紋裹覆手，內惜無銘。原配花梨木奩，亦為素面朝天。

故贊曰：平既是平，無銘無銘。硯之為硯，利墨以研。不辟隨形，因勢予型。雲龍乍現，不拘不散。

清　玉璋式端砚（正面）

清　玉璋式端砚（背面）

玉璋式端硯

原配紫檀盒

袖硯正背皆琢為璋形

石出端溪水坑肌理潤細硯法三代玉璋清中風氣平堂淺池間飾江崖海水玉柱文飾頗類朝服紋樣宮廷造辦處手法

有詩曰

乾隆仿古一時興下效上行古來同琢硯如璋類笏板雖無面首行也恭

戊戌仲夏

王承雄

清　玉璋式端硯

長十一厘米　寬三點二厘米　高一厘米

原配紫檀盒，正背皆琢為璋形。

石出端溪水坑，肌理潤細。硯法三代玉璋，清中風氣。平堂淺池，間飾江崖海水。玉桂文飾頗類，朝服紋樣，宮廷造辦處手法。

有詩曰：乾隆仿古一時興，下效上行古來同。琢礪如璋類笏板，雖無面首行也恭。

清晚期 蔣確銘隨形端硯（正面）

清晚期 蔣確銘隨形端硯（背面）

蔣確銘隨形端硯

清晚期

石配漆木盒
硯額有楷書紫雲
背有蔣確題款

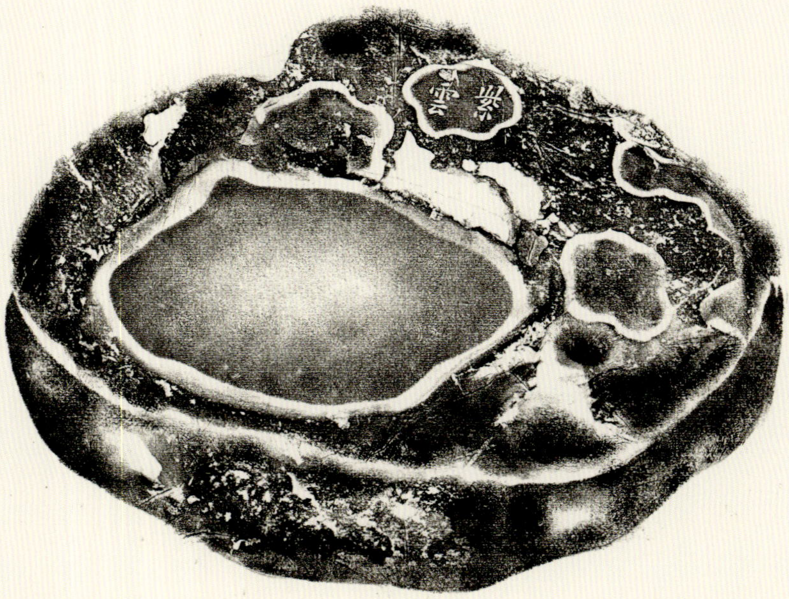

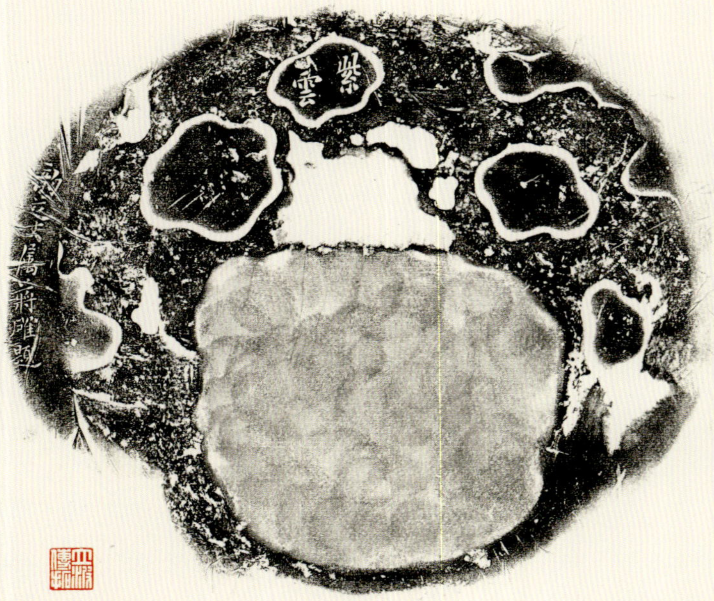

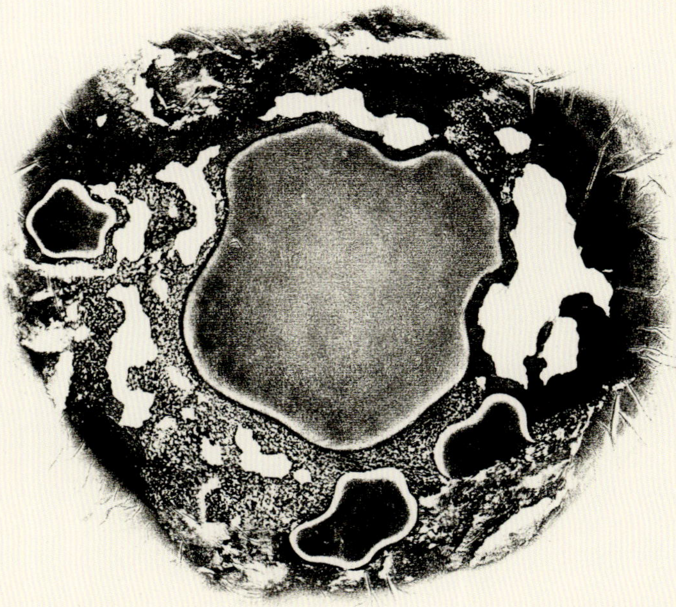

此石出端谿水坑猶和田之璞籽湖石之透露靈壁之瘦皺可曰奇趣天成得者不忍勉力雕飾遂淺磨凹堂石確先生奏刀題紫雲並背銘蔣確字竹堅號石確清同光間人海上畫家工山水花鳥兼能篆刻治印尤善畫棋今拓得十四寒作一絶云

水坑掘取此石難皮色紫濃傑似檀能臣無須徒炫技淺琢堪用復瞻觀

戊戌初夏王承雄書於上海

清晚期　蔣確銘隨形端硯

長二十點五厘米　寬十八點五厘米　高四點九厘米

原配漆木盒

硯額有楷書『紫雲』，背有蔣確題款。

此石出端溪水坑，猶和田之璞籽、湖石之透露、靈壁之瘦皺，可曰奇趣天成。得者不忍勉力雕飾，遂淺礲凹堂。石隺先生奏刀題『紫雲』並背銘。蔣確字叔堅，號石隺，清同光間人，海上畫家。工山水花鳥，兼能篆刻治印，尤善畫梅。

今拈得『十四寒』作一絕云：水坑掘取片石難，皮色紫濃深似檀。能匠無須徒炫技，淺琢堪用復瞻觀。

清晚期　楊守敬行書銘歙硯（正面）

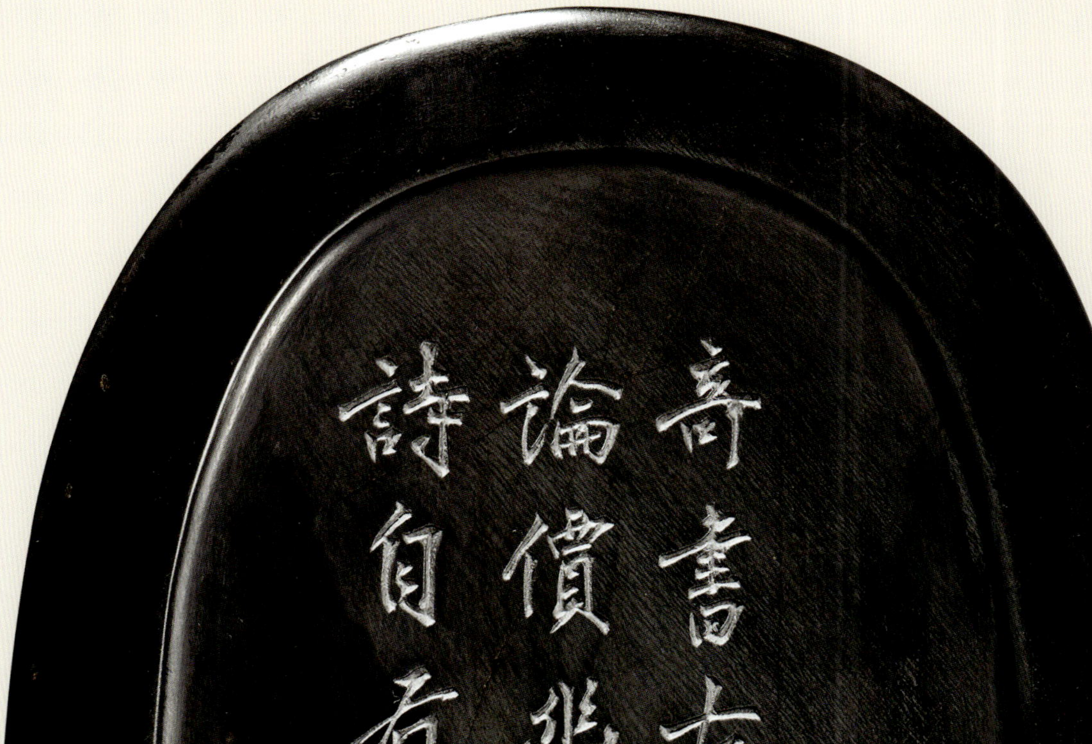

清晚期 楊守敬行書銘歙硯（背面）

楊守敬行書銘歙硯

晚清

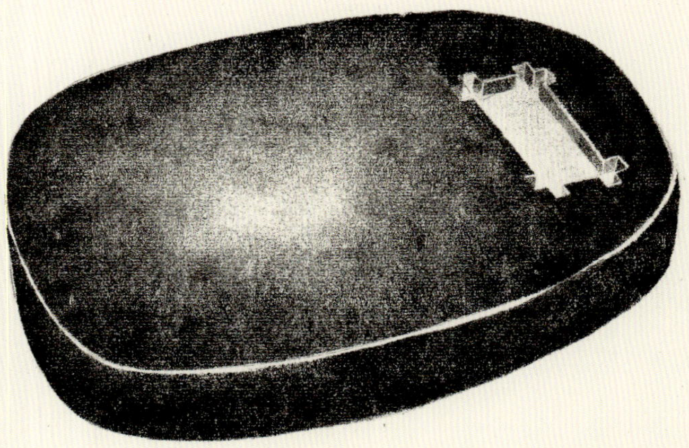

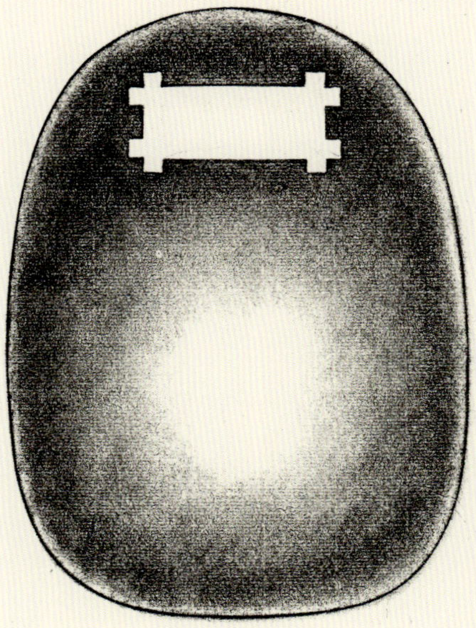

材出上品歙石形制渾圓厚重具式俗稱龍蛋圓骨孤辟淺凹平堂琢成井欄形池簡約古質覆手內銘奇書硯不論價幽夢清詩自有神守敬篆書朱文印章款楊此銘筆致蒼勁出北碑章法結構體宗南帖誠如陳上岷先生所謂既有金碑碣的蒼勁如刀斧削又有法帖的透逸頗英姿而無媚骨

楊守敬為光緒舉人政聲不著然精金石於北碑南帖及書法理論研究皆有大成就學養極深被譽為晚清民初學者第一人

觀此硯慨而贊曰不覺琢碾斧鑿跡渾厚蒼然勢更奇最喜刻銘三行字北碑南帖兩相宜

歲次戊戌王承雄

清晚期　楊守敬行書銘歙硯

長十五厘米　寬十一厘米　高一點九厘米

材出上品歙石，形製渾圓厚重。其式俗稱龍蛋，圓唇弧壁，淺凹平堂。琢成井欄形池，簡約古質。覆手內銘：『奇書（古）硯不論價，幽夢清詩自有神。守敬。』篆書朱文印章款『楊』。此銘筆致蒼勁出北碑，章法結體宗南帖，誠如陳上岷先生所謂：『既有金（石）碑碣的蒼勁，如刀（劈）斧削，又有法帖的秀逸，頗有英姿而無媚骨。』楊守敬為光緒舉人，政聲不著，然精金石，於北碑南帖及書法理論研究皆有大成就。學養極深，被譽為『晚清民初學者第一人』。觀此硯慨而贊曰：不覺琢碾斧鑿跡，渾厚蒼然勢更奇。最喜刻銘三行字，北碑南帖兩相宜。

清晚期　沈鈞識自題雲月隨形端硯（正面及邊款）

清晚期　沈鈞識自題雲月隨形端硯（背面及邊款）

沈鈞識自題雲月隨形端硯

（晚清）

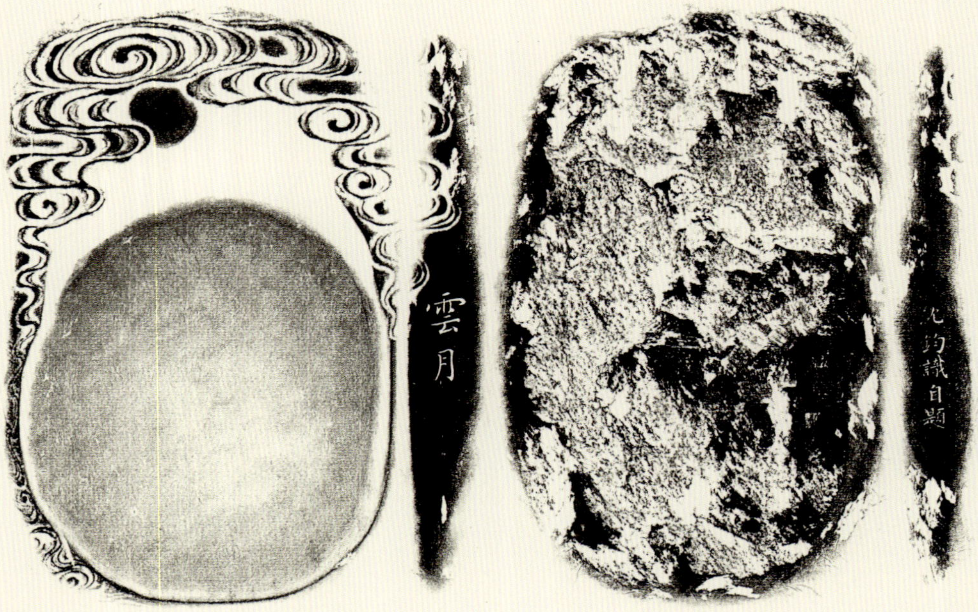

雕依蔓原配盒硯墻有雲月沈鈞識自題銘

此石當出坑仔圍硯堂淺月式淌池額雕流雲圓月硯墻有銘南工盒甚雅致皆出廣作贊曰材不稱豪琢不工雕銘不驚人傳不名世澹然一品文案佳翫足矣

歲次戊戌初夏之月
王承雄於海上

清晚期　沈鈞識自題雲月隨形端硯

長十七厘米　寬十一厘米　高二點六厘米

雕瓜蔓原配盒

硯牆有『雲月』『沈鈞識自題』銘

此石當出坑仔。圓硯堂，殘月式淌池。額雕流雲圓月，硯牆有銘。南工盒，甚雅致，皆出廣作。

贊曰：材不稱尊，琢不工雕。銘不驚人，傳不名世。澹然一品，文案佳甑足矣。

清晚期　省吾銘淌池端硯（正面）

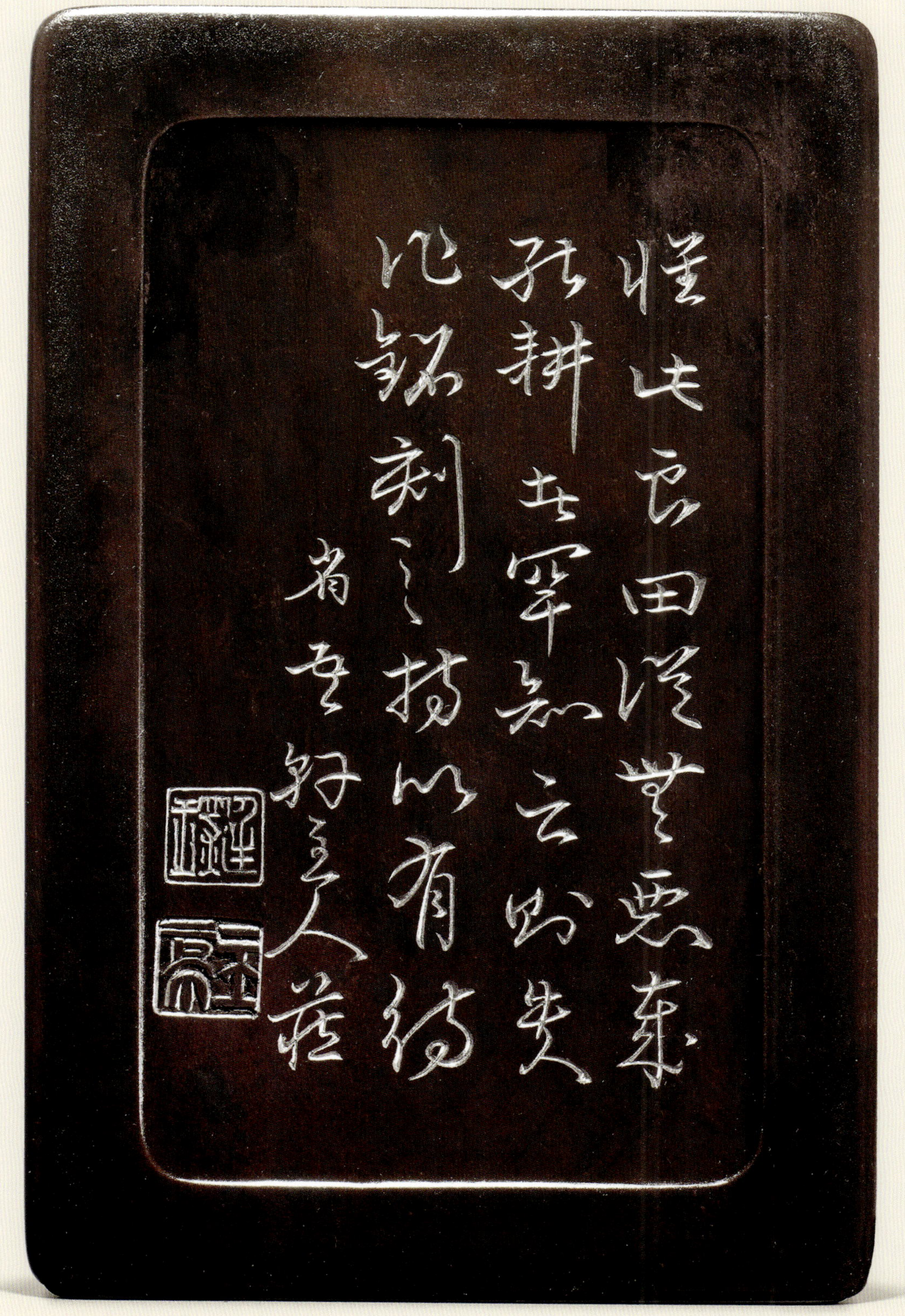

清晚期　省吾銘淌池端硯（背面）

省吾銘淌池端硯（清晚期）

花梨木蓋盒

硯旁雕龍雲紋堂池間雕井田格並卧牛背有齋綈為省吾軒主人刻銘並印款『廷琛』『一王亭』

許曰石綠坑仔細膩紫濃琢磨沈穩體厚重軒綈省吾籍以筆耕隨陸無武惟善辭訟

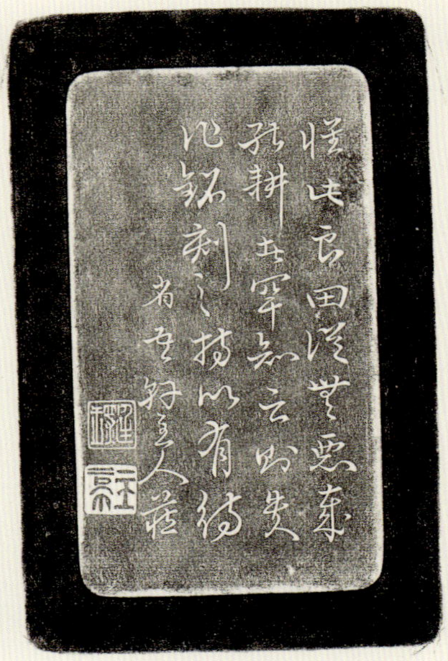

王承雄書於海上

石為上品坑仔巖所出色澤紫紅硯體端方厚重雕琢細膩色漿熟老銘曰惟此良田從無惡歲能耕者罕知之者貴具所謂硯乃筆耕之田無需納稅惟善耕此田者甚少其主人當為光緒二十年進士劉廷琛宣統朝京師大學堂學務大臣（知今之北京大學校長）著名保皇黨曾輔助張勳復辟入宮請溥儀復位者省吾典出曾子吾日三省吾身閑文章曰『一王』乃出『史記太史自序』『漢書叔孫通傳贊』等即一朝者也如孔子之時上無明君下不得任用故作『春秋』垂空文以斷禮義當一王之法孫卅通舍抱鼓而立一王之法皆合其身份及政治抱負

清晚期　省吾銘淌池端硯

長十七點三厘米　寬十一點二厘米　高三點八厘米

背有齋號為省吾軒主人刻銘，並印款『廷琛』、『一王亭』。花梨木蓋盒。硯唇螭龍雲紋，堂池間雕井田格並臥牛。

石為上品坑仔岩所出，色澤紫紅。硯體端方厚重，雕琢細膩，包漿熟老。銘曰：『惟此良田，從無惡歲。能耕者罕，知之者貴。』其所謂硯乃筆耕之田，無需納税。惟善耕此田者甚少。其（舊）主人當為光緒二十年進士劉廷琛，宣統朝京師大學堂學務大臣（如今之北京大學校長），著名保皇黨，曾輔佐張勳復辟，入宫請溥儀複位者。『省吾』典出曾子『吾日三省吾身。』閑文章曰『一王』，乃出《史記·太史公自序》、《漢書·叔孫通傳贊》等，即一朝者也。如：『孔子之時，上無明君，下不得任用，故作《春秋》，垂空文以斷禮義，當一王之法。』『孫叔通舍抱鼓而立一王之法。』皆合其身份及政治抱負。

評曰：石緣坑仔，細膩紫濃。琢磨沉穩，體（勢）厚重。軒號省吾，藉以筆耕。隨陸無武，惟善辭訟。

清晚期　圭璋特達銘長方形端硯（正面）

清晚期　圭璋特達銘長方形端硯（背面）

圭璋特達銘長方形端硯

楠木盒
夔手箧螭紋中篆圭璋特達

歲在戊戌孟夏
王承雄揮汗於海上

清晚端溪非張
抱冰所重開春
莫屬琢磨文質
則有明以降舍
吳門其誰以是
觀之其理自明
讚曰
張坑紫石火捺
遍及圭璋特達
典出禮記所謂
香河德木絕美
池作連方諸俵
長美工料具張
致有此以

清晚期　圭璋特達銘長方形端硯

長十九厘米　寬十一點四厘米　高二點八厘米

楠木盒，覆手雙螭紋中篆『圭璋特達』。

清晚端溪，非張抱冰所重開者莫屬。琢磨文質，則有明以降舍吳門其誰？以是觀之，其理自明。

讚曰：張坑紫石，火捺遍及。圭璋特達，典出禮記。所謂者何？德才絕矣。池作連方，諸侯長矣。工料具張，致有此比。

清晚期　鏡亭銘斷碑式端硯（正面）

清晚期　鏡亭銘斷碑式端硯（背面）

鏡亭銘斷碑式端硯

晚清

紫檀盒 背銘「玉以德為君子之式」鏡亭

斷碑式板硯額正背皆雕薄意雲紋硯式方之若君子硯石滑膩而如溫玉故此八字清人多以此為硯銘而辨鏡亭之亦衆然則終不失為上品之硯

有歌曰取端谿之坑洞子品自腴膩若碑碣之片石子直入雲霓賦騷人以采于華章成就得碳黑以研磨于管城以求過往文人佐使今者藏家摩挲是故文房之器唯硯為貴蓋其永固者也

維戊戌仲夏之六月初始

王承雄楷書於海上

清晚期　鏡亭銘斷碑式端硯

長十六點五厘米　寬十一厘米　高一點八厘米

原配紫檀盒。背銘：『玉以為德，君子之式。鏡亭。』

斷碑式板硯，額正背皆雕薄意雲紋。硯式（端）方之若君子，硯石滑膩而如溫玉。故此八字，清人多以此為硯銘，且號鏡亭之（人）亦眾。然則終不失為上品之硯。

有歌曰：取端溪之坑洞兮，品自腴膩。若碑碣之片石兮，直入雲霓。賦騷人以采兮，華章成就。得碳黑以研磨兮，管城以求。過往文人佐使，今番翫家摩挲。是故文房之器，唯硯為貴，蓋其永固者也。

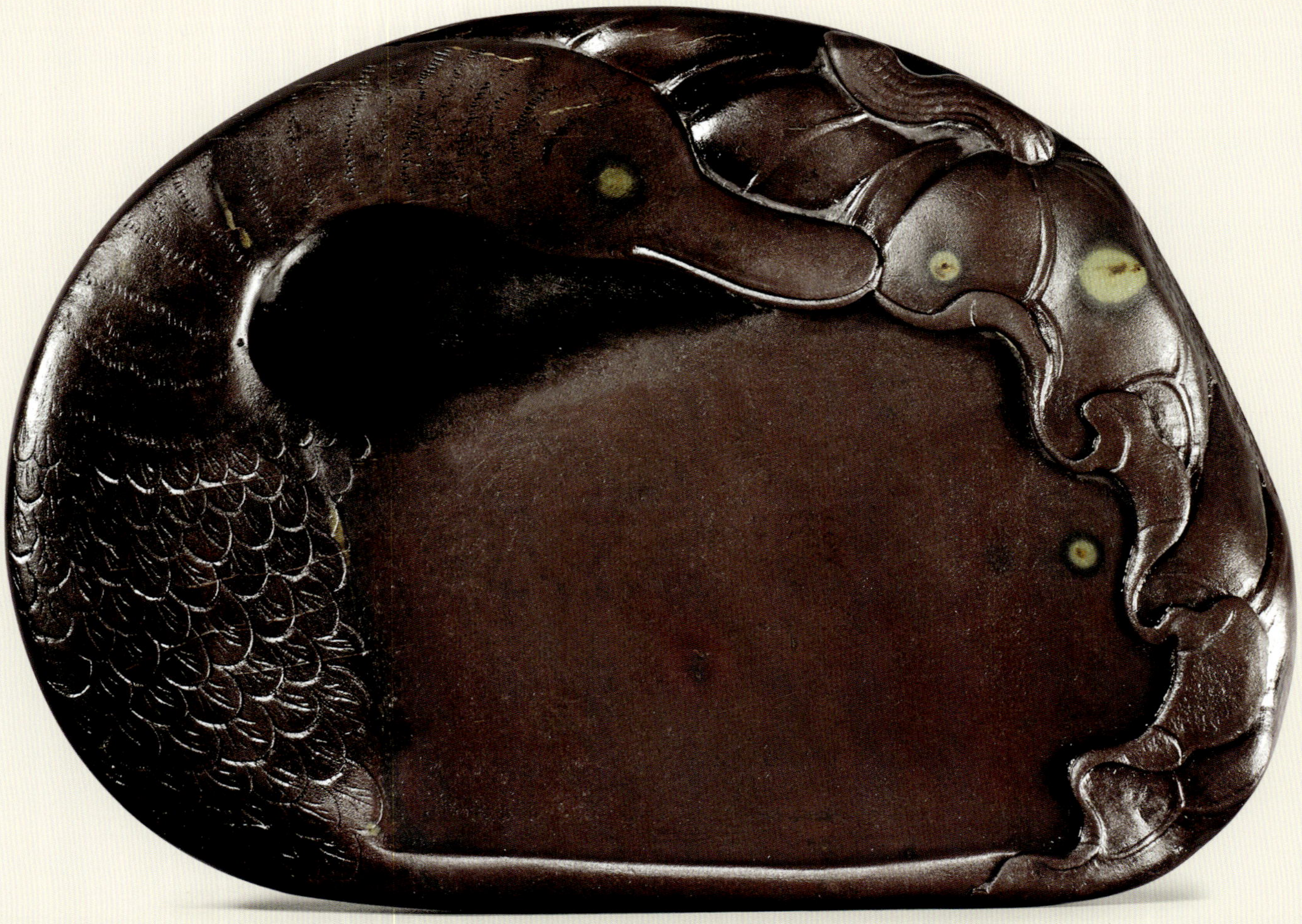

清晚期　高元銘隨形端硯（正面）

清晚期 高元銘隨形端硯（背面）

高元銘隨形端硯

晚清

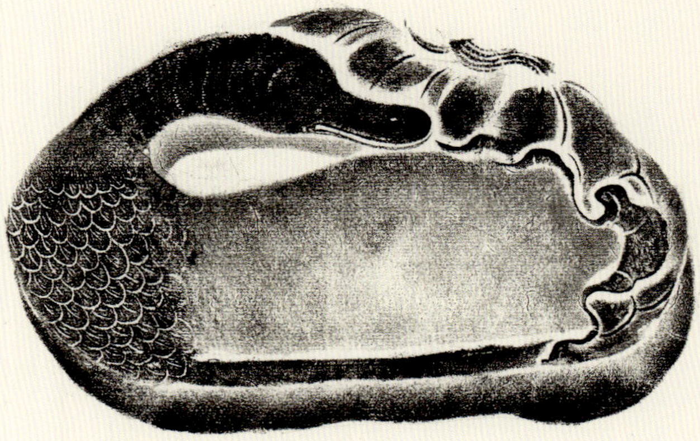

漆木盒

背銘：尚留片石人琴在依舊寒香浸硯池 高元刻

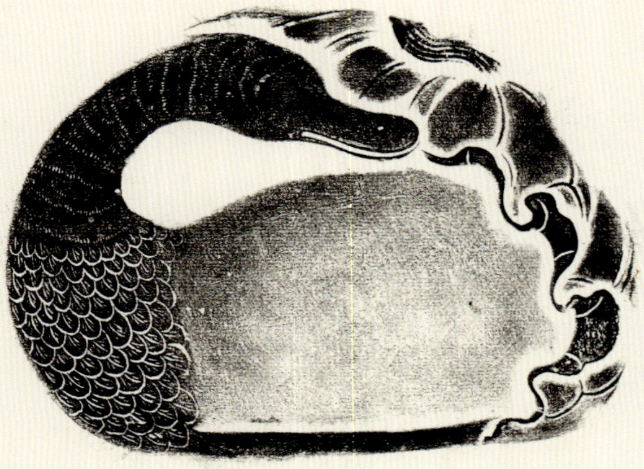

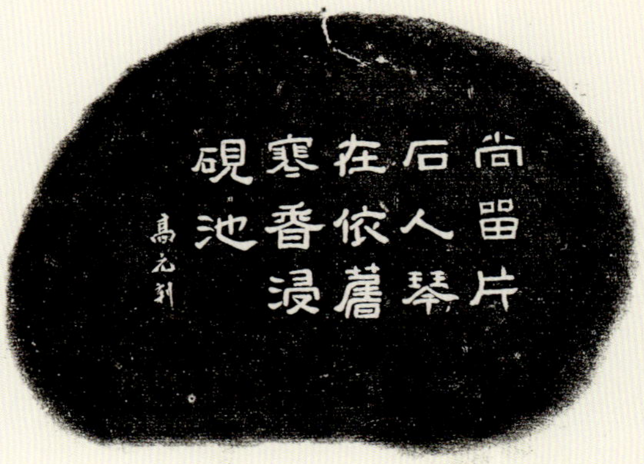

石出山坑下墨快而發墨稍遜雖有眼卻無睛輪難以入精品之列硯工深邃全以降春水玉形制假一石眼琢成野鳧又以翻卷之荷葉被覆並隨其項背彎曲之態琢成淌池頓成生趣詩銘出清計楠梅花硯銘鐵杆相看與石宜一枝斑管幾追思尚留片石人琴在依舊寒香浸硯池高元借其尾聯以刊刻今賦詩有云似躲海冬青游鳧適入蓮源出春水玉野趣上堪憐

歲次戊戌初月王承雄書於海上

清晚期　高元銘隨形端硯

長十四點六厘米　寬十點二厘米　高二厘米

漆木盒

背銘：『尚留片石人琴在，依舊寒香浸硯池。高元刻。』

石出山坑，下墨快而發墨稍遜。雖有眼卻無睛輪，難以入精品之列。硯工法遼金以降春水玉形製，假一石眼琢成野鳧，又以翻卷之荷葉被覆，並隨其項背彎曲之態，琢出淌池，頓成生趣。詩銘出清計楠《梅花硯銘》：『鐵杆相看與石宜，一枝斑管幾追思。尚留片石人琴在，依舊寒香浸硯池。』高元借其尾聯以刊刻。今賦詩有云：似躲海冬青，遊鳧遁入蓮。源出春水玉，野趣亦堪憐。

清晚期 寶珣銘四直式端硯（正面）

清晚期　寶珣銘四直式端硯（背面及邊款）

寶珣銘四直式端硯

清晚期

硯墻右側楷書銘

瀋陽東山寶珣藏研

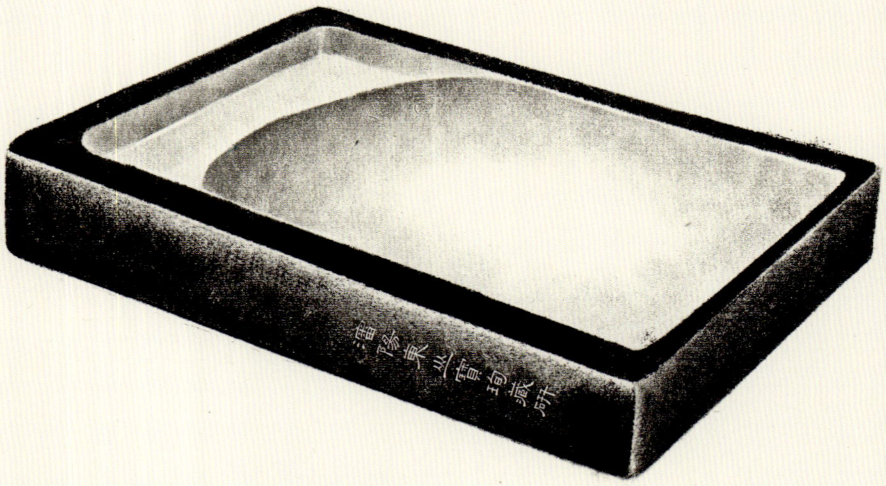

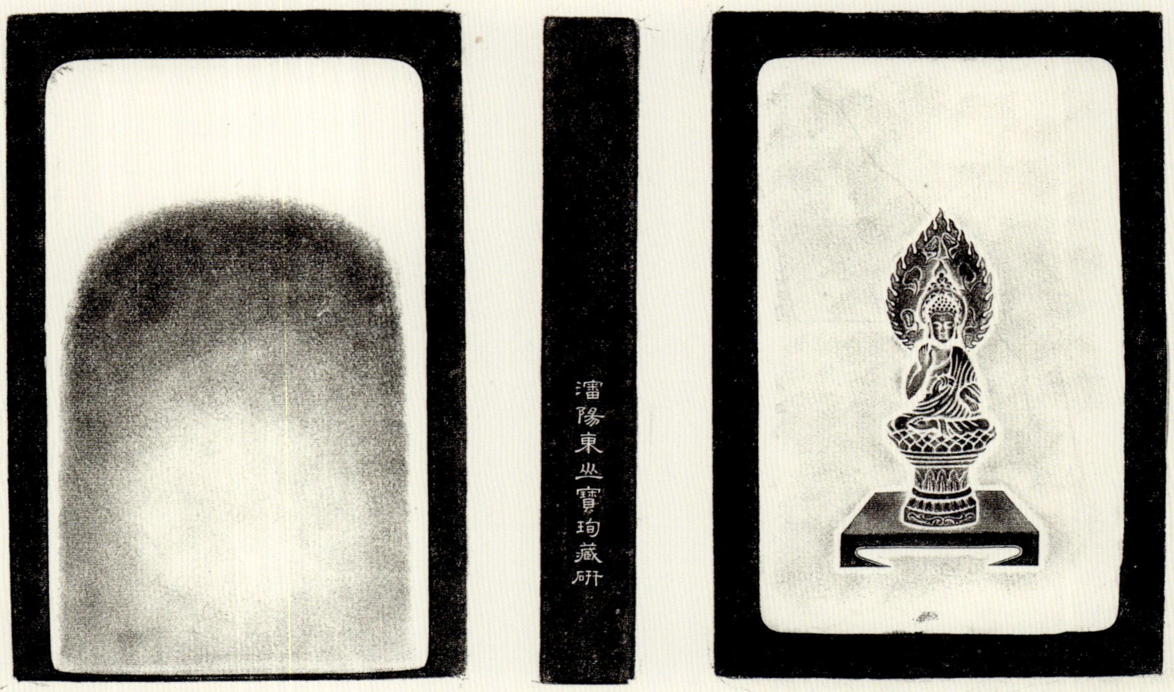

寶珣字東山馬佳氏滿洲鑲黃旗道光二十一年（一八四二）壬寅科進士累官至兵部侍郎山海關副都統善詩書有味經書屋詩序傳世此硯屬清中晚常品惟覆手雕大士寶相甚精彩復有銘耳是所謂石美可賞製精可藏工致可睞常品翰銘玲品翰傳普品供使俗品不治

戊戌初夏之月

王承楫書於海上逸墨齋

清晚期　寶珣銘四直式端硯

長二十點三厘米　寬十三點七厘米　高三厘米

硯牆左側楷書銘：『瀋陽東山寶珣藏研。』

寶珣字東山，馬佳氏，滿洲鑲黃旗，道光二十一年（一八四二）壬寅科進士，累官至兵部侍郎、山海關副都統。善詩書，有《味經書屋詩序》傳世。此硯屬清中晚常品，惟覆手雕大士寶相甚精彩，複有銘耳。是所謂：石美可賞，製精可藏。有品可玩，工致可陳。常品看銘，珍品看傳。普品供使，俗品不沾。

清晚期 愛鵝圖敞池板式端硯（正面）

清晚期　愛鵝圖敞池板式端硯（背面）

愛鵞副敞池板式端硯

（清晚期）

原配刻山水花梨盒

村選端谿張坑特徵
分明硯取板式淺刻
挖池隨形愛鵞典出
逸少有荷出水底琢
方圓以相天地中雕
太極陰陽魚乃取意
人法地地法天天法
道道法自然
賦詩云一水兩岸米
家山花棃為篋藏歲
端能工鑿取真情趣
天地人皆法自然

歲次戊戌初夏之月
王承雄書於海上

清晚期　愛鵝圖敞池板式端硯

長十五點六厘米　寬十點六厘米　高二點二厘米

原配刻山水花梨盒

材選端溪張坑，特徵分明；硯取板式淺刻，挖池隨形。愛鵝典出逸少，有荷出水。底琢方圓以相天地，中雕太極陰陽魚，乃取意人法地，地法天，天法道，道法自然。賦詩云：一水兩岸米家山，花黎為篋藏紫端。能工鑿取真意趣，天地人皆法自然。

清晚期　天河會圖隨形活眼端硯（正面）

清晚期　天河會圖隨形活眼端硯（背面）

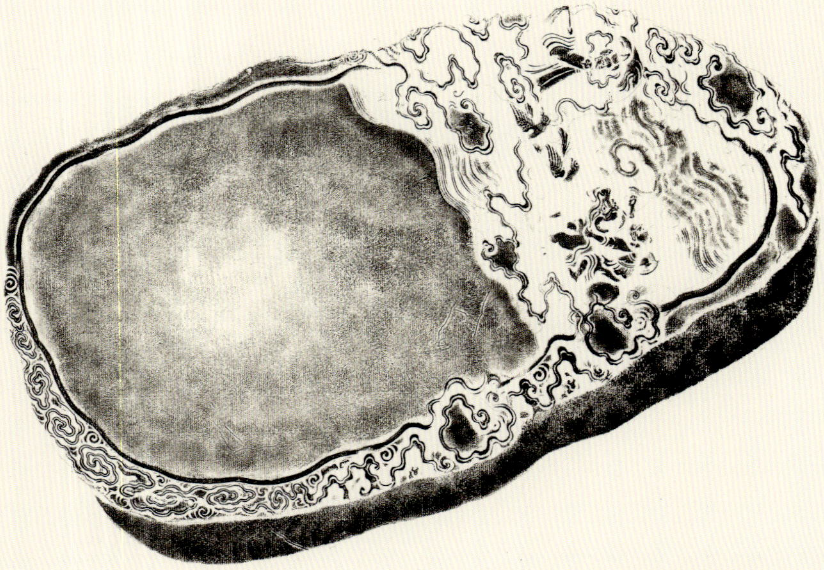

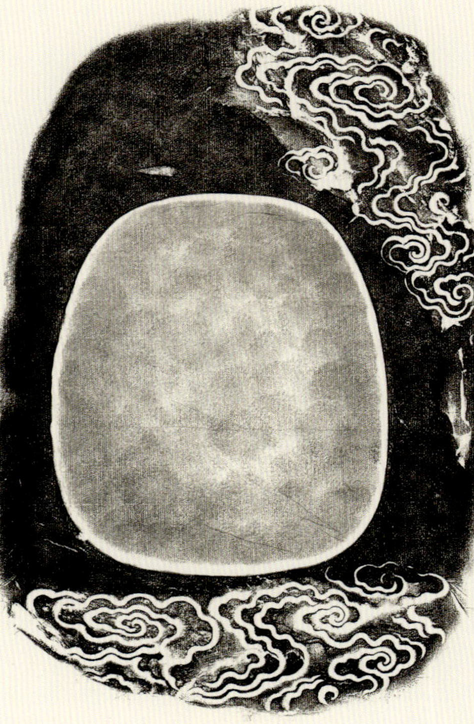

天河會圖隨形活眼端硯

晚清

紅木盒 無銘

端谿極品活眼圓暈於上額頭之眼清然碧透似月輪環暈逼真又似五倫餘眼如斗拱衛兔斧難成琢雕精細繁復畫示祥瑞乃盛世氣象牛郎織女鵲橋相會傳頌一段真情致有秦少遊鵲橋仙中兩情若是久長時又豈在朝朝暮暮

有詩曰

端石活眼內含情紋理清晰色白明幻作星辰拱皓月天河歲歲訴此情

歲次戊戌仲夏之月 王承雄書於海上逸墨齋

附秦觀詞：纖雲弄巧飛星傳恨銀河迢迢暗度金風玉露一相逢便勝卻人間無數柔情似水佳期如夢忍顧鵲橋歸路兩情若是久長時又豈在朝朝暮暮 鵲橋仙

清晚期　天河會圖隨形活眼端硯

長三十三點五厘米　寬二十四點五厘米　高三點五厘米

紅木盒，無銘。

端溪極品，活眼團聚於上。額頭之眼，清幽碧透似月輪，環暈逼真。又似五倫，餘眼如斗拱衛，鬼斧難成。琢雕精細繁複，圖示祥瑞，乃盛世氣象。牛郎織女，鵲橋相會，傳頌一段真情。致有秦少遊《鵲橋仙》中，『兩情若是久長時，又豈在朝朝暮暮。』有詩曰：端石活眼內含情，紋理清晰色自明。幻作星辰拱皓月，天河歲歲證此情。

清晚期　龍蝠團壽紋長方形端硯（正面）

清晚期 龍蝠團壽紋長方形端硯（背面）

龍蝠團壽紋長方形端硯

清晚期

原配銅色角紫檀盒

紫石火捺隱現銀星碎涷綿延螭龍雙抱硯額角雲蝠團壽乘拂塵寓意雙龍納寶福壽綿長淺堂取千安牌狀又道千安永駐終屬斷碑模樸謂之永固是所謂盛世文風萃隆福拱壽疆吉祥寓意滿繼世詩書長

歲在戊戌夏月王承雄書

清晚期　龍蝠團壽紋長方形端硯

長十四點五厘米　寬九點八厘米　高一點九厘米

原配銅包角紫檀盒。

紫石火捺隱現，銀星碎凍綿延。螭龍雙抱硯額角，雲蝠團壽垂拂塵。寓意雙龍納寶，福壽綿長。淺堂取平安牌狀，終屬斷碑模樣。謂之永固。是所謂：盛世文風萃，隆福拱壽疆。吉祥寓意滿，繼世詩書長。

清晚期 雲龍三現圖長方形端硯（正面）

清晚期　雲龍三現圖長方形端硯（背面）

雲龍三現啚長方形端硯

清晚期

原配紅木盒
無銘

額雕雲龍三現惟龍垂暮霞手海水江芽或曰柱石工執在道光咸豐年間細柔而無彩然水波中一柱頗具氣勢琢時留石皮少許別有一番匠心
有詩曰開疆列土在朝初王霸氣蒸銀草廬盛景暗生垂暮意便知奇趣已難舒
王承雄書於申

清晚期　雲龍三現圖長方形端硯

長十六點二厘米　寬十點六厘米　高二厘米

原配紅木盒，無銘。

額雕雲龍三現，惟龍（顏）垂暮。覆手海水江芽，或曰柱石。工藝在道光、咸豐年間，細柔而無彩。然水波中一柱，頗具氣勢。琢時留石皮少許，別有一番匠心。

有詩曰：開疆列土在朝初，王霸氣蒸起草廬。盛景暗生垂暮意，便知奇趣已難舒。

清晚期　南極仙翁圖長方形端硯（正面）

清晚期　南極仙翁圖長方形端硯（背面）

南極僊翁圖長方形端硯

晚清

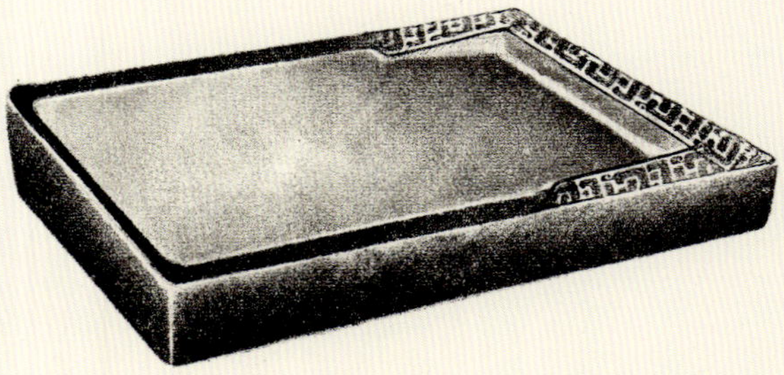

原配花梨盒無銘

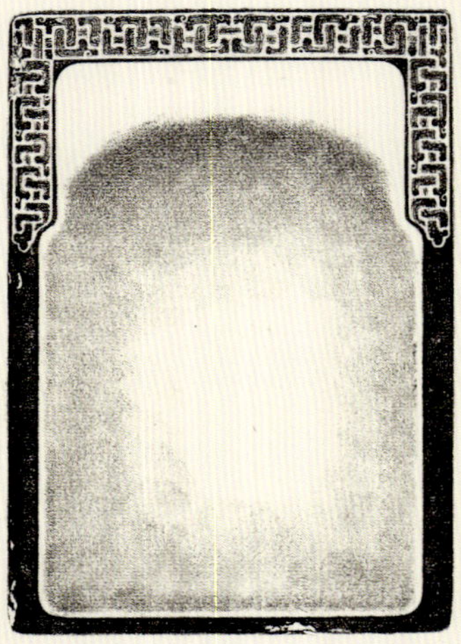

石具隱顯眉紋星斑散羅琢成平堂淌池簡約概括背雕僊翁童子有鹿在側青煙繚繞出爐掩映南斗壽星垂眉展卷為何參研此圖有異帶當風之筆見灑脫刀法鹿背梅花挺刻存晚明意趣

詩贊云端硯宜發墨色沉耐砥礪把將奉壽者筆落書仁德

戊戌夏初之月

王承雄書錄

清晚期　南極仙翁圖長方形端硯

長十三點二厘米　寬九點五厘米　高一點五厘米

原配花梨盒，無銘。

石具隱顯眉紋，星斑散羅。琢成平堂淌池，簡約概括。背雕仙翁童子，有鹿在側。青煙繚繞出爐，掩映南門。壽星垂眉展卷，為何參研？此圖有吳帶當風之筆，見瀟脫刀法；鹿背梅花旋刻，存晚明意趣。

詩贊云：端硯宜發墨，色沉耐砥磨。把將奉壽者，筆落書仁德。

清晚期 綿綿瓜瓞銘肖形端硯（正面）

清晚期 綿綿瓜瓞銘肖形端硯（背面）

綿緜瓜瓞銘肖形端硯

清晚期

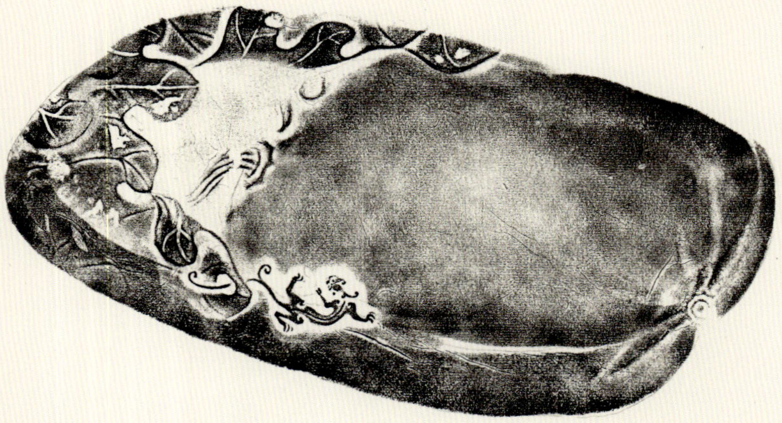

肖濤辟『繡余刻畫』
漆盒硯底銘綿緜瓜瓞庚子七月
篆於綠玉書屋輪川在峨後刻輪川姓氏印款
並長林子子孫孫閑文印款

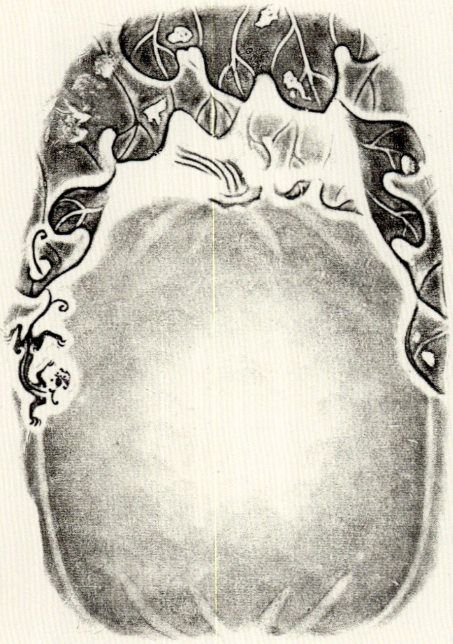

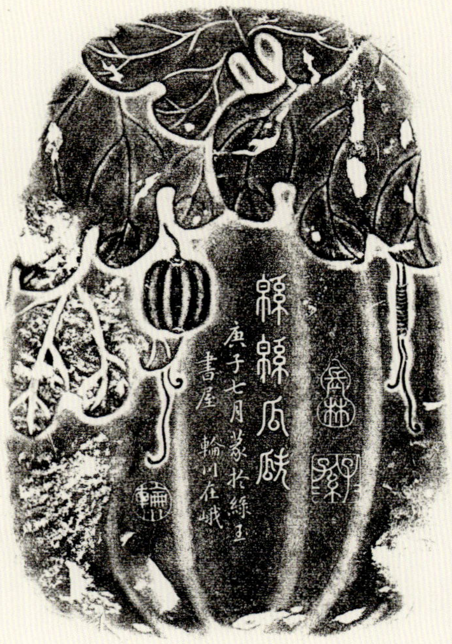

硯取工品端石精心雕鏤以大瓜為體浅挖成堂尾琢瓜棖從簡額覆瓜葉以蘩並鏤雕過池瓜蒂側葉底出螭龍乃美好吉祥意瓜蔓出過墻出硯背又垂一小瓜古稱瓞圖式典出『詩·大雅·綿』綿緜瓜瓞民之初生句寓子孫綿長惟款識及名章形制皆日人習氣或為輪川於庚子時（一九零零）吳門定制十載後歸於過雲樓緣漆盒刻畫者潘志玉乃過雲樓顧麟士繼室此盒及硯辛亥（一九一二）重節時贈三女顧曇星近年方流出感而賦一絕云

藏畫天下顧家珍孰知善本更無倫過雲樓裏閨閣現先占書香十二分

歲次戊戌初夏之月
王承雄書於海上逸墨齋

清晚期　綿綿瓜瓞銘肖形端硯

長十八點五厘米　寬十二點五厘米　高二點五厘米

有潘辟《繡余刻畫圖》漆盒。硯底銘『綿綿瓜瓞。庚子七月篆於緑玉書屋。輪川在峨。』後刻『輪川』姓氏印款，並『長林』、『子子孫孫』閑文印款。

硯取上品端石，精心雕鏤。以大瓜為體，淺挖成堂。尾琢瓜棱從簡，額覆瓜葉以繁，並鏤雕過池瓜蒂。側葉底出螭龍，乃美好吉祥意。瓜葉過牆出硯背，又垂一小瓜，古稱瓞。圖式典出《詩·大雅·綿》：『綿綿瓜瓞，民之初生』句，寓子孫綿長。惟款識及名章形製皆日人習氣。或為輪川於庚子時（一九零零）吳門定製，十載後歸於過雲樓。緣漆盒刻畫者潘志玉，乃過雲樓顧麟士繼室。此盒及硯，辛亥（一九一一）重（陽）節時贈三女顧景星，近年方流出。感而賦一絕云：藏畫天下顧家珍，孰知善本更無倫。過雲樓裏閨閣硯，先占書香十二分。

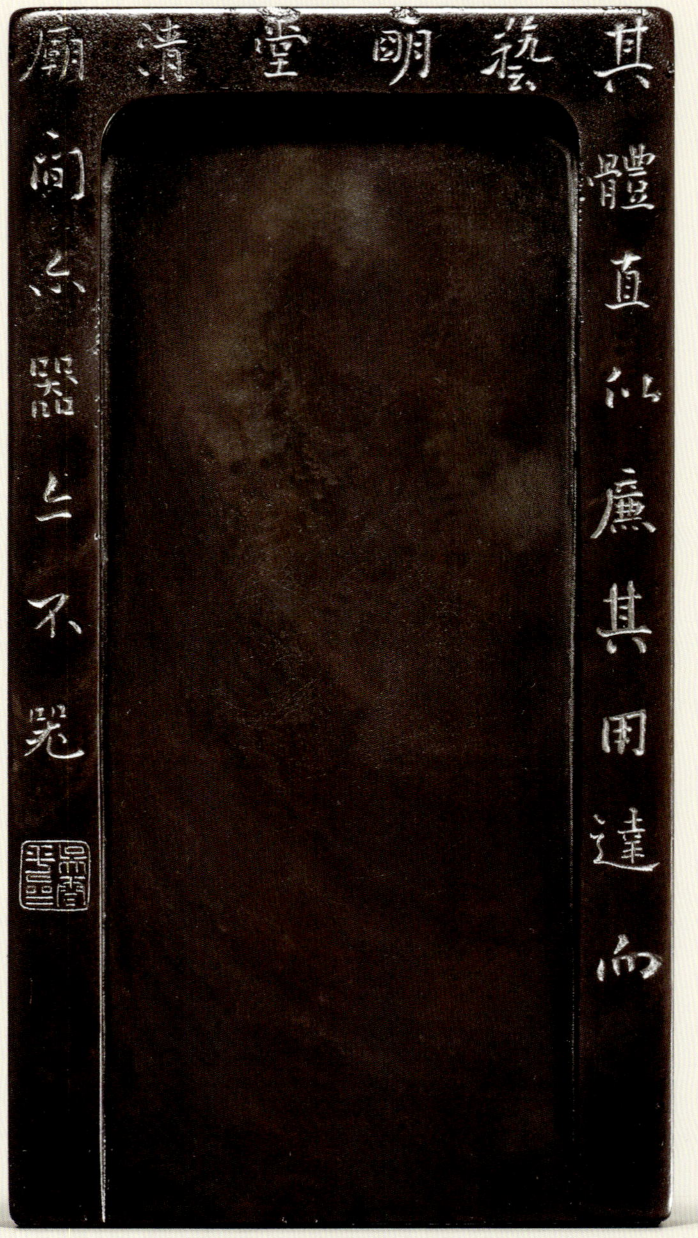

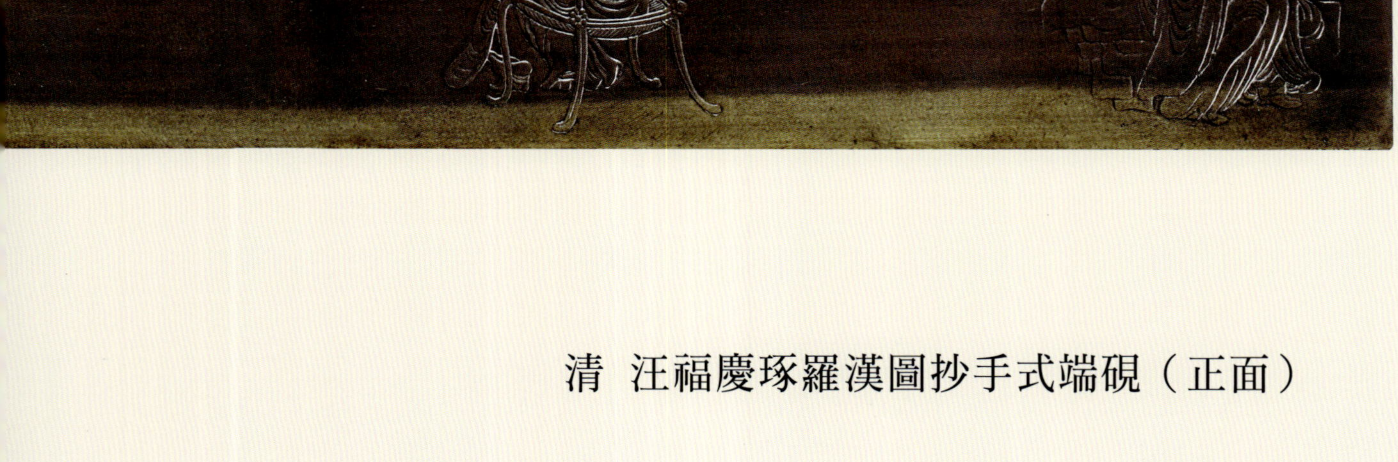

清 汪福慶琢羅漢圖抄手式端硯（正面）

清　汪福慶琢羅漢圖抄手式端硯（背面）

汪福慶琢羅漢畫抄手式端硯

宗硯

明式櫸木天地蓋有刻羅漢畫及明清文士銘記四處

老坑端石北宋四直形制硯墻直通硯堂淺坡淌池洗練簡約概括凝重品格極高確真無疑初有明嘉靖進士張德夫得而刻鑒藏印款此公字子成隆慶間在長洲知縣任有主修縣誌存世復嘉慶間吳興鑒藏印家吳雲字少青號平齋退樓制銘於硯眉後歙洲琢硯名家汪福慶刻羅漢像於硯墻又晚清文士儀徵程守謙字茍材得題名曰羅漢研並銘有詩云北宋坡堂抄手式四直廉儉執明堂採石自古多題咏試假前賢名俱揚

歲次戊戌孟夏之月海上王家雄揮汗於逸墨齋

清　汪福慶琢羅漢圖抄手式端硯

長十四點七厘米　寬八厘米　高七厘米

明式櫸木天地蓋，有刻羅漢圖及明清文士銘記四處。

老坑端石，北宋四直形製。硯牆直通，硯堂淺坡淌池。洗練簡約，概括凝重，品格極高，確真無疑。初有明嘉靖進士張德夫，得而刻鑒藏印款。此公字子成，隆慶間在長洲知縣任，有主修縣誌存世。複嘉慶間吳興鑒藏印家吳雲，字少青，號平齋、退樓，製銘於硯唇。後歙洲琢硯名家汪福慶，刻羅漢像於硯牆。又晚清文士，儀征程守謙，字荀叔得題名曰『羅漢研』並銘。

有詩云：北宋坡堂抄手式，四直廉儉藝明堂。採石自古多題咏，試假前賢名俱揚。

清　李玉棻銘紅絲石硯（正面）

清　李玉棻銘紅絲石硯（背面）

原配紅木盒

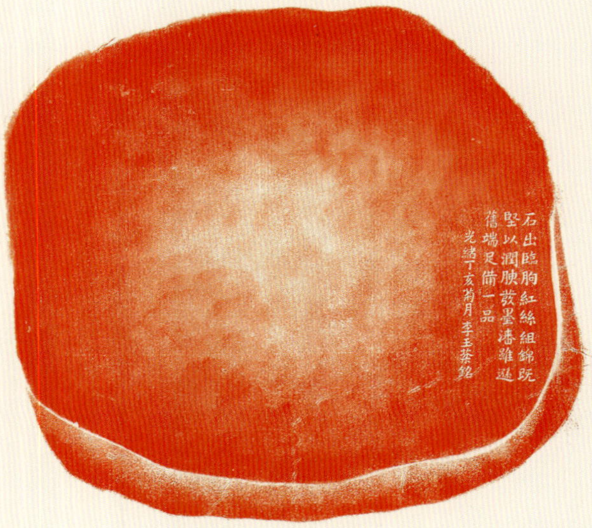

李玉棻銘紅絲石硯

其銘曰石出臨朐紅絲組錦既堅以潤肤發墨滮雖遜於舊端足備一品光緒丁亥一八八七一菊月李玉棻然銘此乾隆御製僅簡略其中制為風字宣和式故可疑

歲在戊戌初夏之月 王承雄書於海上逸齋窗下

清　李玉棻銘紅絲石硯

長三十厘米　寬二十五厘米　高四點五厘米

原配紅木盒。

其銘曰：『石出臨朐，紅絲組錦。既堅以潤腴發墨瀋。雖遜於舊端，足備一品。光緒丁亥（一八八七）菊月李玉棻。』然銘出乾隆御製，僅簡略其中『製為風字宣和式』，故可疑。

清　梁鼎芬藏鳳紋澄泥硯（正面）

清　梁鼎芬藏鳳紋澄泥硯（背面）

清　梁鼎芬藏鳳紋澄泥硯

此硯屬鱔魚黃澂泥質料
足質佳堅而不脆光而滑
色澤雅靜濃而不燥沉而
不霉硯體長圓形淌池式
硯池深邃如彎月映湖硯
堂中心微凹便宜研磨緩
坡處淺浮雕鳳鳥扁紋首
尾回環身姿翩躚雙目清
明神情肅穆硯邊浮雕刻
鳳雲紋呈軸對稱狀雙鳳
長喙長翎長身長尾纏綿
似如意錦雲怡然祥和然
又有升騰凌霄之勢氣魄
撼人硯堂硯邊紋飾皆古
拙質樸雖略有差異卻呼
應相稱更顯現之雕飾之
美硯背有覆手寬厚光素
中心有「梁鼎芬藏」行書銘
款另有全形影搨鈐「立波
所拓印譜」朱文印
梁鼎芬（一八五九—一九二零）
字星海心海伯烈號節庵
廣東番禺人光緒六年進
士授編修官至湖北按察
使後為溥儀師傅工書工
詩善書瘦金體
壬寅冬月
王承雄書

清　梁鼎芬藏鳳紋澄泥硯

長十六點五厘米　寬十點五厘米　高一點七厘米

此硯屬鱔魚黃澄泥質，料足質佳，堅而不脆，光而滑；色澤雅靜，濃而不燥，沉而不郁。硯體長圓形，淌池式，硯池深邃，如彎月映湖，硯堂中心微凹，便宜研磨，緩坡處淺浮雕鳳鳥扁紋，首尾回環，身姿翩躚，雙目清明，神情肅穆。硯邊浮雕刻鳳雲紋，呈軸對稱狀，雙鳳長喙長翎長身長尾，繾綣似如意錦雲，怡然祥和，然又有升騰凌霄之勢，氣魄撼人。硯堂硯邊紋飾皆古拙質樸，雖略有差異，卻呼應相稱，更顯硯之雕飾之美。硯背有覆手，寬厚光素，中心有『梁鼎芬藏』行書銘款。另有全形影拓，鈐『立波所拓印譜』朱文印。

梁鼎芬（一八五九—一九二零）字星海、心海、伯烈，號節庵，廣東番禺人。光緒六年進士授編修，官至湖北按察使，後為溥儀師傅。工書工詩，善書瘦金體。

清　玉壺居士銘肖形端硯（正面）

清　玉壺居士銘肖形端硯（背面）

玉壺居士銘肖形端硯

紫檀盒

背銘曰無惡歲在勤耕玉壺居士巾箱便用

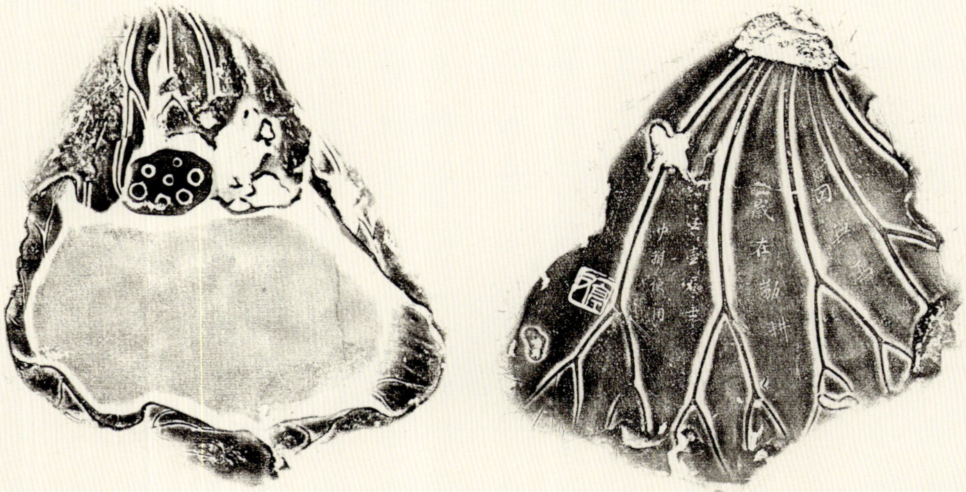

玉壺居士之號寡聞然一亭父乃白龍山人王震别署無存疑處其早年為海派振興並成功打入東瀛書畫市場貢獻甚巨而後又勉籌集款救濟日本關東大地震晚年面對侵畧者卻堅辭偽職避居香港封筆不出而此硯出端溪水坑發墨史評最佳最宜作畫之用研制為肖形蓮荷狀取其不染銘則以硯為田發奮於和平時期辛勤耕耘賦詩曰

曰無惡歲在勤耕外侮臨頭節氣恒輟筆一亭非負氣惟緣垂暮難從戎

王承雄書於海上陋室

清　玉壺居士銘肖形端硯

長十三厘米　寬十二點五厘米　高一點七厘米

紫檀盒，背銘『因無惡歲在勤耕。玉壺居士，巾箱便用。』

玉壺居士之號寡聞，然『一亭父』乃白龍山人王震別署，無存疑處。其早年為海派振興並成功打入東瀛書畫市場貢獻甚巨，而後又勉籌集款救濟日本關東大地震，晚年面對侵略者卻堅辭偽職避居香港，封筆不出。而此硯出端溪水坑，發墨史評最佳，最宜作畫之用。研製為肖形蓮荷狀，取其不染。銘則以硯為田，發奮於和平時期辛勤耕耘。賦詩曰：因無惡歲在勤耕，外侮臨頭節氣恒。輟筆一亭非負氣，惟緣垂暮難從戎。

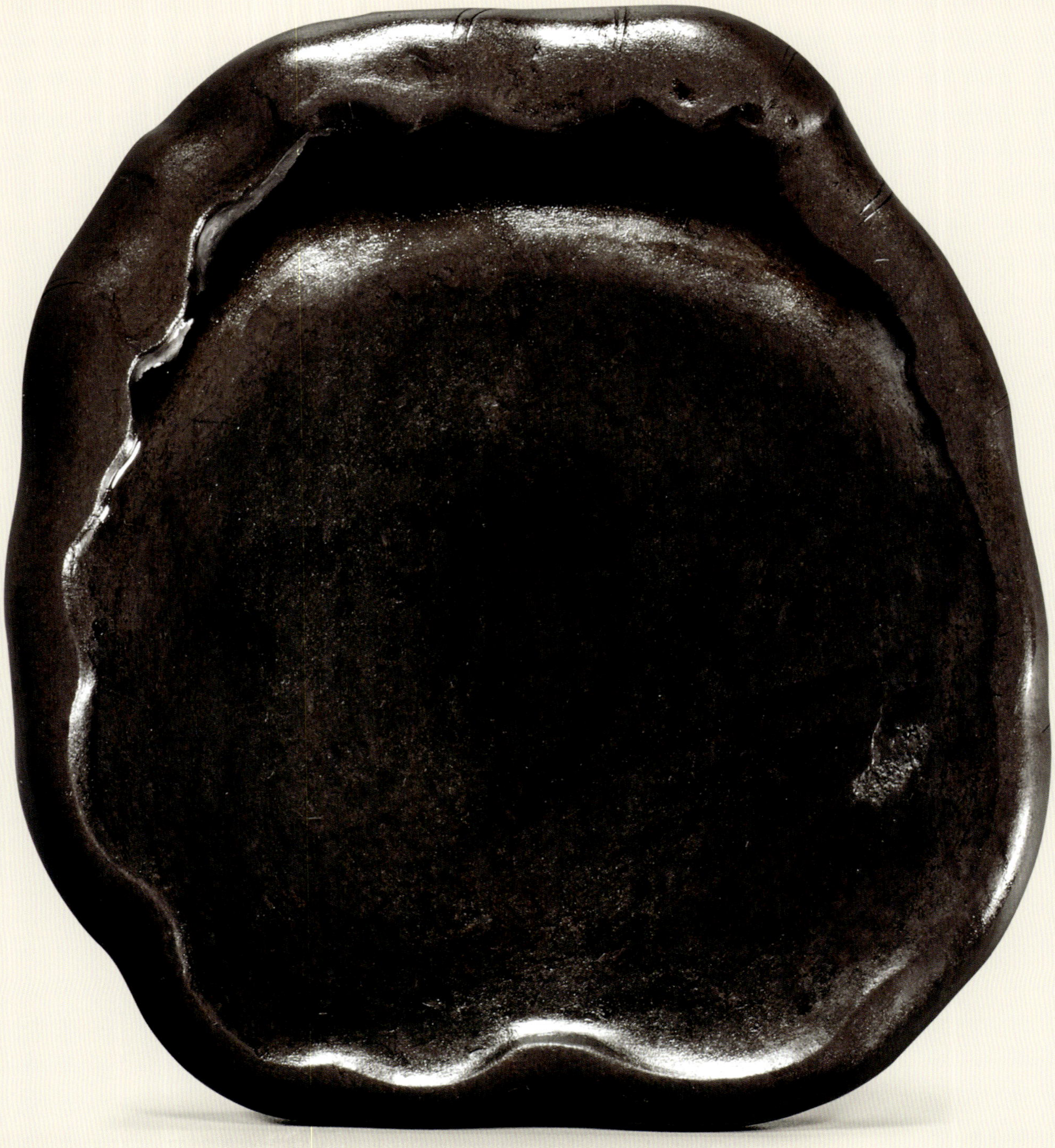

清晚期 汪士元藏荷葉形端硯（正面）

清晚期 汪士元藏荷葉形端硯（背面）

汪士元藏荷葉形端硯（清晚期）

原配楠木依形盒
有汪士元刻款及向叔所藏印款

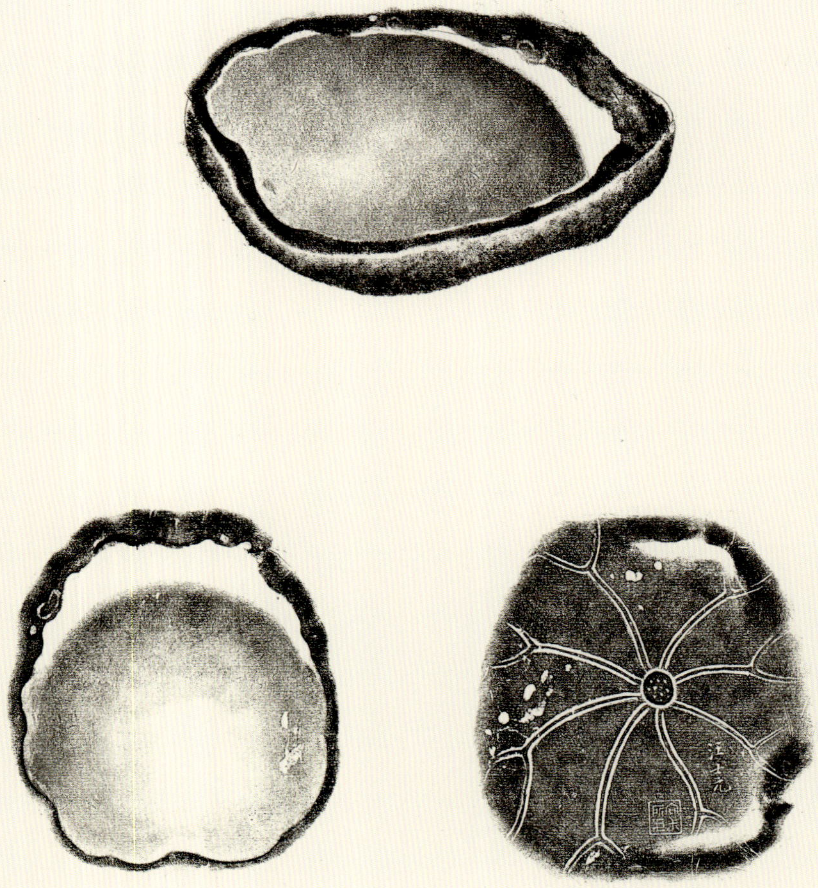

硯屬相生荷葉形工巻為墻硯堂平緩微凹敞池隨形背刻蓮葉紋灑脱寫意觀之迺朱明意韻猶存元風而汪士元字向叔清季末科進士以書畫鑒藏名款識及藏印可證其得此硯逾深以為珍者亦以為古物也

贊曰隨形賦意不染於泥簡而不陋文質合宜匣取楠木得益明季素而朝天最妙依蒂

王承雄於海上

清晚期　汪士元藏荷葉形端硯

長十厘米　寬九點四厘米　高一點五厘米

原配楠木瓜形盒，有汪士元刻款及『向叔所藏』印款。

硯屬相生荷葉形，上卷為牆。硯堂平緩微凹，敞池隨形。背刻蓮葉紋，灑脫寫意。觀之乃朱明意韻，猶存元風。而汪士元字向叔，清季末科進士，以書畫鑒藏名。款識及藏印可證，其得此硯後，深以為珍者，亦以為古物也。

贊曰：隨形賦意，不染於泥。簡而不陋，文質合宜。匣取楠木，得益明季。素面朝天，最妙瓜蒂。

清晚期　浦華畫並題長方敞池端硯（正面）

清晚期　浦華畫並題長方敞池端硯（背面）

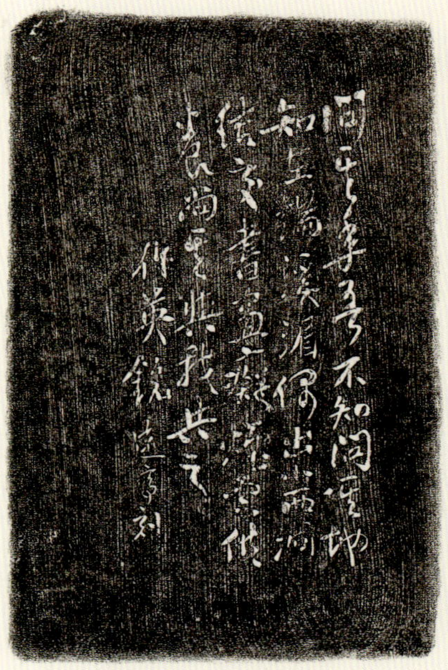

浦華畫並題長方敞池端硯

（晚清）

浦華字作英
畫風奔放行
草稱雄於海
上其銘稱此
硯出端溪小
西洞觀自不
虛硯呈矩形
淺挖硯堂陡
坡淌池乃效
明風背雕嵌
藤椅老僧說
法手法寫實
硬朗浦氏畫
風有詩云小西洞硯堪可
嘉惠而亡足逞芳華屈
指流年已過百何能潤
膚賺嬌娃

王承雄於逸墨齋

面刻曰問其年吾不知
問其地知在端谿小西洞結交書畫癡煙雲供養尚其與汞共
之作英銘遠高刻硯背雕羅漢像

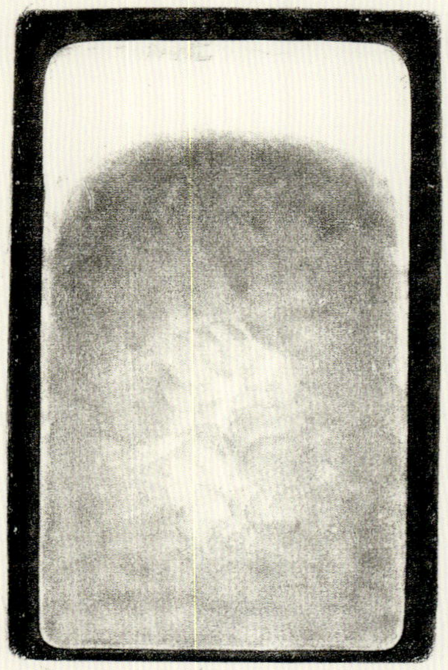

清晚期　浦華畫並題長方敞池端硯

長二十點五厘米　寬十三厘米　高二點九厘米

原配雞翅木盒，面刻作英銘，硯背雕羅漢像。

浦華字作英，畫風奔放，行草稱雄於海上。其銘稱此硯出端溪小西洞，觀自不虛。硯呈矩形，淺挖硯堂；陡坡淌池，乃效明風。背雕山根籐椅，老僧說法；手法寫實硬朗，浦氏畫風。

有詩云：小西洞硯堪可嘉，素面亦足逞芳華。屈指流年已過百，何能潤膚勝嬌娃。

清末 管鳳和銘橢圓形端硯（正面）

形端硯（邊款）

清末　管鳳和銘橢圓形端硯（背面）

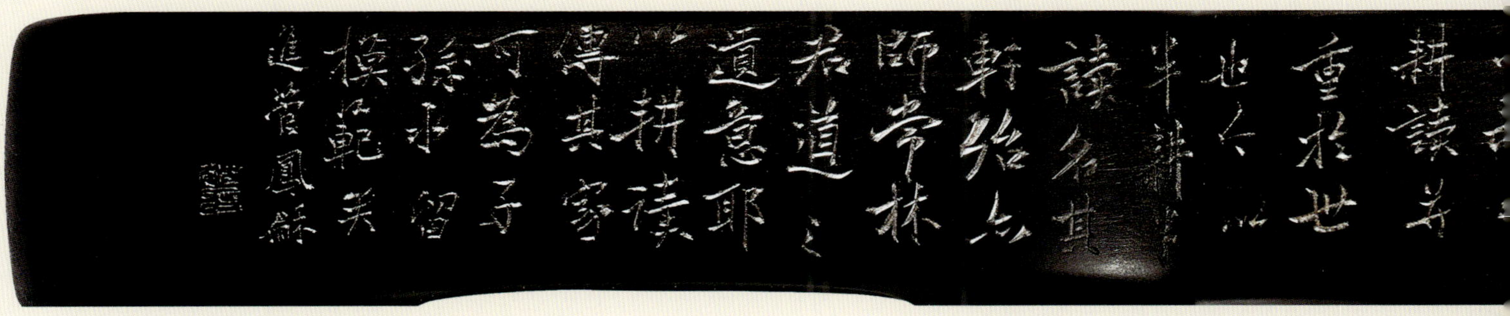

清末　管鳳和銘

管鳳和銘楕圓形端硯

清末

袖硯。硯墻題半耕讀軒銘，後署管鳳和篆，敦德閑文印款

原配櫸木天地盒

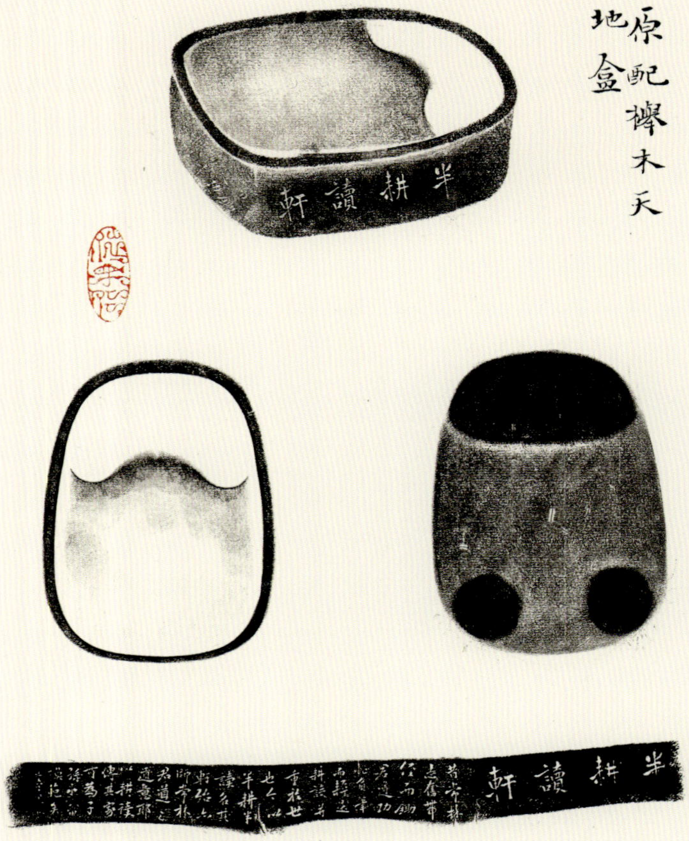

管鳳和字洛笙，光緒末年附貢，於海城知縣任上多有建樹，後至直隸總督幕府。有故人饋贈此硯，以昔常林志備帶經而鋤，君道功忙負筆而耨，引故典譽其雖忙於實務而不忘詩書立志。具硯石紫黑，恍如夜色，更有星辰閃爍，潤澤利墨，應出宋坑，古人誠不我欺。硯制簡潔精整，文質有詩曰：三載為官政績揚，重商習藝辦學堂。別來權勢雲煙裏，一硯耕讀可鑒藏。

王承雄書

清末　管鳳和銘橢圓形端硯

長九點二厘米　寬七厘米　高二厘米

原配櫸木天地盒，袖硯硯牆題：『半耕讀軒』，銘後署管鳳和，篆『敬德』閑文印款。

管鳳和字洛笙，光緒末年附貢，於海城知縣任上多有建樹，後至直隸總督幕府，有故人饋贈此硯，以『昔常林志奮，帶經而鋤；君道功忙，負筆而耨。』引故典，譽其雖忙於實務而不忘詩書立志。其硯石紫黑，恍如夜色，更有星辰閃爍；潤澤利墨，應出宋坑，古人誠不我欺。硯製簡潔，精整文質。有詩曰：三載為官政績揚，重商習藝辦學堂。別來權勢雲煙裏，一硯耕讀可鑒藏。

蒼龍教子紋隨形端硯（正面）

蒼龍教子紋隨形端硯（背面）

蒼龍教子紋隨形端硯（盒蓋）

蒼龍教子紋隨形端硯（盒蓋拓片）

蒼龍教子紋隨形端硯

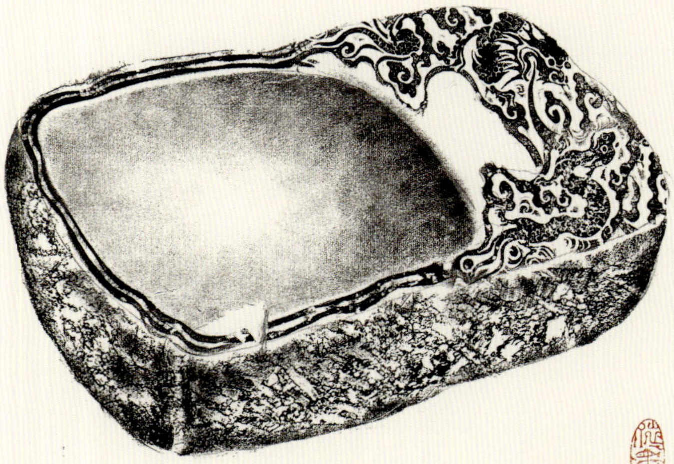

此硯為端石皮火捺佈遍額雕蒼龍教子雲形堂池相連原配紅木嵌玉天地蓋玉牌吉慶有餘紋樸器蓋隸筆刻銘清操玉潔

今有詩許曰
文質彬彬千古
從不拘表象變
和重一從教化
失圭臯放眼文
案畫平庸

王承雄書於
海上

蒼龍教子紋隨形端硯

長二十厘米　寬十六點五厘米　高五厘米

原配紅木嵌玉天地蓋，玉牌吉慶有餘紋樣。器蓋隸筆刻銘：『清操玉潔』。

此硯為端，石皮火捺布遍。額雕蒼龍教子，雲形堂池相連。今有詩評曰：文質彬彬千古從，不拘表象變和重。一從教化失圭臬，放眼文案盡平庸。

臺僊銘太平有象端硯（正面）

臺僊銘太平有象端硯（背面）

臺僊銘太平有象端硯

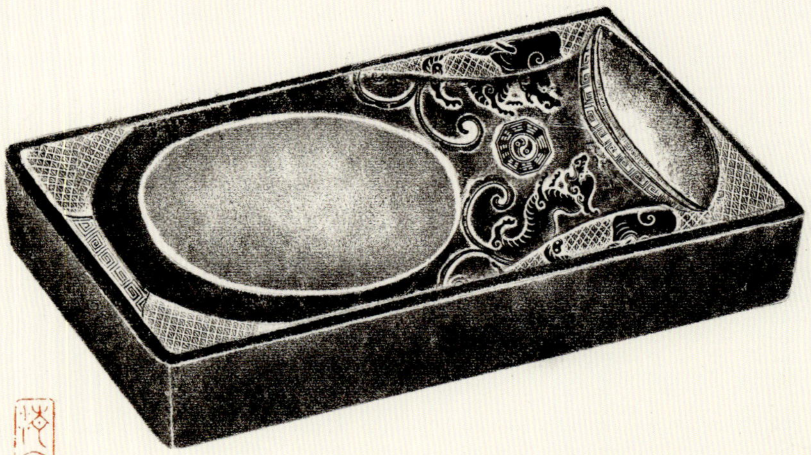

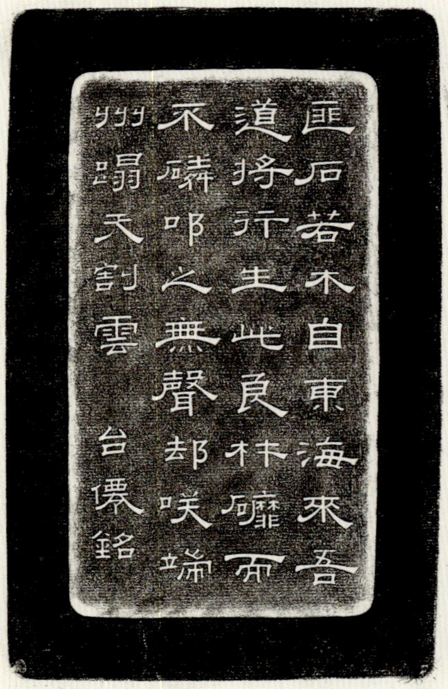

硯取上品端石作四方形正面根據石之原有紋理巧於錦地回紋之上妙雕一寶瓶形罌同時將罌的口作為硯池罌身左右兩側各浮雕一象耳形象傳神造型完美頸部則為二夔龍共拱一八卦紋罌腹正中作圓形下凹是為硯堂硯堂處紅絲細膩溫潤如玉給人以淡泊寧靜的舒適感觸摸之後如握美玉親切感油然而生硯背不施紋飾僅於正中作淺凹式打挖於其中刻詩文并落「臺僊銘」是硯雕漢式青銅寶瓶與象寓意太平有象雕刻風格細膩精致碾琢打磨一絲不苟頗有「天人合一」之感的同時亦不失高古逸趣附原配紅木硯盒

王承雄

臺僊銘太平有象端硯

長十七厘米　寬十一厘米　高二點一厘米

附原配紅木硯盒

硯取上品端石，作四方形。正面根據石之原有紋理巧，於錦地回紋之上妙雕一寶瓶形罍，同時將罍的口作為硯池，罍身左右兩側各浮雕一象耳，形象傳神，造型完美，頸部則為二夔龍共拱一八卦紋。罍腹正中作圓形下凹，是為硯堂，硯堂處紅絲細膩，溫潤如玉，給人以淡泊寧靜的舒適感，觸摸之後如握美玉，親切感油然而生。硯背不施紋飾，僅於正中作淺凹式打挖，於其中刻詩文並落『臺僊』銘。是硯雕漢式青銅寶瓶與象，寓意太平有象，雕刻風格細膩精緻，礪琢打磨一絲不苟，頗有『天人合一』之感的同時，亦不失高古逸趣。

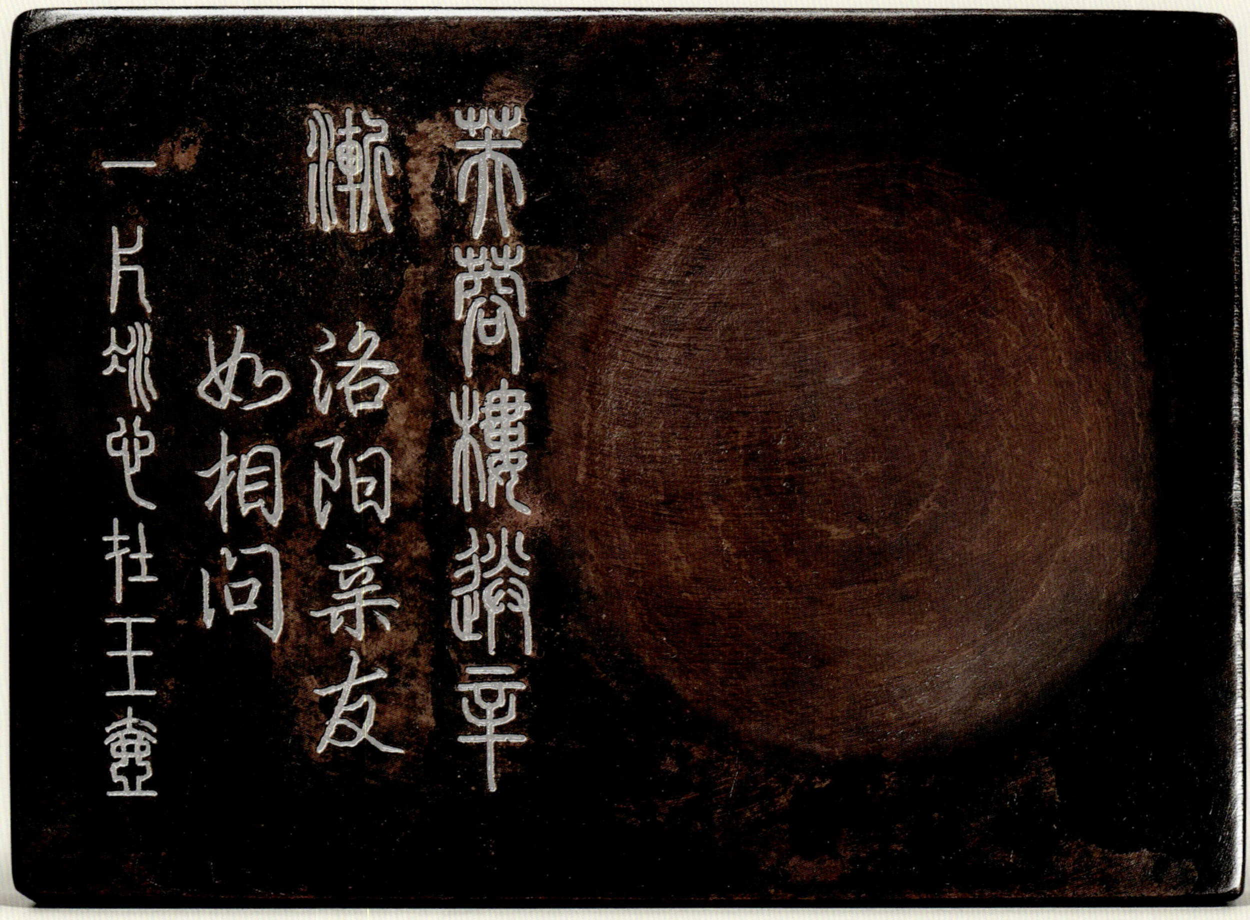

端石唐詩銘文硯（正面）

端石唐詩銘文硯（背面）

端石唐詩銘文硯

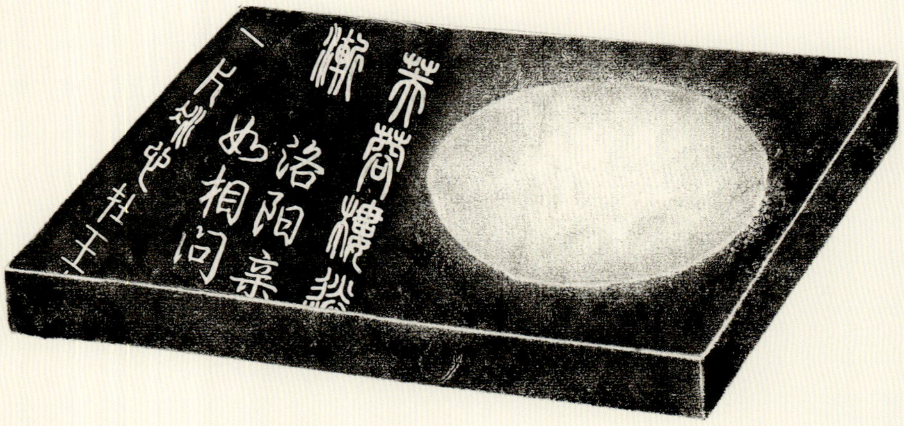

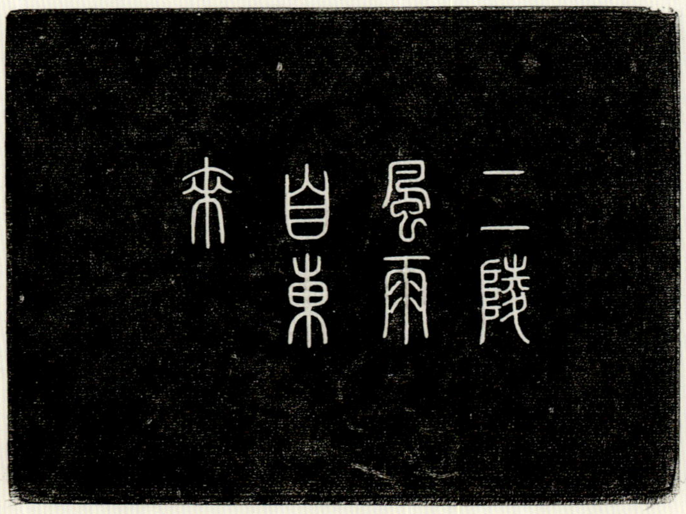

硯作長方者多大是硯不然乃作小巧之形撫之石質優良觀之石色渾厚而光素右側淺下挖為圓形墨池似耀日其側伴篆書行書二體書唐少伯作『芙蓉樓送辛漸』詩二句背平整亦光素僅於正中落二陵風雨自東來篆鐫刀法細膩筆意流暢其餘不施綴飾硯者自古文人墨客之石友也是器寥寥數語盡顯用者對無功仕途之厭棄寓情於硯滿富其高潔品格歸隱之從容

歲在庚子秋月

王承雄書

端石唐詩銘文硯

長十八厘米　寬十三厘米　高一點六厘米

硯作長方者，多大（器），是硯不然，乃作小巧之形。撫之，石質優良，觀之，石色渾厚。面光素，右側淺下挖，為圓形墨池，似耀日。其側伴篆書、行書二體，書唐（王）少伯作《芙蓉樓送辛漸》詩二句。背平整亦光素，僅於正中落『二陵風雨自東來』篆鐫，刀法細膩，筆意流暢，其餘不施綴飾。硯者，自古文人墨客之『石友』也，是器寥寥數語，盡顯用者對無功仕途之厭棄，寓情於硯，滿富其高潔品格、歸隱之從容。

板式長方形端硯（正面）

板式長方形端硯（背面）

板式長方形端硯

有蓋無銘

石乃端谿製為板硯不奇硯
首獨出一眼睛眸具在如描
似畫輪廓清晰不禁令人浩
歎唏噓戲謔曰獨具慧眼一
目了然皆可佐一爆咲耳
偶作六言以贊紫氣金星相
伴中天一眼天元不琢不字
最留耶遐思無邉
戊戌王承雄書於海上

板式長方形端硯

長二十點五厘米　寬十三厘米　高二點三厘米

有蓋無銘。

石乃端溪，製為板硯不奇。硯首獨出一眼，睛眸具在，如描似畫，輪廓清晰，不禁令人浩歎唏嘘。戲謔曰獨具慧眼，（侃稱）一目了然，皆可佐一爆笑耳。偶作六言以贊：紫氣金星相伴，中天一眼天元。不琢不字最（好），留取遐思無邊。

晚清民國　黃傑漢鈁式端硯（正面）

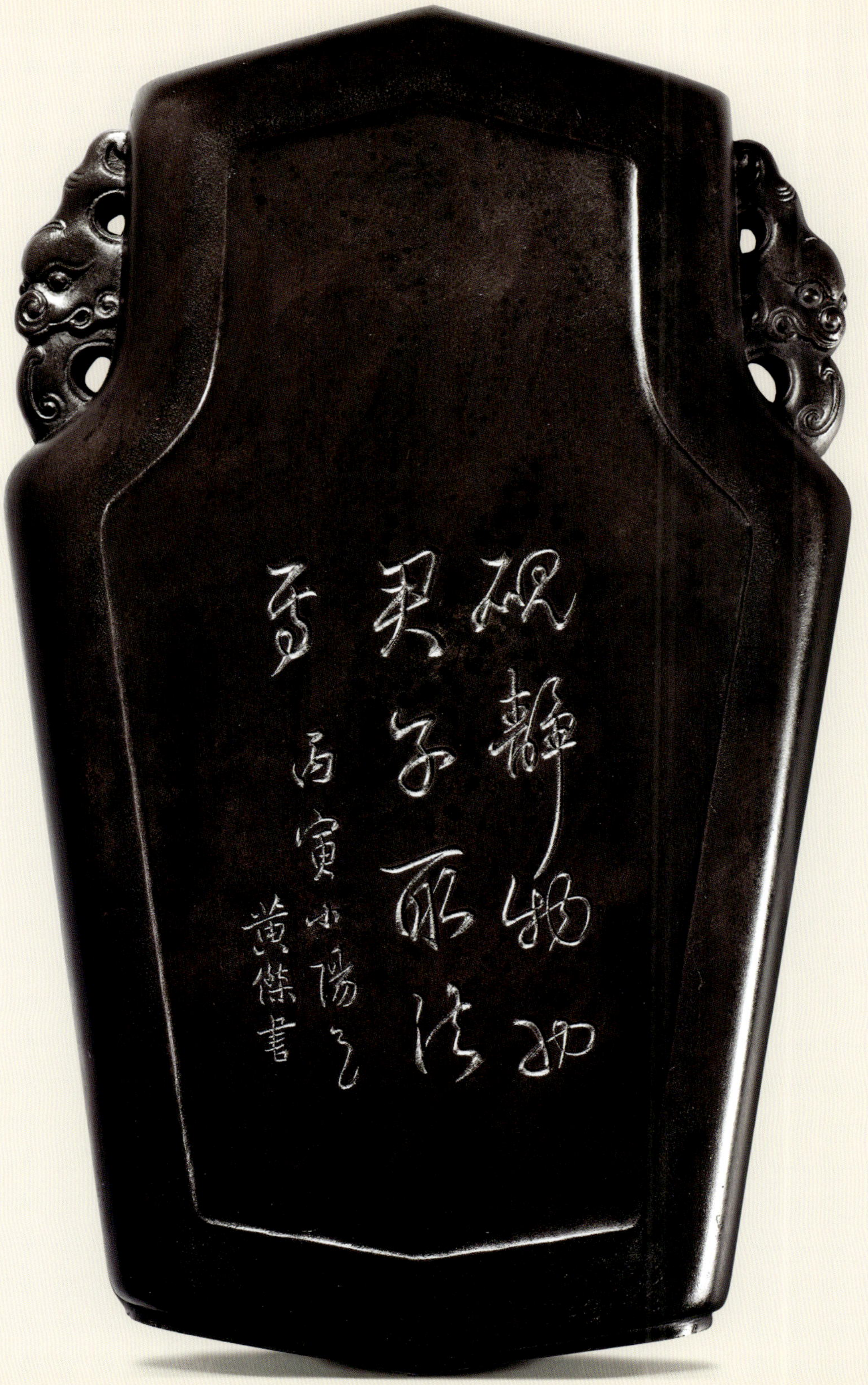

晚清民國　黃傑漢鈁式端硯（背面）

黄傑漢鈁式端硯

（晚清民國）

原配花梨盒
底銘出黄傑筆

端谿張坑紫石火捺隱現青銅漢鈁形制雙耳圭身硯額錦地團壽海派技執硯背行艸刻銘筆黄傑其爲黄埔系後晉一級上將臺灣省主席

有詩云良匠海派工尤細善取張坑開紫漢琢碾精工法式古研磨海内敵稱奇

王承雄書於海上

晚清民國　黃傑漢鈁式端硯

長二十點五厘米　寬十三厘米　高二點六厘米

原配花梨盒，底銘出黃傑筆。

端溪張坑紫石，火捺隱現；青銅漢鈁形製，螭耳圭身。硯額錦地團壽，海派技藝；硯背行（草）刻銘，筆（出）黃傑。其為黃埔系，後晉一級上將、臺灣省主席。有詩云：民初海派工尤細，善取張坑開紫溪。琢礪精工法式古，研磨海內敢稱奇。

民國　（吳昌碩銘）墨香詞藻銘仿宋四直緑端硯（正面）

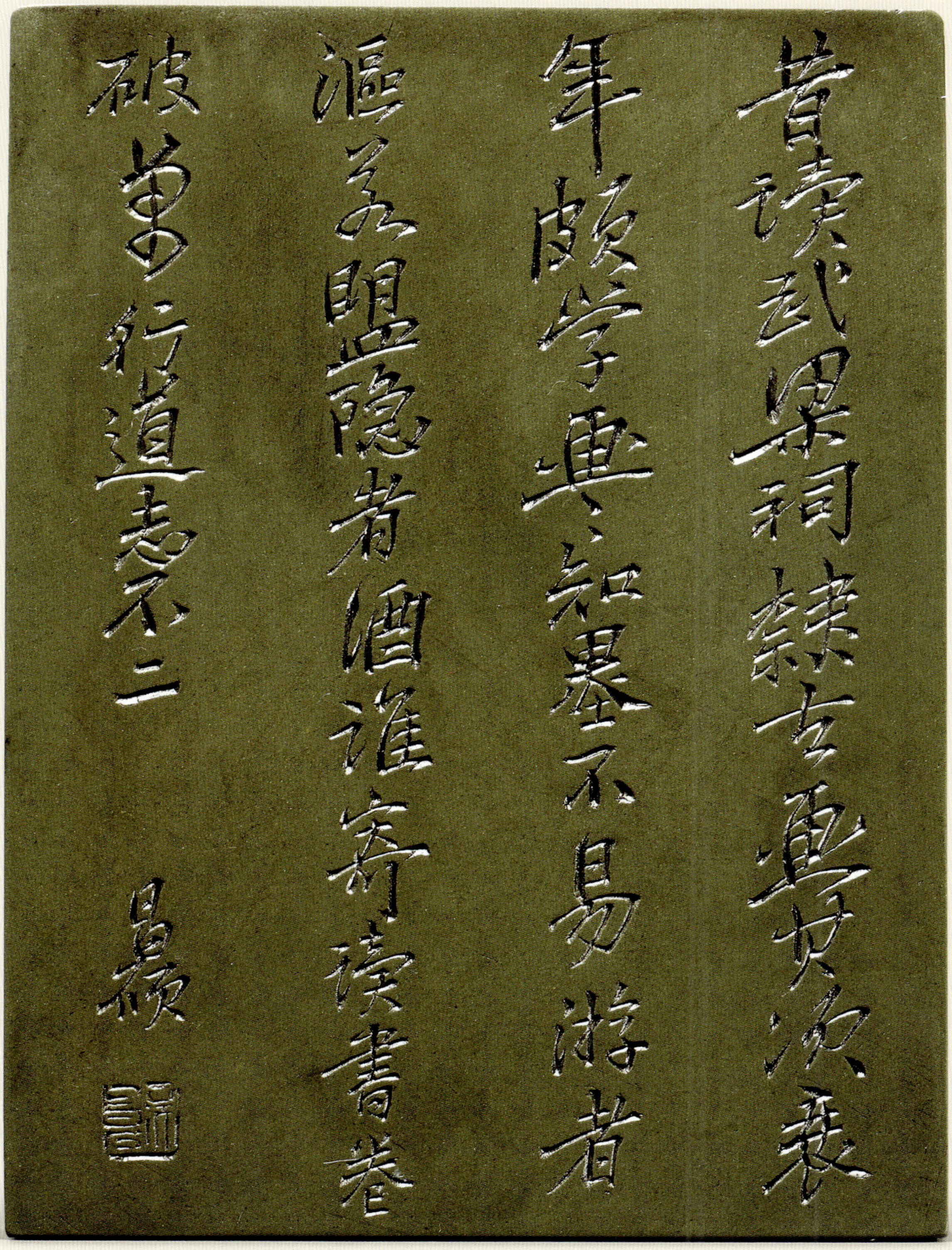

民國 （吳昌碩銘）墨香詞藻銘仿宋四直緑端硯（背面）

墨香詞藻銘仿宋四直綠端硯

民國

整挖香樟木盒

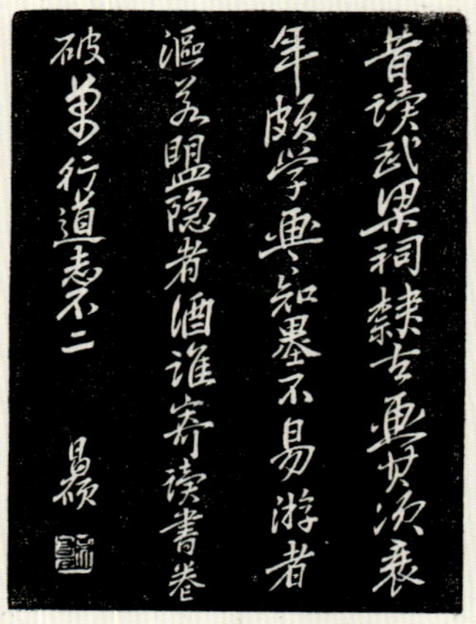

硯額篆書刻銘墨香詞藻長卿款硯背行書昔讀武梁詞隸古畫其次裒年頗學畫畫知墨不易遊者漚若盟飲者酒誰寄讀卷破萬行道志不二昌碩白文篆書印章　吳昌石

材系綠端仿宋四直樸式平脣微起硯崗坡堂淌池硯底無足無墻亦不挖還手簡潔利落文氣宛然

今有詩贊曰不似洮石有流痕綠端瑩潤自無倫缶翁鐵筆崢嶸現扛起金甌篆籀魂

戊戌初秋王承雄書

民國　（吳昌碩銘）墨香詞藻銘仿宋四直緑端硯

長十一點五厘米　寬八點六厘米　高一點三厘米

整挖香樟木盒

硯額篆書刻銘『墨香詞藻』，『長卿』款。硯背（刻）行書：『昔讀武梁祠，隸古畫其次。衰年頗學畫，畫知墨不易。游者滬若盟，飲者酒誰寄。讀（書）卷破萬，行道志不二。昌碩。』白文篆書印章（款）『吳昌石』。

材系緑端，仿宋四直樣式；平唇微起硯崗，坡堂淌池。硯底無足無牆，亦不挖覆手，簡潔利落，文氣宛然。

今有詩贊曰：不似洮石有流痕，緑端瑩潤自無倫。缶翁鐵筆崢嶸現，扛起金甌篆籀魂。

民國　吳昌碩銘井欄式澄泥硯（正面）

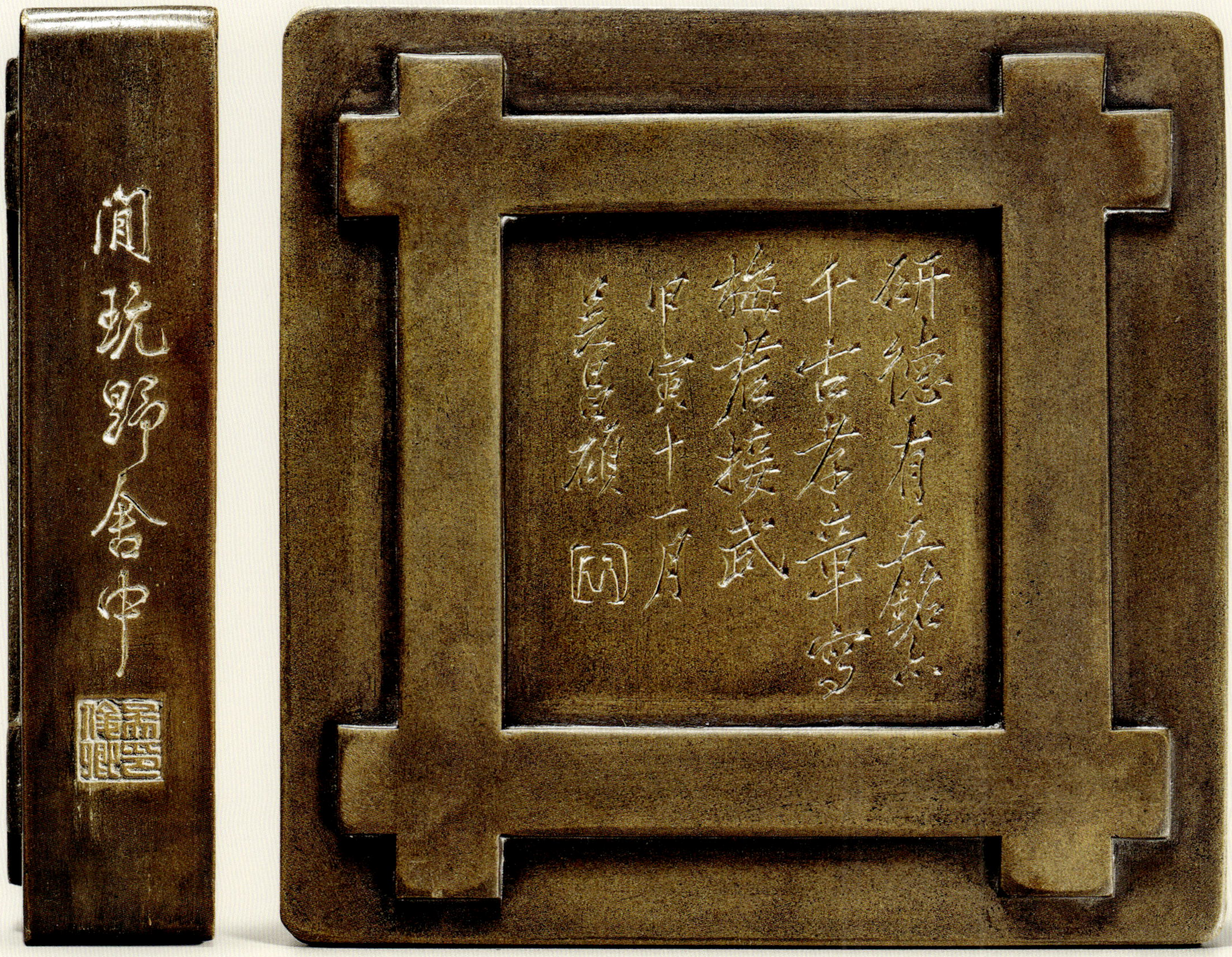

民國　吳昌碩銘井欄式澄泥硯（背面及款）

吳昌碩銘井欄式澂泥硯

民國

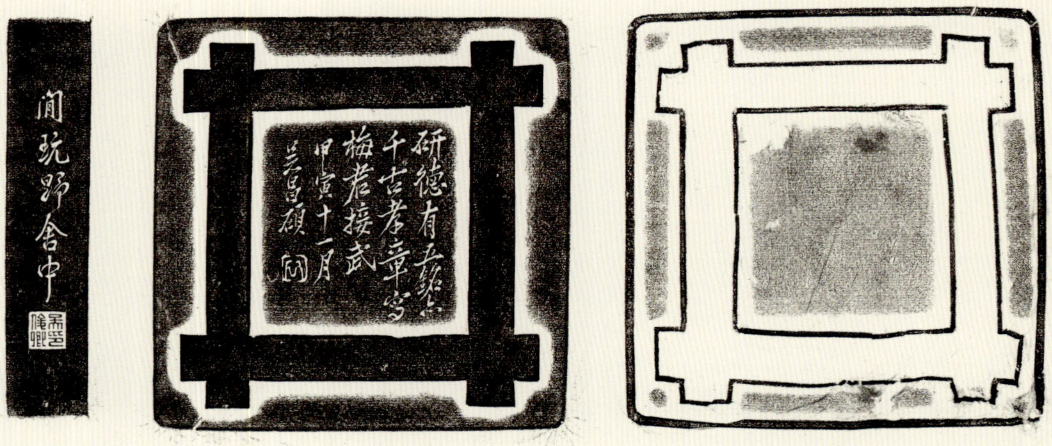

材質澂泥其色舊稱善於黄形似井欄是為仿古石渠硯昔禁中大殿皆金磚滿地所出即蘇州澂泥民國間故老用其為案以筆醮清臨池無人笑其貧而褒之曰儉今海内共奇之價亦高合此硯取極品澄泥所製品質超羣左側邊墻行書刻閒翫野舍中並篆書朱文旋讀印章款吳俊卿印璽手内行筆銘曰研德有五銘亦千古孝章寫梅君接武甲寅十一月吳昌碩并朱文篆書刻章款缶

孝章為金俊明字蘇州人晚明諸生入清不仕康熙十二年卒其以詩文墨梅稱三絶接武典出『禮記』意即步履相接緊隨其後故亦之意其畫梅乃追隨金孝章

今假八庚韻作七言絶句以贊古質精工雅器成彈丸擊磬付篝光亦翁舊筆情不禁力道千鈞氣崢嶸

戊戌秋月王承雄書於滬

民國　吳昌碩銘井欄式澄泥硯

長十二厘米　寬十二厘米　高二點五厘米

材質澄泥，其色舊稱善於黃。形似井欄，是為仿古石渠硯。昔，禁中大殿皆金磚滿地，所出即蘇州澄泥。民國間故老用其為案，以筆蘸清（水）臨池，無人笑其貧，而褒之曰儉。今海內共奇之，價亦高企。

此硯取極品澄泥所製，品質超群。左側邊牆行書刻：『閒翫野舍中』，並篆書朱文旋讀印章款『吳俊卿印』。覆手內行筆銘曰：『研德有五，銘亦千古。孝章寫梅君接武。甲寅十一月，吳昌碩。』並朱文篆書刻章款『缶』。孝章為金俊明字，蘇州人。晚明諸生，入清不仕，康熙十二年卒。其以詩、文、墨梅稱『三絕』。『接武』典出《禮記》，意即步履相接、緊隨其後。故缶翁之意，其畫梅乃追隨金孝章。

今假『八庚』韻作七言絕句以贊：古質精工雅器成，彈冠擊磬付籌觥。缶翁奮筆情不禁，力道千鈞氣崢嶸。

民國　吳昌碩、沈石友銘抄手式端硯（正面及邊款）

民國　吳昌碩、沈石友銘抄手式端硯（背面及邊款）

吴昌硕、沈石友铭抄手式端砚

近代

硯墻一側詩銘後署「石友屬題丙辰（一九一六）夏六月吳昌碩」，另側沈石友銘「硯藏信天巢詩著隨輦集恩遇說康熙玉蟾滴如流」

戊戌仲夏王承雄書於海上

原配天地蓋

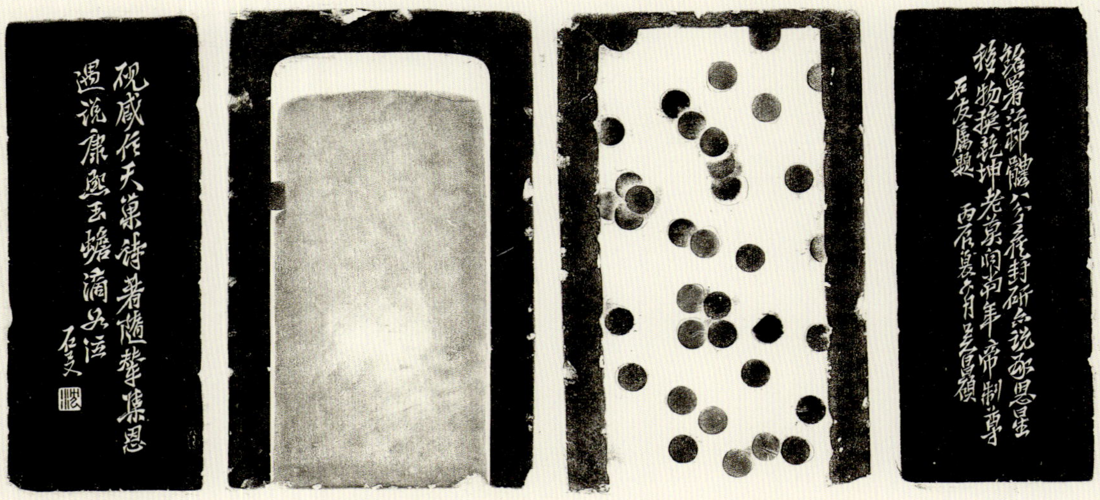

四直抄手式底琢眼柱如織平
堂一字池清季仿宋硯制兩段
銘記皆為瓶廬舊事緣高士奇
別號江邨康熙間集具高祖南
宋高翥散存詩文撰有信天巢
遺稿而士奇非正途出身初應
順天鄉試充書寫序班以字工
得明珠舉薦入內廷供奉授詹
事府錄事後得康熙龍恩累官
至翰林院侍講學士禮部侍郎
缶翁題曰銘署江邨體八分藏
封研亦說承恩星移物換乾坤
老莫問當年帝制尊
今勉力和缶老一詩曰石友缶
翁詩不分往來題刻互有恩吳
門同里淵源自各有絕學故世
尊

王承雄書於海上

民國　吳昌碩、沈石友銘抄手式端硯

長二十四厘米　寬十五厘米　高九點九厘米

原配天地蓋，硯牆一側詩銘後署『石友屬題。丙辰（一九一六）夏六月，吳昌碩。』另側沈石友銘：『硯藏信天巢，詩著隨輦集。恩遇說康熙，玉蟾滴如泣。』

四直抄手式，底琢眼柱如織。平堂一字池，清季仿宋硯製。兩段銘記，皆為瓶廬舊事。緣高士奇別號江村，康熙間集其高祖南宋高翥散存詩文，撰有《信天巢遺稿》。而士奇非正途出身，初應順天鄉試，充書寫序班。以字工，得明珠舉薦，入內廷供奉，授詹事府錄事。後得康熙隆恩，累官至翰林院侍講學士、禮部侍郎。

缶翁題曰：銘署江村體八分，藏封研亦說承恩。星移物換乾坤老，莫問當年帝製尊。

今勉力和缶老一詩曰：石友缶翁詩不分，往來題刻互有恩。吳門同裏淵源自，各有絕學故世尊。

民國　陳矩銘長方形七星端硯（正面及邊款）

民國 陳矩銘長方形七星端硯（背面及邊款）

陳鉅銘長方形七星端硯

近代

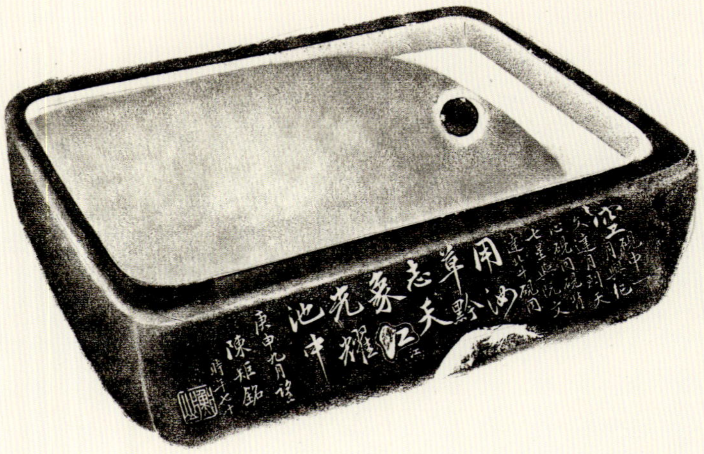

陳矩字衡山同光間名士貴州以其兄弟稱『陳氏三傑』其詩文金石考據有盛名曾以寶
錄館謄録街遂黎庶昌使日詩名震動東瀛文壇後司職蜀中數州縣政聲頗隆民
國初受聘為貴州國學講習所長及省圖書館館長此硯石出水坑平堂淌池直辟
圓背銀暈漫若河漢一眼琢月輪數眼
似晨星璽手七眼聚若北斗衡山銘曰硯
中一月與紀文達（昀）月到天心硯同並曰
硯背七
星與阮
文達元
北斗硯
同並曰
精英
結芑石
月到
天心斗
橫空用汝草點志天象江光耀池中
今續貂一聯以應曰紀公達公阮文達
公皆鴻文通達諸公此北辰硯彼北
辰硯具北斗星辰之硯

原配紅木天地蓋

邊墻有行書聯句『萃水洞之精華寶文房而永壽耕硯主人』並陳鉅
庚申（一九二零）長銘

時維戊戌仲夏月王承雄鈔錄於海上

民國　陳矩銘長方形七星端硯

長十九點八厘米　寬十三厘米　高四點三厘米

原配紅木天地蓋。邊牆有行書聯句：『萃水洞之精華，寶文房而永壽。耕硯主人。』並陳矩庚申年（一九二零）長銘。

陳矩字衡山，同光間名士，貴州以其兄弟稱『陳氏三傑』。其詩文、金石、考據有盛名。曾以實録館謄録銜遂黎庶昌使日，詩名震動東瀛文壇。後司職蜀中數州縣，政聲頗隆。民國初受聘為貴州國學講習所長及省圖書館館長。

此硯石出水坑，平堂淌池，直辟圓唇。銀暈漫若河漢，一眼琢月輪，數眼似晨星。覆手七眼聚若北斗，衡山銘曰：『硯中一月，與紀文達（昀）「月到天心硯」同。硯背七星與阮文達（元）「北斗硯」同。』並曰：『精英結片石，月到天心門横空；用汝草黔志，天象江光耀池中。』

今續貂一聯以應，曰：紀公達公，阮文達公，皆鴻文通達諸公；此北辰硯，彼北星辰之硯。

民國 王震、犬養毅銘淌池端硯（正面）

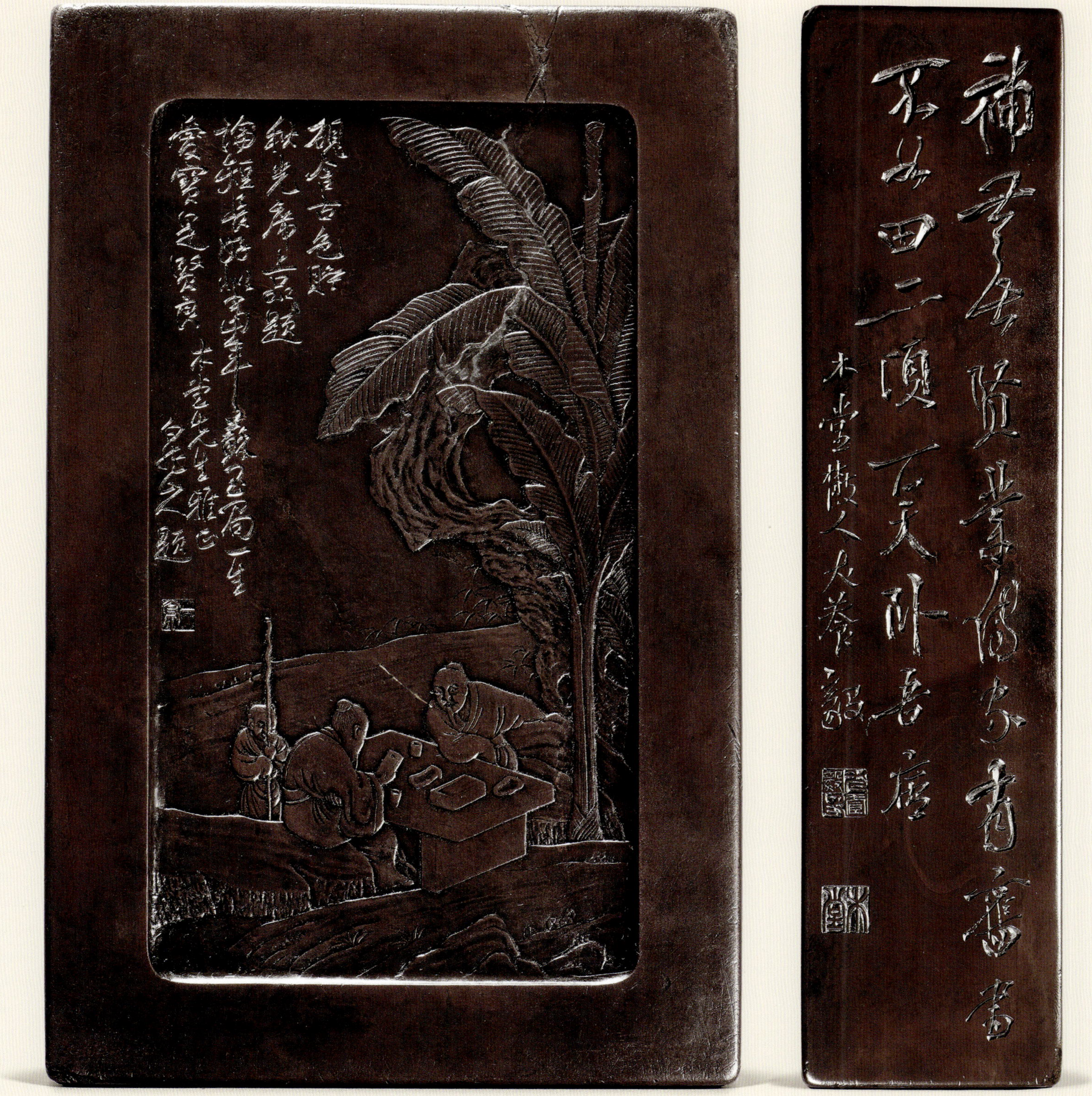

民國 王震、犬養毅銘淌池端硯（背面及邊款）

王震、犬養毅銘淌池端硯

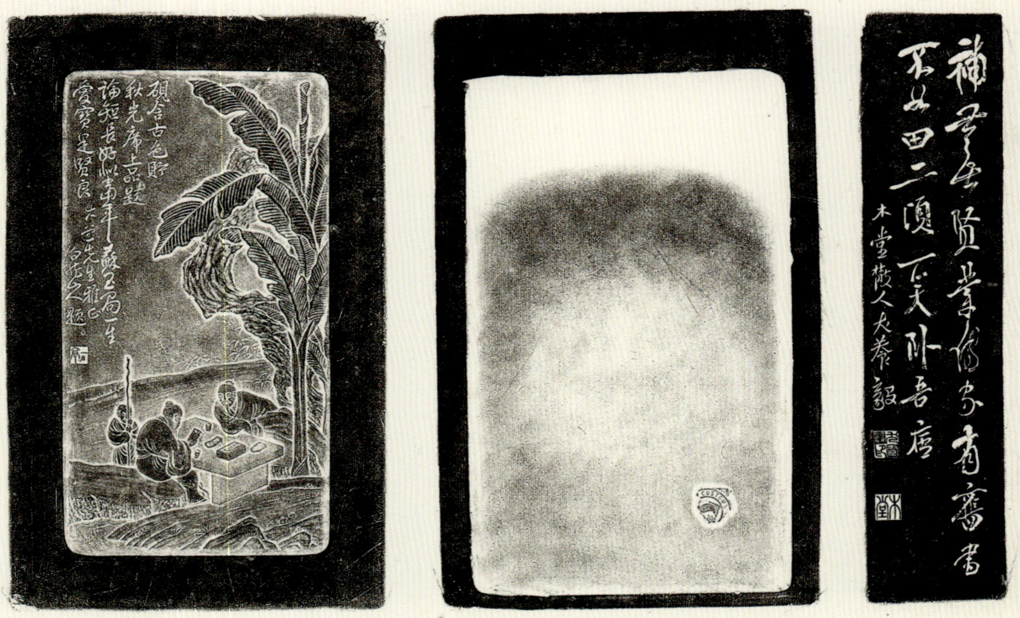

此硯端石為質觸手細膩色澤紫紅包漿厚重石品一流硯呈長方形線條硬挺形制規整器形端方頗具君子之風硯體為典型淌池式硯堂寬坦光滑開墨迅速受墨處微凹磨痕猶存硯池平緩開闊易於儲墨不乾不腐硯邊上方正無紋飾硯背起寬厚覆手內浮雕蕉下品硯圖圖中奇石芭蕉軒立蕉下二高士對坐品硯小童從旁靜候石桌有硯數方器形各異畫面構圖完整線條凝練人物生動刻畫細致且品硯主題刻於名硯之上更添文人意趣左上題行書款識「硯含古色貽秋光席上品題論短長好似當年蘇玉局一生愛寶是賢良木堂先生雅正白龍山人題」并鈐印「一亭」文辭厚拙平樸書寫遒勁灑拓不愧出自名家之筆硯邊銘刻行書詩文「補世無賢業傳家有舊書不如田二頃一笑卧吾廬木堂散人犬養毅」亦為詩書俱佳之範例下鈐「犬養毅印」「木堂」二印此硯料功皆上乘且書畫出民國書畫大家與日本政要之手益見其珍頗值寶藏

王震（一八六七—一九三八）字一亭號白龍山人海雲樓主浙江湖州人寓居上海與任伯年吳昌碩友善工書畫所作花果鳥獸佛像雄渾厚健與吳昌碩相近為上海重要家之一犬養毅（一八五五—一九三二）字子遠號木堂通稱仙次郎日本岡山縣人日本近代明治大正昭和三朝元老重臣第二十九任內閣總理大臣著名資產階級政黨政治家日本列島資產階級護憲運動的主要領袖犬養毅漢學造詣頗深為孫中山友人革命密友并與中國關係友好為親華反戰派護憲運動領袖著有「木堂叢談」

王承雄

民國　王震、犬養毅銘淌池端硯

長二十一點五厘米　寬十三點五厘米　高五點二厘米

此硯端石為質，觸手細膩，色澤紫紅，包漿厚重，石品一流。硯呈長方形，線條硬挺，形製規整，器形端方，頗具君子之風。硯體為典型淌池式，硯堂寬坦光滑，開墨迅速，受墨處微凹，磨痕猶存，硯池平緩開闊，易於儲墨，不乾不腐。硯邊亦方正，無紋飾。硯背起寬厚覆手，內浮雕蕉下品硯圖，圖中奇石芭蕉並立，蕉下二高士對坐品硯，小童從旁靜候，石桌有硯數方，器形各異。畫面構圖完整，線條凝練，人物生動，刻畫細緻，且品硯主題刻於名硯之上，更添文人意趣。左上題行書款識：『硯含古色貯秋光，席上品題論短長。好似當年蘇玉局，一生愛寶是賢良。木堂先生雅正，白龍山人題。』並鈐印『一亭』。文辭厚拙平樸，書寫遒勁灑拓，不愧出自名家之筆。硯邊銘刻行書詩文：『補世無賢業，傳家有舊書。不如田二頃，一笑臥吾廬。木堂散人犬養毅。』亦為詩書俱佳之範例，下鈐『犬養毅印』、『木堂』二印。此硯料功皆上乘，且書畫出民國書畫大家與日本政要之手，益見其珍，頗值寶藏。

民國　蕭退庵、豐子愷銘鼓形歙硯（正面）

銘鼓形歙硯（邊款）

民國　蕭退庵、豐子愷銘鼓形歙硯（背面）

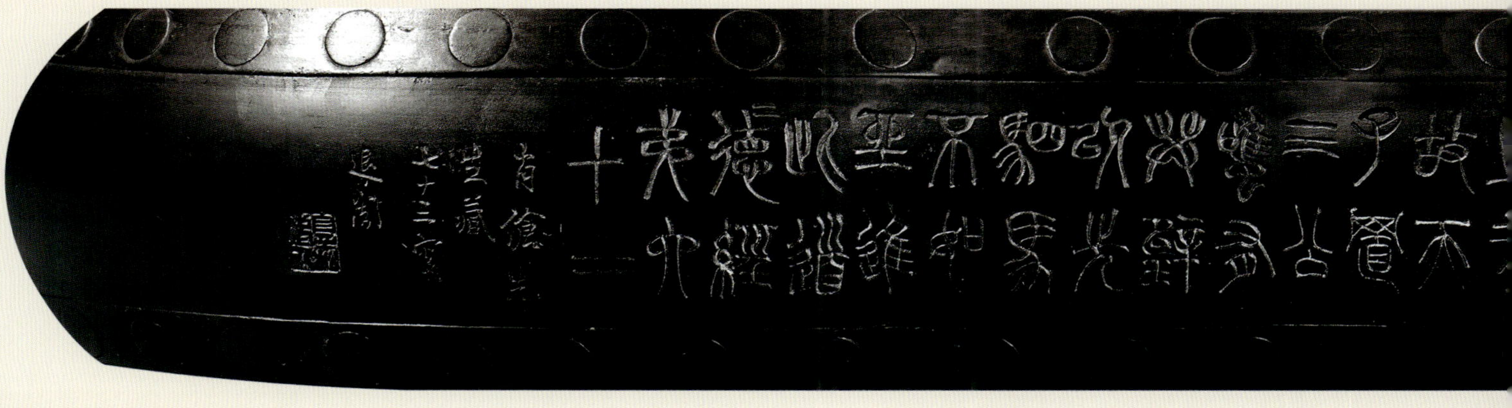

民國　蕭退庵、豐子

原配紅木天地蓋

蕭退庵豐子愷銘鼓形歙硯

硯墻篆書節道德經第六十二並肖傖先生藏七十二叟退庵並朱文篆書泉松老人印款行書鑼鼓響子愷並朱文篆書豐子愷印款

歲次戊戌初夏之月 王承雄書於海上

此歙硯作鼓形卻不為清乾嘉後多見之石鼓硯而為戲劇所用之堂鼓緣是硯舊主張肖傖乃民國間常州戲劇評論界之魁有『燕塵菊影錄』等蜚聲伶票兩界作銘之蕭退庵豐子愷皆近現代書畫界負大名者有詩云此形硯製不為罕器樂如形見歆難豐老戲言鑼鼓響王鈖德道蕭退庵

民國　蕭退庵、豐子愷銘鼓形歙硯

直徑十八厘米　高五厘米

原配紅木天地蓋。硯牆篆書節（録）《道德經》第六十二，並『肖倉先生藏。七十二叟，退闇。』並朱文篆書『皋松老人』印款。行書『鑼鼓響。子愷。』並朱文篆書『豐子愷』印款。

此歙硯作鼓形，卻不為清乾嘉後多見之石鼓，硯面為戲劇所用之堂鼓。緣是硯舊主張肖倉，乃民國間常州戲劇評論界之魁，有《燕塵菊影錄》等蜚聲伶票兩界。作銘之蕭退庵、豐子愷，皆近現代書畫界享大名者。有詩云：此形硯製不為罕，器樂如形見卻難。豐老戲言鑼鼓響，玉筋德道蕭退庵。

民國 王福庵刻師遽敦銘長方形端硯（正面）

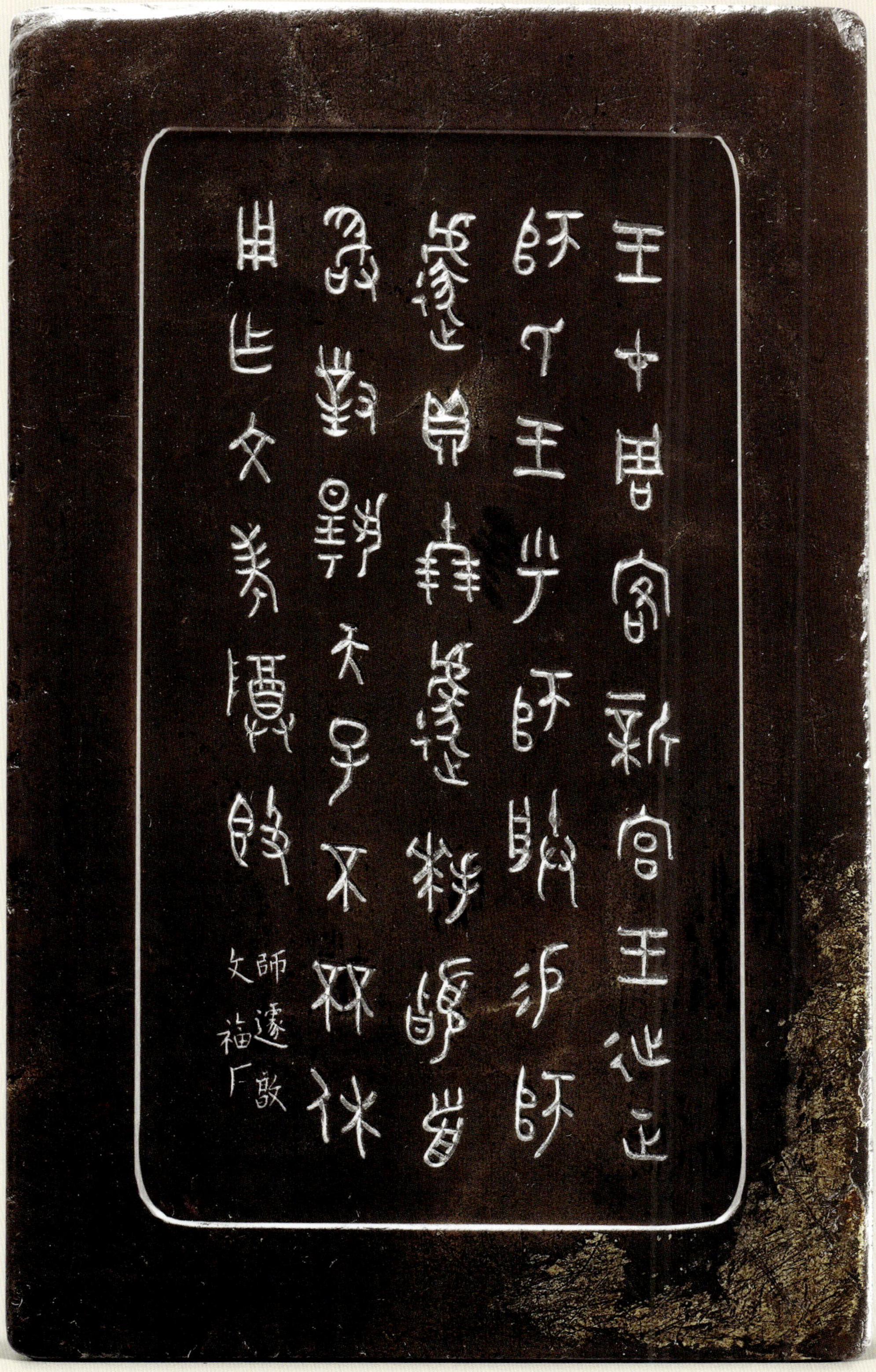

民國　王福庵刻師遽敦銘長方形端硯（背面）

王福庵刻師遽敦銘
長方形端硯

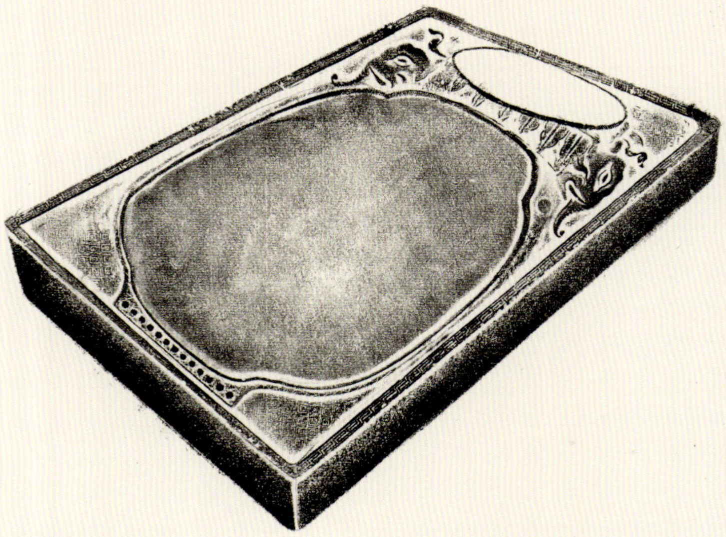

原配紅木盒

金文銘後署『師遽敦文福庵』

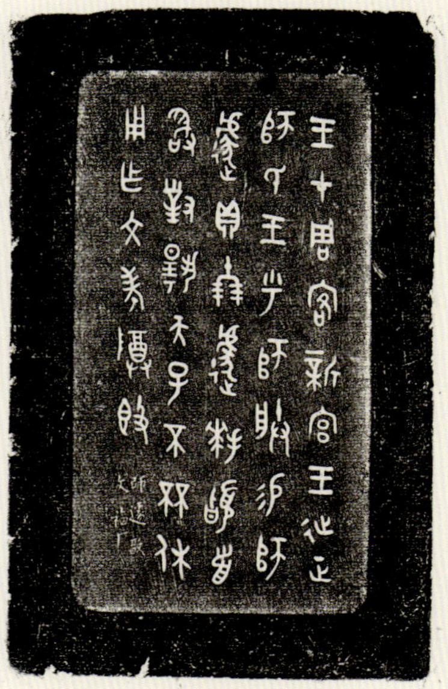

硯有乾隆遺風雕飾繁密太
平有像圖式滿琢地紋海棠
式開光為堂瓶口為池覆手
王禔節錄青銅師遽敦蓋銘
『王在周客新宮王誕正師氏
王乎師朕錫師遽貝十朋遽
拜頡首敢對揚天子不(丕)不
丕(顯)休用作文攷尊敦』

贊曰
紫端老坑火捺天成石品絕
佳發墨無朋乾嘉名匠巧手
功能傳至近世王禔刻銘不
述不作節錄鐘鼎鐫書數行
誌以永恒
歲在戊戌仲夏之月
王承雄書於申

民國　王福庵刻師遽敦銘長方形端硯

長十六點五厘米　寬十點五厘米　高一點八厘米

原配紅木盒，金文銘後署『師遽敦文。福庵。』

硯有乾隆遺風，雕飾繁密。太平有象圖式，滿琢地紋。海棠式開光為堂，瓶口為池。覆手王禔節錄青銅師遽敦蓋銘：『王在周客新宮。王誕正師氏。王乎師，朕錫師遽，貝十朋。遽拜頡首，敢對揚天子不（兩不並寫）休。用作文考尊敦。』

贊曰：紫端老坑，火捺天成。石品絕佳，發墨無朋。乾嘉名匠，巧手功能。傳至近世，王禔刻銘。不述不作，節錄鐘鼎。鐫書數行，誌以永恒。

民國 張志魚刊“青出於藍”隨形端硯（正面）

民國　張志魚刊“青出於藍”隨形端硯（背面）

紅豆杉盒袖硯

有癸未二九四三上元後四日通玄張志魚刻於北京宣南款

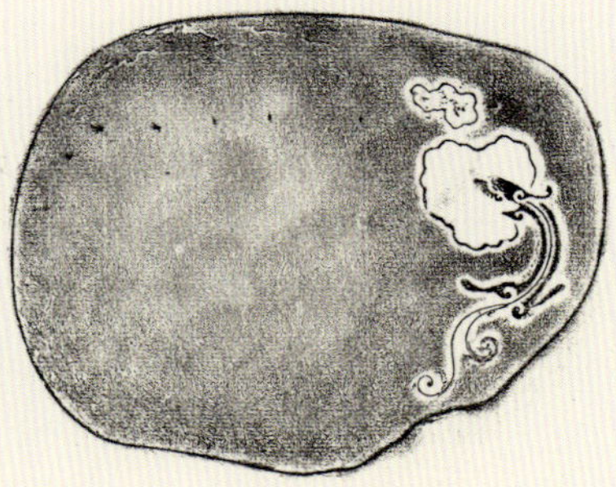

張志魚刊青出於藍隨形端硯

張志魚又作志漁字瘦梅號通玄能書畫善篆刻尤長於竹刻民初琉璃厂雕三絕之一硯取張坑之石火捺碎凍隱現隨形為體頗有螭龍汲水

原為硏青故曰青出於藍贊曰材不忍琢因勢賦形能匠不炫一巧乃成素堂花池探水雕龍背刊因由宣南名工

王承雄書於中

民國　張志魚刊『青出於藍』隨形端硯

長十一厘米　寬九點五厘米　高一點八厘米

紅豆杉盒，有『癸未（一九四三）上元後四日……通玄張志魚刻於北京宣南』款。

張志魚，又作志漁，字瘦梅，號通玄。能書畫，善篆刻，尤長於竹刻，民初琉璃厂雕三絕之一。硯取張坑之石，火捺碎凍隱現。隨形為體，額有螭龍汲水。原為研青，故曰青出於藍。

贊曰：材不忍琢，因勢賦形。能匠不炫，一巧乃成。素堂花池，探水螭龍。背刊因由，宣南名工。

民國 陳端友製肖形歙硯（正面）

民國 陳端友製肖形歙硯（背面）

陳端友製肖形款硯

原配金絲楠盒

攜行硯硯背荷柄截面藏篆款『端友』二字

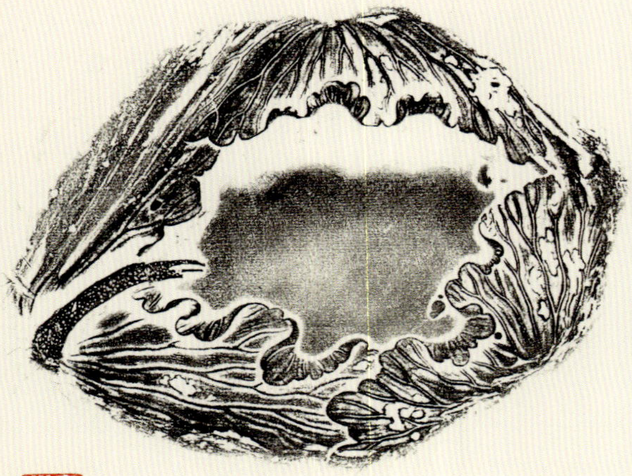

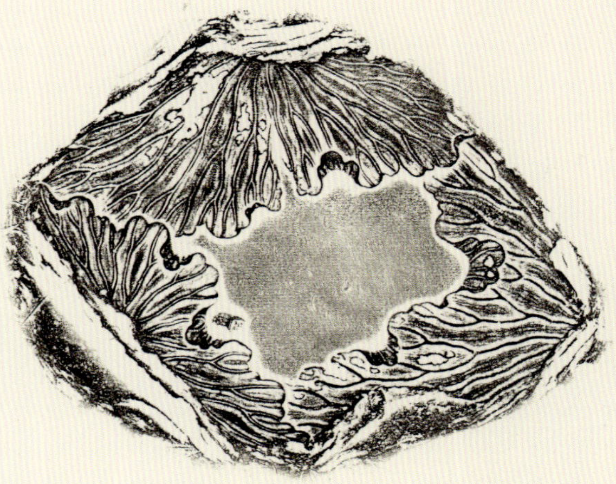

端友初名陳介字介持榮生後改名端友近代海派製硯硯開山鼻祖畢生所製不過五十餘方除上海博物館藏外四枚當流入東瀛私藏極罕

有詩贊曰一柄殘荷龜暗藏嵯峩隱起似蓮塘方哀菡萏繁華後始悟藕根蓄命長琢取秋聲賦雨過留得身後盛名揚神工雅趣陳端友不讓當年顧二娘

王承雄

民國 陳端友製肖形歙硯

長十六厘米 寬十一點四厘米 高二點二厘米

原配金絲楠盒，攜行硯。

硯背荷柄截面藏篆款『端友』二字。

端友初名陳介，字介持、榮生，後改名端友，近代海派製硯開山鼻祖。畢生所製不過五十餘方，除上海博物館藏外，四枚曾流入東瀛，私藏極罕。

有詩贊曰：一柄殘荷龜暗藏，嵯峨隱起似蓮塘。方哀菡萏繁華後，始悟藕根蓄命長。琢取秋聲賦雨過，留得身後盛名揚。神工雅趣陳端友，不讓當年顧二娘。

民國 陳端友製百螺隨形端硯（正面）

民國 陳端友製百螺隨形端硯（背面）

原配紅木天地蓋左側一螺殼刻朱文篆書陳端友製款

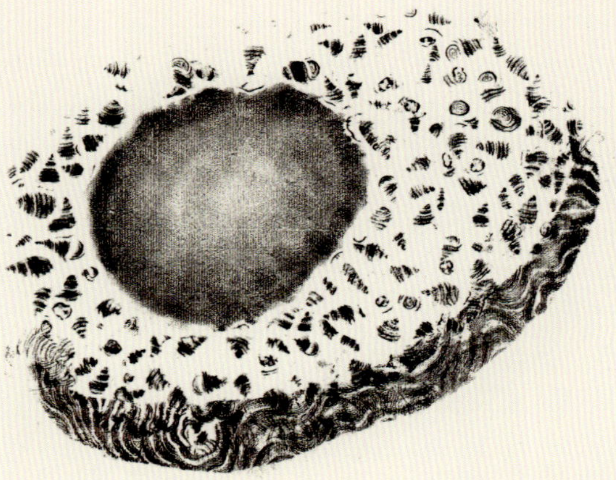

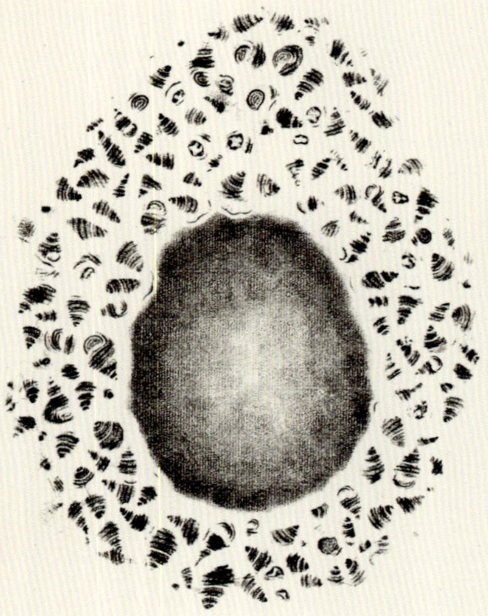

陳端友製百螺隨形端硯

端溪水巖老料石品細膩材僅一拳而肥乃取隨形研製不出奇無池堂有崗緣綠黃碎眼在外遂賴巧思賦形成百螺棲溪石之稀奇品介特先生世居常熟出生低微致採蓮挖藕拾菌掘筍種作點豆以至翻石取螺實乃童年記憶亦為其治硯之常見主題而此等貼近自然意趣之精湛創作乃使其聲名遠揚成就海上然乎生所治唯數十方目藏界百難一見

以波歌韻成一律贊曰谿水穿石打漩渦水皮石側聚田螺不思把取充家宴唯想幻來法佛陀熟慮深思方動手寧神氣靜始琢磨畢生留取丹心譜百硯何足討生活

歲次戊戌初夏之月

王承姬書於海上逸墨齋

民國　陳端友製百螺隨形端硯

長二十二厘米　寬十六厘米　高三點五厘米

原配紅木天地蓋。左側一螺殼刻朱文篆書『陳端友製』款。

端溪水巖老料，石品細膩。材僅一拳而肥，乃取隨形。研製不出奇，無池堂有崗。緣綠黃碎眼在外，遂賴巧思賦形，成百螺抱溪石之稀世品。介持先生世居常熟，出身低微。致采蓮挖藕，拾菌掘筍，種瓜點豆，以至翻石取螺，實乃童年記憶，亦為其治硯之常見主題。而此等貼近自然意趣之精湛創作，乃使其聲名遠揚，成就海上。然平生所治，唯數十方耳，藏界百難一見。

以『波歌韻』成一律贊曰：溪水穿石打漩渦，水皮石側聚田螺。不思把取充家宴，唯恐幻來法佛陀。熟慮深思方動手，寧神氣靜始琢磨。畢生留取丹心譜，百硯何足討生活。

民國 吴湖帆銘長方形端硯（正面）

民國　吳湖帆銘長方形端硯（背面及邊款）

原配紫檀盒並錦囊
硯墻鐫刻浩生先生藏 吴湖帆

吴湖颿銘長方形端硯

紫石有飛騰之暈硯工琢三面夔紋較宋硯惟平堂不類似四直而不欵硯墻方形硃角頓生綫分工致如意雲頭致有九如之徵刻銘者吴大澂之嗣孫東莊也畫壇與傳儒話南北藏家攜鏡塘雙辟稱硯出清中晚石美製精遂有巨擘留字遂使身價倍增

王承雄書於海上陋室

詩云
紫色祥雲富九如夔紋龍吠一獨芝倩庵命筆
留鴻爪遂使硯名別樣殊

民國　吳湖帆銘長方形端硯

長二十二厘米　寬十四點五厘米　高二點八厘米

原配紫檀盒並錦囊，硯牆鐫刻：『浩生先生藏。吳湖帆。』

紫石有飛騰之暈，硯工琢三面夔紋。較宋硯惟平堂不類，似四直而不起硯牆。方形磨角，頓生幾分工致；如意雲頭，致有九如之征。刻銘者，吳大澂之嗣孫東莊也。畫壇與溥儒話南北，藏家擕鏡塘雙辟稱。硯出清中晚，石美製精。後有巨擘留字，遂使身價倍增。

詩云：紫色祥雲寓九如，夔紋龍狀一獨足。倩庵命筆留鴻爪，遂使硯名別樣殊。

民國 十八眼隨形端硯（正面）

民國 十八眼隨形端硯（背面）

十八眼随形端砚

民國

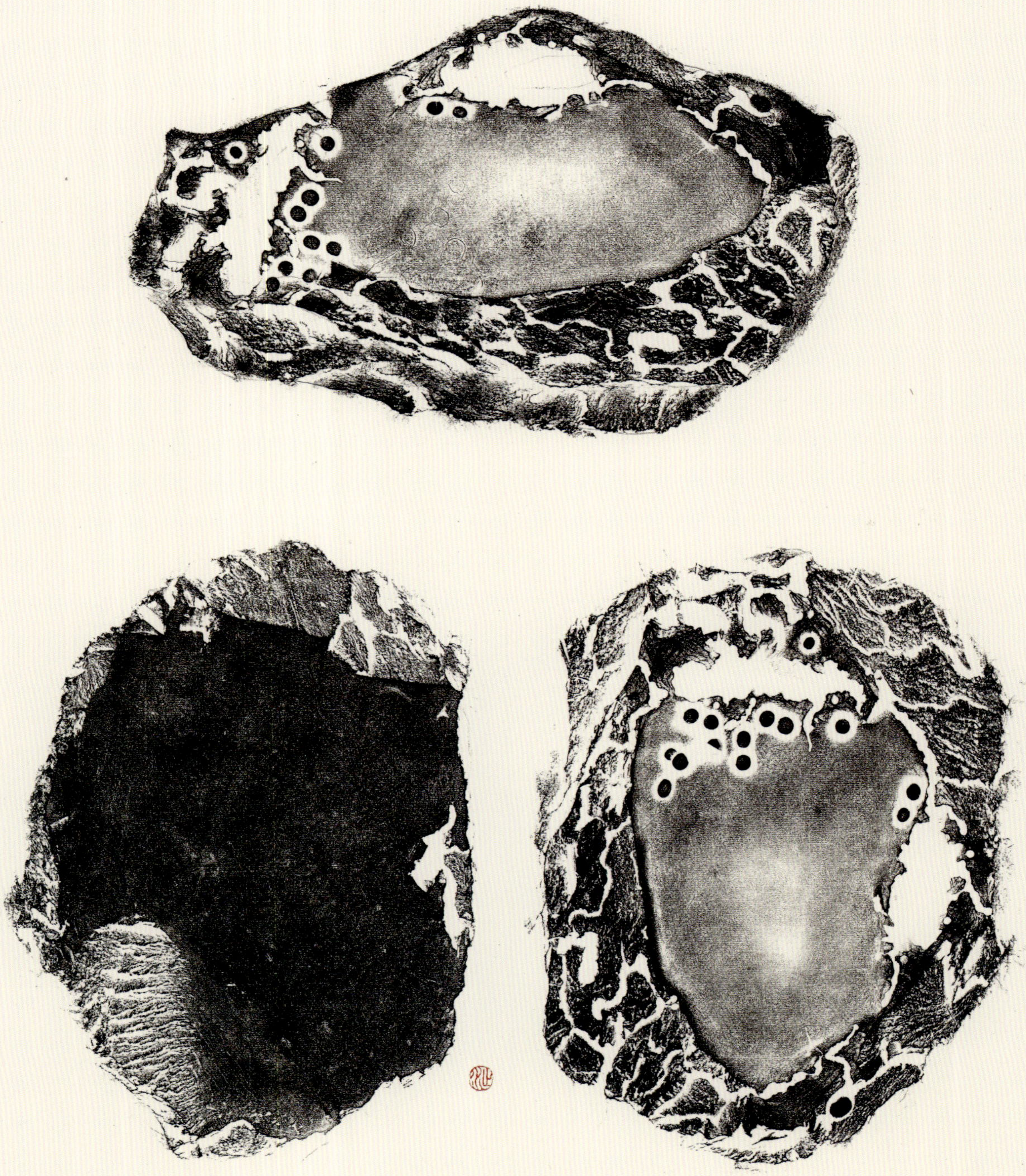

老坑水巗皺瘦漏透俱全端溪奇石有聚有散活眼俯瞰恍若星辰數恰十八羅漢遇此者非雅士不肯攜歸非良工豈敢擅動惟簡單碾出堂形以侍高人

有假乎水韻工乎四支成一絕句云未施粉黛病西施侍字閨中人未知誰想吳宮扶入後聲名千古慕芳姿

歲次戊戌秋月

王承雄書

民國　十八眼隨形端硯

長二十一點三厘米　寬十六厘米　高三點三厘米

老坑水巗，皺瘦漏透俱全。端溪奇石，有聚有散活眼。俯瞰恍若星辰，數恰十八羅漢。遇此者，非雅士不肯攜歸，非良工豈敢擅動，惟簡單碾出堂形，以待高人。

有假《平水韻》『上平四支』成一絕句云：未施粉黛病西施，待字閨中人未知。誰想吳宮扶入後，聲名千古慕芳姿。

近代 李濟深銘太平有象圖端硯（正面）

近代　李濟深銘太平有象圖端硯（背面）

李濟深銘太平有象圖端硯

近代

原配漆木盒

背銘『老〻實〻做人正〻當〻做事打通思想為先精研馬列主義學習不斷學習自己改造自己一切為着人民進行革命到底靜安宋蘭君李濟深』并篆書朱文『李濟深』章款

端溪紫石為材海上雕琢技執芝草以祉九如同枝寓意連理賦形太平有象蛟螭紋理任潮老補制銘誠心勉力李濟深原系黃埔軍校副校長國軍高級將領該為中國國民黨革命委員會創始者之一共和國之初人民政府副主席人大副委員長

有贊曰太平有象芝生九如工出海上傳有此當定情之物應出前清任潮題刻傳以永珍

歲次戊戌仲夏之月

王承雄書於海上逸墨齋南窗下

近代　李濟深銘太平有象圖端硯

長十七厘米　寬十一厘米　高一點六厘米

原配漆木盒，背銘：『老老實實做人，正正當當做事。打通思想為先，精研馬列主義，學習不斷。學習自己，改造自己。一切為著人民，進行革命到底。靜安、宗蘭君。李濟深。』並篆書朱文『李濟深（印）』章款。

端溪紫石為材，海上雕琢技藝。芝草以征九如，同枝寓意連理。賦形太平有象，蛟螭紋理。任潮老補製銘，誠心勉勵。李濟深原系黃埔軍校副校長、國軍高級將領。後為中國國民黨革命委員會創始者之一，共和國之初人民政府副主席、人大副委員長。

有贊曰：太平有象，芝生九如。工出海上，傳有此圖。定情之物，應出前清。任潮題刻，傳以永珍。

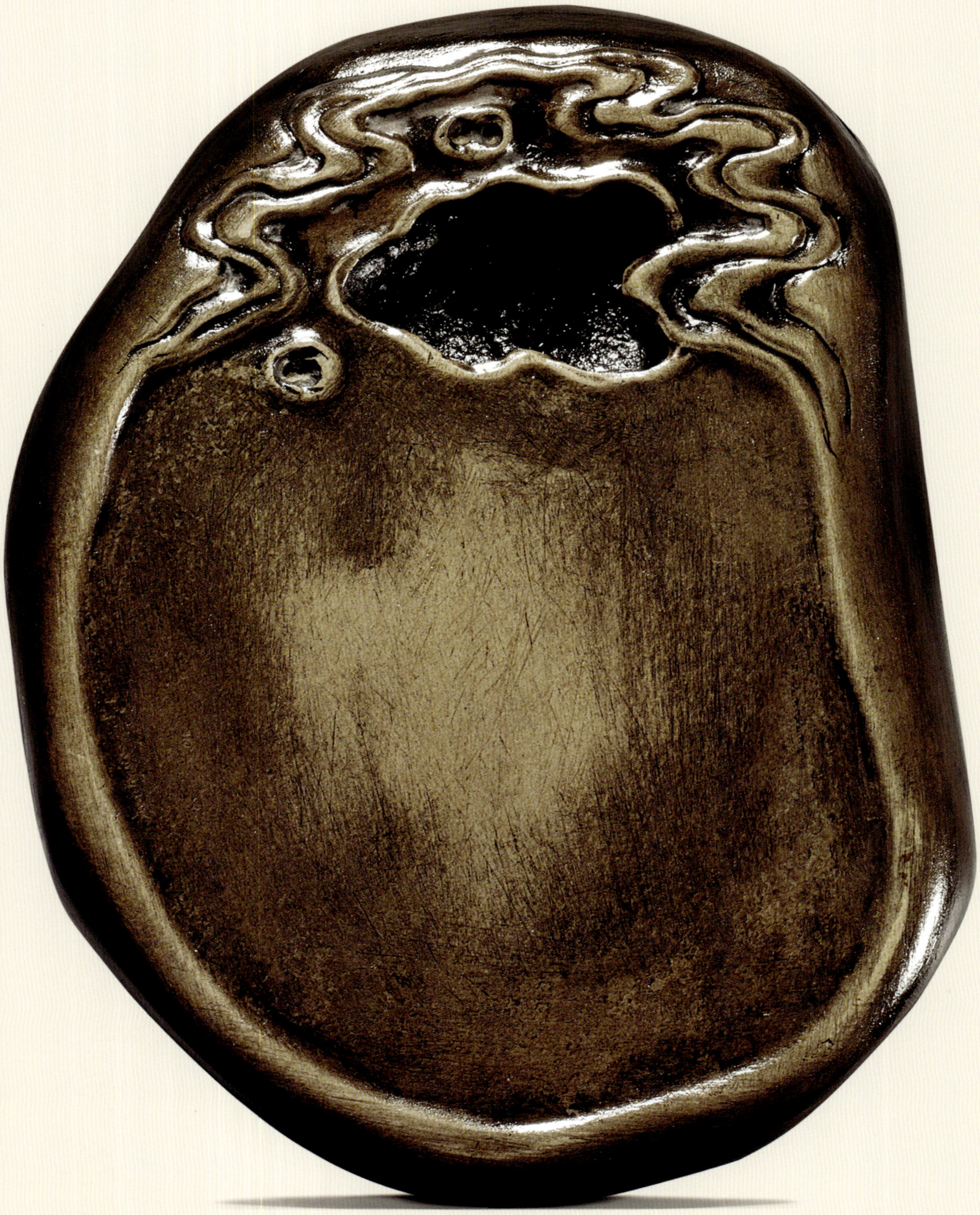

近代 張輪遠銘隨形綠端硯（正面）

近代 張輪遠銘隨形綠端硯（背面）

張輪遠銘隨形綠端硯

近代

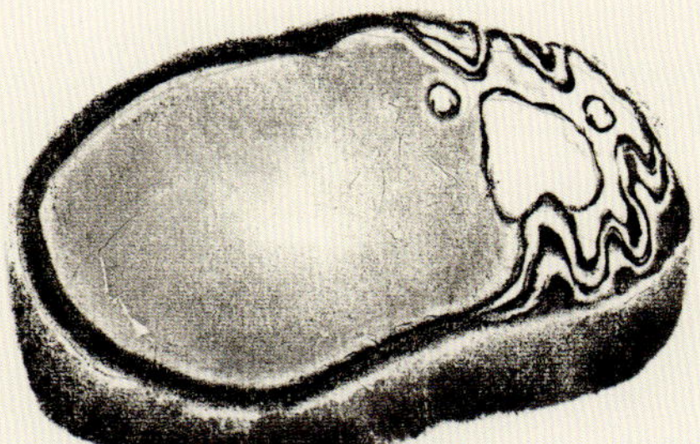

背淺挖圓足底制銘題曰「浮雲」末刻有「乙丑冬雍陽輪遠謹識」

原配黃楊木雕瓜形盒

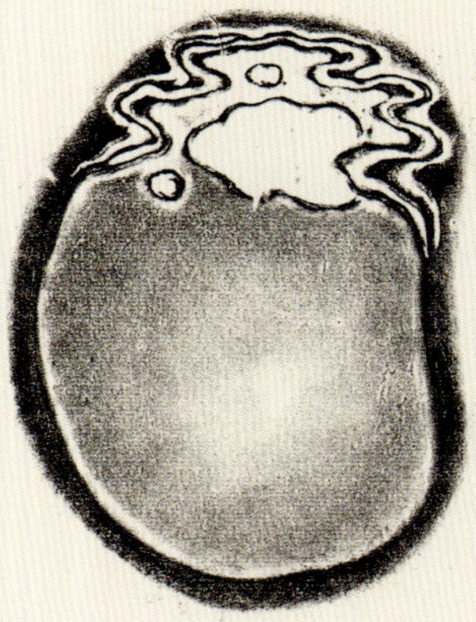

此石硯背淡紫而黃綠不若松花石色彩之鮮亮又不似洮河石之水綫分明實乃上品高嶺綠端者也原裝硯盒做不晚於順康皮殼沈厚風韻可以直追晚明津門賞石家張輪遠有萬石齋靈巖大理石譜傳世觀此硯 雲浮動雕琢率意奏刀洗練遂作浮雲為銘字類舒同銘中言聖人嘗云仁者樂山癖石遺意也

有絕句曰

色若蒼穹世已稀
洮河終不勝端谿
賞石巨擘有評點
適意人生癖石奇

歲在戊戌仲夏之月王承雄書

近代　張輪遠銘隨形緑端硯

長十一點五厘米　寬九厘米　高二點二厘米

原配黄楊木雕瓜形盒，背淺挖圈足，底製銘，題曰『浮雲』，末刻有『乙丑冬，雍陽輪遠謹識。』

此石硯背淡紫，面黄緑。不若松花石色彩之鮮亮，又不似洮河石之水綫分明，實乃上品高嶺緑端者也。原裝硯盒，做（法）不晚於順康；皮殼沉厚，風韻可以直追晚明。津門賞石家張輪遠，有《萬石齋靈巖大理石譜》傳世。觀此硯流雲浮動，雕琢率意，奏刀洗練，遂作『浮雲』為銘。字類舒同，銘中言：『聖人嘗云，仁者樂山。癖石遺意也。』

有絕句曰：色若蒼穹世已稀，洮河終不勝端溪。賞石巨擘有評點，適意人生癖石奇。

鄧散木銘四直式端硯（正面）

鄧散木銘四直式端硯（背面及邊款）

鄭散木銘四直式端硯

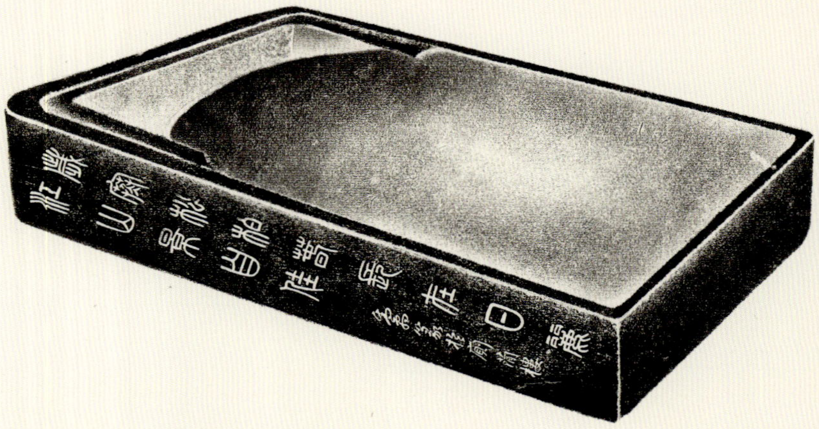

紅木盒

左硯墻銘歲寒松柏
春常在日麗江山景自佳糞翁篆於蘭窗樓

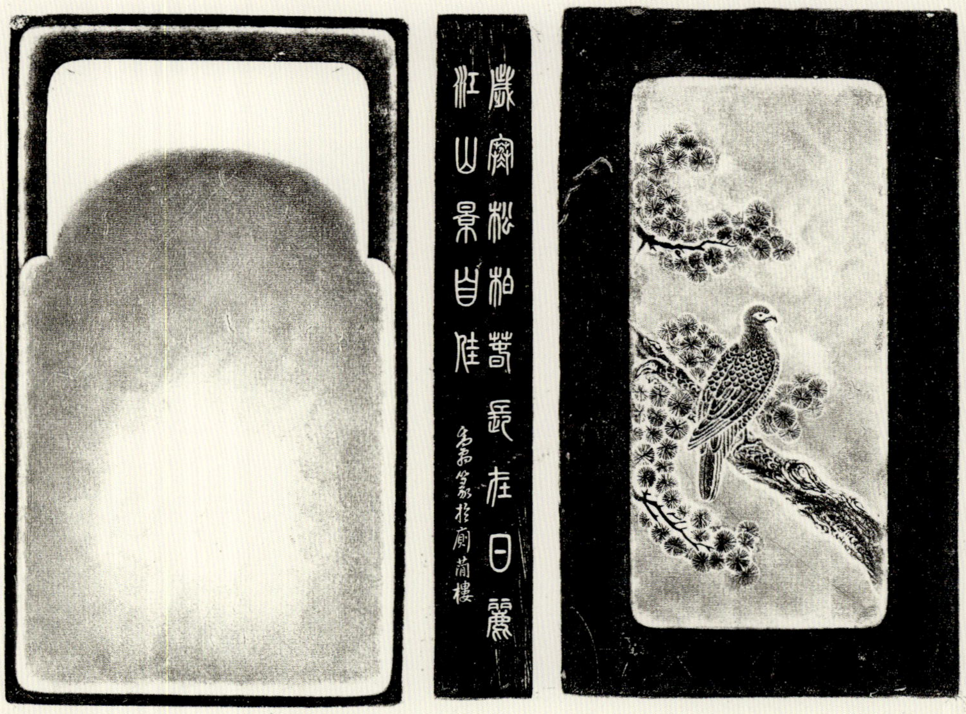

端溪之硯此眼在下難
入品琢刻不古中規中
矩不為俗在文房罷裏
約略可稱堪用於藏家
眼中或曰可有可無惟
糞翁筆銘致令人刮目
相看
合作五古以志曰蘇軾
簡牘貴米芾寸紙鮮糞
翁兩行字常品亦能傳
古今同此理世事難轉
圓銘此松陰側鷹隼等
閑看

王承雄書

鄧散木銘四直式端硯

長二十一厘米　寬十二厘米　高三厘米

紅木盒，左硯牆銘：『歲寒松柏春長在，日麗江山景自佳。糞翁篆於廁簡樓。』

端溪之硯，死眼於下難入品。琢刻不古，中規中矩不為俗。在文房器裏，約略可稱堪用。於藏家眼中，或曰可有可無。惟糞翁筆銘，致令人刮目相看。

今作五古以志，曰：蘇軾簡牘貴，米芾寸紙鮮。糞翁兩行字，常品亦能傳。古今同此理，世事難轉圓。銘此松陰側，鷹隼等閑看。

後記

夫硯者，文房之重器也。自明至清，硯之制藝，日臻精妙，足可稱奇。

明之硯，形制多樣，或古樸典雅，或華麗精巧。其材質之選，亦頗費心思，端石、歙石等，皆為上品。工匠之巧思，融於一石一硯之中，線條流暢，雕飾精美，常有山水、人物、花鳥之圖，栩栩如生，意趣盎然。

清硯則承前代之風，更有創新。其工藝愈精，技法愈妙。或因宮廷之需，極盡奢華；或應文人之好，追求素雅。彼時之硯，不僅實用，亦為藝術之珍品。

然歲月悠悠，能存至今者，實屬不易。每一方硯台，皆承載著歷史之滄桑，文化之積澱。觀其形，撫其質，仿若能與古人對話，感受彼時之文風墨韻。

吾今略述明清代硯台之大概，實乃滄海一粟。願後之學者，能繼往開來，深入探究，使硯台之文化，得以傳承而不衰。

此書之成，實乃多方助力之功。余於明代清代硯台之研究，歷數載寒暑，始有所得。首先，感謝曾在北京市文物局工作，歷任首都博物館保管部副主任，陳列部副主任，副館長；《收藏家》雜誌社常務副社長兼執行主編的撰稿人鄧丁三老師，對每方硯台都做了精彩的闡述。

另當謝山東省非物質文化遺產傳拓技藝傳承人吳立波先生；其技藝精湛，所拓之硯台紋理清晰，神韻畢現，為本書增色甚多。每一幅拓片，皆凝聚其心血與智慧，使古老硯台之美得以留存於紙墨之間。再者，中國書法家協會、上海書畫院畫師王承雄先生之墨寶，亦為本書添彩。其書法飄逸灑脫，與硯台之古樸典雅相得益彰，令人賞心悅目。感謝攝影師謝建堯、版式製作楊錦霞。

此外，尚有眾多友人、同仁，或提供珍貴資料，或給予寶貴建議，或襄助出版事宜。在此，一並謝過。然余深知，書中或有疏漏舛誤之處，望諸賢達不吝賜教。願此書能為硯台文化之傳承與發展略盡綿薄之力。

二〇二四年八月

易蘇昊於甌江草堂